清华新闻传播学教材系列

危机传播与新闻发布：
理论·机制·实务（第二版）

史安斌 童桐 著

清华大学出版社
北京

本书封面贴有清华大学出版社防伪标签，无标签者不得销售。
版权所有，侵权必究。举报：010-62782989，beiqinquan@tup.tsinghua.edu.cn。

图书在版编目（CIP）数据

危机传播与新闻发布：理论·机制·实务 / 史安斌，童桐著. -- 2 版.
北京：清华大学出版社，2025.3.
(清华新闻传播学教材系列).
ISBN 978-7-302-68903-4

Ⅰ.G206；G212

中国国家版本馆 CIP 数据核字第 2025BM6503 号

责任编辑：纪海虹
封面设计：胡英剑
责任校对：王荣静
责任印制：丛怀宇

出版发行：清华大学出版社
网　　址：https://www.tup.com.cn，https://www.wqxuetang.com
地　　址：北京清华大学学研大厦 A 座　　邮　编：100084
社 总 机：010-83470000　　邮　购：010-62786544
投稿与读者服务：010-62776969，c-service@tup.tsinghua.edu.cn
质量反馈：010-62772015，zhiliang@tup.tsinghua.edu.cn

印 订 者：河北鹏润印刷有限公司
经　　销：全国新华书店
开　　本：185mm×235mm　　印　张：17.75　　字　数：231 千字
版　　次：2013 年 12 月第 1 版　2025 年 4 月第 2 版　　印　次：2025 年 4 月第 1 次印刷
定　　价：68.00 元

产品编号：105463-01

目 录

导论 ··· 1

第一章　危机传播的基本概念与理论 ·· 26
第一节　危机的基本概念 ·· 26
第二节　危机传播的基本概念 ··· 31
第三节　危机传播的属性、要素和策略 ···························· 37
第四节　危机传播的相关领域 ··· 44

第二章　危机传播的理论范式与研究路径 ···································· 64
第一节　危机传播的理论范式 ··· 64
第二节　危机传播的关键概念和效果评估 ························ 70
第三节　数智时代危机传播的理论创新 ···························· 74
第四节　数智时代的危机传播研究示例 ···························· 79

第三章　危机传播实务的原则与路径 ·· 103
第一节　危机传播中的公众心理 ····································· 103
第二节　危机回应的基本原则：管理学和
　　　　 修辞学的视角 ··· 115
第三节　危机传播中的信息发布 ····································· 131

第四章　危机传播的机制建设与预案制定 ··································· 142
第一节　如何做好潜伏期的准备工作 ······························ 142
第二节　如何开展危机传播的机制建设和
　　　　 预案制定 ··· 144

第三节　危机传播的工作流程和预案模板 …………… 152

　　第四节　危机传播预案的核心：爆发初期 …………… 158

第五章　危机传播中的媒体关系管理 …………… 163

　　第一节　媒体与政府的关系 …………… 164

　　第二节　深入了解媒体 …………… 168

　　第三节　新闻发布的主要媒介模式 …………… 173

　　第四节　新闻发布会的组织和筹划 …………… 184

　　第五节　如何处理媒体的负面报道 …………… 194

　　第六节　选择合适的传播渠道 …………… 199

第六章　新闻发布的机制建设与新闻发言人实务 …………… 206

　　第一节　中国新闻发布的历史沿革 …………… 207

　　第二节　新闻发布机制的建设和新闻发言人的设置 …………… 209

　　第三节　新闻发言人的准备工作：管理学和心理学的视角 …………… 215

　　第四节　新闻发言人的传播技巧：修辞学的视角 …… 218

结语 …………… 243

附录 …………… 247

　　附录1　危机传播工作用表 …………… 247

　　附录2　美国国土安全局危机传播计划指南 …………… 259

　　附录3　案例研究：美国遭受生化恐怖袭击的危机传播预案 …………… 264

　　附录4　危机事件评估工作用表 …………… 268

　　附录5　美联社工作人员社交媒体使用守则 …………… 270

　　附录6　美国空军网络发布和舆情应对工作流程 …… 276

　　附录7　社交媒体的主要形式 …………… 277

参考文献 …………… 278

导论

人类进入21世纪第三个十年以来，百年未有之大变局和世纪未见之大疫情相互交织，将世界推到了又一个"历史三峡"的转折点。德国社会学家贝克（Ulrich Beck）所预言的"全球风险社会"的图景展现无遗，世界进入"乌卡"（VUCA即流动性、不确定性、复杂性和模糊性）时代。一方面，疫情大流行造成了全球隔离，带动了"逆全球化"和"去全球化"的浪潮。以美国为代表的西方国家深陷"抗疫"与"抗议"相互缠的治理困局，"灯塔""山巅"的虚幻光环日渐褪去。相比之下，中国人民在中国共产党的坚强领导下迅速控制疫情并积极推动复工复产，在中美贸易摩擦与新冠疫情的双重压力下，取得了全面建设小康社会和决战脱贫攻坚的决定性胜利，成为大疫之年唯一实现正增长的主要经济体。中国还主动为世界各国——尤其是广大发展中国家——提供抗疫援助。"中国之良治"与"西方之乱局"的鲜明对比，夯实了中国人民尤其是青年一代的"四个自信"，也让越来越多的各国有识之士开始关注"中国方案"的独特价值。

新中国成立70多年来，在中国共产党的领导下，全国各族人民经过几代人的艰辛探索和不懈奋斗，虽然历经各种风险挑战的考验，但依旧不忘初心、砥砺奋进，谱写了一部波澜壮阔的史诗。尤其是1978年12月召开的党的十一届三中全会拨乱反正，揭开了改革开放的历史新篇章。全党和全国各族人民勠力同心，共谋发展，全方位解放和发展社会生产力，创造了举世惊叹的"中国速度"和"中国奇迹"，跃升为全球第二大经济体。作为全球最大的发展中国家，中国全面融入世界体系，积极承担国际责任，参与全球治理，国际地位和影响力显著提升。简言之，改革开放之路使中华民族完成了从"富起来"到"强起来"的历史性飞跃，也成为"中国方案""中国智慧"的理论和实践之渊薮。

尽管100多年党史和70多年新中国史上的各个历史时期新闻发布制度都有不同形式的源流和变体，但这项制度的正式建立和全面推进是改革开放40多年来中国政治社会发生深刻变革的重要标志之一。1983年，外交部正式设立新闻发言人和定期新闻发布会的制度。由于历史条件的限制，这项制度仅在外贸部等涉外部门和在个别界次的两会期间实施，并未形成政府部门全覆盖和常态化的机制。

自2003年春夏之交"非典"疫情暴发以来，政府新闻发布机制建设的全面推进和新闻发言人的出现成为我国政治社会生活中一个引人注目的亮点。到2004年年底，国务院各部委和31个省、市、自治区的政府部门都有了自己的新闻发言人，在公众较为关注的卫生、公安、教育、环保、应急等重要职能部门，基本建立了从中央到地方市县一级的定期新闻发布制度。2009年9月召开党的十七届四中全会正式提出建立党委新闻发言人制度，2010年这项工作从中央到地方在各级党委部门全面推进，至此，新闻发布制度实现了党政全覆盖，中国建立起了世界上规模最大、体系最为完善的政府新闻发布和信息公开机制，成为改革开放40多年的标志性成果之一。

从总体上看，新闻发布制度为我国各级政府部门有效地与媒体和公众进行信息传递和意见交流，通过继承"走群众路线"的优良传统，实现"立党为公""执政为民"的目标提供了有力的保障。另外，为适应"全球、全民、全媒"的传播生态变局，从中央到地方的各级党政部门在传播内容建设和手段拓展上都作出了许多具有开创性的探索，由传统媒体时代的新闻发布会转型升级为数智时代以"两微两端"（微博、微信、移动客户端、算法平台号）等新兴"智媒"为核心的立体化矩阵式发布。

2017年10月召开的党的十九大为中国特色社会主义建设进入新时代绘就了宏伟蓝图，吸引了全球新闻舆论圈的关注和热议。十九大的新闻发布工作充分体现了近十年来在党务和政务信息公开的理念、机制、内容和手段上实现转型升级的最新成果，站在全球传播的高度、适应媒体传播发展的变局，成为人民大会堂之外与国内外媒体和公众进行有效沟通的"第二会场"，让党代会走进了国内外民众的荧光屏和移动端，有效解决了长期以来存在的国际舆论对党代会的强烈关注与我党现行的组织纪律和信息发布体制不能完全满足数智时代新闻舆论传播变局的矛盾。

十九大期间，共有来自134个国家和地区的1818名境外记者驻会采访，占比超过50%，创下了历次党代会的新高。为了满足全球媒体和受众的信息饥渴，中宣部、国新办作为牵头单位，中央各部门、国务院各部委和北京市等地方宣传系统配合，以新闻发布会、党代表集体采访、代表团媒体开放日、党代表通道、实地采访等多种形式全方位、多角度地"展现了一个真实、立体、全面的中国"。尤其是基层党代表和"80后、90后""千禧一代"党代表的频繁亮相与出镜改善了国际媒体对中国共产党的刻板印象，让各国媒体和受众对"中国共产党为什么能"有了感同身受的体验。

按照十九大报告中对我国社会基本矛盾的判断，当前，我国对外传播工作的基本矛盾是国内外民众对大力提升中国国家形象的美好期盼与当前我国社会发展不平衡、不完全现状之间的矛盾，十九大的新闻发布工作运用全球化、全民化、全媒化的思路为解决这个基本矛盾、有效提升中国对外政治传播的效果作出了有益的探索，提供了具有启示意义的范例。成为数智时代中国政府新闻发布的新范式。"十九大模式"在随后的历年两会、新中国成立70周年和建党100周年等重大事件的发布活动中得以延续和提升，在"中国共产党为什么能"的基础上将"马克思主义为什么行""中国特色社会主义为什么好"等新的维度融入政治传播，向国际社会进行更为广泛而深入的解读和传播。

2020年初暴发的新冠疫情既是百年未见之大流行病，也是数智时代爆发的第一场全球性公共危机事件，线下的"瘟疫"（epidemic）与线上的"信疫"（infodemic）交缠叠加，成为对我国社会治理能力和新闻发布制度的一次"大考"。在"抗疫""防疫"成为世界各国共同面对的挑战之时，新闻发布制度已经成为在公共危机中对内凝聚民心，对外讲好中国故事的重要平台，成为把我国的制度优势、组织优势和人力优势转化为传播优势的生动体现。

疫情暴发期间，中国新闻发布会以"2+N"模式向国内外公众及时通报疫情和中央与地方各级政府部门采取的防控措施。每天上午通过国务院联防机制在北京通报全国防疫情况，这种国家级的发布会既确保了在疫情期间及时发布权威信息，也顺应了数智时代"场景化"的趋势。由专家指导"新闻热点"地区的相关部门进行信息发布，体现了制度优势转化为传播优势的"中国智慧"。北京、上海、浙江、广东等各省市新闻办根据当地疫情的实际变化适时调整传播手段和方式，通过举办2 000余场新闻发布会和"两微两端"等多种形式及时开展危机传播，产生了以上海张文宏大夫、"福尔摩斯·颖"（天津疾控办副主任张颖）为代表的一批深受欢迎和信赖的"网红发言人"，有效地主导了疫情期间的议程设置，避免"信疫"导致的次生舆情灾害，进一步巩固和丰富了我国新闻发布制度的理论和实践。2020年10月30日，中共中央首场新闻发布会在北京召开，发布了刚刚闭幕的十九届五中全会的相关信息，这是首次以"中共中央"名义召开的新闻发布会，标志着党和国家新闻发布制度的全面确立。

从学理的层面上看，新闻发布制度的建立和全面推进也为"新闻传播学"这一新兴学科在我国的建立和完善提供了历史性的机遇。作为来自西方的"舶来品"，传播学自1978年乘着改革开放的东风进入中国学界，并在21世纪之初携新闻传媒业的蓬勃兴起之势实现了跨越式发展，结合中国自身的历史积淀和现实考量创立起"新闻传播学"这个一级学科。

据教育部新闻传播学教育指导委员会发布的数字，截至2022年年底，全国有681所大学开设了1 244个新闻传播本科专业点，本科生的规模超过23万人，教师超过

7 000人，在短短十几年的时间里迅速成长为我国人文社会科学领域规模最大的学科之一，也建立起了世界上规模最大的新闻传播教育体系。据笔者对国内20所主要新闻传播院校的调研，近十年来，到各级政府和各类企业的相关部门从事新闻发布和公共传播的相关工作也成为新闻传播专业毕业生的主要去向之一，这个比例约占毕业生总数的40%。

2003年春夏之交"非典"疫情推动了中国政府新闻发布制度的全面建立，危机传播从一开始就成为政府新闻发布的一项重要内容，为近年来在我国蓬勃发展的新闻传播学研究开辟了一个新的领域，提出了许多带有鲜明本土色彩的研究课题。毫无疑问，对建立有中国特色的危机传播和新闻发布机制进行理论上和实践上的探索，必将有助于我们将以西方为中心的新闻学和传播学理论运用于中国的具体语境之中，从而为推动中国的政治和社会变革、促进新闻传播学学科建设的"本土化"提供一个新的话语平台。

从世界范围来看，1913年3月，美国白宫在威尔逊总统的倡议下建立了新闻发布机制，迄今已有100多年的历史。在世界各国，新闻发布已成为政府和企业等组织与媒体、公众进行沟通和交流的主要平台。从学术界来看，"危机传播"（crisis communication）研究自20世纪80年代初在美国发端至今40余年，已成为传播学领域当中的一门"显学"，在英文学术期刊发表的各类相关论文就超过5万篇。

笔者2004年出版的《危机传播与新闻发布》一书，首次将"危机传播"的理念引入内地学术界，是第一本在学理和实践层面上探讨新闻发布制度的专著，在时机上又恰逢我国首批政府新闻发言人面世。笔者有幸参与了发言人"黄埔一期"的培训工作，迄今已经参与培训了各级政府和企业的新闻发言人超过万名。把自己的学术研究与社会需求能够联系在一起，并亲身参与到中国政府新闻发布制度的理论创新和实践探索过程中，这是一个传播学者梦寐以求的理想和良机。近10年来，仅中央各部委和省级政府部门举行的新闻发布会都保持在每年1 500场以上。我国学术界在危机传播与新闻发布的教学和研究上也形成了一定的规模效应，出版的专著在50种以上，论文超过3 000篇，500多所高校开设了相关的本科和研究生课程，针对政府官员、企业高管和发言人进行的新闻发布与媒体沟通方面的各级、各类培训已常态化的更是难以胜数。经过学界、业界同人十余年来的共同努力，打造出了一条以"全媒体时代"为背景与坐标、"危机传播"提供学理基础、"新闻发布"成为实践平台的融通中西的学科发展路径，也构成了本书的题旨所在。

虽然改革开放以来尤其是近20年来政府新闻发布制度建设取得了一定的成效，也在一定程度上带动了新闻传播学科建设的深入推进，但是数智时代带来新闻传播生态的全方位变革为危机传播和新闻发布的理论创新与实践探索提出了更为艰巨的挑战。

本书将从危机传播理论和实践的探索、新闻发布制度的创新和新闻发言人角色的重构等方面，全面而系统地梳理西方半个多世纪以来危机传播的理论建设和我国近40

年来政府新闻发布的实践探索之演进脉络,为危机传播研究在中国学界和业界的本土化提供有益的探索和尝试,也为今后提升全媒体时代政府新闻发布工作的品质和有效性提供一些实践和政策上的指导,并对今后新闻发布工作的改革作出前瞻性的分析和展望。本书力图做到理论和实践、方法和案例、全球与本土的有机统一,为关注危机传播和新闻发布的政界、商界、学界和媒体、公关业界的读者提供学理和实践上的指南与参照。同时,本书既可以作为政府官员、企业管理者和社会组织的负责人与新闻发言人案头的参考书,也可作为高校开设相关课程和进行培训选用的教科书,亦可供关注中国政治与社会变革的读者深入了解相关理论和实践的演进脉络之用。

风险社会中的媒体执政:危机传播和新闻发布的背景与愿景

风险社会(risk society)是德国社会学家乌尔里希·贝克(Ulrich Beck)在1986年出版的同名著作中提出的一个概念,用于区别于"现代社会"。所谓"现代社会"是以工具理性为基础,以实现经济发展和技术进步为目标。在他看来,"风险社会"是"现代社会"的嬗变,当物质层面的现代化得以实现以后,人类并未进入世界大同、高枕无忧的"理想国"当中。相反,人类在追求经济和社会现代化的过程中,实际上已经为自身埋下了各种具有风险性的伏笔和祸根。

就在贝克出版《风险社会》一书的那一年,苏联发生了震惊世界的"切尔诺贝利核电站泄漏"事件,为贝克的理论提供了一个有说服力的论据。同时,它也打破了"核能安全"的神话,其影响超越了地域和时间的界限,成为一场持续性的全球公共危机事件。一方面,这场危机不仅在全国和周边国家引发了恐慌,也在全世界范围内引发了对核能的信任危机;另一方面,它破坏了周边的环境和生态,造就了一批先天残疾的"切尔诺贝利婴儿",使几代人都生活在核辐射的阴影之下。直到近半个世纪后的今天,我们还能看到这场危机所带来的影响。

切尔诺贝利危机告诉我们,现代性的种种弊端和人类追求现代化过程中积累的各种"症候"开始发作。人类进入了一个新的阶段——风险社会。近年来,恐怖主义、气候变暖、环境污染和疾患瘟疫都可以被视为全球化、现代化和商业化过程中积累的各种"症候",其中有的已经"发作",引发了波及整个世界的公共危机,有的则已经到了"一触即发"的危机临界点。

在上述两种社会形态中,传媒的定义和定位都有一定的区别。在"现代社会"中,大众传媒是传递信息的工具。所谓"大众"是指大量的、容易被管理和操控的被动受众,信息和舆论的主导权掌握在少数权势精英手中。相对而言,传媒是"工具"或"喉舌",受制于政治、经济、军事等"硬力量",在整个社会体系中处于相对边缘的位置。

而在风险社会中，大众传媒（mass media）被"全媒体"（omni-media）所取代，逐渐成为一种独立运作的机制。与"大众传媒时代"相比，"全媒体时代"具有以下两个鲜明的特征：

（1）报纸、广播、电视、网络等各种媒体形态之间的森严壁垒和报社、广播电视台、通讯社、网站之间各司其职的社会化分工体系被彻底打破。互联网本身就是集文字、音频、视频、影像、APP（智能手机应用软件）等各种媒介形态于一体的"全媒体"。传统媒体向"全媒体"的转型也成为大势所趋。现在的《纽约时报》不再是一家由报社编辑的报纸，而是一家成功实现数字化转型的全媒体公司。

（2）随着互联网和社交媒体的兴起，由专业媒体机构向受众单向传递的一点对多点式的大众传播（mass communication）向多点对多点、多向互动式的大众化人际传播（mass interpersonal communication）过渡，"传者"和"受者"之间的界限渐趋模糊。对于"全媒体"而言，"大众"不仅意味着大量的、具有主动选择权的受众，而且还意味着大量的信息生产者。他们合二为一，成为所谓的"产消者"（prosumer）或"产用户"（produser），他们生产和上传文字、图片、视音频、影像等内容，形成了社交媒体平台，逐步取代了专业性的媒体机构，构成了全媒体传播的主体。近年来，在美国先后出现了多种以用户生产和上传内容为主体的社交媒体（即"自媒体"），我国也随之出现了本土化的版本（详见本书附录8）。随着人工智能、大数据、虚拟/现实（VR/AR）技术的兴起，全媒体传播的范围也逐步拓展到沉浸媒体、元宇宙等新的空间。应当注意的是，"全媒体"不仅意味着报纸、广播、电视、网络等媒介形式和文字、声音、图像、影像等传播介质的简单相加，其内在意涵更指向媒介生态的深度"相融"。

互联网的发展造就了海量的"参与生产的消费者"。推特（Twitter）、优兔（YouTube）等自媒体（we-the-media）和以算法为主导的抖音（TikTok）等"智媒"的蓬勃发展，使大众在传播过程中"传者"和"受者"之间的界限完全消失了。这就使得传统的、单向度的"宣传"机制逐渐失灵，精英阶层和权势群体不能一厢情愿地把信息和观点强加于公众。相反，公众通过新媒体参与到信息生产和传播的过程中，从而拥有了更大范围的知情权、表达权、选择权和监督权。一言以蔽之，"现代社会"中的被动受众演变为"风险社会"中的独立、主动而活跃的生产/消费者。

另外，风险社会也是一个高度媒介化的社会。以互联网为代表的"网络媒介"和以手机为代表的"随身移动媒介"的兴起，把人们裹挟到一个媒介高度饱和的生存状态中。媒介像空气一样无所不在，人们越来越多地依赖媒介获得体验和认知，媒介为公众设置值得关注和探讨的"议题"。用麦克卢汉的著名论断来概括，"不是我们创造了媒介，而是媒介塑造了我们"。

在高度媒介化的风险社会，传媒由边缘走向中心，成为"软实力"的重要组成部分。在危机事件的处理过程中,传媒拥有了强大的话语权和影响力,可以做到"翻手为云,覆手为雨"。由于媒体所具有的这种"反常放大"效应——我们所熟悉的"狗咬人不是新闻,人咬狗才是新闻"的原则,各种风险、危机和灾难往往被媒体放大和扩散,甚至把子虚乌有的谣言变成言之凿凿的"真相"。近年来,许多危机事件的爆发都是由于政府部门对媒体——尤其是各种新媒体——的影响力估计不足,应对不及时,使一些本可以平息的"茶杯里的风暴"逐步演变成大规模的公共危机群体事件。

媒体技术的不断更新和演化也使"风险社会"与传播媒介之间的关系变得更为微妙和复杂,风险社会与传播媒介之间的关系也发生了一些引人注目的变化。其中,最引人注目的是5G技术——即第五代移动通信技术——逐步在世界各国普及。5G技术把互联网视频和移动通信技术结合起来,实现了影像的即时传输和快速下载,使得"人人都是记者、人人都是电视台"的自媒体成为消解传统媒体话语权的强大力量。另一个引人注目的变化是,以"微博客"或"短博客"为代表的社交互动媒介(SNS)和以短视频和直播为特征、依靠算法支撑的"智媒""浸媒"已经超出了私人生活的领域,对政治和公共事务产生了越来越大的影响。

无论是5G技术还是智媒、浸媒,或是数智时代出现的"元宇宙""区块链""内容生成式人工智能"(AIGC)等新的媒介形式,它们都预示着以下两个趋势:(1)全媒体在风险社会中将会扮演越来越重要的角色,对政治和公共事务的影响会越来越大;(2)在风险社会中,进行媒体操控和管制的代价会越来越高昂,因而在技术和道义上都无法奏效。

在全球传播的时代,任何一场地方性的突发事件都有可能借助传媒的力量而演变为全国性乃至全球性的危机。因此,危机传播是降低风险、化解冲突和重塑形象的最为有效的手段。所谓"危机传播"就是指政府、企业或其他类型的社会组织利用各种传播媒介与公众进行有效交流和沟通的过程。在当代中国,政府能否在应对危机的过程中贯彻"媒体执政"的理念,进行有效的危机传播,是检验政府执政能力和社会管理水平的一个十分重要的标准。

媒体执政(governing with the media)的理念来源于美国。美国学者提摩西·库克(Timothy E. Cook)在1998年出版的专著《新闻执政》(*Governing with the News*)中对西方新闻媒体是"第四权力"的主张提出了质疑。他用大量历史事实和对现状的分析证明,标榜客观中立的美国新闻媒体实际上是重要的政治机构,信奉新闻专业主义、把自己等同于医生、律师这样的专业人士的美国新闻记者实际上已经成了"政治舞台上的重要角色之一"。美国政府与媒体相互合作、对抗和制衡,利用政治传播共同发挥"执政"的功能,影响和左右着美国社会及个人生活。

在美国政治传播史上,凡是那些能够有效利用新兴传媒的政治家通常都能够赢得强大的民意支持,成为名垂青史的人物。"报纸总统"杰斐逊是美国的开国元勋。他本人就是报人出身。在19世纪上半叶"报纸时代"大幕拉开的时候,每当碰到危机时,他总是利用笔锋犀利的社论来说服反对派,赢得民意的支持。20世纪上半叶,美国遇到了严重的经济危机和"二战"的双重夹击,"广播总统"罗斯福以每周一次的"炉边谈话"节目与美国民众谈心,安抚民心,激励美国人民万众一心,共渡难关。20世纪60年代,当电视成为最有影响力的大众传媒时,"电视总统"肯尼迪横空出世,凭借个人魅力与影像媒介完美结合而成的"形象政治"赢得了美国民众的支持。

21世纪初,奥巴马则以"政坛黑马"的人设定位,借助互联网的号召力和影响力从无名小卒跃居总统宝座,成为"互联网总统"的典型。他在竞选总统之际充分利用脸书(Facebook)、推特、优兔等社交媒体进行政治动员和民间筹款,2008年竞选期间通过互联网筹到了史无前例的7.47亿美元,其中87%为200美元以下的小额捐款。入主白宫以后,奥巴马在白宫设立了负责新媒体传播的"数字战略"办公室,建立了白宫首席网络记者制度,并且利用手机短信、网络视频、微博等新媒体及时发布信息,与选民进行即时沟通。奥巴马创造的"互联网执政"手段被各国领导人纷纷效仿,连一向保守的英国王室、天主教皇等也开通了微博账户。一项对全球153个国家的调查显示,77.7%的领导人或政府机构拥有社交媒体网络账号,粉丝数超过百万的领导人或机构有22个,人气最旺的奥巴马在脸书和推特上的粉丝都超过了3 000万。乌干达总统姆巴巴齐几乎每帖必复,是各国领导人中最"勤奋"的博主。由此可见,"互联网执政""微博执政"已经成为当今世界政坛一股不可抗拒的潮流。正如美国前国务卿希拉里·克林顿在其离职告别演说中所说的那样,"不掌握21世纪媒体技术的人无法成为21世纪的领导者"。

2016年以来,由"推特总司令"特朗普领衔主演的一幕幕"拍案惊奇"虽然让世人一次次大跌眼镜,但其打破成规的"搏出位"过程却再次印证了"媒体执政"在美国政治社会生态中的强大动能。这位此前以电视真人秀节目一举成名、频频现身娱乐版、没有任何执政经验的"素人政客"凭借社交媒体的巨大影响力,绕过了美国传统主流媒体的"把关人"机制,成功抢占时政硬新闻的头条和议题主导权,并在共和党内的初选中一路过关斩将,成为总统候选人,后又在与民主党资深政客希拉里的对决中最终逆势胜出,成为世界政坛重大的"黑天鹅"事件。上任之后,他利用3 000万粉丝的推特平台发号施令,左右政治议题,在国内国际政坛翻云覆雨,成为"社交媒体执政"的典型案例。诚然,特朗普的发迹有着复杂的国内外政治经济社会背景,但社交媒体无疑是促成这只"黑天鹅"横空出世的"关键变量"。特朗普开创的依靠社交平台进行政治动员的"推特执政"模式不仅在美国国内屡试不爽,而且还带动了其他国家和地区的"小黑天鹅"频频出现,改写了传统政治与社会的规则,其所带来的影响还有待于进行更为全面而客观的评估。

　　经过 40 多年的改革开放和史无前例的经济高增长，中国的综合国力和国际地位有了大幅提升，沿海发达地区和主要城市基本实现了经济和技术的现代化。另外，40 多年来，在现代化进程中积累的各种潜在"症候"开始发作。毫无疑问，现阶段的中国也进入了贝克所说的"风险社会"。伴随改革开放的传媒体制变革和新媒体的勃兴，当代中国打破了"大一统"的传播格局，进入了众声喧哗的多元文化时代。可以毫不夸张地说，中国改革开放 40 多年以来，媒体领域发生的"传播革命"是堪与经济腾飞比肩的成就。"中国互联网信息中心"（CNNIC）发布的最新调查结果显示，截至 2022 年年底，中国网民数量位居世界第一，达到 10.67 亿，社交媒体"日活用户"（DAU）分布在微博（5.93 亿）、微信（13.19 亿）、抖音（8.09 亿）和快手（3.74 亿）等不同的平台上。网民已经成为当代中国传播体系中具有强大影响力的"意见领袖"。另外，一些地方官员对媒体的认知僵化陈旧，跟不上新媒体技术的发展，危机传播和"媒体执政"的意识更是无从谈起。

　　有鉴于此，在当今中国，各级政府和媒体机构都应该破除自身的思维定势，调整传播策略。逐步适应风险社会的变局。首先，从政府的角度来说，"危机"不应当被视作"飞来横祸"，而是应当被视为风险社会发展的必然结果。与之相应，危机处理也不应当是"兵来将挡，水来土掩"的被动应付，而应当是日常执政的有机环节。从传播学的视角来看，危机之所以爆发和加剧是由于政府与公众之间的交流和沟通出现了障碍。因此，政府应当根据危机发生的具体情境和变化趋势采取合适的传播策略，化"危险"为"机会"。

　　当危机到来时，政府部门应当关注舆情，对有可能引发危机的"热点问题"（或称"引爆点"）给予关注，制订相应的预案。同时，政府部门还应当通过媒体与公众进行及时的风险沟通，把危机可能带来的负面效应及时告知公众。由于风险社会具有高度"媒介化"的特征，政府部门应当把传播媒介作为增强执政能力的重要手段。除了报纸、广播和电视等传统媒介形式之外，各级政府官员应当充分利用互联网和手机等新媒体及时发布信息，与民众进行有效的交流、互动和沟通。

　　2010 年 5 月以来，全球暴发了甲型流感疫情。从中央到地方的各级政府部门汲取了"非典"疫情的教训，一方面通过各种传播媒介向公众及时公布疫情变化和防控措施，另一方面实时监控国内和国际舆情，及时回应来自国内外的误解、指责和传言，进行了有效的危机传播。虽然"甲流"暴发期间，我国境内的感染病例已经突破了 2 000 例，但在国内没有引发恐慌，国际社会也对中国严格的防控措施予以理解，避免了类似"非典"那样的危机在我国重演。"甲流"期间积累的经验和模式在 2013 年春季暴发的 H7N9 禽流感的危机传播和新闻发布中得以有效地复制和完善。

从媒体的角度来说，应当改变传统的传播观念，及时传递真相，适应风险社会的要求。与西方国家不同，中国人有"报喜不报忧"的传统文化理念，我国各类媒体也承担着"坚持正面宣传为主"的政治任务。但是，这些都不能成为媒体回避风险、掩盖危机的借口。更为严重的是，在风险社会，如果一味坚持"报喜不报忧"和"正面宣传"的传统思维定式，政府和主流媒体的公信力就会遭到破坏。在此，危机传播的3T3F原则——"真实地说，及时地说，首先来说"（Tell It Faithfully; Tell It Fast; Tell It First）——应当成为提升我国政府和媒体公信力的有效保证。从2008年的"5·12"汶川地震，到2013年春季席卷半个中国的禽流感，再到肆虐全球三年多的新冠疫情，我国政府部门、中央级主流媒体总体上贯彻了3T3F原则，赢得了国内公众和国际社会的广泛好评，为政府部门的危机处理创造了良好的舆论环境。

除了做好危机传播的工作以外，媒体还应在危机的潜伏期进行有效的风险传播。美国电影和电视剧当中都有"灾难片"这一品类。观众在银幕和荧屏上一次又一次"经历"了劫机（《空军一号》）、核泄漏（《翌日》）、雪灾（《后天》）、全球性气候灾难（《2012》）等"危机"场面。毋庸置疑，这些影视剧在让观众获得娱乐的同时，既帮助他们树立了风险意识，也帮助他们学习到了应对危机的技巧。

近年来的实践已经、并且仍将继续证明，"推进国家治理体系和治理能力现代化建设""构建人类命运共同体""推动全球治理体系和理念的创新发展"等具有战略性和前瞻性的构想是适应"全球风险社会"当中政治、经济、社会、文化和传媒变局的先进理念。2007年10月召开的党的十七大提出"让权力在阳光下运行"，要保障公民的"新四权"——知情权、表达权、监督权和参与权。根据这一精神，2007年11月实施的《突发事件应对法》和2008年5月施行的《中华人民共和国政府信息公开条例》，为政府、媒体与公众实现良性互动、进行有效的危机传播提供了有力的政策保障。2018年3月，全国人大批准设立应急管理部，地方政府设置了相应的职能机构，在确保包括危机传播和新闻发布之内的应急管理工作的制度化、规范化和机构化方面迈出了实质性的一步。2022年10月召开的党的二十大进一步明确提出了推动建设以人民为中心的社会治理共同体、健全共建共治共享的社会治理制度的目标。

随着改革开放进入"深水区"的"攻坚"阶段，如何通过有效的危机传播化"危机"为"转机"，应当是政府、媒体和公众认真对待、大胆探索的一个重要问题。在以"全球、全民、全媒"为特征的传播时代，各级党政领导干部的媒体素养和传播能力的高低在很大程度上决定了他的执政水平和决策效果。从这个意义上说，加强风险社会的媒体执政能力为进一步改进和完善政府的公共传播和新闻发布机制既提供了宏大的背景，也描绘了美好的愿景。

未来新闻学：新闻发布理论与实践创新的切入点与参照系

无论是公共传播与新闻发布制度的创新，还是新闻发言人的角色重构，都要从新闻传播学的理论和实践探索中汲取营养。"新闻发布"和"新闻发言人"的核心是"新闻"，这使得新闻发布制度的确立和完善不同于一般意义上的行政或管理制度的构建。这也是为什么从学科归属上，有关新闻发布制度和新闻发言人的研究与新闻传播学的关系更为密切，而不是划归为"政治学"或"管理学"的范畴。为此，作为新闻发言人，我们应当准确把握与及时了解新闻传播学理论和实践探索的最新趋势和动向。

近年来，新闻传播领域发生的急剧变化对传统新闻传播学理论和实践模式带来了全方位的挑战。互联网——尤其是社交媒体——的兴起模糊了新闻生产者和接受者之间泾渭分明的界限，彻底颠覆了"传播学之父"施拉姆提出的SMCR（传者—信息—渠道—受者）的线性传播模式，也使得"议程设置""沉默的螺旋"等大众传播学经典理论无法充分破解在当今新闻传播实践中出现的种种难题和困局。有鉴于此，各国新闻学研究者和新闻工作者都在积极进行理论和实践模式的探索。虽然目前还没有一种得到公认的经典理论或模式出现，但已经产生了一些新的理念和思路，我们目前暂用一个松散的命名——"未来新闻学"（Future of News consensus 或 FON）来加以概括，其主要代表人物包括"公民新闻"的倡导者、纽约大学新闻学教授杰·罗森（Jay Rosen，代表作为《为何做记者》）、纽约大学新闻学兼职讲师克雷·舍基（Clay Shirky，代表作为《人人时代》《认知盈余》）、纽约城市大学新闻学教授杰夫·贾维斯（Jeff Jarvis，代表作为《谷歌将带来什么》）、亚利桑那州立大学新闻学教授丹·吉尔摩（Dan Gillmor，代表作为《草根媒体》）等。

从本质上看，"未来新闻学"是新闻学研究者和从业者对不断变化中的媒体生态和传播模式作出的回应。其核心观点包括：

（1）新闻报道是记者与其报道对象之间相互对话和沟通的产物，也是不同话语和立场相互冲突、调和与协商的结果。换言之，传统新闻生产模式是一对多的单向传递，而在新媒体环境下则演变为多对多的对话或协作生产模式。

（2）专业记者应当通过微博等社交媒体与受众保持"高度黏合"的关系，后者通过"开放源代码"（open-source coding）或"众包"（crowd-sourcing）等方式参与新闻生产，为前者提供源源不断的新闻线索和素材，前者则充当"把关人"的角色，确保新闻报道的公信力和专业品质。

（3）新闻文本是一个具有多重意义的、开放性的、蕴含多种阐释可能性的"话语建构"（discursive formation），这改变了传统新闻学中对结构（例如，"倒金字塔"模式）、文体（例如，"美联体"或"新华体"）和专业伦理（例如，双重信源相互印证确保新闻真实性的原则)的严格规范与要求。在未来新闻学的阐释框架下，新闻文本呈现出碎片化和流动性的特征，新闻文本也相应地从一个具有确定意义的"存在"（being）演变为一个不断自我更新和修正的"生成过程"（becoming）。

（4）新闻报道的首要功能是在政治和社会领域内引发建设性的"公共对话"，凝聚社会共识，而不仅仅停留在传递信息和告知公众的层面上。

简言之，未来新闻学倡导的是：媒体机构的扁平化、新闻生产的全民化、管理机制的去中心化、社会共识的聚合化。其终极目标是通过新闻生产与信息传播，促进全球不同族群与社群之间的沟通和交流，从而打造出一个休戚与共的"人类命运共同体"。

从总体上看，"未来新闻学"所提供的理念、思路和理论框架是围绕"全球、全民、全媒"这三个当前新闻传播发展变化的总体趋势来展开和生发出来的，它对于我国新闻传播学的理论和实践创新——同时也包括新闻发布制度的创新和新闻发言人的角色重构——具有一定的启示意义，具体来说体现在以下一些方面。

- 全球——传统的新闻传播是以区域或国别为疆界来展开的。随着以全球受众为指向的全球媒体（例如，CNN 和互联网）代替了仅以国外受众为指向的国际媒体（例如，"美国之音"VOA 和 BBC 世界台），随着新闻生产走向"全球化"——从采集、编写、流通到接受等诸环节逐渐"去疆界化"，传统的"国际传播"（international communication）应被更符合现实的"全球传播"（global communication）所代替。从实践的层面来看，建基于"内外有别"传统观念的"内宣"和"外宣"的藩篱应当被彻底突破。无论是对内传播还是对外传播都应当尊重新闻传播的普遍规律，用"讲故事"这类具有普适性的手段来提升新闻传播的感染力，从而增强新闻媒体的公信力和吸引力。

2021 年年初，一群来自云南省的社交网民利用微博和抖音等社交媒体向外界传播了云南野象"离家出走"的消息，这一新闻经由《新闻联播》报道后，开始受到海外媒体广泛关注。2021 年 6 月起，CNN、路透社、BBC 等西方主流媒体对"一路'象'北"进行了持续的大规模报道，日本 NHK、美国 NBC 等媒体在黄金时段对此进行了专题报道，在全球性社交平台上也成为了广为流传的"迷因"。"一路'象'北"也成为迄今为止在国际媒体上最具影响力的"中国新闻"之一。

无独有偶，近年来在英语世界出版的有关中国的新闻纪实类（即所谓的"非虚构"）类）书籍中，以普通中国民众及其日常生活作为选题的出版物在数量上有了显著增长。笔者对 2007—2022 年出版的关于中国的新闻纪实类书籍做了一个粗略的统计，发现以"基层人物"或"基层社会"为主题的占到了一半以上，其中产生较大影响力的有《江城》和《寻路中国》（作者为《纽约客》前驻京记者 Peter Hessler，中文名何伟）、《工厂女孩》（作者为何伟的华裔夫人张彤禾）、《中国课程》（作者为《华盛顿邮报》前北京分社社长 John Pomfret，中文名为潘文）、《北京欢迎你》（作者为美国一家运动网站的总编 Tom Socca），等等。

这些故事不仅感动了中国，同时也感动了世界。它们不是传统意义上"高大全""红光亮"的"正面典型报道"，也不是对当前政策的简单图解，而是在不回避社会矛盾和热点问题的前提下，触及中国社会存在的一些"敏感"问题，真实反映中国普通民众的生存现状和现实诉求，体现了中国人的价值观和生存智慧。挖掘凡人小事中的"不平凡"之处，这与市场化新闻"反常放大"的理念可谓不谋而合。值得注意的是，这种"反常放大"不是为了标新立异或耸人听闻，而是为了传递具有普适性的价值观。这就使得具有问题意识和承载终极关怀的凡人小事跳出了一般意义上的"社会新闻"或"有人情味儿的报道"（human-interest stories）的窠臼，同时也更容易赢得身处不同社会和文化语境下的受众的好感和共鸣。

- 全民——在传统的大众传播学理论中，媒体机构（包括广播电视台、通讯社等）和专业记者是新闻传播的主体，普通读者和阅听人则被定位为"沉默的大多数"，处于从属和被动的地位。当今方兴未艾的5G技术和随身移动媒体的普及把无所作为的"受众"（audience）变为主动的"参与生产的消费者"（prosumer）或"参与生产的使用者"（produser），进而登堂入室，在传统上由政商精英主宰的舆论场内产生"众声喧哗"的效应。这便是"未来新闻学"所强调的"新闻全民化"的效应。

在最早尝试将文化研究引入新闻学研究的澳大利亚学者约翰·哈特利（John Hartley）看来，新闻传播不再是一种"专业实践"，而是一种"基本人权"。[1] 随着社交媒体的蓬勃兴起，在政治诉求达到一致的情况下，素不相识的微博用户会迅速聚合为具有巨大影响力和破坏力的"智能化暴民"。这就使得传统主流媒体所承担的引导公众舆论和凝聚社会共识的责任更为凸显，同时也使传统主流媒体遭遇到了更为强有力的挑战。

值得注意的是，在未来新闻学的阐释框架下，新闻传播"全民化"的趋势并不是要用缺乏新闻专业资质的"公民记者"完全取代媒体机构和专业记者，相反，后者应当着重思索的问题是：如何在确保新闻品质和公信力的前提下，让这些业余人士更为积极地参与新闻生产。作为"未来新闻学"重要的实践模式之一，由"微博记者"主导的"一个人的国际新闻部"的新闻生产模式被美国媒体广泛采用。2011年最引人注目的一位"微博记者"是美国公共广播电台（NPR）的安迪·卡尔文（Andy Carvin），他凭借在"茉莉花革命"中的出色报道赢得了诸多荣誉。他一个人包揽了NPR的大部分国际新

---

[1] J. Hartley, *Popular Reality:Journalism,Modernity,* *Popular Culture*, London:Edward Arnold,1996: 3-8.

闻报道，秘诀在于他充分利用微博与遍布世界各地的"公民记者"和"社区博主"的粘性联系，采用众包（crowd-sourcing）的生产机制，协作生产出贴近当地实际、真实反映当地民众诉求的新闻。

专业记者与公民记者之间的协作生产模式在危机传播中已经成为危机事件报道中的通用模式。手机录制的现场视频已经成为主流媒体首选的报道素材。2015年8月中国台湾地区发生的"复兴空难"恰好被路过现场的出租车司机用手机完整拍下，成为各大媒体竞相选用的素材。这位普通人借此机会也改善了自己的生存境遇，转行为自媒体博主。正是从这个意义上说，主流媒体和专业记者应当在危机传播中更为有效地直面"新闻全民化"的挑战，探索与"公民记者"的合作模式，牢牢把握新闻报道的专业品质和舆论引导权。

- 全媒——传统的新闻生产和传播机制是以报纸、通讯社、广播、电视、互联网、社交媒体等多种形式来分别展开，而当今"媒体融合"已经成为新闻生产和传播的常态模式。全媒体（omnimedia）的新闻生产既包括文字、图片、影像、音视频等传播介质的综合运用，也包括各种类型媒体机构属性和职能的融合，彻底颠覆原有的媒体品类和经营模式。

我们现在所说的《纽约时报》已经不再是一张报纸，经过十余年来的数字转型，截至2022年年底数字用户已达910万，80%以上的收入来自网站及其各种类型的数字衍生产品。2013年8月，亚马逊网站的创立者贝索斯以个人名义收购了《华盛顿邮报》，引起了舆论的广泛关注。2020年这家百年老报推出了TikTok账号，在短视频新闻领域独领风骚。截至2022年年底，约有一半以上的全球主流媒体建立了TikTok账号，吸引Z世代青年用户成为其首要目标。

在更为微观的层面上，"全媒体"还应当是对新闻叙事结构和话语的大胆创新与实践。例如，新华社在"走基层"报道中，利用"中国网事"这一全媒体平台，在"新闻视觉化"和"新闻影像化"的探索上作出了可贵的尝试。央视在"走基层"报道中融入了调查新闻所擅长的深度挖掘细节的做法，同时借鉴了纪录片的即时跟拍和戏剧、电影的表现形式，打造出"新闻纪实系列短剧"这样一个融合了多种媒体介质和表现形式的全媒体新闻品类。

从更为宏观的层面上看，全媒体的勃兴带来的是全传播（omnicom）理念的出现。全传播又被称为"整合传播"或"战略传播"，即综合运用新闻、广告、公关、营销等多种手段对"组织"（包括国家、政府、企业、学校和各类社会机构）进行形象塑造、品牌推广和价值观的传递。组织的危机传播和新闻发布都可以纳入到以"整合传播""战略传播"为重点的"全传播"范畴，对上述各类组织的短期运营和长远发展都会产生不容忽视的影响，应当受到各级决策者、领导者和管理者的高度关注。

从以上的分析中我们可以看出，危机传播与新闻发布制度的创新和新闻发言人的角色重构要置于最具前沿性的"未来新闻学"阐释框架下，顺应以"全球、全民、全媒"为主轴的传媒变局，更为有效地实现政府、企业、社会组织与媒体、公众之间的沟通和交流，更好地履行新闻发布工作"内聚民心，外结盟友"的双重使命，推动和促进"和谐社会"与"和谐世界"的建设。

从宣传模式到传播模式：危机传播与新闻发布的理论探索

从传播学的角度来看，危机传播与新闻发布机制的确立和完善是政府、企业等"组织"进行公共传播的重要组成部分。所谓"公共传播"（public communication）是指政府、企业及其他各类组织通过各种方式与公众进行信息传输和意见交流的过程，在人际传播、组织传播、媒体传播等多个层面上进行。无论在公共传播的哪一个层面上，新闻或信息发布机制和新闻发言人都起到了相当重要的作用。有鉴于此，西方许多国家倾向于采用更具包容性的"公共传播"和"公共信息官"（Public Information Officer，简称PIO）来代替"新闻发布"和"新闻发言人"等传统称谓。为了强化公共传播的效果，越来越多的企业在高管团队中设置了"首席信息官"（CIO）或"首席传播官"（CCO）的职位。

从本质上说，新闻发布机制体现的是信息传递模式的变革——从传统的宣传模式向公共传播模式的过渡，这一点在以政府为主导的政治传播领域表现得尤为突出。从政治传播史上看，在各种不同的政治和社会制度下，政府部门通常采用自上而下的、全民"总动员"式的宣传模式来传递相关的信息。在全球、全民、全媒传播的时代，随着信源和信道的多样化，政府部门不再是唯一的信息提供者。虽然在战争或抗击自然灾害等特殊情势下，传统的宣传模式仍然可以发挥立竿见影的作用，但在常态环境下，我们需要根据不同的受众需要，采用更为"人性化"的手段来传递党和政府的声音，以期获得传播效果的最大化。

就宣传和传播的效果而言，我们可以用人际传播理论中的"冰山"模式来进行进一步的探讨。这一模式是从心理学上的"认知结构论"借鉴而来的。奥地利心理学家西格蒙特·弗洛伊德（Sigmund Freud）把人的认知结构划分为意识、潜意识和无意识三个层面。在他看来，人的认知结构仿佛一座漂浮在海上的冰山，露出海面的是意识层面，通过人们的外部行为表现出来。藏在海面以下的则是无意识层面，而半遮半露的则是潜意识层面。后两个层面渗透着人们的信念、文化观念和价值取向，一般情况下不会直接表现出来，但有时也会以梦境、口误等形式表现出来。弗洛伊德以解析梦境为依据创立的"精神分析"学派成为心理学的重要分支之一。

在此基础上，跨文化传播理论的奠基人之一爱德华·霍尔（Edward T. Hall）提出，跨文化传播的效果也在三个层面上起作用：在意识的层面上，人际传播可以让人们获知信息，在一定程度上对人们的外部行为产生影响；而更为有效的人际传播往往还能在潜意识和无意识的层面上发挥作用，它不仅可以满足人们"知情"的愿望，而且还能够影响甚至改变人们的信念、文化观念和价值取向，使其在对万事万物的理解、判断和评估方面发生根本性的变化。①

例如，不少汉语流利的洋女婿始终不愿意管自己的岳父母叫"爸、妈"，这个例子很好地说明了在跨文化传播中"冰山"模式所起的作用。虽然洋女婿们在意识层面上接受了中国的语言和文化，普通话说得比很多老一辈中国人都准，能够熟练使用筷子吃中国美食，但他们不一定能够在潜意识层面上认同中国的家庭伦理纲常。在英文中，岳父母是"法律意义上的父母亲"（fa/mother-in-law），这一命名本身就体现了他们不同的价值观——"社会契约"大于"人际关系"。俗话说的"江山易改、本性难移"，也形象地阐释了跨文化传播的"冰山"模式。

如果把上述的"冰山"模式拓展到公共传播的层面上，我们便可发现传统的宣传模式和传播模式的最大差别在于信息传递的效果上。前者只具有传递信息的功能，其影响往往只停留在意识的层面上，即"入眼""入耳"，而后者则除了能够让受众获知信息外，还可以通过劝导和说服等手段在更深的认知层面上发挥影响力，即"入脑""入心"。在获得资讯的信源和信道日趋多样化的今天，政府进行公共传播的方式显然也应当得以丰富和发展，以期适应受众的需求和时代的需要。目前，在我国各级政府推行的新闻发布机制便是在这方面进行的一种努力和尝试。

从美国的经验来看，如何通过有效的新闻发布机制确保公众的知情权，进而影响他们的认知、判断和评估，从而在政府、媒体和公众之间建立良性互动的关系，一直是在民主制度建设和不断完善的过程中需要着力解决的课题之一。早在19世纪之初，美国第四任总统詹姆斯·麦迪逊（James Madison）就作了以下阐述："一个人民的政府如果不给人民提供信息或获得信息的渠道，那么它将成为一出闹剧或悲剧的开端——也许两个都是。"②这段话精辟地阐释了保障公众知情权对于国家政体建设的重要意义。这样的理念被美国历届政府沿袭下来，即便是在国家面临分裂的危急时刻也没有动摇过。正如南北战争期间林肯总统多次强调的那样："只有让人民知道真相，国家才会太平。"③

---

① E.T.Hall, *Beyond Culture*, New York: Anchor Books, 1976.
② 以上三个美国总统的言论均引自 M.Sullivan, *A Responsible Press Office: An Insider's Guide*, Washington, D.C.: U.S.Department of State, 2001.
③ 以上三个美国总统的言论均引自 M.Sullivan, *A Responsible Press Office: An Insider's Guide*, Washington, D.C.: U.S.Department of State, 2001。

20世纪60年代初,肯尼迪总统为美国政坛带来了一股新风。在他的政见当中包括了对传统宣传模式的突破,首次把传播的理念引入到处理政府与媒体、公众的关系上:"信息的流动、在知情基础上做出选择的能力以及批评的能力等所有民主政治赖以生存的假设条件,在很大程度上取决于传播"[①]。如果说传统的宣传模式只是做到了信息的传输,满足受众的知情要求外,那么传播模式则在此基础上可以发挥说服的效用,从而影响受众所做的选择和评估。显而易见,传播模式的引入适应了信息时代出现的受众群体部落化、信源和信道多样化、传播平台交互化的大趋势。具体而言,宣传模式和传播模式的区别表现为以下几个方面(见下表):

宣传模式与传播模式的区别

	宣传模式	传播模式
对象	点对面	点对点
方式	单向传输	双向互动
策略	仪式化	陌生化
特性	叙事性	表演性
传者/受者关系	权力关系	平等交流
信息符码	主控性符码	普遍性符码
效果	意识层面的被动接受	潜意识层面的凝聚共识

我们可以用一些例子来进一步阐释宣传模式和传播模式之间的区别。在相当长的一段历史时期内,发社论是向广大人民群众传递政府声音的主要方式。显然在这种信息传递方式中,传者是一个点——为政府代言的评论员,而受者则是一个不加细分的层面——例如,我们通常所说的"全党、全军、全国各族人民"。这种点对面的传播是单向的,受者并不能进行即时的回馈。它所体现的也是自上而下的权力关系,所使用的是以官方话语为主导的、带有鲜明本土色彩的"主控性符码"(dominant code)。例如,"人民体"和"新华体"等具有中国特色的新闻话语都属于这种"主控性符码"的范畴。再如,"传承红色基因"这样的标语被一些戴着"灰黑滤镜"的外媒记者指认为中国要打造"机器人杀手"的证据而大肆炒作。类似这样的"主控性符码"对于那些不熟悉中国政治文化语境的受者来说容易产生歧义。无怪乎有的港台地区的记者和外国记者望文生义,甚至于被一些别有用心的人借题发挥。从传播效果来看,运用宣传模式传递的信

[①] 以上三个美国总统的言论均引自 M. Sullivan, *A Responsible Press Office: An Insider's Guide*, Washington, D.C.: U.S. Department of State, 2001。

息往往只能影响到受者的意识层面，换言之，可以做到入眼、入耳，但很难做到入脑、入心。

在社交媒体高度发达、资讯趋于饱和的今天，主流媒体在"变脸"，政府部门的信息传递方式同样要做到与时俱进。因此，在传统的宣传模式的基础上引入公共传播模式，不失为一个适应时代要求的权宜之计。作为公共传播的重要方式之一，新闻发布会是一种点对点的信息传递——政府部门的新闻发言人和记者之间进行资讯的交流和观点的碰撞。这显然突破了以往自上而下的单向传输模式，而实现了真正意义上的双向互动。

社交媒体时代的新闻发言人不应当机械背诵那些仪式化的"口径"，满口空话、套话的"宣传腔"，而应当善于运用"陌生化"的传播策略，有效引导舆论。浙江省原工商局局长郑宇民在2011年10月全球浙商大会的新闻发布会上回应微博网友提出的"要不要救温州"的问题时，作了以下精彩的回答："对于温州，大家熟悉的是它的经济发展，陌生的是它的文化传承。温州的文化是永嘉文化，四海一家，义利并举"。接下来他用"7·23"动车事故发生后温州全民出动紧急救援的例子，尤其是那个最后被救出的小依依的故事，来说明温州人的文化积淀和道德水准。在此，郑局长使用的是传播模式中的"陌生化"的策略，他用生动的案例颠覆了"温州假货泛滥""温州炒房团"等负面新闻所带来的"温州人唯利是图"的刻板印象，让媒体和公众看到了一个"你所不知道的文化温州"。①

新闻发言人突破了政府官员"训诫"式的角色定位，与作为公众代言人的记者进行平等对话，这也有助于政府树立亲民形象。与社论等传统的宣传手段相比，新闻发言人使用的是带有"普遍性符码"（universal code）——例如，口头语言（称为"言语"，区别于书面语言）、身体语言（包括手势、表情和服饰等）。好的发言人往往会从个人的切身体验出发现身说法，使用亲情、友情、爱情等容易引发共鸣的叙事框架，增强传播的有效性。同时，在经济/文化全球化的背景下，发言人应当结合公平、正义、平等、博爱等"普遍性符码"来进行危机传播，以此获得国内外受众的广泛认同。党的二十大报告明确提出的和平、发展、民主、自由、公平、正义的"全人类共同价值"是发言人进行"人性化传播"的重要参照系（参见以下案例分析）。

与各种传统的宣传手段相比，新闻发言人模式无疑是一种更为人性化的传播方式，而新闻发布会又能够为传者/受者提供一个充分的交流和互动的话语平台。因此，从传播效果来看，有效的新闻发布机制能够起到"润物细无声"的作用。它能够突破受者的意识层面，在其潜意识层面上发挥影响力，达到"制造同意"而非"强制接受"的效应。

---

① 郑宇民同志回答微博网友问题的完整视频见http://www.tudou.com/programs/view/j2KFJIRngt0/；2013年8月28日下载。

案例分析 危机传播中的普遍性符码与人性化传播

　　毋庸置疑，源自西方的"公共关系"理念在中国的传播和普及可以说是几十年来改革开放的具体成果之一。在相当长的时间内，很多人对"公共关系"的认知都来自一部1989年由央视播出的电视剧——《公关小姐》。甚至于有人错误地把"公关"与"三陪"联系在一起，也与这部电视剧所传递的片面信息不无关系。即便在一些位高权重的政府官员眼中，"公共关系"是与政府工作风马牛不相及的。笔者2003年回国后不久，与一位市委宣传部的官员谈到"政府公关"和"危机传播"的理念，对方惊讶地反问："难道让我们像那个电视剧里演的那样？"

　　笔者跟这位官员交谈的时候，恰逢中国陷入了一场全球性危机——"非典"。从传播学的角度来看，"非典"留下的最重要的遗产之一就是政府"公共关系"和"危机传播"理念的深入人心。自此以后，作为中国社会最具权力和影响的主体，中央和地方的各级政府部门逐渐把"公共关系"引入了日常工作当中。北京奥运会就是一个成功的例子。在申办、筹办和举办奥运会的近十年间，"公共关系"一直是带有浓厚政府机构色彩的北京奥组委的工作重心之一。一些知名的国际公关机构和国内外的专业人士、学者都参与到与北京奥运会有关的一次次"公关战役"中来。也许"战役"这个不那么国际化的词就体现出北京奥运会的"非常态"——它不仅仅是一个体育盛典和商业活动，而是一项"政治任务"。

　　源自西方商业社会的"传播"与"公关"理念进入到中国政治的话语体系中，不可避免地要发生一些理念和实践上的冲突——尤其是与传统的"宣传"思维的冲突。其实，这两者之间有着本质的差别："宣传"是单向的信息传递，它所体现的是一种权力关系；"公关"则是双向或多向的平等交流与商议，它更多的是借助为各方所接受的普世价值。因此，"宣传"表现为一种不容置疑和挑战的官方修辞（official rhetoric），而"公关"则表现为一种人性化传播（humane communication）。

　　虽然北京奥运会在中国官方内部的话语体系中被定性为"最高的政治任务"，但是在对外的传播和沟通中，则最大限度地回避了"官方修辞"，而更多地借助于西方"政治传播"和"政府公关"的理念。无论是通过和实施保证境外记者采访自由的"国务院477号令"，还是设立接待境外非注册记者的"北京国际新闻中心"，都举行了高密度的新闻发布会，都是在制度、理念和实践上与国际接轨，放下官方修辞的架子，贯彻人性化传播的理念。令全世界惊艳的开幕式所传递的"和谐"二字更是"普遍性符码"的杰出范例。正如《纽约时报》的一篇评论所指出的那样，开幕式让全世界看到了一个"浪漫、优雅、和平的中国，一个超越了兵马俑的中国"。由此，我们可以把张艺谋在开幕式第一次彩排后放弃了他排练一年多的兵马俑和秦腔的宏大场面解读为"传播和公关的理念"战胜了"宣传思维"。显而易见,尽管兵马俑是被法国前总统希拉克大加赞誉的"世界第八大奇迹",但却是战争的象征,不符合北京奥运会传递的"和谐世界"的理念。

但是,这样的普遍性符码和人性化传播在当今的政府公关实践中还远未得到充分的体现和运用。2008年9月由"三鹿奶粉"事件所引发的全球性公关危机,极大地破坏了中国政府借助于北京奥运会所塑造出的良好的国家形象。即便如此,石家庄市政府新闻发言人在向公众道歉时,还把这场危机归结为"缺乏政治敏感性""影响了党和政府的形象",不要说外国的记者和受众难以理解他的这番"官方修辞"或者是"主控性符码",就连国内的网民也批评他缺乏人情味,不是在向受害的患儿和家庭道歉,而是在向"上级领导"道歉。显然,类似这样带有浓重宣传色彩的"道歉"非但不能化解危机,反而会进一步破坏"党和政府的形象"。如果"政府公关"和"危机传播"的理念和实践能够成为一种常态,如果我们的政府官员在日常工作中能够多一些"传播"和"公关",少一些"宣传",那么党和政府的良好形象才会在国内和国外的"意见市场"上得以维护和强化。

如果说2008年北京奥运会完成了新中国在世界中心舞台上的闪亮登场,那么2022年北京冬奥会则是新时代的中国以更加开放、自信的姿态引领世界走出疫情阴霾"一起向未来"的成功实践。以"简约、安全、精彩"为基本理念的北京冬奥会带来了对外传播理念和实务的突破,以更为多元、包容和年轻化的方式,借助于高科技和数字化的手段,探索基于文明共生、共享和共荣理念的跨文化传播新模式,将"全人类共同价值"这一"普遍符码"深入人心。

14年前,中国人民向世界发出了"开放的中国盼奥运"和"北京欢迎你"等真诚而迫切的邀请,通过举办一届"无与伦比的奥运会"(罗格语)表达了期冀全面融入国际社会并得到广泛接纳的愿望。在"百年变局"和"世纪疫情"的交织叠加的当下,新时代的中国则以一届"疫情下的伟大奥运会"(巴赫语)向世界展示了东方式的浪漫、淡定和包容。2008年北京奥运会有效提升了中国的国家形象,而14年后更是在中国的引领和带动作用下实现了冬奥会的"破圈传播",不仅提前实现了中国领导人承诺的带动3亿人参与冰雪运动的目标,而且把以往被诟病为"富人俱乐部"和"小圈子汇报演出"的冬奥会拓展为"全球一起嗨"的顶流赛事。

本届冬奥会创下了参赛和获得奖牌的国家和地区数量的历史新高,一些来自非洲、拉美和小岛国家的运动员克服种种困难,亮相冰雪赛道。作为史上首次实现转播全面"上云"的奥运赛事,北京冬奥会的数字化转型为其带来了有史以来最高的全球关注度。除了在瑞典、德国等冰雪运动强国创下了收视纪录,还强力拉动了来自"传统冬奥收视盲区"的全球南方国家和地区的民众的关注。北京冬奥会在全球社交平台上已吸引了超

30亿网民的关注，一些明星运动员账号的互动量超过10亿条。毫无疑问，北京冬奥会已经成为迄今为止收视率和网络关注度最高的全球顶流赛事之一。

北京冬奥会对外传播的数字化转型，不仅为全球民众带来了更为真实可感的视听体验和即时互动基础，也为推动从"开放中国"到"全球中国"国家品牌升维创造了契机。一方面，从谷爱凌、苏翊鸣等新晋"顶流"和羽生结弦等国际大腕，到冰墩墩、"机器人调酒师"等刷屏爆款，再到冬奥选手吃播和基层志愿者互动，以参与式和沉浸式"第三方传播"的手段破解了少数美西方传统媒体一以贯之的"灰黑滤镜"，借助于更加具有公信力和影响力的社交传播塑造了多维、立体、全面的"动感中国""萌态中国"和"乐活（LOHAS）中国"的新形象。

另一方面，具有"第三文化人"特征的Z世代体育明星不仅在各自领域展现了全球合作和共享的成果，而且建构了超越单一国族边界的跨文化主体想象。徐梦桃与老对手、美国运动员考德威尔赛后拥抱互祝"我们都是冠军""为你骄傲"的"名场面"被广泛传播，在"新冷战"硝烟再起的当下显得弥足珍贵。谷爱凌在夺冠后发出的"体育可以团结所有人，体育不需要与国籍挂钩"是Z时代应对"逆全球化"挑战的宣言，新生代青年群体正在解构传统欧美中心主义视角下的"一元文化主体"叙事，展现了全球化时代的转文化传播和"多元文化主体"生成的新路径。

诚然，从宣传到传播的模式转换只是对新闻发布机制进行理论化的一种尝试。这种模式转换充分说明了新闻发布机制和新闻发言人是一定社会历史语境下的产物。这项机制的建立和完善也是一个本土化的过程，与中国的具体实际相结合，符合当下社会政治的需要。美国等西方国家的经验值得我们学习和借鉴，但在这个过程中要避免犯"淮橘为枳"的错误。对新闻发布机制进行理论化探索的终极目的是使这一"新生事物"在中国的语境下具备一定的合理性和可操作性，这就自然而然地引出了新闻发布制度的创新和新闻发言人的角色重构问题。

从"官职本位"到"专业本位"：新闻发布的制度创新和发言人角色重构

尽管早在1983年，中央和地方政府的一些部门（重点是外交部、外贸部等涉外部门）就已经启动了新闻发布机制，设立了新闻发言人，但这项制度在全国得以全面推广还是从2003年开始的——尤其在是"非典"阻击战取得阶段性胜利后。到2004年年底，国务院各部委和31个省、市、自治区的政府部门都有了自己的新闻发言人，在公众较为关注的卫生、公安、教育、环保、应急等重要职能部门，基本建立了从中央到地方市县一级的定期新闻发布制度。

特别值得一提的是，国务院新闻办采取了"以培训带建设"的方式来推进新闻发布制度。2003年年底，在清华大学、复旦大学等高校的专家学者和国内外资深记者、发言人的支持下，国新办在北京举办了两期"全国新闻发言人培训班"，组成了由主管领导、专家学者和业界人士组成的新闻发言人培训的"国家队"，培养出了中国第一代政府新闻发言人，也被媒体和公众亲切地称之为新闻发言人的"黄埔一期"。随后，这支"国家队"到全国31个省、市、自治区进行培训工作，学员参加完培训后便以发言人身份亮相，带动了政府新闻发布制度短时间内在我国的全面推行。经过几年的实践和探索，"国家队"逐渐确立了新闻发言人培训五大"内容模块"：主管部门领导（讲解党和政府相关的方针政策）；新闻传播学专家学者（讲解相关的新闻传播学理论和策略）；资深记者、编辑等媒体业界人士（讲解媒体运作规律）；资深发言人（传授从业经验）以及实操训练（观摩国新办发布会、模拟新闻发布、专家点评等）。

新闻发布制度的建立和完善成为中国政府推行渐进式政治体制改革的突出成就之一。近十年来，中央和省（区、市）党委及政府部门召开的新闻发布会都保持在每年1 500场以上，这个数字在世界范围内都是相当罕见的，彻底改变了西方媒体对中国"密室决策""暗箱操作"的刻板印象，同时也满足了社交媒体时代我国公众日益增长的对知情权、参与权、表达权和监督权的诉求。

在2008年的汶川地震和2010年的舟曲泥石流等自然灾害以及2020年以来席卷全球的新冠疫情等危机事件中，在2008年的北京奥运会、2010年上海世博会、广州亚运会、2019年的新中国成立70周年、2021年的建党100周年、2022年的北京冬奥会、2023年的成都大运会、杭州亚运会等大型庆典和全球性体育赛事中，中国政府的新闻发布工作秉承"真实、透明、迅速"的原则，逐渐成为我国政治生活和国际舆论中的一个引人注目的"亮点"。

从2010年下半年起，从中央到省市级的党委职能部门又开始全面推进党委新闻发言人制度。就现状而言，新闻发布机制已成为我国各级党委和政府部门推行党务公开、政务公开的重要保障之一。在以全球、全民、全媒传播为本质特征的社交媒体时代，我们需要根据不同的受众需要，采用更符合新闻传播规律、更为"人性化"的手段来传递党和政府的声音，以期获得传播效果的最大化。

在政府新闻发布制度日渐常态化的趋势下，新闻发言人也成为被媒体和公众关注的重要角色。"黄埔一期"中的一些优秀学员，如国家安监总局原新闻发言人黄毅、卫生部新闻发言人毛群安、公安部原新闻发言人武和平等，以敬业精神和专业态度赢得了媒体和公众的口碑。北京的王惠、上海的焦扬、南京的徐宁等女性发言人被人们称之为发言人中的"三朵金花"。他们在重大事件新闻发布中的出色表现和"经典语录"至今仍被许多中外记者和网民津津乐道。诚然，他们当中也有一些人成了舆论关注的"话题人物"。"新闻发言人成了新闻",其中的原因非常复杂,这充分说明政府新闻发布制度在中国还处于"实验和探索"期,还有待不断完善和提高。一些微博大V片面指责和嘲讽新闻发言人,甚至还有个别人罔顾事实,在微博上宣称"黄埔一期培训出来的几位明星全部阵亡",这绝非公允之论。

在全球、全民、全媒传播的时代,具有新闻发言人经历的领导干部成为优先提拔的对象已经成为选拔各级领导干部的一个趋势。党的十八大以来,一批具有新闻发言人任职经历的干部被提拔到重要岗位,其中受到公众关注的有外交部发言人华春莹(现任外交部副部长)、商务部原发言人沈丹阳(现任海南省委副书记)、担任教育部新闻发言人长达15年之久的续梅(现任北京邮电大学党委书记)、先后担任北京市教育委员会主任的线联平和李奕都是"服役"多年的新闻发言人,等等。

毋庸讳言,新闻发布制度是来自西方的"舶来品",在我国还是一个新生事物,还处于不断的探索和尝试中。2011年"7·23"动车事故新闻发布会和原铁道部新闻发言人王勇平的离职使得这个制度中存在的一些积弊被放大,其中最为根本的一条就是新闻发言人的角色定位。

从广义的范围来说,新闻发言人是负责为各种团体、组织、机构和个人发布新闻和传递信息的使者,属于传播学所说的"信道"这一环节。在我国现存的"大政府、小社会"的格局之下,为政府部门工作的新闻发言人无疑是其中最受关注的对象。在美国,他们所属的行业组织称之为"全国政府传播工作者协会"(NAGC)。这里所说的"政府传播者"除了新闻发言人,还包括政府部门的新闻官员、公共信息官员和从事媒体公关的专业人士等。该协会在美国的注册会员超过万人,成为美国各级政府部门与媒体、公众进行有效沟通的中坚力量。

新闻发言人是一项专业性很强的工作。它首先不是一个官职,而是一个特殊的专业岗位。从国外的经验来看,合格的新闻发言人都有政府和媒体长期工作的经验,都接受过新闻学、传播学、政治学、管理学等跨学科的专业教育。从1929年(胡佛总统执政期)至今,白宫共任命了36位新闻发言人(他们使用的是"总统新闻秘书"的称谓),当中一半以上是新闻记者出身或是在媒体工作过,另外一半则具有各级政府部门和国会、议会新闻发言人的从业经验。自克林顿执政以来,白宫先后任命了5位资深的电视新闻主播或记者来担任发言人。有"互联网总统"之称的奥巴马从网络媒体选拔了一批"80后""数字土著"进入白宫的新闻发布工作团队。可以预见的是,今后也将有来自网络媒体的新闻人出任白宫新闻发言人(详见本书第六章第二节)。

我国的国情决定了新闻发言人的专业化不可能一步到位。2003年至今,在中央和地方党政部门的不懈努力下,基本上完成了新闻发布制度的建立和新闻发言人的配置。据笔者掌握的情况,目前,我国政府部门的新闻发言人大体上有三种来源:一是主管领导,如有的地方要求出任新闻发言人的必须是该部门主持常务工作的"二把手";二是秘书长和办公厅主任的"总管式"人物;三是宣传部门的负责人。其中第二类人选是各级政府部门新闻发言人最主要的来源。选择以上三类人员是为了在短时间内迅速建立和推进新闻发布制度而采取的一种"权宜之计"。但从长远看,其缺陷是显而易见的,这些缺陷到了"人人都是新闻发言人"的微博时代就暴露得更为显著。

上述这三类人员大都是官员出身,鲜有媒体的实际工作经验,不能熟练运用媒体和公众喜闻乐见的专业传播语态和策略来进行沟通,这与新闻发言人要专业化和规范化的要求是有一定距离的。于是乎便出现了这样一种怪现象:发言人面对记者的诘问要么三缄其口,要么用空话、套话敷衍塞责,要么发出"雷人雷语"引发更大危机。新闻发言人不敢或不愿发布新闻,或者是前文所探讨的"新闻发言人本身成了新闻",这都是新闻发言人专业化和规范化程度较低所导致的必然结果。

此外,目前我国的新闻发布工作被简单地划归到宣传部门或行政部门(比较常见的是划归办公厅或秘书局),新闻发言人大都处于"有职无权"的状况中。实际上,新闻发布工作既不是传统意义上的宣传工作,也不是一般意义上的行政工作。新闻发言人如果没有一定的权力保障,就无法对所在部门的新闻发布作出整体规划和通盘考虑,也无法进行各部门之间协调"口径"的工作。即便是由"二把手"出任发言人,按照目前的政府管理模式,他也无权了解分管领域之外的情况,更不要说在各部门之间进行协调工作了。

除了媒体经验之外,新闻发言人还应当承担传播团队领导者的角色。新闻发言人身后应当有各级领导的支持和传播团队的保障,这样才能确保其开展有效的工作。美国政府部门的新闻发言人虽然没有正式的官衔,但他可以得到所在部门主管领导的特别授权。列席该部门决策层的会议,对高层决策有着通盘的了解,与决策层和各部门一起商议新闻发布的口径。与此同时,他所领导的传播团队承担着搜集舆情、撰稿策划乃至新闻发布会的后勤保障等工作,没有这些幕后工作,身处台前和聚光灯下的发言人是不可能有出色的表现的。

2010年夏季,"7·23"动车事故的新闻发布引发的全民大讨论为政府新闻发言人的制度创新和角色重构创造了一个难得的契机,促使各级领导重新认识新闻发布工作和新闻发言人的定位与属性。为此,我们应该在以下几个方面进一步改进政府新闻发布工作:

1. 突破现有的"归口管理"模式,按照国际惯例设立新闻发布的独立职能部门——"新闻处"或"新闻发言人办公室",全面掌握和协调本单位以及所有"利益攸关方"的信息。

2. 突破传统的"官职本位"模式，明确规定新闻发言人的职权范围和责任。例如，允许他们列席高层决策会议，授权他们邀请相关的主管领导在必要时共同面对媒体，等等。

3. 按照国际惯例招聘新闻发言人，尤其是有长期媒体工作经验的专业人士加入新闻发布团队。

4. 适应社交媒体时代的"新闻传播分秒必争"的原则，在现有的新闻发布会基础上，采取定制新闻（RSS）、微博、微信发布等多种形式，满足不同层次的受众要求。

总体来看，政府新闻发布机制要突破目前单一的信息传输职能，变被动应对媒体和公众为主动影响和引导舆论，建立并且维护政府部门良好的媒体形象。从这个意义上说，建立新闻发布机制不仅仅是为了保障公众的知情权，还应当通过这一机制加强公共传播效果，从而影响公众的选择、判断和评估，为政府部门履行职能和开展工作创造一个有利的国际和国内舆论环境。从实践的层面来看，专业化——从"官职本位"逐渐过渡到"专业本位"——是实现这些目标的前提和保证。在推动社会治理能力现代化的时代背景下，新闻发布工作的重要性和时效性愈发凸显出来，新闻发言人的制度创新和角色重构必将有利于政府、媒体和公众之间尽早形成良性互动的关系，从而在我国政治和社会领域建立一个信息透明、交流畅通的公共话语场。

第一章 危机传播的基本概念与理论

第一节 危机的基本概念

中文里的"危机"一词是"危险"和"机会"的复合词。从词源学的角度来看,英文中"危机"(crisis)一词来自希腊语中的 krinein,意即"决定"。按照《韦氏英文辞典》的解释,"危机"是指"有可能变好或变坏的转折点或关键时刻"。这就是说,"危机"是一个具有决定性的阶段,它决定了事态向着更好的还是更糟的方向发展。现代汉语的符码和语艺优势在于拥有大量的复合词,这些复合词往往体现了一种辩证关系,"危机"一词便是典型的例子,它包含了"危险"和"机会"并存这一朴素的辩证法。对"危机"一词,许多学者从不同的角度给出自己的理解和判断,可以说没有哪一种定义可以涵盖危机所涉及的所有方面。大体来说,"危机"的定义应该涵盖以下这些基本特征:

- 突发性事件;
- 具有潜在的危险性;
- 需要迅速采取行动来应对;
- 主管部门不能完全掌控;
- 有可能产生出人意料的后果及影响;
- 引发了媒体和公众的强烈关注。

2003 年春的"非典"发生前后,"危机管理"(crisis management)这门学科被系统地介绍到国内。从事这门学科研究的学者主要是从组织管理的角度给"危机"这一概念来下定义,他们所关注的"危机"通常是指"组织危机"(organizational crisis)。组织的具体形态包括政府机构、政党、企业、医院、学校、社会团体、非政府组织等,大体上相当于中国人所说的"单位"。目前学术界对"危机"的定义有 20 多

种，其中比较有代表性的有以下几类：①

- 查尔斯·赫尔曼（Charles Hermann）是最早界定"危机"概念的学者之一。他认为，危机对组织而言既是一种"威胁"，它会对组织的核心目标产生威胁；也是一种"挑战"，它的发生出乎组织的意料，需要决策层在短时间内作出回应。② 福特在此基础上把"危机"归纳为两个基本特征：威胁和时间上的压力。③
- "危机管理"领域公认的较为权威的定义是由管理学者斯蒂芬·巴顿（Stephen Barton）提出的：危机是一个会引起潜在负面影响的具有不确定性的大事件，这种事件及其后果可能对组织及其人员、产品、服务、资产和声誉造成一定的损害。④
- "危机传播"领域公认的较为权威的定义由传播学者库姆斯（Timothy Coombs）所提出：危机可被视为对某个特殊事件的认知。这一事件影响了组织的表现，也威胁到了各个"利益攸关方"（stakeholders）对该组织的期望。因此，危机具有高度的"认知性"（perceptual）。如果各个"利益攸关方"认为该组织处于危机之中，那么危机就会发生，除非该组织能够成功说服各方危机不存在或已经结束——这恰恰是危机传播的根本任务。简言之，危机就是各个"利益攸关方"一致认为组织做了不合时宜的事情，因而破坏了各方对组织的期望。⑤

上述几种定义都强调了危机中存在的不确定性和负面影响。巴顿的定义将危机的影响扩大到政府或组织的名誉，而库姆斯则是从传播学的视角切入，用"认知性"揭示了危机的本质，由此凸显政府、企业等组织与公众进行沟通的必要性。在实际的运作中，这种沟通要通过媒体的中介作用来得以实现，因此，组织、媒体和公众如何形成有效的互动关系便成为危机传播研究的基本课题之一。

21世纪初，人类全面进入了贝克所说的"风险社会"。各种危机事件层出不穷，尤其是一些区域性的危机事件会借助各种因素演变为全球范围的危机事件。新冠疫情的暴发进一步揭示了更加深层次的结构性问题存在，包括政治极化、种族偏见、阶层分裂、生态恶化、全球南北差异，等等。而随着全球气候变暖的加剧，极端气候灾害频繁地侵扰着世界各国。以上各类危机可被归纳为"矿井金丝雀"事件。有经验的煤矿工人通过

---

① 关于"危机"的20多种定义参见 D.P. Millar & R.L. Heath (eds.), *Responding to crisis: A rhetorical approach to crisis communication*, Mahwah, NJ: Lawrence Erlbaum Associates, 2003, pp.1-17.

② Hermann, C.F., ed. *International Crises: Insights from Behavioral Research*, New York: Free Press, 1972.

③ Ford, J.D., "The management of organizational crisis," *Business Horizon*, 24 (3): 10.

④ [美]罗伯特·希斯：《危机管理》，王成 等译，18~19页，北京，中信出版社，2001：18-19.

⑤ Commbs, W.T., "Conceptuailizing crisis communication", in R.L. Heath & H.D. O'Hair (eds.), *Handbook of crisis and risk communication*, 2009: 237-252.

矿井中饲养的金丝雀的叫声来判断瓦斯泄漏与否——如果金丝雀窒息死去，那就说明瓦斯浓度即将上升到致命的程度，井下人员应当迅速撤离。

新冠疫情和气候变暖这些问题由来已久，由此引起的各类矛盾冲突频发，但都像金丝雀微弱的叫声一样没有引起人们的关注，人们还是安之若素，没有及时撤离危险区，这一点从2020年年初一些欧美国家对待新冠疫情的态度就可以看出。面对这些"矿井金丝雀"，现代化的发展模式和市场化的体系并未有效地防止这类全球风险的发生。通常意义上的灾难包括自然灾难和人为灾难两种。前者包括地震、火山、飓风、洪水及森林大火等，后者则包括战争、污染、核泄漏、火灾、有害物质泄漏、经济金融危机等。但事实上灾难所包含的范围还不仅限于此，在大灾后出现的大规模的暴力事件导致了大量难民的出现，饥荒、财产损失以及疾病的蔓延都成为灾难的内容，世界卫生组织将这类灾难定义为"复合性的人道主义灾难"。此外，如果一场地震破坏了当地的核电站从而导致核泄漏，这样的灾祸被称为"自然－人为灾难"，也就是中国人常说的天灾人祸。2011年日本的"3·11"大地震引发的福岛核电站泄漏事故，以及2021年日本政府开启的福岛核电站核污水排海计划便是典型的例子。以上事件均为危机传播所关注的议题。

灾难会极度影响到人类生活的周边环境，造成生活质量下降、饥荒、医疗设施的破坏、传染病的流行，继而会产生痛苦与死亡。虽然人类在进步，世界在发展，但是灾难的暴发概率却并没有减少，对于中国来说也是概莫能外。各国政府和相关组织都面临着极大的挑战，它不仅需要对公众在生理上如何康复提出解决方案，还要对包括焦虑、悲伤、失望等在内的各种心理症候提出合理的解决办法。同时，各国政府和相关组织还要对以下几点因素格外重视，它们加剧了突发性大型公共危机爆发的可能性。

- **人口因素**：世界人口仍然处于膨胀状态之中，由于生存空间的限制，更多的居民迁至灾难多发区附近生活，例如，河道附近、泥石流多发地、野火易发地、危险垃圾堆放地附近、机场附近，等等。这些居民受灾并引发公共危机的可能性在增加，而人口数量的庞大有可能导致受灾后难民数量激增。人口结构也是关键的问题，以我国为例，虽然2021年我国脱贫攻坚战取得全面胜利，但其中的低收入人群仍然占据多数，这意味着他们抵御各种风险的能力仍然很弱。近年来我国城镇化建设的快速发展，许多农村地区的青壮年劳力外出打工，出现了乡村"空心化"等问题。虽然国家加大了对各种防灾措施的投入和建设的力度，但许多地区的抗灾自救能力仍然较弱。截至2022年年底，中国60岁及以上人口已达2.67亿，占总人口18.9%，中国已经进入老龄化社会，且这种趋势正在加快。老龄人口的迅速增加无疑加重了公共卫生系统和社会保障系统的压力，加大了各种危机出现的可能性。

- **流行性传染病**：传染病对人类而言始终存在威胁，无论年龄、性别、生活方式、民族、经济状况有怎样的差异，传染病一直是导致人类死亡的最常见因素之一。传染病的救治和防控工作给经济和社会生活带来了沉重的负担。自古以来，人类经历了霍乱、鼠疫、流感、伤寒、肺结核等传染性疾病的侵扰，"黑暗的中世纪"的梦魇仍在西方媒体上常被提及。随着城市卫生设施和饮用水质量的改善，传染病发生的概率大幅度降低。但在全球化带来的人员和物资流动的便利条件下，许多新型病毒可以在人们毫无戒备的情况下在短时间内传遍整个世界。2003年在我国和其他一些国家肆虐的"非典"病毒，2004年年初影响全球禽畜养殖业的H5N1禽流感，2010年春季暴发的"甲流"和2013年春季暴发的H7N9禽流感，更加证明了人类还远未摆脱传染病的梦魇。2020年年初暴发的新冠疫情更是说明了这类传染病为全球带来的巨大影响，因此被称为改变人类历史进程的重大事件。

- **极端气候事件**：全球气候变暖在许多国家正在成为一种"紧急状态"（emergency），严重威胁着人类的生存与发展。与传染病的突发性相比，气候变暖长期以来是一个"温水煮青蛙"的威胁，很难被人类所感知。但近年来气候变化所带来的极端天气愈发成为常态，从肆虐澳大利亚、夏威夷、美国西海岸等地的山火，到2021年郑州大水、2023年严重威胁中国华北地区的极端高温与降水等，极端气候事件不仅威胁着脆弱地区的生产生活，对现代化城市的基础设施也造成了破坏，这些都考验着地方政府应对危机与灾害的公共管理与应急能力。

- **国际旅游与国际贸易**：据世界旅游与观光协会（WTTC）和中国社会科学院旅游研究中心的统计，新冠疫情前的2019年，全球旅游总人次突破123亿，这一数字在疫情后正逐渐恢复。作为新兴大国，中国企业和公民成为国际旅游和贸易的重要力量。另外，国际旅游和国际贸易的日益频繁使区域性的危机扩大为全球性危机的概率大大增加，这一点在新冠疫情的全球迅速暴发中已尽显无疑。高传染性病毒可以在24小时之内传播到大多数国家。很多发展中国家缺乏应对紧急卫生情况的条件，而未来，这些国家将拥有更多的百万人口以上的大城市。2022年，全世界已经有11座人口超过2 000万的大城市，其中10座大城市分布在发展中国家，而这些国家中部分城市的基础设施建设令人担忧，这种条件将会加速病菌的滋生和传播。而亚洲则恰恰是发展中国家最多的区域之一，处于易受各种灾难侵袭的前沿地带。

- **恐怖主义的肆虐**：不可否认，恐怖主义的势力正在日益增长，"基地组织"等一些跨国的恐怖组织的勃兴给世界和平与地区稳定带来了严重的威胁。除了采用暴力手段威胁公众的生命安全外，生化武器可能成为恐怖分子常用的手段，这类袭击从普通的食物中毒到炭疽粉末的传播，覆盖面更广、杀伤力更强，因此在"9·11"事件后逐渐成为危机传播研究的焦点之一。当前，恐怖主义依然是全球治理的难题之一，美军撤兵阿富汗引发周边地区恐怖主义势力反弹，各种宗教极端主义正在渗入欧美发达国家，且越来越有向年轻群体入侵之势。

- **科学技术带来的高风险**：科学技术是一把双刃剑，既可以为人类带来福祉，也可能带来灾难。美国著名环境新闻记者蕾切尔·卡森（Rachel Carson）发表于1962年的经典作品《寂静的春天》（*The Silent Spring*）首次揭露了杀虫剂给生态环境带来的巨大危害。当前，众多科技公司所开展的"漂绿"行为越来越成为常态，在危害环境的同时又通过广告、绿色营销等方式掩盖自身的污染行为，缺乏对相关绿色责任的承担。2022年被称为"内容生成式人工智能"（AIGC）的元年，AIGC有着广泛的应用场景，对媒体和管理行业带来了颠覆性变革，但随之而来的人工智能伦理、隐私与科技监管问题的解决也迫在眉睫。

- **经济衰退和金融危机**：经济全球化为人类带来了一定的便利和福祉，同时也使各国的经济和金融体系形成了"一荣俱荣，一损俱损"的关系。1998年的亚洲金融危机和2008年美国的金融海啸波及全球数十个国家，导致了经济衰退和失业率大幅上升，引发了大范围的民众示威和社会动荡。美国等西方国家自2017年开始对中国发起的"贸易战"和"科技战"也威胁着全球的安全与稳定。

凡此种种，危机传播所关注的主要是由上述因素引起的突发性的大型公共危机事件。具体来说，这些事件可以分为以下几类，如表1.1所示。

表1.1 突发性大型公共危机事件

全国或跨地区的自然灾害	有可能传入我国的大规模的环境污染	特定区域内的实验室事故	恐怖主义有关的使用组织性暴力
食品、水、空气污染	战争、武力冲突	人质劫持	使用生化武器
传染病暴发	全球或区域性金融危机	爆炸	
化学或其他有毒物质泄漏	贸易战、科技战	重要人物突然身故（如暗杀、急病）	
放射物泄漏		极端气候灾害	
由无法认定的传染源引发		炸弹恐吓	

第二节　危机传播的基本概念

　　危机传播是政府部门进行危机管理的重要环节之一。"非典"前后，以清华大学薛澜教授为代表的一批公共管理学者系统地介绍了西方危机管理的一些理念。本书聚焦的则是以媒体和公众为主要对象的危机传播。以媒体为对象进行的信息传递被称为"传播"，而与公众进行的信息交换被称为"沟通"。传播与沟通是危机管理的核心，它们在英文中都是用一个概念（communication）来表述。为了表述上的方便，本书遵循国内学术界的惯例使用"危机传播"的说法，既包括以各种传播媒介为平台进行的危机传播，也包括人际、组织层面进行的危机沟通。如果说"危机管理"是一个以管理学为核心的多学科研究领域，那么"危机传播"则是以传播学为核心的。具体来说，就是把人际传播、媒体传播（包括大众媒体与社交媒体）、组织传播和跨文化传播等学科的一些理念运用到危机管理的过程中。

　　简而言之，"危机传播"就是在危机前后及其过程中，在组织、媒体、公众之内和彼此之间进行的交流和互动过程。虽然学术界和业界也有"危机管理""危机沟通""危机应对""危机公关"等不同的说法，[①] 但笔者认为，"危机传播"基本覆盖了上述这些概念的内涵与外延，并且由于communication是危机管理的核心，故从学理和实践的角度来看，"危机传播"是更为恰当的表述。

　　具体而言，危机传播可分为以下两种类型：（1）对危机信息和认知进行的管理；（2）对利益攸关方的反馈进行的管理。前一种类型的危机传播是在"幕后"进行的，包括搜集信息、识别信源、分析舆情、分享信息和在此基础上作出决策。前文中提到，库姆斯把"危机"界定为"认知性的"，因此，对危机信息和认知进行管理，旨在形成对危机的"公共认知"或者说"共识"。后一种类型的危机传播则是在"台前"进行，政府、企业等组织派遣专业人员（如新闻发言人）通过语言、行动、传媒等渠道影响各个利益攸关方对组织及其所经历的危机的态度、认知和反馈，为危机的减缓直至化解营造良好的舆论氛围。

　　危机传播的宗旨大致体现为以下四个方面：（1）利用新闻发布机制对危机事件进行快速回应，平息公众的恐慌情绪；（2）随着政府、企业等组织掌握信息的增加，要协调相关信息的发布。在危机发生后，组织通过媒体回应把事实和相关信息传递给公众，以

[①] 胡百精教授在《危机传播管理》（2005）中将这两个概念结合起来进行讨论，重点探讨的是危机传播的管理取向。中国台湾学者吴宜蓁教授则在《危机传播：公共关系与语艺观点的理论与实证》（2005）一书中对"管理取向"和"语艺（修辞）取向"分别作了探讨。

正视听,从而维护社会的稳定和正常秩序;(3)通过一定的传播技巧说服媒体和公众接受政府所采取的措施,创造一个对组织有利的舆论环境;(4)借助于各类媒体进行公关活动。危机事件一般都会给组织带来负面的影响,要通过危机传播来及时消除这种影响。一旦组织的形象受损,还要通过危机传播来进行"形象修复"工作。显而易见,组织从一开始就要掌握危机传播的主动权。

在2003年的"非典"疫情中,每一个中国人都亲历了政府主管部门从回避到被动回应,再到主动出击的变化过程,亲身感受到了危机传播的重要性。正是由于有关部门在疫情暴发后反应迟缓,造成了一定程度的社会恐慌(如京穗等地出现的抢购风、农村部分地区迷信活动的蔓延),引发了公众对政府和大众传媒的"信任危机"。一段时间内,手机短信这种在当时技术手段最为先进,而传播方式最为原始(点对点/人传人)的媒体成为人们最为信赖的信息源。当时,中国政府在危机传播中处于被动的地位,因而也受到了国际舆论的巨大压力,个别媒体趁此机会"妖魔化"中国(如《时代》周刊以"非典"病人的肺叶透视片与五星红旗叠映,给中国贴上"'非典'国家"的标签),对我国的国家形象造成了损害。4月20日以后,政府重新掌握了危机传播的主动权,定期的新闻发布机制开始建立,各级领导干部或通过媒体或深入民间展开各种危机传播活动,有效地控制了有关疫情的不当信息的蔓延。在此过程中,我们除了见证了新中国成立以来从未有过的高频次的新闻发布会,还看到了政府为说服公众和修复形象作出的种种努力。这场突如其来的灾难使危机传播的理念在短短的几个月内深入人心,得到了从高层决策部门到普通民众的广泛认同。

从2003年暴发的"非典"到2020年暴发的新冠疫情,我们可以看到"危机传播"的理念在我国由引入、接受、普及到实施的发展脉络。突如其来的"非典"使得"危机"一词成为我国政治和公共话语体系中的一个关键概念。它所引发的社会震荡和对我国国家形象的巨大破坏促使我们主动学习、逐渐接受和贯彻实施"危机管理""危机传播"和"危机公关"等源自西方的理念与策略。几年来的机制建设和经验积淀终于在应对和处理"汶川大地震"这一新中国成立以来最为严重的公共危机事件的过程中得以应用。政府、媒体和公众"三方合力"所进行的有效的危机传播,使得这场发生在2008年这个特殊年份的"危机"演变成为重塑国家形象、扭转我国在"国际意见市场"上不利地位的"转机"。这一进步的取得并非偶然,它是我国近年来政治、社会和媒体变革的必然结果。而在2020年暴发的新冠疫情中,中国的危机传播工作更显成熟,从中央到地方,各级政府建立起较为完备的新闻发布制度,并能够根据相应的危机情景进行相应的策略调整。

案例分析 1.1 2008年汶川大地震：我国政府危机传播走向成熟的节点

2008年发生的"5·12"汶川大地震的信息传播是我国政府危机传播的一个范例，也是从中央到地方政府危机传播和新闻发布工作走向成熟的标志性事件，获得了国际社会和国内公众的广泛好评。"5·12"汶川大地震是新中国成立以来爆发的最大规模的公共危机事件之一。在这场危机爆发前夕，我国所处的国际舆论形势异常严峻——年初的南方雪灾、拉萨"3·14"骚乱、4月初奥运圣火境外传递遭袭和"4·28"山东列车相撞等天灾人祸，使得中国的国家形象遭遇了空前的挑战。即将于百天之后揭幕的北京奥运还能否在友善祥和的国际舆论氛围下顺利举行？这显然是当下全体中国人和所有关心中国发展的国际友人最为关注的问题。这次汶川大地震期间，我国改革开放30年来经济和社会治理水平的显著增强，在抗震救灾工作当中得到了充分的体现。我国政府的公共传播和大众传媒，尤其是中央级主流媒体表现出的前所未有的高效、公开、透明，把一个开放、和谐、以人为本的国家形象呈现在世人面前。

从某种意义上说，作为国殇日的"5·12"也是中国新闻传播史上一个新的开端。国内主流媒体第一时间大篇幅、不间断、多角度报道这场危机，境外记者第一时间获准奔赴灾区采访，并且得到了各级政府部门和普通民众的支持与帮助，中央和地方政府部门第一时间召开新闻发布会通报灾情、澄清谣言。对比五年前的"非典"疫情，这三个"第一时间"无疑反映了中国危机传播的巨大进步。

首先，"非典"疫情之后，中央和地方各级政府部门相继建立起了突发事件的应急处理机制和新闻发布制度，政务公开和政府信息公开成为我国政治体制改革的一个重要内容。从党的十七大报告明确提出的"保障人民的知情权、参与权、表达权和监督权"和"让权力在阳光下运作"等新观念，到全国人大修改《突发事件处置条例》删除了"新闻媒体不得违规擅自发布有关突发事件的信息"的条款，再到2008年5月1日起正式实施的《政府信息公开条例》，这些都为这次汶川大地震期间有效的危机传播提供了政策和机制上的保障。

其次，互联网、手机等"草根媒体"的迅速崛起，对传统的新闻传播观念形成了强有力的冲击。地震爆发后的几分钟内，相关的信息通过手机短信、视频、即时通信（在当时主要是QQ）等新媒介传遍了大江南北。相关工作人员坚守岗位，政府网站及时更新、发布当地最新的灾情，获得了高达百万次的点击率。这种新媒体主导的新型传播生态使得以往具有中国特色的所谓"新闻、旧闻、不闻"的划分失去了意义。在信息高度垄断的社会，有些"新闻"可以扣住迟发，变成了"旧闻"；有些则干脆不发，成为所谓的"不闻"。拉萨"3·14"事件本来是由达赖集团精心策划的一场暴力阴谋，但由于传统的"旧闻"和"不闻"观念的影响，相关的信息发布不及时，使得带有偏见的西方舆论和达赖集团的国际公关活动在全球舆论场上抢占了先机，造成了我们在对外传播上的被动局面。

危机传播的基本原则是"真实地说，迅速地说，首先来说"。可以说，在这次汶川大地震期间，危机传播的3T3F原则在我国政府的新闻发布和主流媒体的新闻报道当中得到了切实的贯彻。虽然在5月12日14点28分地震发生后，英国广播公司（BBC）在两分钟后就发出了一条短讯，在速度上占先，但新华社和中央电视台分别在14点46分和15点，播发了有关震中和震级的详细信息，在信息发布的品质上占据了优势。国家地震局在16点召开的新闻发布会上及时提供了权威、专业的信息。应该说，中国政府和主流媒体建立的公信力在随后几天的报道中逐渐建立。中国媒体成为最重要的信源，一扫国际舆论对中国"官方"信源的不信任态度。

最后，北京奥运会和上海世博会把改革开放的中国推向了全球传播的中央舞台。以往那种"内外有别""韬光养晦"等传统的对外宣传原则已经不能适应全球传播时代的要求。尤其是在2007年1月1日起实施了保障境外记者采访自由的"国务院477号令"以后，中国的对外传播工作出现了一个新的变局。汶川大地震期间，先后有近百位境外记者到灾区采访，20多位境外记者在地震爆发后，获得了与境内记者同等的待遇，一同在第一时间赴一线采访，这是国务院"477号令"得以贯彻落实的结果。境外记者来自新闻现场的报道与中国官方信源相互补充和相互印证，使得有关中国报道获得了本土与全球视角的互动。

在汶川大地震期间，政府的危机传播除了发挥上情下达、内情外达的作用以外，还利用新媒体极大地调动了公众的参与意识，使2008年成为中国的"志愿者元年"。抗震救灾不再仅仅是政府的工作，而成为每一个公民神圣的职责。粗略统计，全国各地进入四川参与救灾工作的志愿者达10万人，全国各地参与救灾宣传、募捐、物资运输的志愿者超过1 000万人，其中，"80后"的青年一代成为主体。志愿者成为抗震救灾中一支不可忽视的重要力量，这一宝贵经验也延续至今，2022年北京冬奥会志愿者人数达到1.8万人。

"5·12"汶川大地震开创了我国政府危机传播和对外传播的新变局，与3个月后成功举办的北京奥运会相互补充，共同提升了国家形象，消除了各种舆论"噪声"。从汶川大地震的案例中可以看出，只要我们能够坚持危机传播的基本原则，突如其来的"危机"就一定能够成为中国获得国际舆论主导权的"转机"。

但是，我们还应清醒地认识到，从总体上来看，我国政府部门的危机管理和危机传播还处于探索期。虽然从中央到地方建立了突发事件的应急机制，设立了政府新闻发言人，但"形式大于内容"仍然是当前我国政府部门危机传播存在的主要缺陷。我们还没有把危机传播上升到"国家品牌营销"（nation branding）的层面上，还不善于利用危机来向全世界传播中国的文化和价值观。这一点不仅与美英等西方发达国家存在着较为显著的差距，而且与韩国、南非、智利等"后发"国家相比也不占优势（详见案例分析1.2）。这也在一定程度上反映了我国新闻传播学界对相关议题的研究较为滞后，未能给决策者和实践者提供有力的理论指导和学术支持。有鉴于此，将危机传播纳入学术研究视野之内，建立一套符合中国国情的概念、理论和范式体系是我国新闻传播学界当前和今后努力的一个方向。

案例分析1.2 智利矿难救援：危机传播与"国家品牌营销"的有机融合

"媒介事件营销"是新闻传播学研究中出现的一个新概念，它是指"组织"（包括国家、政府、企业、学校和各类社会机构等）借助于大众传媒对新闻事件的关注推广其正面形象，塑造品牌，传递价值观的公关和传播活动。这里所说的媒介事件又可分为两类：事先设计型和突发应对型。前者包括奥运会等具有全球影响的会展、庆典或仪式，也包括一些具有标志性意义的"大事"（mega-event），如美国宇航员登月、中东和平协议签署，等等；后一种则是指各类突发的公共危机事件，如恐怖袭击、自然灾害等，即我们经常说的"天灾人祸"。

对于前一种事件，我们能够进行精心的策划与筹备，借助于各种公关和传播手段对媒体进行"议程设置"和"议题管理"，因而可以归类为"塑（造）型传播"；而后一种事件因其突发性更能体现一个国家的真实状况和社会动员能力，因而需要借助于更具挑战性的"矫正型传播"。随着人类进入"风险社会"的时代，这类事件发生的频次在迅速增加，同时对国家形象和品牌的提升或破坏的"双刃剑效应"也在逐渐增强。2008年中国举办了一届被国际奥委会主席罗格称为"真正无与伦比"的北京奥运会，但是几周之后爆发的"毒奶粉"丑闻却几乎把多年苦心经营的"国家形象工程"所带来的正面效应在一夜之间摧毁殆尽。从中我们也可以看到这两类事件的媒体效应实际上同样重要，我们既要重视"事先设计"型的媒介事件，同时更要建立起一套风险传播和危机传播的机制，使得"突发应对"型的媒介事件能够由危机化为转机，将其对国家形象的破坏效应转化为提升作用。智利矿难救援就是处理这一类媒介事件的成功范例。

对于智利这样的小国而言，鲜有通过"事先设计"型的事件进行媒介营销的机会。即便是后一种突发型的媒介事件，也不一定能够引起世界的关注。例如，2010年2月底，智利发生了8.8级的历史上罕见的强震，但是它所引发的媒体关注却远远不能与8月发生的矿难救援相比。据统计，共有1 300多名来自五大洲200多家媒体的外国记者云集位于智利北部的指挥救援活动的大本营——"希望营"，仅英国广播公司（BBC）就派出了近40名记者。智利政府及时抓住了这次难得的"国家品牌营销"的机遇,总统皮涅拉多次作为新闻发言人亲自与记者沟通,并且设立了专门机构为全球媒体和记者进行服务。

矿难发生后,媒体和公众强烈批评政府的安全监管不力,但包括总统在内的政府官员没有选择躲避媒体,而是以及时、坦诚、公开的新闻发布迅速扭转了危机初期的不利地位。皮涅拉总统在媒体面前始终把自己的"姿态"放得很低,将"我很卑微"和"上帝帮助了我们"这样的说法挂在嘴边。即便是在矿工全部获救的时候,他也没有夸耀个人与政府的功劳,而是说"这不是我个人的成就,是智利人民感动了上帝"。同时,他也不忘利用这个全球媒体高度关注的机会来"营销国家":"我们智利通过这个危机将变得更加强大,让别人更加尊重我们的国家和人民,全世界会对智利有更多的了解",等等。其结果是,在矿难救援的69天内,"智利"一词频繁出现于全球各大媒体的头条。除了少量批评和争议的声音外,全球媒体几乎是众口一词地赞誉智利政府的危机处理和该国民众所表现出的强大凝聚力。

任何一次成功的媒介事件营销都需要完善的后备工作作保障。智利政府和相关部门的高效回应,井下矿工、家属的乐观态度和凝聚力使得这个"媒介事件营销"获得了最好的传播。完善的准备工作是国家形象推广和国家品牌塑造得以成功的有力保证。智利的个案本身与其他的"突发应对"型媒介事件有着一些本质的差别。尽管全球记者云集新闻现场,但600多米深的地下究竟发生了什么,记者们无法亲身获知。他们只能依赖智利政府这个唯一的信源,这就为后者进行有效的新闻管理创造了良机。处理这场危机的最大功臣之一便是智利总统的新闻协调官雷纳尔多·塞普尔韦达。正是他直接掌控8台摄像机和媒体报道团队,并且有权决定架设摄像机的位置。从这个意义上说,在现场采访的1 000多名记者和全球10亿人看到的实际上是这位新闻官希望他们看到的一次"媒介事件"。

尽管智利救援的案例确实存在着一些偶然因素和不可复制的条件,但是,智利政府在实施"新闻管理"和"舆论引导"的过程中还是为我们提供了一些可资借鉴的经验。在国家层面上进行的"媒介事件营销"旨在凭借事件本身吸引媒体关注,放大正面效应,最终塑造国家的正面形象,提升其美誉度。具体来说,智利政府使用了以下一些策略和手段,值得我们反思和借鉴。

正面/负面新闻的"捆绑发布":在可以影响或控制突发事件的总体舆论走向的情况下,政府部门可以将正面和负面的新闻事件通过"捆绑发布"的手段一起传播出去。这不仅显示了政府的诚恳态度,同时也通过这种正负面信息的"套装"使得正面效应得以放大,从而降低负面效应,甚至完全抵消负面效应。在这次矿难救援的初期,智利政府一方面强调在矿井中已经建立了风险机制;另一方面,他也不回避矿井公司在安全制度上的缺陷，以及救援技术和设备的落后。这种正面／负面信息既获得了媒体和舆论的同情与理解，同时也让人们看到了一个真实的智利。

"区隔"与"压缩"并用：在新闻管理的过程中，我们要尽可能将正面信息掰开揉碎、时时有信息，切割和衍生出更多的同类信息，从而实现正面新闻的实时发布，挤占负面舆论炒作的空间。反之，对负面信息，我们则要尽可能归并和压缩，既不刻意回避和掩盖，同时也尽可能降低其新闻效应。在智利的案例中，媒体报道不厌其烦地描述矿工们的井下生活细节，通过名为"白兰鸽"的空心圆管向井下运送补给品的过程和美国营养师配置的食谱都被媒体津津乐道，这些碎片化的正面报道体现的是智利政府对井下矿工无微不至的关怀。而对矿主、企业和政府监管部门在这场危机中应当承担的责任始终是采取"合并同类项"式的新闻发布方式，并没有逐条逐项加以厘清和挖掘。

人性化和娱乐化：69天的救援犹如一场精彩的连续剧，矛盾悬念层出不穷，把这场危机变成了一场"媒体奇观"。智利政府还充分挖掘了其中的许多人性化的因素，始终以矿工及其家属为主要切入点，突出体现亲情、友情和爱情等普世关怀的新闻点。这33名矿工及其家庭背景被媒体反复挖掘，甚至许多有关矿工的花边新闻都被曝光。这些富有人情味儿的新闻恰恰符合当今市场化媒体人性化和娱乐化的趋势。这种人性化和娱乐化的"媒介事件营销"，突出了事件所具有的正面效应，所体现出的人情味儿巧妙地规避了政府处理失当、安全制度缺陷等可能引发负面炒作的"爆点"和"槽点"。

综上所述，智利矿难救援为我们如何将"媒介事件营销"做得更为深入和更有成效提供了宝贵的经验。处于转型期的中国具有"危机驱动型"的社会特征，在社会治理方面存在诸多潜在风险，如何化危机为转机，从而提升国家形象，塑造和营销国家品牌，应当是我们下一步努力的方向。

第三节　危机传播的属性、要素和策略

从总体上看，危机传播结合了传播学、新闻学、社会学、政治学、心理学、管理学等学科的概念和理论框架，对政府、企业等组织在危机应对的过程中提供专业化和精准化的策略指导，对内促进和谐社会的建设，对外树立国家的良好形象，应当是每一位政府和企业的领导者、管理者及新闻发言人应当深入了解和研习的一门学科。具体来说，危机传播具有以下一些基本属性。

- **危机传播具有高度的公共性**：虽然危机传播代表政府、企业等组织的利益，但其根本宗旨仍然是从公众利益和诉求出发，动员和引导公众参与组织决策，在"意见市场"和"情感市场"上赢得公众的支持，塑造组织的正面形象（参见案

例分析1.3）。
- **危机传播是一种高度专业化的管理机制**：危机传播既在组织、媒体与公众之间进行信息、观点的双向/多向传递和交换，同时也在组织内部发挥着决策、咨询、建议等管理功能。危机传播是一项需要经过深思熟虑的、精心筹划的系统工程，是以实际表现和所产生的影响为评估标准的，因此需要一个高度专业化的团队和机制来确保其有效实施。
- **危机传播具有高度的意识形态和文化属性**：危机传播不仅仅是传递事实的真相和告知组织的决策，还要建构意义和传递价值观，凝聚共识。同时，在当今多元文化的语境下，危机传播需要考虑受众在年龄、阶级、民族、宗教、性别、性取向等身份/认同指标上的差异。因此，危机传播具有意识形态和文化上的目的性。

与传播学的其他分支一样，危机传播研究关注的也是由香农和韦弗（Shannon & Waver）提出的"信息传播七环节"：信源—编码—信息—信道—受众—解码—反馈。本书各个章节的探讨基本围绕以下六个要素展开。为了阐释上的方便和我国国情的特殊性，我们把危机传播中的重点放在政府部门，重点探讨政府部门如何借助媒体向公众进行危机传播。但对于企业、非政府的民间组织以及个人而言，这些危机传播的理念和原则也是具有一定的启发性的。在本书中，对危机传播各个环节定义如下。

- **信源**：来自政府部门的传播者，主要指新闻发言人，或者负责宣传事务的官员（规范的称谓是新闻官员或公共信息官员），也包括经常与媒体和公众打交道的其他官员、专家、研究人员等。
- **编码**：政府部门进行信息设计的过程。
- **信息**：危机事件的进展过程；对危机事件起因进行的调查；应对危机的措施。
- **信道**：传媒（报刊、广电、社交媒体和网站）、人际信道（例如，"听证会、协调会、评议会"等"三会"制度，以及对个别家庭的走访等）。
- **受众**：包括外部受众（如网民等利益相关者）和内部受众。
- **解码和反馈**：对危机传播效果的评估，主要是对媒体的相关报道、评论及其所反映的社情民意的追踪和分析。

危机传播的主要方式（即前文所说的"信道"）具体包括：

- 人际传播（例如，政府部门的相关负责人或工作人员、专家与公众进行的面对面交流）；
- 群体传播（例如，在学校、商场、社区内投送群发信件和新闻简报，召开"三会"，等等）；
- 组织传播（例如，在某个单位、公司或组织内部传递信息）；

- 媒体传播（例如，以新闻发布会的形式通过广播电视、报纸、互联网、社交媒体等媒介平台来传递信息）；
- 以上各种形式的全部或者部分的组合。

在新媒体时代，以上分类方式也存在融合趋势。也有人将社交媒体中的传播称为人际传播与媒体传播融合的"大众人际传播"，即面向大众，却可以根据受众特征和需求进行"量身定制"的传播活动（tailored communication）。这种"定制化传播"既包括专业的传播人员又包括非专业的传播人员，强调传播的圈层化。与前面几种传播方式相比，"大众人际传播"或"定制化传播"更多存在于组织的日常关系管理和危机之后的信息修复中，但应意识到这一概念的内涵对于理解危机语境下不同传播方式的融合。

本书将把媒体传播作为当代危机传播中最常见、最主要的方式来加以详细讨论，特别是对新闻发布会和新闻发言人制度的建设提出一些理论上的依据和实际操作上的建议。与此同时，本书也将用一定的篇幅探讨人际、群体和组织传播方式。这些方式作为对媒体传播的有效补充，能够更好地体现"以民为本"的人性化传播理念，有利于树立政府部门的"亲民"形象。

案例分析 1.3　危机传播与两个"市场"的重要意义：海天酱油与海底捞

源自西方的公共关系的理论和实践是基于17世纪英国诗人、政论家约翰·弥尔顿所提出的"思想自由市场"（the free marketplace of ideas）的理念。按照这一理念，任何人都有表达自己观点的自由，大众传媒应当为各种思想和观点的交锋提供同等的机会。最终，真理会战胜谎言，善意会战胜恶意，人类对自我和世界的认知要通过"思想自由市场"这一机制不断进行修正和完善。

在各种思想和观点的角力当中，公共关系是一种有力的工具，可以帮助政府、企业和社会组织有效地影响舆论，在"思想自由市场"的竞争中获得先机，占据上风，从而为组织行为创造一个良性的媒介生态和舆论环境。作为公共关系的一种重要形式，危机传播同样应当遵循这样的原则。

20世纪80年代，公共关系理论的代表人物格鲁尼格（J. Grunig）在他的"公关演进模式论"中进一步把"思想自由市场"划分为"意见市场"和"情感市场"。前者主要是受信息和知识的影响。强调"意见市场"重要性的公关学者主要是从理性主义出发，强调在传播过程中发掘受众的"理性"的重要意义。因此，危机公关的首要任务是把真相和相关的知识、观点通过大众传媒等"信道"及时传递给公众，从而在"意见市场"上获得主导权。在2003年的"非典"之后，我国政府、企业和社会组织在处理危机的过程中，基本上能够做到及时传递真相与相关的信息，有效地引导舆论。

但是，除此之外，我们似乎忽略了格鲁尼格所阐述的"情感市场"的重要性。其公关的主要对象并不是那些"理性"的哲人或科学家，而是一个个有血有肉、感情丰富的个体。西方心理学、社会学和传播学的大量实证研究显示，人们在形成意见和采取行动时，更容易受到其习惯和情感的左右，而非信息和知识的影响。有鉴于此，有效的危机公关不仅应当通过信息和观点的及时传递来掌控"意见市场"，同时也应当考虑如何影响受众的情感和随之产生的各种"习惯性认知"。

2022年9月爆发的海天酱油"双标"危机就是一个典型案例。有网友爆料，在国外市场买的该产品的配料表中没有添加剂，而国内销售的同款产品中则标有添加剂。这一时期中国食品安全问题在社交媒体中受到广泛关注，短视频平台随即出现对海天国内外添加剂存在"双重标准"的质疑。9月30日和10月4日，海天味业先后发表两份声明予以回应。在第一次声明中，海天味业称自身产品符合国家标准，态度强硬，声称公司已对部分博主采取追责措施；在第二次声明中，海天味业表示，食品添加剂安全合法，存在于全球食品生产中，且一国（地区）一标，公司不存在"双标"行为。再次以强硬的姿态对公众进行回应。

但事与愿违，海天酱油在此次危机中并没有恢复公众的品牌好感度，其强硬态度反而带来了诸多负面后果。实际上，海天酱油的添加剂标准在食品行业中并非个案，但这种以"标准"论天下的说法实际上拉大了品牌与消费者的距离。这其中的重要原因就在于海天味业忽视了"情感市场"所具有的同样巨大的影响力。其危机公关的核心策略是放大对自身有利的信息和观点，但却没有把消费者关心的问题摆在首位，以至于在"情感市场"始终处于劣势。

相比之下，海底捞和胖东来一类长期打"情感牌"的企业在面临此类危机时所受到的影响就小得多。2017年海底捞爆出后厨有老鼠等卫生问题之后，海底捞迅速作出回应，及时采取了关闭涉事门店、推广开放式后厨等补救措施。相比于部分企业将此类责任推至门店和员工，海底捞则是从企业管理制度的角度对此类事件进行反思，并在其声明中写道：

"涉事停业的两家门店的干部和职工无须恐慌，你们只须按照制度要求进行整改并承担相应的责任。该类事件的发生，更多是公司深层的管理问题，主要责任由公司董事会承担。"

海底捞这一近乎"自残"的策略是在宣扬和强化其"消费者永远正确"的经营理念，获得了后者的支持和信任，在"情感市场"上占得先机，使得网民纷纷在社交媒体留言"原谅"海底捞。

与之类似的是"胖东来"在2023年6月发生了顾客与员工争执的舆情事件，这是一家以服务优质闻名的地方"网红"商场。在员工与顾客发生争执后，"胖东来"对此在社交媒体发布了长达数页的调查报告，内容包括每次调查如何整改，员工如何对顾客进行道歉。值得注意的是，胖东来也提到对员工进行心理补偿等细节。这些凸显出人情味儿的回应也赢得了公众的广泛赞誉。

上述这两个例子告诉我们，有效的危机公关应当是以公众或消费者作为基本的出发点，兼顾"意见"和"情感"两个"市场"的影响力，这样才能产生事半功倍的效果。

美国管理学者斯蒂芬·芬克（Stephen Fink）提出的危机传播阶段理论奠定了这个研究领域的基础。其基本理念是：危机在不同的阶段具有不同的特征，因此传播者要在了解这些特征的基础上选择相应的传播手段，才能达到传播效果的最大化。

对危机阶段的划分，我们使用芬克提出的四阶段"生命周期"模型。该模型最早出现在他的论文集《危机管理：为不可避免的灾难做筹划》（*Crisis Management: Planning for the Inevitable*），芬克借用医学上的术语把危机分为潜伏期、爆发期、延续期、痊愈期和评估期，大体上对应的是危机前、危机初始阶段、发展阶段、解决阶段和危机后的评估阶段。库姆斯等学者在此基础上又进行了细化和完善。以下我们对前四个阶段的传播策略（包括其宗旨、特征和模式）作一简单的概括。

潜伏期的传播策略：
- 分析舆情，厘清议题，制订相应的预案；
- 建立和培养各种合作关系；
- 搜集各种相关建议；
- 检验信息渠道是否畅通；
- 进行新闻发布会的模拟和演练；
- 开通官方微博、微信，确保正常运转。

危机发生之前，组织应当开展"风险传播"（risk communication）和"议题管理"（issue management）。"风险传播"是指组织通过媒体向公众——尤其是与该组织有关的"利益攸关方"——充分说明他们可能面临的消极影响；"议题管理"则是组织事先对内部和外部可能遇到的各种危险或威胁进行识别，并制订相应的对策。关于这两个概念，我们将在下一节作更为详细的讨论。

无论是"风险传播"还是"议题管理"，这些框架性的规划往往引发人们的思考，为危机传播奠定心理基础，上述两个学科领域在后面的章节中还要作详细介绍。在这个阶段，我们还需要规划和建立新闻发布机制，指定新闻发言人，建立"微发布"的平台和机制，确认各种信息资源的可操作性，测试信息的传递渠道是否通畅，同时还要与其他相关单位和专家建立合作关系，为危机传播确定统一的口径。

爆发期的传播策略：
- 承认危机的出现，表达同情；
- 使用简单朴实的语言向媒体和公众阐明可能出现的风险；
- 树立和维护组织以及发言人的公信力；
- 向公众提供切实可行的行动方案（例如从哪些部门可以获得帮助等）；
- 承诺向公众及时传递最新消息。

危机一旦爆发，我们就应迅速启动新闻发布机制和危机传播预案。简明快速、真实可靠以及前后一致是危机传播的基本原则。在爆发期，社会可能会陷入暂时的失序状态，而媒体则会出于"抢新闻"的目的，提供一些片面的、甚至于虚假的信息。这在社交媒体兴盛的时代表现得尤为突出。政府和相关组织必须迅速调查危机的详细情况，了解事态的严重性，同时掌握舆情，在第一时间内作出反应。在爆发期内，政府和组织做了什么、说了什么乃至何时何地如何表达自己的观点都会影响到自身的声誉和公信力，因此不能有一丝一毫的差池。

在危机爆发期内，政府部门应当注重把以下两类信息结合起来进行整体发布："指导性信息"和"调适性信息"。前者主要是指导公众从生理上应对危机；而后者则是帮助公众从心理上度过危机。[①]

危机爆发之初，公众一般会表现出恐慌的情绪，抑制恐慌的最好办法就是提供具有可操作性的"指导性信息"和表达同情、安抚、关切的"调适性信息"。这些信息主要是向公众介绍危机事件的一些本质特征，并且提供一些即时可用的应对方案。这样一来，政府就把握了传播的主动权，成为媒体和公众所信赖的信源，即便暂时没有新的信息补充，也要表明政府部门的态度，说明应对工作的开展情况，从而杜绝坊间流言的出现。通过这一阶段的传播，要向媒体和公众表明政府一直在关注事态的发展。值得注意的是，在这一阶段，政府会受到媒体的"狂轰滥炸"，公众要求"知情"的呼声也会一浪高过一浪。在这样的信息压力面前，新闻发言人要坚持原则，只发布经过授权和核实的准确信息。如果屈从于这种"信息压力"，发布一些未经核实的信息，只会给政府的工作带来负面影响。

危机爆发之初，媒体和公众通常会对以下问题表现出格外的关注：危机的规模和影响的范围有多大？危机会给他们带来哪些危险？危险会在多长时间内存在？谁来解决危机？对于这些问题，新闻发言人要做好充分的准备，尽可能快速、准确和全面地回答这些问题。

---

① Sturges, D.L., "Communicating through crisis: A strategy for organizational survival," *Management Communication Quarterly*, 1994 (3): 297-316.

总之，在危机的爆发期，前文中提到的危机传播的 3T3F 原则——"真实地说，及时地说，首先来说"——是政府部门和企业应当遵循的基本原则。大量的实证研究表明，如果负面信息首先由组织自己承认，而不是由媒体报道或微博爆料，那么就可以有效减轻危机对组织所造成的"声誉损失"。换言之，组织应当抢占舆论的主动权，避免出现"盗雷"效应，即"地雷"由别人引爆，对自身带来更大的破坏。[①]

延续期的传播策略：
- 帮助公众更准确地了解所面临的风险；
- 提供更有针对性的深度背景信息；
- 对组织的决策进行解释，获得民意的支持；
- 接受反馈意见，及时纠正错误信息；
- 着手进行收益／风险评估；
- 对组织进行"形象／声誉修复"。

在危机期间，政府部门在这一阶段工作量最大，面临的挑战最多。在危机延续期内，政府应当针对不同受众群体的信息需求提供更多的深度背景信息。例如，危机究竟是如何发生的？类似的危机过去发生过没有？如何防止其卷土重来？我（们）如何从危机的负面影响中恢复过来？危机会对我（们）产生哪些中长期的负面影响？

如果危机解决进展缓慢，那么政府部门就要受到一定的"舆论压力"。很多观点中立或者对立的专家学者对政府所采取的政策进行公开批评，在这些批评意见中有的是建设性的，有的则是对政策的误读或曲解。同时，公众当中也会流传一些对政府开展工作极为不利的"小道消息"。对此，政府部门应当充分掌握舆情的变化，对各种建设性的批评意见表现出诚恳接受的态度，对各种误讯（即错误的信息）、谬讯（有意散布的假新闻）、传闻，甚至于谣言进行及时的回应和澄清，始终把传播的主动权牢牢掌控在自己手中。

痊愈期的传播策略：
- 对引发危机的原因和危机处理过程中出现的各种问题作出诚恳的解释；
- 通过教育，提高公众应对危机的能力；
- 说服公众支持组织进行灾后重建的各项政策和对各种资源的调拨；
- 开展悼念遇难者和周年纪念等活动抚慰公众心理，提升其危机意识；

---

① "盗雷"（stealing thunder）效应由美国学者阿尔潘提出，相关研究参见 Arpan, L. M. & Pomper, D., "Stormy weather: Testing 'stealing thunder' as a crisis communication strategy to improve communication flow between organizations and journalists," *Public Relation Review*, 2003 (29): 291-308; Arpan, L. M. & Roskos-Ewolden, D. R., "Stealing thunder: Analysis of the effects of proactive disclosure of crisis information," *Public Relation Review*, 2005 (31): 425-433.

- 重塑组织形象和声誉。

随着危机影响逐渐减弱，人们对危机的了解也日益增加，政府部门可开始着手进行恢复性的工作。痊愈期虽然标示着事态向积极的方向发展，但是由于媒体和公众进入"信息疲劳期"，这会影响到政府的信息传播效果。因此，政府部门应当采取一些适当的媒体公关手段，尤其是要充分利用微博、微信等社交媒体平台，重新激起媒体和公众的兴趣。

第四节 危机传播的相关领域

近年来，传播学者还发展出了与危机传播相关的五个新的前沿领域，值得我们关注：(1) 议题管理（issue management）；(2) 风险传播（risk communication）；(3) 声誉管理（reputation management）；(4) 灾难传播（disaster communication）；(5) 战略传播（strategic communication）。正如前文所分析的那样，这5个领域与危机传播的各个阶段存在着密切的关联。议题管理和风险传播是危机潜伏期的主要内容，而声誉管理则是危机痊愈期和延续期的重要环节。"灾难传播"是从"危机传播"中细分出来的一个领域，尤其是在当前气候灾难成为常态的背景下，灾难传播正在成为危机传播理论和实践探索中的一个重点。另外，这5个领域又相对独立，发展出了各自关注的焦点和范式，与已有的危机传播形成了相辅相成的关系。下面我们对这5个领域分别进行介绍。

议题管理

议题管理应当是政府部门和企业等组织对危机传播开展的主要工作之一。笔者在留美期间曾经对纽约警察局（NYPD）的公关部门进行过调研，其在20年前便已建立危机传播和议题管理档案库。他们根据各类"议题"制定响应危机预案，对可能出现的各种天灾人祸分门别类地制定对策，遇到某一种类型的危机就把相对应的文件柜打开，调阅相关档案和预案。

议题管理旨在预防危机的出现，消除政府部门、企业等组织与公众之间可能产生的矛盾和摩擦，建立和强化组织与公众之间的和谐关系。从宏观的层面来看，所谓"议题"是指国家、政府、企业等组织在其政治、经济和社会发展中出现的、公众普遍关心的问题和需要加以决策的事项；所谓"议题管理"则是了解、动员、协调组织的政策规划与决策过程，借助于现代传播手段和平台，有效地引导公众参与公共政策制定的过程。"议题管理"的目的在于减轻，甚至于完全免除危机的爆发。"议题管理"的创始人、美国学者罗伯特·希斯（Robert Heath）提出了一个简明的公式说明议题管理的要素：风险评估＋准备预案＋采取行动＋传播与沟通＋评估＝成功的议题管理（即免除危机）。①

"议题管理"一词虽然来自西方学术界，然而很多西方学者都承认，中国古典哲学也是该领域的思想源泉之一。《道德经》第63章有这样的论述："图难为其易，图大为其细；天下难事必做于易；天下大事必做于细"。显而易见，中国古代哲圣早已揭示了"议题管理"的重要性和基本原则。

随着中国政治、经济、社会和文化变革的日益深化及社交媒体的普及，涉及公共政策和公众福祉的公共事务成为媒体和舆论关注的议题。"议题管理"这一研究领域在中国的勃兴显然是为了回应公众日益增长的参与公共政策讨论和决策的需要。如果政府部门在这些议题上含糊其词甚至于沉默不语，便会引发公众的质疑和不满。

从世界范围来看，议题管理也成为公共部门要面对的一个挑战。2023年年初，法国发生了全国性抗议，其中以巴黎市内抗议活动规模最大，对其国家形象造成了负面影响，起因是法国政府颁布新规进行推迟退休年龄改革，这一议题在全年龄段引发热议。值得注意的是，许多人参加抗议并非针对这一改革方案本身，而是对之前法国政府各项"缺乏倾听"的决策表达不满。这次席卷全国的抗议风潮实质上是该国政治、经济、社会层面上长期积累的"议题"的负面影响持续发酵的结果。这说明"议题"的背后可能蕴含着更广泛的社会矛盾，也是政府部门在"议题管理"上消极被动、进退失据的典型案例。

如果政府部门和企业善于利用社交媒体引导公众关注特定的议题，就可以把"危机"化为"转机"，获得媒体和舆论的认同与支持。2012年下半年，美国白宫与国会之间就预算问题相互争执和扯皮，导致有可能发生"财政悬崖"的危机。奥巴马发挥了他利用社交媒体影响舆论的特长，展开了"我的两千美元"（My2K）的全民大讨论，让网民分享各自的想法，讲述一旦白宫与国会的谈判破裂，"财政悬崖"将导致每人增税2 000美元会给自己的生活带来哪些冲击。奥巴马通过"议题管理"的手段号召网民向所在选区的议员施压，在2012年12月31日迫使国会通过了相关法案，使"财政悬崖"获得了初步解决。反之，危机发生后，如果缺乏有效的议题管理，无论态度再诚恳，措施再及时，依然无法获得媒体和公众的同情与谅解（参见案例分析1.4）。

案例分析1.4 从"富士康"的危机传播看"议题管理"的重要性

2010年深圳富士康公司发生的"连环跳"事件成为媒体和公众关注的热点。富士康的危机应对基本满足了危机公关的3T3F原则："真实地说，迅速地说，首先来说。"

---

① R. L. Heath & M. J. Palenchar, *Strategic Issues Management: Organizations and Public Policy Challenges*, 2nd edition, London: Sage, 2009: 201-243.

无论是其母公司鸿海集团总裁郭台铭还是深圳子公司的新闻发言人,他们的表现有可圈可点之处,从总体上说还是做到了公开透明、态度诚恳,并且采取了许多实质性的措施——例如,两次上调一线员工的工资,紧急调配大量专业心理咨询师,建立起"天网""地网"等各种防护网,等等。但遗憾的是,危机传播的效果似乎并不尽如人意。究其原因,主要是在议题管理方面没有下功夫,在很大程度上影响了危机传播的效果。

所谓"议题管理"是指政府或企业等"组织"在危机发生后,采用适当的传播策略对媒体和公众关注的热点问题施加影响,进行引导,从而为"组织"的危机管理创造一个有利的舆论环境。从这个意义上来说,"富士康连环跳"并不仅仅限于个别员工所采取的个人行为本身。这一危机事件之所以引发了媒体和公众对富士康的口诛笔伐,恰恰是因为它点燃了长期积累的"舆论引爆点"(例如,收入分配不公,福特式管理所导致的人情冷漠,等等),因而形成了"富士康=血汗工厂"这一体现当前中国现代化进程中深层次矛盾的议题。

按照议题管理的标准来衡量,富士康所采取的大幅加薪、聘请心理咨询师等应对策略只能说是短期性、浅层次的危机应对,基本上没有跳出"头痛医头,脚痛医脚"的窠臼。这样的做法能够应付一般性的危机事件,但对于处理这类"公共议题"型的危机事件而言就显得杯水车薪了。

在"富士康"的危机传播中,包括郭台铭在内的"组织传播者"的一次次鞠躬道歉,态度不可谓不诚恳,但依然无法赢得公众的谅解,其根本原因就在于缺乏对议题管理的认知,以至于未能有效回应媒体和公众的指责和质疑。具体来说,富士康在议题管理方面的苍白无力乃至于完全缺失表现在以下一些例子当中。

- 危机爆发初期,新闻发言人反复强调"富士康不是血汗工厂"【点评:简单的否认只能强化"血汗工厂"的议题】
- 在被记者追问"富士康是不是血汗工厂"时,郭台铭与记者开玩笑说:"你们(新闻媒体)是'血汗行业'嘛"【点评:重复记者的话,等于认同了媒体设定的议题,变相承认自己是"血汗工厂",同时不恰当的幽默激起了媒体和公众更为猛烈的抨击】
- 在"媒体开放日"的环节,郭台铭亲自带领记者参观工厂,与工人对话,但整个行程的隐含议题仍然是在证明"富士康不是血汗工厂"【点评:被动回应媒体和公众设定的公共议题,完全按照公共议题来设计危机公关的方案,结果必然是越描越黑】
- 郭台铭在赶赴深圳前保证对媒体公开透明,但在记者会上又临时取消问答环节,而在被围堵时,有记者突然爆料,称富士康与工人签订了"自杀免责"的秘密协议,郭表示"不知情";面对记者对"天网""地网"的有效性的提问,他的回答是:"就算把我扔下去,也不能保证没有一个自杀者"。【点评:缺乏网络舆情的研判,实际上那份协议已经在网上曝光;没有认真识别和准备"最难回答的问题",因此在媒体和公众面前的公信力大打折扣】

富士康的案例反映了目前政府、企业等组织的危机传播存在的一些共同问题:重视被动回应,而忽视主动的议题设置;重视对策的制定和实施,而忽视对舆情的全面研判;重视传播的形式(例如,盲目追求声势,千名心理咨询师进富士康,铺设数万平方米防护网,等等),而忽视传播的实质内容和效果。这些问题可以归结为一句话:在危机传播中重"危"轻"机",不善于进行议题管理,从而未能把"危机"变为"转机"。

相比之下,议题管理是一个更具前瞻性、长效性和战略性的过程。在"人人都是记者、事事都刷抖音"的5G时代,政府/企业、媒体和公众之间的"议题竞争"和对话语权的争夺会更加激烈。要想在危机传播的过程中占得先机,实现有效的舆论引导,政府、企业等"组织"应当在议题管理方面作出更深层次的探索,这便是"富士康"危机给我国政府和企业带来的最为重要的启示之一。

如前文所述,议题管理的宗旨是为了防止危机的发生和激化,因此,它也是危机传播的重要组成部分。美国学者罗伯特·希斯(Robert Heath)在议题管理研究方面起到了开创性的作用,他将管理学、修辞学、传播学和公共政策学中的相关概念和理论结合起来,开创了"议题管理"这一新的研究领域。在他看来,有效的议题管理应当体现修辞学的一个基本原则——事实与价值的一致性(参见案例分析1.5)。由于议题管理与公共政策的传播和接受是紧密联系的,因此"议题管理"的要旨是事实、价值和政策三者的统一。政府部门应使用符合公共性和专业性要求的修辞手段来表述其政策,从而获得媒体和公众的认可与支持。

案例分析 1.5 "添加剂"与"黑名单":议题管理事实维度和价值维度的统一

2011年6月13日,卫生部举行了以"科学认识食品添加剂"为主题的新闻发布会,这本来是一个大众关注的议题,但出人意料的是,第二天新闻报道的议程发生了偏转。"卫生部黑名单"成了媒体和公众热议的焦点,而新闻发布会的主要议题反而被遮盖了。发言人的表述应当是无可厚非的,他所强调的是"卫生部将对极个别误导公众的媒体记者建黑名单"这一事实。从修辞学的角度来看,"黑名单"这类表述容易在道德和情感的层面上引发受众的强烈反弹。无怪乎此言一出,网络和媒体上批评和讽刺的意见占了上风,一些从事实出发为该发言人所作的辩解淹没在记者和网民的口水中。

从公共关系的角度来看,这场新闻发布会之所以发生导向上的偏差,是由于发言人在议题传播的过程中未能进行有效的"议题管理"。在上述的例子中,"科学认识添加剂"是一个具有紧迫性的议题，是制定和实施与保障食品安全有关的公共政策的前提条件。虽然"将那些误导公众的记者列入黑名单"是发言人想要传播的一个重要事实，但由于"黑名单"所包含的价值观与公共政策的指向不完全吻合，因此导致了媒体和公众忽视了主要议题——科学认识添加剂，而转向了一个有悖于公共性的议题——黑名单。显然，如果我们把"黑名单"列入议题，就会发现它所包含的是一种威权主义的价值观。它让我们想到了那些动辄动用公权力打压不同意见的"思想警察"们。无论开列黑名单的动机是什么，这个事实所包含的价值观是难以让媒体和公众接受的，甚至于会引发他们种种不愉快的联想，诱发他们强烈的抵触情绪。这一点在发布会结束后的媒体报道和网上舆论中得到了印证。

政府出台的公共政策要想获得媒体和公众的理解与认可，必须借助有效的议题管理和公共传播机制——其核心便是事实与价值、公共性与专业性的统一。如果卫生部发言人能够充分考虑到这一点，他应当摒弃"黑名单"的说法，而采用一种更能体现公共性和专业性的修辞方式，比如，"我们将与专业机构合作建立新闻稽核制度"。

诚然，公共政策的传播和议题管理的关系较为复杂，在此无法展开论述。在当前社会利益和矛盾日趋复杂的情况下，任何一项公共政策的出台都不可能兼顾所有"利益攸关者"（stakeholder）。有鉴于此，建立有效的议题管理机制应当成为我国政府公关的重要内容之一。从"黑名单"这个案例来看，摒弃二元对立的"斗争哲学"，贯彻公关修辞中事实与价值、公共性与专业性的统一的原则，是当前政府提高新闻发布水平需要解决的首要问题。

按照希思的划分，"议题管理"包括以下六个连续的、不可分割的步骤，通过在微观层面上对主题、框架、关键词等的内容分析和在宏观层面上的PEST（政治、经济、社会和技术）与SWOT（优势、劣势、机会和威胁）分析，为政府部门的决策机构和负责与媒体、公众沟通的新闻发言人提供参考。

1. 议题识别。通过舆情的监测、分析和研判，确定议题的内容、本质、出现时机以及潜在的正负面影响，帮助新闻发言人确定"最难回答的问题"。
2. 议题扫描。当确认需要进行管理的议题后，需要建立预警机制，旨在经常性地观察有哪些议题出现并有扩大的迹象。扫描的对象应当包括与本议题相关的"利益攸关方"：(1)专业媒体。包括国际性、全国性和地方性的主要报刊、广播电视台、通讯社的相关新闻报道和评论。(2)意见领袖。包括政府官员、企业高管、专家学者、非政府组织和社团负责人等的相关言论。(3)专业精英。包括重要智库、高校、研究机构等主办的学术论坛或出版的专著、专题报告、会议论文和学术期刊。(4)网络社区和社交媒体等"新意见阶层"（或称"民间草根媒体")。包括微博、微信、网络论坛上的言论、跟帖等,尤其要关注粉丝量庞大的微博达人(又称大V)。①(5)其他来源:由于流行文化对青年一代的巨大影响力,电影、电视剧、电视栏目(尤其是脱口秀和真人秀)、流行歌曲、网络游戏等娱乐产品也会形成"软性议题",并对公共政策产生影响。例如,2012年,一部控诉乌干达反政府军使用童子军展开种族屠杀罪行的纪录片《科尼2012》在社交网络上广泛传播,获得了上亿次的点击,引发了美国各界关于对非洲外交政策的讨论。奥巴马政府在舆论压力下改变了相关的政策。

3. 议题监测。在对舆情进行全面分析的基础上,对议题发展的趋势进行预测和研判,重点关注以下一些问题:(1)议题发展的趋势是否持续、稳定、增强或减缓?(2)大众传媒、意见领袖、专业精英和网络社交媒体等对相关议题讨论的深度和广度如何?(3)针对议题的事实、观点和价值维度,哪些特定的群体怀有何种认知?抱何种态度?持赞成、反对还是中立的立场?各自变化的趋势如何?(4)意见领袖(尤其来自学术界和民间草根阶层)的人数、结构、认同程度和角色是否改变?(5)以上述四项为基础,议题发展的趋势是否会导致相关公共政策的出台或改变?

4. 议题分析。由专业团队撰写相关的分析报告,提供决策层参考,重点关注以下问题:(1)分析议题的发展进程,进行PEST分析——即对议题在政治、经济、社会和技术层面上可能产生的影响。(2)分析议题的各个"利益攸关方"的背景、动机、地位与角色,以及彼此之间可能产生的利益冲突;(3)对政府或企业在该议题上的定位、挑战和契机进行SWOT分析。

5. 议题研判。在前四个步骤的基础上最终完成议题研判。所谓"议题研判"就是要确认议题的优先顺序(priority-setting),对重点议题制订相应的传播策略。如何来研判议题的优先顺序?根据对以往危机传播案例的比对和总结,我们提出以下六个标准:(1)专业媒体记者是否将该议题视为重要事件?(2)微博、微信、抖音等"草根媒体"是否对此议题在短时间内进行了大量转发和评论?(3)国际组织、智库、他国政府是否关切此议题?(4)如果该议题持续发展,是否会引发公共政策层面的讨论?(5)如果该议题持续发展,是否会伤害国家利益,影响国家形象?

6. 议题传播。议题管理最终目的和效果都需要通过议题传播来得以体现。新闻发言人选择适宜的传播策略就相关议题与媒体和公众进行沟通和交流,开展

---

① 微博达人或大V在微博的不同发展阶段其粉丝数量定义也有所不同。截至2023年,微博上过亿粉丝的微博账号数量已经达到了4个,而这一数字还在不断增长。

理性的公共对话与讨论。具体的传播策略我们将在本书其他章节中加以详细地探讨。

风险传播

"风险传播"是从危机传播中细分出的一个新的领域。简言之，风险就是潜在的危机。如果风险未能得到足够重视和有效管理，便会演化为危机，因此也有学者使用"风险管理"一词。风险传播在环境传播领域较为常见。一般而言，风险传播主要是政府（或企业）、公民和非政府组织（也包括各类科研单位和媒体）之间的互动与协调，通过多方讨论对可能发生风险的环节进行提前规避，例如，公民群体会提前告知企业在生产过程中可能产生环境污染的环节，而科学家群体和非政府组织一方面以专业眼光对此类争议进行评估，另一方面以"第三方中介"的姿态参与到风险讨论当中。

在我国，由于传统文化中报喜不报忧、讳疾忌医之类的理念根深蒂固，人们对谈论"不吉利""倒霉晦气"的风险传播怀有抵触情绪，因此，风险传播在我国官方层面的建设工作相对较晚，且各地风险沟通水平相对不均衡。例如，北京在2012年"7·21"特大雨灾发生之后便建立了相应的风险传播和预警机制，但2021年"7·20"郑州特大暴雨灾害的发生还是说明了地方政府风险传播机制的失灵，公众的风险传播意识亟待加强。随着全球气候变暖的加剧，各地遭遇气候灾害的频率愈发频繁，可见，在危机传播之外，各地政府也有必要建设起完善的风险传播和预警机制（参见案例分析1.6）。

风险传播是指政府、企业等组织借助媒体平台就其所面临的潜在威胁及其特征、诱因、程度、意义、趋势、可控性和总体上的认知与公众和各个"利益攸关方"进行沟通和交流的过程，其宗旨是获得后者对组织所作出的相关决策给予支持。有效的风险传播包含三个要素：(1) 相关知识。组织及时向公众和各个"利益攸关方"发布信息，帮助他们了解风险可能产生的影响。(2) 防控措施。组织要向公众公布明确的管控措施，尽可能让公众和各个"利益攸关方"参与到风险防控的过程中。(3) 相互信任。组织在风险传播的过程中要坚持"第三方传播""人性化传播"和"换位思考"的原则，主动发布负面信息和敏感信息，及时回应公众和各个"利益攸关方"的关切，赢得后者的信任。

与之对应，有效的风险传播应当包括以下三个阶段：(1) "知情"阶段。组织应当发布有关风险的"技术信息"，例如，量化的指标和数据等。(2) "劝服"阶段。组织应当发布有关的"管理信息"，例如，具有可操作性的行动和措施，让公众和各个"利益攸关方"相信，风险处于组织的掌控之下，不会对他们的安全造成威胁。(3) "对话"阶段。组织与公众和各个"利益攸关方"展开深层次的沟通与交流，充分了解后者的关切和诉求，让后者参与到风险防控的工作中。①

正如前文所述，风险传播与危机传播密不可分，贯穿于危机的各个阶段：

（1）在危机的潜伏期，组织应当通过媒体向公众广泛传播可能面临的风险，提出相应的预警，并做好相应的准备；

（2）在危机的爆发期和延续期，应当根据事先准备的风险传播预案，及时通报此次危机可能引发的次生灾害、连带危险和相关应对措施；

（3）在危机的痊愈期，系统总结此次危机应对的经验，对今后可能遇到的风险进行评估，并强化对公众的风险教育。②

值得注意的是，面对愈发频繁的各类"天灾人祸"，近年来，部分国家存在着将风险沟通"常态化"的倾向。其表现在于，在传播工作中将以预警为主的"风险"话语转化为"危机"的"即时性"话语，模糊了未发生的"风险"和已经发生的"危机"两者之间的边界。这种常态化倾向的好处在于能够增强公民的风险防范意识，其缺点在于，长时间让民众处于风险传播的状态下，有可能使公众出现倦怠心理，反而会降低风险传播的参与效果。实际上，风险和危机在传播过程中有着自身的动员逻辑，公共部门应当充分考虑两者的区别性和连续性（参见案例分析1.6）。

案例分析1.6　气候"紧急状态"的风险传播

2021年，全球极端气候事件频现，北半球多国面临气温历史极值，中德等国接连遭遇百年一遇的极端降水天气。对此，联合国政府间气候变化专门委员会于2021年8月发布的报告指出，由全球气候变暖所导致的高温、暴雨天气已经比预期提前10年到来，全球各国必须为可能发生的气候灾难作出充足准备。面对越来越频繁的极端气候灾害，近年来欧美国家越来越多的科学家和媒体专业人士纷纷倡议，在有关气候议题的新闻报道和公共传播中使用"气候紧急状态"（climate emergency）代替"气候变化""全球气候变暖"等概念，将其作为媒体及政府主体开展气候传播的统一口径。这一倡议在2021年获得广泛关注，除获得《纽约时报》《华盛顿邮报》《卫报》等美英主流媒体的支持外，法国、韩国以及新加坡等国纷纷在2021年宣布本国进入"气候紧急状态"。

在以往的风险传播中，相比于"紧急状态"，将"气候变化"定义为"问题"（problem）或"危机"（crisis）是此前常用的报道规范。所谓"紧急状态"泛指"突发性的非常规处境"，一般用来形容"战时状态"或是突发自然灾害及传染病大流行等

---

① W.T.Coombs & S.J.Holliday, *PR Strategy and Application: Managing Influence*, Malden, MA: Wiley-Blackwell, 2010: 217-227.

② M.J.Palenchar & R.L.Heath, "Strategic risk communication: Adding value to society," *Public Relation Review*, 33: 120-129.

"重大公共安全事件"等。从概念范畴上来看,"紧急状态"是一个公共管理和社会治理领域内的专业术语,媒体一般不会主动在新闻报道中使用这一概念。

对于政府部门而言,与"紧急状态"相关的另一个概念是"非程序化决策",即承认"紧急状态"概念在气候传播中的使用意味着政府要针对气候变化开展全方位的系统动员,以非常规手段加速推进公共政策从制定到执行的漫长商议过程,从而规避或应对迫在眉睫的灾难和危机。这个过程所耗费的资源成本巨大,因此各国政府在使用"紧急状态"的概念时表现得格外审慎。

事实上,即便是宣布进入"气候紧急状态"的国家,其在气候政策上的表现也不尽如人意,很多发达国家的政策表现不如中国提出的明确的、具有可操作性的"双碳"时间表。这些国家即便进入"紧急状态",但仍在气候政策上表现不温不火,那么当全球气候变暖进一步加重,这些国家可能面临无"辞"可说的情况。

从社会治理的视角来看,"紧急状态"意味着有关气候治理的公共政策将缩短商议过程,即以最为简化的程序换取最低限度的共识。程序的缩短通常意味着科学性和严谨性的降低。科学家虽然对于全球气候变暖存在明确共识,但在气候变化的具体影响上,如全球变暖所带来的飓风频率变化、冻土融化速度或"绿色新政"的执行效力等微观议题上,科学家意见的分布则要复杂得多。而跨越科学决策,将所有的风险问题归纳为"紧急状态",实际上违背了风险传播的充分沟通原则,也模糊了"风险"和"危机"之间应有的边界,使得民众陷入"常态化危机"的倦怠感之中。

声誉管理

声誉管理是近年来公共关系研究中新兴的领域。简言之,"声誉"就是媒体、公众及各个利益攸关方对政府、企业等组织形成的认知。"声誉管理"就是组织采取适宜的传播策略来影响媒体和公众对组织的认知,既可以维持和提升组织的美誉度,也可以修复组织因各种原因受损的形象和声誉。正如"危机"这个概念所宣示的那样,有效的危机传播能够修复组织受损的声誉,即对组织进行"矫(正)型传播",更为理想的状态是化"危"为"机",借助于危机发生前后媒体和公众对于组织的密集关注,重塑其声誉和品牌,实现"塑(造)型传播"。

相形之下,"声誉管理"是一种长效机制。它可以为组织建立"情感银行"或"光环效应"——我们常说的正面形象或美誉度。当危机发生时,组织可以从"声誉银行"中支取"情感存款",最大限度地获得公众的谅解和舆论的支持,减轻组织可能受到的负面影响。相关研究显示,具有良好声誉的企业可以借助于"情感银行"或"光环效应"更快地从危机中得以恢复。在遭遇同等规模的危机的情况下,媒体和公众对于那些有着良好声誉的企业会表现得更为宽容。①

声誉管理的基础是组织文化和品牌的建设。以我国企业为例,虽然华为、腾讯、阿里巴巴等企业在全球成绩斐然,但大多数品牌仍然依靠规模取胜,在品牌建设方面尚缺乏一以贯之的声誉管理以抵御危机。在西方"科技战"和"贸易战"的影响下,许多品牌所面临的全球商业环境也逐渐恶化。

欧美世界 500 强企业大都注重企业文化和品牌的建设。同样是电脑业的巨头,"微软"和"苹果"具有截然不同的企业文化和品牌,在消费者心目中具有无可替代的位置。人们提到"微软",就会想到专业和规范;而"苹果"的品牌文化体现的是时尚和娱乐。因此,无论是"微软"面临"垄断门"的考验,还是"苹果"应对"不送充电器"的质疑,我们都看到了鲜明而强大的企业文化和品牌形成了对企业声誉与消费者信心的"保护层",使得企业能够安然度过一个又一个危机。在危机应对的过程中,企业并没有大伤元气;相反,其独特的文化和品牌得以巩固和彰显,产品的美誉度和消费者的信任度不降反升。

当国家、政府、企业等组织遭遇危机时,声誉管理成为危机传播的重要组成部分之一。正如"耐克式危机"的案例所显示的那样(参见案例分析 1.7),组织借助于媒体和公众的高度关注进行其文化、品牌和价值观的重塑与传播是在危机当中进行有效的声誉管理的主要策略。从更为宏观的视角来看,声誉管理也是组织进行战略公关的一部分。对于政府、企业等组织而言,日常公关是锦上添花,危机公关是雪中送炭,那么战略公关则是高瞻远瞩,它所关注的不是一时一事的短期行为,而是要把公关纳入整个企业的发展战略当中,形成强大的企业文化和持久的品牌影响力,从而增强企业的"软实力"。改革开放以来,中国企业的日常公关和危机公关逐渐走向制度化,但在战略公关的层面上则乏善可陈。一般而言,在面临外国政府打压的过程中,品牌与企业文化建设往往能成为应对危机的缓冲带,例如,抖音海外版(TikTok)近年来在面对美国政府监管的过程中就获得了一大批美国年轻群体支持。虽然两个企业在品牌性质和业务范围上有所不同,但从其面对危机时所面临的舆论环境对比也可以为我们提供一些借鉴。有鉴于此,强化以声誉管理为核心的战略公关和以文化与品牌建设为核心的"软实力"建设应该是中国企业未来努力的一个主要方向。

案例分析 1.7 如何应对"耐克式危机":全球传播背景下的声誉管理

声誉管理是近年来公共关系理论和实践中的热点问题之一。在全球传播和社会化媒体高度发达的时代,国家、政府、企业和各类组织的"声誉"在其综合实力的评价当

---

① W. T. Coombs & S. J. Holladay, "Unpacking the halo effect: Reputation and crisis management," *Journal of Communication Management*, 2006 (2): 123-137.

中所占据的地位越来越突出。2011年夏季发生的"郭美美事件"对中国红十字会以及整个慈善行业的"声誉"造成了沉重的打击，便是一个典型的例子。全球知名的投资人沃伦·巴菲特有些名言很能说明"声誉"的重要性："要赢得美誉需要二十年，而要毁掉它，五分钟就够了""如果你作出了糟糕的决定，导致财务亏损，那我还能够谅解；但如果公司因你而声誉受损，那就不要怪我不客气了"。在他看来，"声誉受损"会带来比"财务亏损"更加严重的后果。

在经济一体化的时代，声誉管理对于那些在全球范围内快速扩张的企业而言尤为重要。近来，全球市值最高的苹果公司难逃"树大招风"的厄运，被卷入了一场全球性的舆论风暴。有关苹果公司的负面报道频频出现于全球各大媒体和网站。包括路透社、《纽约时报》在内的知名媒体和一些非政府组织通过追踪调查，披露了隐藏在"苹果"一夜暴富神话背后的"血泪史"：在发展中国家设立"血汗工厂"牟利；强迫工人超时工作，恶劣的工作条件导致工人患上职业病（其中被全球舆论诟病最多的就是出现工人"自杀门"和"有毒试剂门"的富士康）；将环境污染转移至发展中国家，威胁当地居民的生活，等等。

实际上，苹果公司碰到的声誉危机是经济全球化的产物，与20世纪90年代"耐克"公司在海外扩张中碰到的声誉危机如出一辙。无怪乎路透社相关报道的标题是《"苹果"必须面对"耐克式危机"》。无论是十年前的"耐克"还是今天的"苹果"，都是我们研讨跨国企业在全球传播背景下如何进行声誉管理的典型案例。

20世纪90年代，耐克公司凭借经济全球化之势大举扩张，在短时间内建立起了"美国设计、海外制造"的运营模式，成为跨国企业中一颗冉冉上升的新星。但好景不长，其海外供应商招致了媒体和舆论的质疑，使耐克公司陷入了全球性的声誉危机。首先是网络上大量曝光耐克公司在"第三世界"国家建立"血汗工厂"的丑闻，报纸、电视等传统媒体也以"耙粪"式报道的形式迅速跟进，使耐克面临着前所未遇的舆论风暴。

耐克公司的高层管理者从一开始对全球化的本质认识不清，对全球传播的影响力估计不足。他们认为，这些问题主要出现在位于发展中国家的供应商，因此由后者自己去出面平息便可万事大吉，而公司本部则采用"低调处理、消极回应"的传播策略，强调"国情不同"和"文化差异"来"撇清"自己与海外供应商之间的关系。

耐克高层奉行的"鸵鸟政策"不仅没有达到息事宁人的目的，反而招致了全球媒体和舆论更大规模的质疑和指责。一些非政府组织通过在全球发起"抵制耐克"的运动，还有一些网民或非政府组织还与耐克公司之间展开了法律诉讼战，相互指责对方恶意诽谤。虽然耐克公司财大气粗，力图寻求通过法律手段恢复其声誉，还其清白，但在全球传播的时代，坏事传千里的效应愈发强烈，因此，声誉管理的重要性便凸显出来。

导致公司声誉受损的是"血汗工厂"的问题。这不是一个简单的新闻事实，因此，耐克公司高层从"恶意诽谤"的角度入手，用诉诸法律的手段来恢复声誉的做法收效甚微。借助于全球传播的影响力，舆论给耐克公司贴上了"血汗工厂"这样一个包含道德和情感判断的标签。换言之，媒体报道和网络言论传递与印证的是这样一种社会共识或"常识"——以跨国公司为代表的全球资本主义是不道德的。我们可以通过法律手段判断一则新闻报道是否真实、记者或网民是否出于恶意诽谤，但却无法由法庭来判决符合某种价值观或意识形态的常识是否正确。

声誉管理需要传递的不仅仅是事实，而是要塑造一种价值观来维护组织的声誉。那么，究竟如何通过有效的声誉管理来解决"耐克式危机"呢？实践证明，声誉管理的要旨在于理念（价值观）、行动和传播这三大要素的有机融合。我们来看看耐克是如何做到这一点的。为了扭转在舆论场上的被动地位，耐克公司调整了传播策略，不再把焦点局限于对单个新闻事件的回应上（例如，"血汗工厂"的工资问题），而是把这场危机作为一个通过重塑价值观挽回企业声誉的契机。他们把宣扬耐克的价值观作为传播的切入点，通过新闻稿、言论稿、"评论"式广告（editorial advertisement）等多种形式的公关材料以及有针对性的公关活动，宣扬以"职业道德"（COC）和"社会责任"（CSR）为核心的"耐克价值观"。最为重要的是，耐克公司通过一起相关的法律诉讼（Kasky vs. Nike）所营造出的"媒体奇观"，运用新闻媒体、法律、公共讨论等多种话语的交锋与协商塑造了一个"讲道德、负责任的跨国企业"的形象。

还有一点值得借鉴的是，耐克公司改变了原来拒绝与批评者对话，将争议诉诸法律手段的做法，主动与海外劳工等边缘弱势群体、网民和NGO等民间"压力群体"进行对话和协商，通过与批评者进行广泛沟通发现企业海外扩张中存在的问题，并且及时采取措施加以解决。这体现出了"声誉管理"中的一个基本原则：与其被动回应批评，不如主动吸纳批评。换言之，企业应当把批评者看成是重塑价值观的推动者，而非"麻烦制造者"。

为了使"声誉管理"落到实处，有说服力的"价值观"和有效的传播还需要立竿见影的措施和行为来支撑。针对媒体和舆论广泛质疑的"劳工权益"问题，耐克高层改变了以往"内外有别"的思路，不再谋求"撇清"与第三世界承包商之间的关系，而是宣布将在美国本土实施的"保护劳工权益准则"的适用范围扩展到全球。这一举措很快得到了媒体和舆论的肯定。

"耐克式危机"成为声誉管理的一个经典案例，这是由于耐克公司在企业声誉遭到质疑的情况下，顺应全球传播的变局，及时调整策略，将"理念（价值观）""行动"和"传播"这三大要素有机地统一起来，扭转了它在全球舆论场中的劣势地位，维护了组织的声誉。

在经济和文化全球化日益深入的今天,"耐克"和"苹果"这样的新兴企业之所以能够在短时间内风靡全球,在很大程度上归功于其品牌所倡导的生活方式及其背后蕴含的价值观。"耐克"在20世纪90年代倡导"健康+休闲"的生活方式,体现了可持续发展的价值理念;而"苹果"则把"微生活""微传播"的理念带给了全球的消费者,成为"不断创新"的代名词。企业的品牌需要塑造和传播,其声誉更要维护和管理,这两者都离不开"价值观"这一根本元素。根据最新报道,苹果在遭到"声誉危机"后,雇佣了非政府组织"公平劳工协会"(FLA)访问了3 500名在富士康工作的员工,了解他们的真实状况和诉求。FLA一直是"苹果"最为激烈的抨击者之一,因此这一举措可以被看作是"苹果"在强化"声誉管理"方面走出的第一步。

与"耐克"和"苹果"一样,中国企业也面临海外发展和扩张的问题。虽然"一带一路"倡议已经全面推进十多年,但中国企业的海外传播机制建设还处于初级阶段。一些企业在海外受挫,除了技术和政策上的因素,还在于"不善于开展公共外交"。由于意识形态和价值观上的差异,中国企业在"声誉管理"方面会遇到比"耐克"和"苹果"更大的挑战。很多企业在海外发展的过程中被贴上了负面标签,导致一些合理合法的商业行为遭遇挫折。虽然不排除一些政治操控和种族上的偏见,但这种被"妖魔化"的结果与我们的企业长期以来坚持"闷声发大财"的传统观念、忽视声誉管理和媒体沟通是有很大关系的。从更大的范围来看,中国近年来大力推动的"国家公关战略"也是声誉管理的具体表现。如何将价值观、行为和传播有机结合,实施有效的声誉管理,是摆在我们的政府部门、企业和社会组织面前的重要课题。

灾难传播

"9·11"事件发生后,学术界和业界开始对"灾难"的概念给予了特别的关注,逐渐把它与一般意义上的"危机"区别开来。例如,生老病死每天都在发生的"危机",是日常性的紧急情况。但像"9·11"这样的"危机"则是"低概率、高风险"的灾难性事件,它颠覆了我们对日常生活的认知框架,让人产生无所适从的感觉。同时,灾难也绝不是单单靠调集大量的人力和物力所能解决的。在资讯高度发达的全球传播时代,灾难还会带来空前的"媒体轰炸"和"舆论压力"。有鉴于此,借助于人际传播手段和大众传媒进行的灾难传播才显得格外重要。

本书把"灾难"定义为:造成大规模人员和财产损失、引发大面积恐慌的危险性事件,通常要在整个国家乃至于国际社会的层面上共同应对。"非典"、禽流感、"甲流"和早期新冠疫情等公共卫生危机就是这样的"灾难"。"灾难传播"与"危机传播"之间并无本质性的不同,其传播策略可以相互通用,但灾难传播的研究会关注一些具有特殊性的问题:例如,中央和地方如何进行新闻发布的整合与协调;跨国危机传播中的文化差异,等等。与前三个领域相比,灾难传播的研究刚刚起步,对这一领域的内涵和外延还有待于进一步细化和深化。

我们先从总体上探讨一下灾难传播当中面临的挑战和出现的问题。灾难发生后,从公众的角度而言,许多有害的群体性行为会成为一种普遍现象,呈现直线上升的趋势:

- 提出各种过分的无理要求;
- 无政府行为(例如,集体抢劫或偷盗);
- 行贿与欺诈;
- 违反日常的规章制度;
- 各种无法解释的症候(例如,毫无原因的头晕);
- 自我施加行动约束(如不敢上街购物、旅行等)。

与此同时,在灾难当中,部分媒体也会置新闻职业道德于不顾,做出一些"越轨"的举动,而在社交媒体高度发达的今天,这种超越传播伦理的举动就更加普遍:

- 刻意夸大、炒作危机事件中的某些因素;
- 在受访专家意见不统一的情况下,将这些相互矛盾的信息传递出去,加剧公众的恐慌情绪;
- 提供一些缺乏权威性的行为建议,误导公众;
- 散布谣言、传闻等负面的不实信息,部分微博大V用"求真相"之类的免责转发策略规避伦理责任,客观上造成了负面信息的扩散。

在媒体和公众这些有悖常规的表现面前,政府部门如果没有进行有效的灾难传播,实施的是无效传播行为,那么就会使灾难向着不利于政府工作的方向发展,这些"无效传播行为"包括:

- 未能在第一时间作出回应;
- 听任持不同观点的专家发表意见,使媒体和公众无所适从;
- 发布信息时把话说得太"满",不留余地;
- 提供给公众的"行动性信息"缺乏可操作性;
- 对舆情的变化不敏感,未能及时澄清各种负面传闻;
- 发言人言语和举止失当、缺乏感染力和不恰当地使用幽默;
- 暴露了部门内部的分歧和职责不清之处。

此外,政府部门在救灾过程中还会遇到以下一些问题:

- 公众对政府部门的不信任;
- 有限的资源引发各个社群和公众之间的矛盾;
- 政府采取措施后,危机仍然在恶化;

- 危机之初的过度反应导致了人力、财力和物力的浪费；
- 跨国灾难处理中的政治制度和社会文化的差异。

数智媒体时代，灾难传播所要面临的一个新的挑战是"信息疫情"（infodemic），这种"信息疫情"广泛存在于各类突发性灾难之后的社交媒体当中。根据世卫组织的定义，其指：在海量信息之中，一些难辨真假的信息，使得社会进入一种"信息过载"的状态。新冠疫情期间，"信息疫情"在社交平台的同步爆发则成为全球共同面对的新挑战之一。有鉴于此，2020年以来，全球互联网和社交平台的治理达到了前所未见的力度，新媒体与传统媒体同样经历了一场"大考"，也引发了不少争议。

在如何通过对社交平台的有效规制抗击"信息疫情"方面，脸书、推特等社交平台积极与世卫组织和各国公共卫生部门合作，加大对假新闻与信息谣言的治理，但其结果并不理想。研究表明，相比于脸书、推特等开放社区，新冠疫情中的阴谋论更多的是在小范围的共享信息和本地社交网络等封闭社交系统中进行传播的，具有显著的"本地性"。表现在于，此次疫情期间，全球范围内下载量增长最大的社交平台WhatsApp成为传播阴谋论的重灾区，"5G传播新冠病毒"等谣言便是通过群聊、私人转发等方式在部分收入及受教育水平较低的群体内扩散开来的。因此，对虚假信息的治理不仅要从平台入手，还要针对特定的网络社区精准施策，从而达到标本兼治的目标。

关于灾难传播的具体策略，我们在下面的章节中还会作进一步探讨。值得注意的是，在经济全球化时代，灾难的爆发往往会产生"晕轮"效应或"蝴蝶"效应。正如气象学家所说的那样，亚马孙河热带雨林中的蝴蝶轻拍翅膀，两周后便可能导致美国得克萨斯州一场龙卷风，表面上看来毫无关系的事件会因非常微小的联动带来巨大的改变，波及整个区域甚至于全球。从这个意义上说，在灾难传播中应当引入公共外交的理念，把危机转化为"外结盟友"的驱动力（参见案例分析1.8）。

案例分析1.8 "9·11"事件的危机传播与新冠疫情期间的抗疫外交：灾难传播与公共外交的有机融合

在国际社会，灾难传播与公共外交的结合较为常见，对受灾国进行国际援助被视为是具有人道主义的行动。这种公共外交既可以包括受灾国所发起的传播活动，也可以是国家对受灾国所发起的传播活动。笔者以美国"9·11"事件和2020年爆发的新冠疫情两个案例来说明灾难传播与公共外交结合的价值所在。

2001年的"9·11"事件成为危机传播的"教科书"案例，也是灾难传播研究的"起点"。从整体上看，小布什政府进行了有效的危机传播，起到了"内聚民心"的作用，扭转了在国内民众中的负面舆论氛围，使其支持率一度创下了历史新高（89%），甚至超越了20世纪中叶领导美国人民度过经济危机和打赢二战的罗斯福政府。在对外传播的层面上，小布什政府把危机传播与公共外交融为一体，起到了"外结盟友"的作用。关于这一点，学术界和媒体关注不多。

危机传播与公共外交的结合点是：从国家利益的角度进行全面考量，化"危"为"机"，把敌人孤立起来，争取盟友的支持，为发动"反恐战争"造势。在"9·11"的案例中，美国政府以"恐怖事件"定性争取国际社会的道义支持，同时以阿拉伯国家为"焦点受众"，开展危机传播，从官方和民间各个传播渠道入手，改变以"焦点受众"为主的全球受众对美国的认知。其具体采取了以下措施：

（1）"9·11"危机发生的当天，由国务院牵头，协调白宫、国防部成立了媒体中心，7天24小时全天候运作，以适应全球新闻媒体的需求。两周后，美国与有关国家共同设立"联合资讯中心"，考虑时差问题，在华盛顿、伦敦和巴基斯坦首都伊斯兰堡三地分设办公室，为即将在阿富汗进行的反恐战争营造有利的舆论氛围。

（2）自9月12日开始，所有新闻发布、官员演讲、政策说明等的文字资料均以联合国6种工作语言（英、法、汉、俄、阿、西）制作，并在一周后用多达30种语言进行发布。其中影响最大的是美国国务院以36种语言发行的小册子《9·11事件和恐怖主义网络》。

（3）指派大量美国政府官员接受全球媒体（尤其是阿拉伯语媒体）的访问，其中比较有影响的是资深外交官克里斯托弗·罗斯（Christopher Ross）用阿拉伯语接受在该地区影响最大的半岛电视台的采访，时任国务卿的鲍威尔则接受埃及电视台采访，说明美国的反恐政策。

（4）在阿富汗投放大量传单以及单频收音机，"美国之音"（VOA）电台向阿富汗主要城市白沙瓦和达利发射广播信号，由C-130改装的广播干扰机则在阿富汗上空盘旋，屏蔽"基地组织"等反美组织的通信和广播信号。

（5）邀请外国记者访问美国，优先安排来自阿拉伯国家的记者来访，开展针对阿拉伯国家的教师、学生和意见领袖的教育文化交流计划。

（6）开办专门以阿拉伯语全天候广播的"萨瓦电台"（Radio Sawa），用流行音乐穿插于整点或半点新闻快报的模式吸引青年受众。

（7）大量收购民间机构针对阿拉伯国家受众制作的纪录片、故事片等影视节目，以低价或免费提供给相关国家的媒体播放。

"9·11"事件中的灾难外交是美国基于自身国家发生的灾难所开展的灾难外交，然而，灾难往往是相互的，针对其他国家灾难所开展的灾难外交也能够获得诸多正面反馈。2020年，新冠疫情在各国相继暴发，全球范围内的抗疫资源紧缺成为亟待解决的问题，各国开展的抗疫公共外交取得了一定成效。

新冠疫情初期，中国面临着口罩短缺等问题。日本在此时为中国积极提供援助，捐助物资特意印上了"山川异域，风月同天""岂曰无衣，与子同裳""青山一道同风雨，明月何曾是两乡"等诗词文化元素，通过社交平台传播，引发了两国民众强烈的情感共鸣。在两国政治关系紧张的背景下，新冠疫情这一灾难情景为中日民间改善关系提供了契机，中日之间通过"口罩外交"推动了两国民意积极改善。

随着中国国内疫情得到有效遏制，以国际援助的方式分享"中国"方案成为灾难传播的新重点。在意大利、塞尔维亚和非洲、拉美等受援国家及地区，中国医疗队获得了公众和媒体的广泛关注。由于中国是当今世界唯一一个具有全产业链的制造大国，疫情期间全世界对于口罩、呼吸机、防护服等抗疫物资的海量需求也改善了世界各国对于中国制造的刻板印象，进一步彰显了中国作为新兴大国的责任与担当。

灾难外交被视为是一种平等、稳固的公共外交形式，其所倡导的公益性与人道主义价值理念能够突破诸如意识形态、价值观这样的传统外交壁垒。虽然部分西方媒体和政客以"赎罪论"污名化中国的援助行动，但从现实来看，以世界卫生组织为代表的国际组织和以比尔·盖茨为代表的意见领袖对中国的人道主义援助纷纷给予了肯定。中国的抗疫外交是基于推动构建"人类命运共同体"和维护"全球共同利益"的理念，其所对标的是物质层面的"公共品"和伦理层面的"共同善"（两者英文都是 common goods）。当一国通过帮助别国的方式来增进自己的利益，那么这个国家仍然是在为共同的利益作贡献，从实际效果来看，对"共同善"的坚守应当包括"维系公众利益"与"应对全球危机"两个层面。

【以上案例根据以下资料汇编整理：M. Leonard（2002），*Public Diplomacy*. London：Foreign Policy Center; N.J. O'Shaughnessy（2004）. *Politics and Propaganda: Weapons of Mass Seduction*. Ann Arbor：The University of Michigan Press；卜正珉（2009），《公众外交：软性国力、理论与策略》，台北：允晨文化。】

战略传播

"战略传播"（strategic communication），是近年来公共关系研究领域的一个显学，与"危机传播"密切相关。"战略传播"是一个统摄性概念，前文提到的议题管理、声誉管理甚至危机传播都是战略传播的实现手段，这也是为何笔者将战略传播放到本章最后进行讨论。目前，这一概念被引用次数最高的定义为"有目的地通过传播来推进组织使命的实现"。对于组织而言，"战略传播"主要是一种制度建设。一方面，可帮助组织集中资源实现自身的传播目标；另一方面，将传播放到组织战略核心的地位，有助于组织提升应对风险的能力。

从历史上看，"战略传播"具有随时代语境和媒介生态的变迁进行适应性演化的特征。回顾其具体内涵，"战略"一词的现代含义来源于德国（普鲁士）军事理论家克劳塞维茨（Carl von Clausewitz）的经典著作《战争论》，指组织在充分利用自身资源和环境特点的基础上所进行的一种全局性、长远性的谋划。而"传播"一词则是指利用大众传媒与公众进行关系建构的广告、公关、营销等基本手段。20世纪80年代，一些管理学者结合"系统论""博弈论"等理论提出了"战略传播"和"传播管理"等概念。

在我国，"战略传播"主要分为两个研究方向：一是以国家为主体的国家战略传播；二是以企业为主体的战略传播。其主要存在于公共关系和营销传播研究领域之中，也因此战略传播在港台地区多译为"策略传播"，用以和国际传播领域的战略传播相区别。

本书主要使用"战略传播"这一概念而非"策略传播"。"国家战略传播"的概念来源于"企业战略管理"和"商业策略传播"等，两者同根同源。英文中的 strategy 一词包含宏观层面的"战略"和微观层面的"战术"或"策略"的双重含义。在危机传播语境下，"战略"一词主要指从组织发展战略层面考虑传播的建设和影响，更符合战略传播的本意。而"策略"一词在中文语境下更多指传播行动之下的策略选择，与当前"战略传播"一词在我国学界的讨论重点并不完全一致。从应用范围而言，与组织制度层面的传播体系建设相关的是"战略传播"，只有从制度化层面考虑议题管理、声誉管理的价值和作用，才能够有效建立应对危机的传播体系。在本书的危机传播语境下，显然应当使用的是"战略传播"的概念，并且从学术领域和学科方向视角来看，"战略传播"一词也更具有概念上的统摄性。

2007年，以《国际战略传播学刊》（International Journal of Strategic Communication）为阵地的战略传播学术共同体形成。综合既有文献来看，"战略传播"的核心特征具体表现在以下两个方面：一是"目标导向"，即开展有针对性的传播活动。传统的国际传播和公共外交实践所关注的对象主要是广泛意义上的外国公众，但战略传播的对象通常是更为具体的"关键受众"，如各领域专家、政府官员等"关键性意见领袖"（KOL）。在"危机传播"中，组织在进行策略选择时要时刻考虑组织的战略目标，例如，如果企业近五年的战略发展目标是吸引年轻人的关注，在发生危机事件时所要安抚的主要目标受众便是年轻受众群体。

二是"整合导向"，即对多元主体和多种资源的最大化利用和协调。换言之，当传播行为建立在对资源的整合利用基础上，才可以被视为是"战略化"（strategizing）的传播。战略传播聚合了人际、组织和媒介等多个层面的沟通与交流行为，综合使用新闻、广告、公共关系和品牌营销领域的多种战术和策略，针对特定目标受众选择与其最为适配的渠道。同时，对于跨国性危机而言，组织也要根据不同国家的具体传播语境选择相应的传播资源（见案例分析1.9）。

案例分析1.9　抖音海外版（TikTok）的全球战略传播

抖音海外版作为当今全球增长速度最快的平台公司之一，在全球业务扩张的过程中也曾遭遇重重危机。但由于其在战略传播制度的建设上具有一定的前瞻性，这使得其面对各类政治和经济危机时能够保持一定的传播韧性。

在近期的中美科技战中，抖音海外版之所以成为新的焦点，正是由于其动摇了美国互联网公司对于社交平台的垄断地位，新冠疫情期间其所获得的指数级增长足以让脸书等"龙头老大"望其项背。白宫与硅谷一拍即合，对这一新兴平台进行强力打压就在情理之中了。但与机构媒体遭遇封杀后"人去楼空""人亡政息"的境遇不同，平台媒体具有更加强大的再生能力和调适机能。虽然在白宫的强力施压下，抖音海外版的海外运营已经从其母公司剥离出来，但其算法结构、内容生产模式（PUGC）等文化基因无法根除。即便在拆分或并购后，抖音海外版的北美用户仍然可以访问来自亚洲和欧洲的视频内容，两者的交流语境仍然存在融合空间。而对于字节跳动公司而言，其品牌再生能力和语境整合的潜力仍然存在。

在日常战略传播建设层面，抖音海外版在其海外扩张过程中会根据各地区文化语境制订相应的商业策略，以目标导向开展"定制化传播"。其起名抖音海外版的原因之一便在于适应英文语境下的应用偏好，这一策略也成为中国互联网公司"出海"的典范。在进军目标市场的过程中，抖音海外版充分了解当地年轻受众的社交媒体使用习惯，通过培育地方化核心意见领袖、与地方经纪代理公司合作、制造"事件营销"等方式吸引年轻人参与到平台当中。战略传播的核心诉求之一便是在企业的总体战略指导下，根据具体的传播环境进行相应的定制化传播策略，而非像诸多企业在全球扩张过程中使用"统一标准"的传播策略。从这个意义上看，战略传播思维更适于后疫情时代的传播理念。以抖音海外版在海外市场所取得的成就为例，其在中国市场外的成功消解了西方主流平台通过政治经济手段对平台社会的垄断效应，也规避了强势平台文化的渗入对本土文化的破坏，形成了"平行平台化"模式，即在尊重本土文化的基础上积极调整市场策略，主动适应全球文化市场的多样性需求。

在危机语境下的战略传播建设层面，抖音海外版则通过整合平台核心传播资源——各类意见领袖——的方式应对所遇到的各类不平等政治审查。2020年，特朗普政府出于政治考量，发布了针对抖音海外版和微信的禁制令。这在宣告美式互联网自由的"迷思"破裂的同时，也充分展示了平台媒体自身所具有的势能。面对来自白宫的打压，抖音海外版一方面以法律手段进行反诉；另一方面，抖音海外版上的"网红"博主或普通用户也是其可以利用的战略传播资源，这些群体也自发组织起来进行法律应对，通过制造舆论等方式对美国政府的不公平规制进行反对。2020年9月，美国宾夕法尼亚州地方法院裁定，用户在抖音海外版上创建的短视频是一种受法律保护的信息材料。迄今为止，白宫发布的多数针对抖音海外版的禁制令或被搁置或被废止。2023年3月，抖音海外版在接受美国国会有关隐私保护问题的质询的前一天，约30名抖音海外版内容创作者和3名民主党籍众议员在美国国会大厦外进行集会，反对政府的禁令，很多用户在质询会之后，也在社交网络上将美国国会的质询形容为"审判会"，表示会继续支持抖音海外版。这里固然有很多自发支持抖音海外版的用户群体，但抖音海外版在日常运营中对这些内容生产者的维护与培育也起到了一定的作用。这也符合战略传播"资源整合"的原则，即在日常工作中注意聚合和维护有价值的传播资源，防止危机出现时陷入孤立无援的境地。

第二章 危机传播的理论范式与研究路径

作为一门新兴的交叉学科，传播学对人文学和社会科学的学术传统进行了传承与创新，发展出了符号学、修辞学、现象学、控制论、社会心理学、社会文化、批判七大传统。同样道理，危机传播的理论建构既是对修辞学、说服学和公共关系学等其他传播学"亚学科"的深化与发展，也从语言学、社会学、心理学、政治学等相关学科汲取了丰厚的营养。

在传播学中，危机传播是一个交叉学科方向，与"公共关系""组织传播"等研究方向均有交叉，其同时也属于"应用传播"（applied communication）的范畴，危机传播的概念和理论带有较强的应用性和实践指导意义。① 这些概念和理论有助于我们总结以往的经验教训，并根据当下的具体语境作出适当的决策，同时，对未来可能产生的后果进行预判和评估。

第一节 危机传播的理论范式

在西方话语体系中，危机传播研究所关注的"危机"通常是指"组织危机"（organizational crisis）。所有的组织形态——包括政府机构、政党、企业、医院、学校、社会团体、非政府组织——都是危机传播研究潜在的对象。西方话语体系当中的"组织"，大体对应我们所说的"单位"。在中国这样一个"大政府、小社会"的社会架构中，组织危机往往会上升到整个国家和社会的层面上。有鉴于此，在我国的危机传播研究当中，我们不应该把眼光局限在微观层面的个案和"头痛医头、脚痛医脚"式的对策中，而应以更为宏观的视角对"组织危机"在社会、文化和意识形态层面上的意义进行深入的探索。

---

① 截至 2023 年，按照国际传播学会（ICA）的界定，"传播学"迄今为止共有 25 个"亚学科"，"危机传播"还未被认定为"亚学科"，而是从属于"公共关系""组织传播""环境传播"等学科（https://www.icahdq.org/#）。

危机传播研究在西方开展的历史并不算长。目前，可以在权威论文索引（例如，美国的Communication Abstract）查找到的最早一篇由传播学者撰写的相关论文是1967年发表的一篇探讨1961年发生在苏联和芬兰之间的一场外交危机中西方新闻媒体所扮演的角色。[1] 此后，相关的论文多为一些零散的案例研究。1982年，强生公司成功化解"泰诺"胶囊遭下毒的事件，引发了危机传播研究的一次"井喷"，以这一事件为主题的论文达到30余篇。一般认为，对"泰诺"事件的关注揭开了美国危机传播研究的序幕。[2] 值得注意的是，参与早期的危机传播研究多为管理学者，他们把"危机传播"作为"危机管理"的一部分，关注的是危机处理当中的传播和公关模式与策略。随着越来越多的传播学者介入这一领域，危机传播研究逐渐跳出了管理学的窠臼，成为传播学研究中的一个新兴的分支，逐渐建立起一套较为完整、成熟的"西方范式"。

危机传播的管理与修辞取向：IRT 与 SCCT

传统的危机传播研究采用的是诊断式的、线性的"组织危机"范式，这与早期传播学的SMCR模式，即"传者—信息—信道—受者"的线性传播模式具有一定的传承关系。其中最具代表性的有：芬克提出的"危机前—危机中—危机后"阶段模式；巴顿提出的危机处理"五环节"模式，即"察觉—防止—遏制—恢复—反思"。[3] 这类模式的共同特点是：把"组织"作为危机处理的核心，按照危机发展的脉络为"组织"开出合适的"诊断书"。

在这类模式的基础上，危机传播研究逐渐发展出两个不同的路径：一个是"管理取向"（港台地区称"危机公关研究"）；另一个是"修辞取向"（港台地区称"语艺批评研究"）。"管理取向"聚焦于危机传播中的"传者"环节——"组织"自身（尤其是其公关部门）的自主性、专业性、决策能力和传播/沟通策略的有效性等问题。这一取向与传播效果研究一脉相承，大多采用定量研究的方法。其中有代表性的是格鲁尼格和亨特提出的"优化理论"（Excellence Theory）[4]。"修辞取向"则聚焦于危机传播中的"信息"环节，探讨危机发生后组织的"形象管理"和"辩解术"（apologia），旨在帮助"组织"运用各种话语和符号资源来化解危机、挽回形象。这一取向与修辞学和说服

---

[1] E. Pakarinen, E., "News Communication in Crisis: A Study of Newspaper Coverage of Scandinavian Newspapers during the Russo-Finnish Note Crisis in the Autumn of 1961," *Communication Monograph*, 1967, Vol.2, pp.224-228.

[2] 吴宜蓁：《危机传播：公共关系和语艺观点的理论与实证》，5~7页，苏州，苏州大学出版社，2005。

[3] S. Fink, *Crisis Management: Planning for the Inevitable*, New York: American Management Association, 1986; L. Barton, *Crisis in Organizations: Managing Communication in the Heat of Chaos*. Cincinnati, OH: South-Western, 1993.

[4] Grunig J.E.& Hunt, T., *Managing Public Relations*, New York: Holt, 1984.

学一脉相承，均采用定性研究的方法。其中有代表性的是伯诺伊特提出的"形象修复"（Image Repair Theoy，简称 IRT）理论（见表 2.1）。[①] IRT 理论的出发点是：危机对组织的合法性和稳定性产生了威胁，因而破坏了组织的形象和声誉。危机产生的根源有两种：破坏性的行为和攻击性的言论。前者如矿难、火灾、泄漏等事故；后者如当下社交平台上企业与网民之间经常爆发的"口水战"。

表 2.1　IRT 理论中的危机传播策略

【说明：以下传播策略均以"表明立场"（posture）为出发点，供相应组织任命的新闻发言人或危机传播主管选用】

"否认型"传播策略
- 直接否认：直接否认危机的存在，最好能够提供理由或证据。
- 指明"替罪羊"：本组织以外的其他个人或组织应承担危机责任。

"规避责任型"传播策略
- 强势回应：直接回应对方的指责和攻击性的言论。
- 示弱回应：强调本组织"缺乏足够的信息，无法掌控全局"。
- 强调偶然性："事故出乎我们的意料；我们本来不希望它发生"。
- 强调善意："我们始终抱有善意，现在的结果是好心办了错事"。

"降低敌意型"传播策略
- 借助"光环"效应：强调本组织曾经做过的相关"好事"以及获得的正面评价。
- 避重就轻：强调危机造成的损失"并不大"。
- 比较：将本次危机与同类危机进行对照，从而证明本次危机"并不严重"。
- 框架转换：将危机放到不同的语境或框架下观照（如农夫山泉"质量门"事件，起初农夫山泉与网民激烈争辩使用哪一套质检标准，双方陷入"混战"，谁也无法说服谁，后来农夫山泉把框架从"质检标准"转移到"水源地"，有效地扭转了舆论上的不利地位）。
- 进行补偿：强调所有的受害者已经得到了妥善的安置和相应的补偿。
- 郑重道歉：公开宣布本组织承担全部责任，请求公众的宽恕。

近年来，以库姆斯为代表的一批学者对危机传播的两大传统取向进行了整合，构建出一套情境式危机传播理论（Situational Grisis Communication Theory，简称 SCCT）。首先，他们在以往"危机公关"研究的基础上，以"危机责任"（crisis responsibility）为出发点，把组织危机分为"受害型""（无意）事故型"和"（有意）错误型"三类（见表 2.2）。其次，他们在"语艺批评"研究的基础上，借鉴了 IRT 等已有的理论框架，以"表明立场"（posture）为切入点，在修辞学所聚焦的"辩解术"（apologia）中进一步细分出了"否认型""淡化型""重塑型"和"支持型"四种类型

---

① W. L. Benoit, *Apologies, Excuse, and Accounts: A Theory of Image Restoration Discourse*, Albany, NY: State University of New York Press, 1996.

的传播策略（见表 2.3）。最后，他们把上述两方面的成果进行整合，针对不同的危机类型和危机责任程度，就如何进行有效的危机传播提出了 13 项对策（见表 2.4）。[①]

表 2.2　SCCT 中的危机类型

- "受害型"（较低的危机责任）：自然灾害、谣言、工作场所的暴力冲突。
- "事故型"（较小的危机责任）：遭到指责或怀疑；由技术原因导致的事故或"问题产品"扩散。
- "错误型"（较大的危机责任）：由人为原因导致的事故或"问题产品"扩散；管理层的不当处理。

表 2.3　SCCT 中的危机传播策略

【说明：以下传播策略均以"表明立场"（posture）为出发点，供相应组织任命的新闻发言人或危机传播主管选用】

"否认型"传播策略
- 回击指控：直接回击或反驳有关本组织的指责和质疑，必要时可以声称将对提出指责和质疑的个人或组织提出诉讼。
- 直接否认：直接否认危机的存在，最好能够提供理由或证据。
- 指明"替罪羊"：本组织以外的其他个人或组织应承担危机责任。

"淡化型"传播策略
- 寻找借口：这一策略旨在淡化所在组织应当承担的危机责任，应当强调危机发生完全是"出乎意料"的，不是"有意而为之"的，是"无法掌控的"。
- 寻找合理性：这一策略旨在淡化危机可能引发的伤害、破坏和其他负面效应，应当强调危机没有造成严重的伤害或破坏。

"重塑型"传播策略
- 进行补偿：强调所有的受害者已经得到了妥善的安置和相应的补偿。
- 郑重道歉：公开宣布本组织承担全部责任，请求公众的宽恕。

"支持型"传播策略
- "光环"效应：强调本组织曾经做过的相关"好事"以及获得的正面评价。
- 迎合：称赞和感谢所有的"利益攸关方"。
- 共鸣：强调本组织也是危机的受害者。

SCCT 的主要突破表现在以下两个方面：一个是引入了"利益攸关方"（stakeholder）的概念，确保组织在危机的不同阶段所发出的信息及其所采取的传播／沟通策略能够对利益攸关方（例如，股东、消费者、合作伙伴等）产生影响。另一个突破是引入了危机历史（crisis history）的概念，旨在强调政府部门或企业在危机处理上的延续性。如果某次危机处理不得当，那么这一负面的危机历史便会在新的危机到来时给政府部门或

[①] W. T. Coombs, *Ongoing Crisis Communication: Planning, Managing, and Responding*, 2nd edition, London: Sage, 2007.

表 2.4　SCCT 中的危机处理对策

处理"受害型"危机,政府部门和企业等"组织"应当:
- 向所有的受害者(包括潜在的受害者)提供"指导性信息"——警告、防护措施等。
- 向所有的受害者(包括潜在的受害者)提供"调适型信息"——表达关切、慰问以及相应的补救或改正措施。
- 采用"淡化型"传播策略——尤其是在该组织有"危机历史"或不良声誉的情况下。
- 采用"否认型"传播策略来回应谣言。
- 采用"共鸣"策略,强调本组织也是受害者。

处理"事故型"危机,政府部门和企业等"组织"应当:
- 采用"淡化型"传播策略——如果该组织没有"危机历史"或不良声誉。
- 采用"重塑型"传播策略——如果该组织有"危机历史"或不良声誉。
- 采用"否认型"传播策略来回应没有根据的指责和质疑。
- 提供"调适型信息"或进行整改——如果指责和质疑得到了"利益攸关方"的支持。

处理"错误型"危机,政府部门和企业等"组织"应当:
- 采用"重塑型"传播策略。

无论是处理上述哪一种类型的危机,政府部门和企业等"组织"都应当注意:
- "支持型"传播策略只能作为一种补充,须与其他传播策略混合使用。
- 为确保传播的一致性,不能将"否认型"与"淡化型"或"重塑型"传播策略混合使用。
- 根据具体情况,可以混合使用"淡化型"或"重塑型"传播策略。

企业带来更大的挑战。例如,2011 年"郭美美炫富门"给红十字会乃至整个慈善事业带来了一场前所未有的声誉危机。虽然事后调查证明该网红与红十字会没有直接关系,但究其原因,这是"危机历史"——以往爆出的"天价帐篷门""天价餐费门"等多次网络舆情——积累发酵的效果。

危机传播理论的批判取向

自 20 世纪 90 年代末以来,一些学者开始有意识地将社会与文化理论引入危机传播研究当中,作为对"管理取向"和"修辞取向"的补充和延伸,逐渐形成了危机传播研究的"批判取向"。它们的本质区别在于:前两种取向把危机传播视为一个线性的信息传递过程,而"批判取向"则把危机传播看作一个动态的话语冲突和调和过程。

具体来说,对于"管理取向"和"修辞取向"的研究者而言,危机传播旨在帮助组织有效地传递信息,解决不同情境下出现的矛盾和冲突;而"批判取向"的研究者则把危机视为重塑组织形象的一个契机。在他们看来,危机传播旨在确立一种新的社会共识,从而建立一个更有利于组织发展的传播机制和舆论环境。简言之,"管理取向"和"修辞取向"关注的是危机传播如何做到"入眼、入耳",而"批判取向"关注的是危机传播如何做到"入脑、入心"。

迄今为止,在危机传播研究的"批判取向"中,较为成熟的理论模式是麦克黑尔(J.P. McHale)等人提出的"霸权"模式。"霸权"(hegemony)是"文化研究"中的核心概念之一。它所强调的是在一个多元化的社会文化体系中，占主导地位的"宰制性群体"通过与其他社会群体——尤其是"边缘弱势群体"（subaltern）的协商和谈判，达成一种价值观和意识形态上的共识，即所谓的"常识"。从传播学的角度来说，"霸权"具体指的是某个社会群体，即危机传播中所说的"组织"在传媒、文化和意识形态领域内的领导权。与之相应，危机传播便成为不同的"组织"争夺这一领导权的过程。

麦克黑尔（J.P.McHale）等人用"霸权"模式解析了耐克公司遭遇的一场声誉危机。[①] 在危机爆发之初，网络上充斥了大量对耐克公司在"第三世界"国家建立"血汗工厂"的指责，报纸、电视等传统媒体也迅速跟进，其生产和营销活动受到了一定程度的影响。[②]

耐克公司这样强大的跨国企业——批判学派所谓的"宰制性群体"——面临着如何重新夺回话语"霸权"的问题。如果按照"管理取向"和"修辞取向"的对策，耐克公司可以根据具体的情境进行回应和处理。但是，"血汗工厂"的问题不是一个简单的"新闻现实"（news reality），而是一个关乎价值观和意识形态的"社会文化现实"（socio-cultural reality）。换言之，新闻媒体的报道与网络言论传递和印证的是这样一种社会共识（批判学者称之为"常识"）——以跨国公司为代表的全球资本主义是不道德的。

在这样的语境下，耐克公司没有把危机传播的焦点局限于对单个的新闻事件的回应上（例如，"血汗工厂"的工资问题），而是把这场危机作为一个重塑耐克形象的契机，把宣扬耐克的"组织文化"作为传播的切入点。它们通过新闻稿、言论稿、"评论式广告"（editorial advertisement）等多种形式的公关材料以及有针对性的公关活动，宣扬以"职业道德"（COC）和"社会责任"（CSR）为核心的"耐克文化"。最为重要的是，耐克公司通过一起相关的法律诉讼（Kasky vs. Nike）所营造出的"媒体奇观",[③] 运用新闻媒体、法律、公共讨论等多种话语的交锋与调和塑造了一个"讲道德、负责任的跨国企业"形象。值得注意的是，耐克公司在危机传播的过程中始终把与海外劳工等边缘弱势群体、网民和NGO等民间压力群体的对话与协商置于优先的位置上。

纵观危机传播研究在西方近30年来的发展脉络，研究取向的出现、演进和整合都是与社会、文化和媒介生态的变化紧密地联系在一起的。新媒体的普及、全球化的浪潮和草根民主的勃兴都为危机传播研究提出了各种新的课题，拓展了新的研究空间。虽然危机传播研究起源于西方，但危机传播的实践可以追溯到中国古老的政治文化传统当

---

① J.P.McHale, J.P.Zompetti & M.A.Mofitt, "A Hegemonic Model of Crisis Communication: Truthfulness and Repercussions for Free Speech in Kasky vs.Nike," *Journal of Business Communication*, 2007, Vol.44, pp.374-402.

② 耐克公司遭遇的这场声誉危机，具有典型性和代表性，因而成了跨文化传播和危机传播中的一个经典案例，被称为"耐克式危机"。

③ ［美］道格拉斯·凯尔纳：《媒体奇观：当代美国社会文化透视》，史安斌 译，5~25页，北京，清华大学出版社，2003。

中。我们应当从中国传统文化的典籍中挖掘和整理相关的史料，结合西方传播学的相关概念和理论进行分析，迈出本土化的第一步。例如，在《尚书》这部传统文化经典中，可以找到一些生动的案例，说明作为周朝摄政王的周公是如何运用合适的传播策略有效解决其"执政合法性"的危机的（详见本书附录5）。而近年来我国政府危机传播的一些成功经验就体现了中国传统的政治文化与西方政治哲学理念的有机结合。

联系到我国当前的具体国情，从"管理"层面上看，我国的各级"组织"——包括中央和地方政府、企业、媒体、非政府组织（NGO）——在危机传播方面的经验和教训是否能够丰富和修正现有西方理论对"危机情境"的认知和界定；从"修辞"层面上看，相关的"传播者"——包括各类官员、管理者和新闻发言人——采取了哪些高效、低效、无效甚至于产生"反效果"的传播策略；从"批判"层面上看，微博、微信、抖音等社交媒体如何与官方话语、主流媒体进行互动和竞争。上述这些问题都有待于我国传播学界进行更为深入的反思和探讨，从而为危机传播研究在理论和范式上的本土化探索开辟新的路径。

第二节　危机传播的关键概念和效果评估

对于管理和修辞取向的危机传播而言，受众效果评估是其理论建构的切入点。面对危机事件，受众存在何种认知结构？其如何对危机事件进行归因？又导致了哪些类型的情感的产生？以上三个问题是危机传播重点关注的问题。从历史上看，效果研究是新闻传播学科的起源，尤其在美式传播学"行政式研究"（administrative research）的学科底色下，传播效果的测量与评估获得了丰厚的资金支持和广泛的社会关注，因而也成为危机传播研究所关注的重点领域。我们在前文中提到的IRT和SCCT等理论也是危机传播效果测量和评估的常用模型。

虽然批判取向也是危机传播的重要理论资源，但目前其主流研究路径仍然是实证主义引领的效果测量研究，包括通过定量和定性研究方法评估组织所开展的风险预警、组织—公众关系质量、效果的测量与评估等，形成了一系列被广泛使用的关键概念和术语（见表2.5）。

在实践层面，危机传播效果评估应贯穿组织传播工作的始终。在危机传播行业内流行着这样一句话：最好的危机传播管理就是没有危机发生。因此，在危机发生前，组织应对受众进行充分调研，对可能出现的危机敏感点进行规避。实际上，危机预防和风险预警的评估工作要远比事后的危机补救工作更为重要。因此，危机传播业界正在走向"专业化"，这使得业内人士熟知不同行业的舆情发展规律，对危机传播的外部环境能够开展更为充分的评估和调研。

表 2.5　危机传播的关键概念及术语

- 利益攸关方（stakeholder）：危机传播的所有目标受众，包括与危机有关的、受到危机影响的所有个人和群体，可以再细分为"内部"和"外部"的利益攸关方。以某企业员工与顾客发生争执为例，内部的利益攸关方包括企业员工、管理人员等；外部利益攸关方则包括参与争执的顾客、潜在顾客、媒体、供应商等，他们都是危机传播中需要考虑的目标受众。

- 四个 R：关系（Relationship）、声誉（Reputation）、责任（Responsibility）和反应（Response）是危机传播的四个基本概念，对应的英文单词都是以 R 打头。组织与其利益攸关方之间的"关系"是影响危机传播效果的重要因素；危机传播效果可以体现在组织的"声誉"是受到损害（"危机"成为"危险"）还是获得提升（"危机"变为"转机"）；组织在危机当中所承担的"责任"是危机传播的焦点；组织对危机作出的"反应"都属于危机传播研究的重要内容。

- 危机历史（crisis history）：组织在处理危机上积累的经验和声誉，可被细分为"光环"效应和"搭扣"效应。"光环"效应是指个人或组织成功地处理危机后带来的正面舆论评价，例如，奥巴马上任后不久便成功处理纽约风灾，因此，舆论对他应对自然灾害的能力不持异议，即便偶有失误，也不会引发大面积的批评。"搭扣"效应则正好相反，一次危机没有处理好，每次遇到类似的危机都会拿它来"说事儿"。小布什政府未能有效处理"卡特里娜"飓风危机，引发公众和舆论的强烈批评。他虽然接受了教训，但每次遇到危机时，媒体都要格外挑剔，经常出现"小布什的又一次卡特里娜"之类的标题。

- 舆情研判（public opinion monitoring and analysis）：这是危机传播的基础，用通俗化的说法，就是要找到最难解决和回答的、公众最为关注的问题。政府、企业等组织应当建立专门的机构，对大众传媒和社交网络上的舆情变化进行实时监测和分析，在微观和宏观的层面上作出科学的研判，据此制订危机传播策略。

- 内容分析（content analysis）：是舆情研判的基本方法之一，对组织所处的舆论环境进行微观层面的分析，借助于已有的分析工具和软件，利用大数据分析的方法，对搜集到的新闻报道、观点评论、专著论文等目标文本的主题、框架、关键词等进行统计和分析。

- PEST 分析和 SWOT 分析：是舆情研判的基本方法之一，对组织面临的问题和挑战进行宏观层面的分析，PEST 分析是指从政治（Politics）、经济（Economy）、社会（Society）、技术（Technology）四个层面上对组织面临的危机进行背景分析；SWOT 分析是指从优势（Strengths）、劣势（Weaknesses）、机会（Opportunities）和威胁（Threats）四个方面对组织面临的危机进行前瞻性的愿景研判。

- 合法性（legitimacy）与稳定性（stability）：这两个术语在危机传播的研究中经常被使用。任何一场危机都会破坏组织的"合法性"和"稳定性"，而危机传播的宗旨就是要恢复组织的"合法性"，维持组织的"稳定性"。所谓"合法性"是指组织的价值观与利益攸关方的价值观之间的契合程度。危机的发生往往导致两者之间的价值观出现了偏差。危机传播中的"稳定性"则是指组织经历危机的频度。经常面临危机考验的组织往往具有较高的稳定性，而在危机面前不堪一击的组织显然不具有稳定性。

- "指导性信息"（instructing information）与"调适性信息"（adjusting information）：这是危机传播中必须传递的两类基本信息。前者即警告、防护措施等，帮助公众从生理上应对危机；后者是指表达关切、慰问以及相应的补救或改正措施，帮助公众从心理上应对危机。

- 修辞敏感度（rhetorical sensitivity）：使用何种语言或非语言策略和技巧是危机传播能否达到目标的重要因素。因此，成功的危机传播应当具有高度的修辞敏感度。这意味着传播者会根据具体情境精心选择语言或非语言的策略和技巧。这些策略和技巧可分为两大类：辩解术（apologia）和区隔术（dissociation）。前者在下文中的理论部分会有详细的阐述；"区隔术"则旨在厘清危机的责任，例如，个人与组织的区隔、主观与客观的区隔、偶然与必然的区隔，等等。

- 全媒体（omni-media）：在互联网和社交媒体兴起后，传统的大众传媒（例如报纸、广播、电视、网络等）之间的森严壁垒和专业媒体机构（例如报社、广播电视台、通讯社、网站）之间各司其职的社会化分工体系被彻底打破，形成了集文字、音频、视频等各种媒介形态于一体的"全媒体"。

- "全传播"（omni-comm）：是与"全媒体"共生共存的概念，又被称为"整合传播"（integrated communication），与"战略传播"和"策略传播"（strategic communication）有一定关联性，即综合运用新闻、广告、公关、营销等媒体传播手段和劝服、谈判、协商等人际/组织传播手段，对"组织"（包括国家、政府、企业、学校和各类社会机构），借助于全媒体平台，把信息发布、实践操作和战略部署有机结合起来，塑造组织的品牌和形象，维护和提升组织的声誉，有效传播组织的文化和价值观。"组织"的危机传播和新闻发布都可以纳入"全传播"（即"整合传播""战略传播"）的范畴。

危机发生后，政府、企业等组织应对整个危机传播过程进行评估，总结经验，发现问题，进行相应的改进，从而使整个危机传播体系得以完善。从这个角度来看，传播效果评估对于危机传播过后组织内部的系统性改善而言尤为重要。组织能否从已经发生过的危机中吸取经验，进一步避免可能发生的同类型危机事件，是衡量组织管理有效性的重要标准。

在组织内部的危机传播效果评估工作中，值得注意的一个心理现象是"幸存者偏差"。这是一种常见的逻辑判断错误，主要指在数据筛选过程中陷入了逻辑陷阱，从而得出一个错误结论。一个经典案例：在二战中，大量飞机被投入战争中，而飞机设计人员通常会统计飞机上的弹孔分布，以改进飞机的安全性能，这里存在的一个问题是，设计人员通常统计的是战争中成功飞回营地的飞机，以此确定哪些薄弱层面需要加强。但实际上，正是那些在战争中坠毁的飞机才是最值得被统计的，因为这些飞机正是因为被击中最应当改进的"薄弱部位"，才没有办法返航。

同理，在危机传播效果的评估过程中，评估部门往往将危机处理较好的一面呈现给管理部门，而中低层管理人员会因"大事化小"的心理作用而产生"眨眼"效应，这使得高层管理人员往往无法认识到危机过后组织管理真正应当改进之处。对于此类问题，组织应当避免危机效果评估人员因担心后续改进可能增加工作量，而选择对评估效果进行选择性的"眨眼"效应出现。另外，选取第三方评估团队或是提高危机后制度修复的绩效，才能对危机传播效果作出更为科学的评估。

数智媒体时代，传播效果的各类评估和计算方法层出不穷，专业服务机构也能提供较为完整的评估方案。尤其是各类大数据计算方法已经较为成熟，对于社交媒体数据的计算和呈现也更加直观。但值得注意的是，在互联网时代，传播效果评估的所谓"大数据"虽然在数量上足够为评估者提供更为清晰的评估成果。但社交媒体泛滥的虚假信息和"机器人喷子"降低了传播效果评估的精度。

针对这一新的挑战，学界提出借鉴管理学的"效能"（efficacy）代替"效果"（effect）对传播实践进行更为精准的评价。相比于传统意义上的传播效果评估关注发行量、收视率、点击量、浏览量等单一量化指标，效能则取向从信息到达、信息解读、信息认同等不同的维度来评估传播成效。这一概念提出时间尚短，尚未广泛应用到危机传播，本书不对其展开讨论，仅作为未来的发展方向提及。

效果评估主要面对的是组织所关注的核心受众用户的数据，观察其在危机结束后是否因危机传播而产生了认知和情感等方面的改变。在这方面，笔者选取一些典型的危机传播受众评价指标进行简要介绍：

（1）形象认知。利益攸关方对于组织形象的认知是否受到危机传播的影响，而从危机中恢复。

（2）态度。利益攸关方对组织的态度是否有所改善，包括对事件性质的判断。值得注意的是，态度多是由主观因素造成的，包括受众本身所具有的价值选择。

（3）情感。利益攸关方在提及组织时，其情感表现如何。社交媒体往往会推动情感的积累，造成态度的转变，甚至于引发"舆情海啸"。

（4）行为。在危机事件结束后，利益攸关方是否还会继续与组织保持联系，例如，是否还会购买企业生产的产品。

（5）媒体接触。利益攸关方在危机传播过程中接触组织发布信息的频繁程度，从而考察组织是否进行了有效的风险传播。

此外，年龄、性别、收入、教育程度等人口统计学要素也是危机传播效果评估中所要收集的重要变量，以便对组织的核心受众（例如有消费能力的中产阶级专业人士）和潜在受众（例如即将进入职场的毕业生）进行分门别类的统计。

危机传播效果评估的路径和方法

随着媒介环境的更新，危机传播预警与评估的技术和手段正变得更加完善。传统媒体时代，危机传播效果的评价指标较为单一，主要包括相关新闻稿转载数量、受众问卷调查等方式，此类效果评估虽然耗时长且成本较高，但其评估的内容丰富度和可信度也更高。在数智传播时代，随着网络爬虫、自然语言处理、情感分析等前沿技术的成熟，危机传播效果评估的方法也更为多样化。以下是目前采用的几种主要手段：

（1）电话调查。电话调查一般选择专业服务机构或政府及企业的自有样本作为样本框进行调查，电话调查在当前媒体环境下的优点在于回应率高、误差小。过去电话调查的缺点在于，许多地区电话普及率较低，因此样本时常不具备代表性。但随着媒体环境的发展，当前中国的手机普及率已经超过100%，5G手机普及率也逼近50%，手机已经是非常普遍的社交工具。但与此同时，当今电信诈骗现象的频出，使得人们对陌生电话抱有较高的警惕。因此相比于微信、抖音等社交媒体，"打电话"在当今传播语境下反而常常被现代人视为一种冒犯行为。

（2）面访调查。主要指入户调查、街头访问和渠道端消费者调查，既是一种量化研究，如问卷调查，也可以搭配质化研究获得评估者想要的结果，例如基于问卷内容进行追问。面访调查是消费者调查的一种常用方法，在危机传播领域应用较少，但对于政府部门和重视消费者渠道的企业（尤其是奢侈品行业）而言，面访调查也有其优点，传播者可以根据自身传播需求进行地区、人群的用户抽样。例如，在相关门店设置面访调查窗口，组织能够精确地收集自身核心消费群的意见。

（3）网络调查。相比于电话调查，在移动新媒体时代，网络调查几乎拥有电话调查的所有优点，并且还具备其自身独特的价值：首先，网络调查形式多样，可以通过官方网站发布链接进行调查，也可以通过微信公众号、微博进行调查，许多在线网络调查公司设置了诸多调查方案进行选择；其次，网络调查的响应率更高，通过微信红包等方式对受访者进行支付，能够显著提高有效样本的数量；最后，通过设置甄别选项，网络调查能够帮助研究人员更为便捷地排除无效样本，提高有效样本量。

（4）计算内容分析。主要指对与危机相关的社交媒体内容进行计算社会科学方法的分析。计算传播学是近年来传播学的一个新兴领域，主要指与自然语言学习相关的一系列研究方法，包括主题词提取、情感倾向分析等。目前，社交媒体网站和相关服务公司均提供了社交媒体内容计算分析自动化平台。计算内容分析的优点在于，它分析的往往是大样本数据，能够更为清晰地反应危机传播的全局效果，使得组织在危机应对中有的放矢，帮助组织进行社交媒体的信息策略选择。这种方法的缺点在于，计算内容分析所收集的往往是社交媒体的表面用户数据，难以对用户的深层需求进行了解，因此，计算内容分析往往要与质化分析和问卷调查等方式共同使用。

（5）质化分析。主要指通过用户访谈和小组访谈等方式对核心用户群进行调研，理解和掌握其在危机事件中的深层关切。与面访调查类似，小组访谈等方式同样起源于消费者研究。此类研究方法的价值在于，能够帮助组织从情感层面更为深入地把握公众的心理和认知路径。例如，针对食品安全问题引发的舆情，很多中产家庭对此类问题的担忧并不在于"国家标准"，而是来源于其对生活品质的追求。质化分析与计算内容分析在实际调查中可以起到互补的作用。

第三节　数智时代危机传播的理论创新

在数字化智能化时代，社交平台无限放大了情感联结在组织传播过程中的重要性，这种情感联结来自于组织与受众的深度互信。组织开展危机传播的核心目标是与受众达成一种"共情"的状态。共情（empathy）是一个心理学概念。其首先指受众能否理解组织的发展经历，并对组织的危机回应给予理解；其次，共情也意味着受众与组织建立一种长期的情感联结，即情感层面的关系管理，这一方面能确保组织面对更安全的舆论环境，另一方面，也能帮助组织更快地从危机中修复彼此间的互信关系。共情是有意识的换位思考，在中国所处的东亚集体主义文化中，这种共情效应更加明显。有鉴于此，数智时代的危机传播理论向着更为情感化的方向进行探索。

目前，最有代表性的是在SCCT等理论的基础上延伸出的"社交媒体中介的危机传播"[1]（Social-Mediated Crisis Communication，简称SMCC）理论。该理论模型的创新

---

[1] Coombs, W.T., "Protecting Organization Reputation During a Crisis: The Development and Application of Situational Crisis Communication Theory," *Corporate Reputation Review*, 2007 (10): 163-176.

在于进一步丰富了数智传播语境下的各种危机要素。例如，其将传播媒介分为社交媒体、传统媒体和线下口语传播三种方式，理解线上传播与线下传播的交互特征，丰富了危机传播的媒介视角。

在主体方面，此理论将参与主体分为社交媒体的"生产者""跟随者"和"潜水员"，借以思考社交媒体语境下危机主体间的互动关系。社交媒体语境下的危机传播主要存在于这三者之间的互动中，研究者和实务界所要做的是识别这三类影响者的参与主体有哪些，他们参与危机讨论的核心诉求有哪些。

此外，SMCC 模型认为，应当从危机来源、危机类型、信息沟通的组织架构、信息策略选择、信息传播形式五个层面确认危机的沟通方式。危机来源主要目的在于确认危机的归因是来自于组织内部，还是组织外部，例如，企业的供应链环节等；危机类型与危机来源相关，确认危机是由于企业内部管理不善，如前文提到的海底捞食品安全事件，抑或是外部不可控因素所造成的，如自然灾害造成的企业供应链中断；组织确认危机发生后的信息传播和沟通的方式，如智利矿难中总统直接与外媒进行沟通就是一种常见的核心领导直接负责制；信息策略和信息传播形式具有共同之处，在确认危机类型后，传播部门应当选择合适的发布策略，此时组织应当掌握一手发布渠道，选择合适的媒体渠道，或者直接通过全媒体渠道对外发布权威信息。①

SMCC 作为一个整体性的研究框架，能够与其他理论紧密结合，这也说明了 SMCC 模型的包容性。这其中尤其要考虑危机的文化因素，如集体主义文化和个人主义文化在处理危机时所面临的情况存在较大差别，文化语境的影响在社交媒体中同样存在，甚至有被放大的趋势，例如，中国文化中的"面子"及其衍生出的"面子协商理论"（FNT）会影响利益攸关方在危机中的态度，也会影响政府、企业利用社交媒体进行危机传播的具体策略选择。②

危机传播的跨国化、情感化和社交化：RAT 与 ICM

SMCC 是数智时代危机传播理论模型的早期创新成果。随着社交媒体用户规模的扩大以及代际的更迭，近年来，"跨国化""社交化""情感化"三大趋势成为数智时代危机传播和新闻发布理论创新的重要驱动力，首先，跨国危机的案例呈现显著增加之势。危机事件造成的影响不再受到国界疆域的限制，而是借助于无远弗届的移动互联网和社交平台迅速传遍全球，跨国界、跨地域、跨文化的"蝴蝶效应"愈发凸显。其次，在危

---

① Liu, B.F., Austin, L.& Jin, Y., "How publics respond to crisis communication strategies: The interplay of information form and source," *Public relations review*, 2011, 37 (4), 345-353.

② Cheng, Y., Wang, Y.& Kong, Y., "The state of social-mediated crisis communication research through the lens of global scholars: An updated assessment," *Public Relations Review*, 2022, 48 (2), 102-172.

机事件中,智媒的"放大器"功能凸显,危机传播和新闻发布呈现出社交化的特征。

再次,智媒用户的情感表达更加丰富,相近的立场倾向产生了强大的聚合效应,导致以"情感压倒事实"为特征的"后真相"成为舆情走向的主导性因素。研究表明,在危机爆发时,公众诉诸智媒平台的主要原因在于其独特的情感支撑作用,而"情感"这一变量与在对危机情境的分析和对组织责任的归因中显示出愈来愈明显的关联性,因此,通过对智媒平台的舆情监测把握公众在危机中情感变化对于制定形象修复策略而言至关重要。

在危机传播和新闻发布的三大新趋势中,"跨国化"比较显著,因而也较容易理解。限于篇幅,本书不作展开,在此重点对"社交化""情感化"进行详细的解读。根据心理学的界定,情感是"个体根据自身的关注重点对内部或外部的刺激因素进行评估后产生的有机反应"。依据传播学的基础理论——符号互动论,"自我身份"的建构是情感唤起的根本动因。具体而言,现代人通过人际沟通和媒体传播寻求对自我形象和社会角色的肯定与认同。如果获得他人或社会的认可,则倾向于表达积极的情感,反之则是消极的情感。根据社会心理学的研究,在当今人类社会生活中占据显要地位的情感类型包括:恐惧、愤怒、羞耻和自豪,等等。学界在此基础上对传统的理论和研究方式进行了修正和创新,形成了"修辞话语场"(RAT)和"整合危机图式"(ICM)等新的理论与研究范式。

丹麦学者约翰森和弗兰德森认为传统范式存在研究主体单一化和传播过程简单化的局限性。如图2.1所示,两位学者在前述理论的基础上提出了"修辞话语场理论"(Rhetorical Arena Theory)。该理论强调危机传播的复杂性和动态性,在宏观层面采取"复调传播法"(multi-vocal approach),将与危机传播过程中所有"利益攸关方"(stakeholder)都纳入研究范畴;在微观层面则纳入了危机传播、传者、受者三大核心要素和调剂危机传播活动的四项指标,分别为语境(context)、媒介(media)、体裁(genre)和文本(text)。

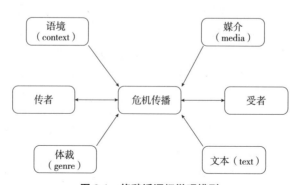

图2.1 修辞话语场微观模型

RAT 理论对于修辞话语场的分析，使我们能够厘清舆论传播过程中的不同角色与功能。该理论模型采用结构化的视角，再现了危机传播中的"修辞话语场"，即通常所说的"舆论场"，具体分为以下四个维度。

- 语境：包括内部心理语境和外部社会语境。前者指认知方式，即人们如何"解码"危机事件，如何辨别其发生的原因与结果；后者指社会文化语境（例如，一国的政治、经济、社会、文化、法律情境）、组织语境（例如，政府或企业的制度、规模、结构、文化）、事件情境（时间、地点、人物，等等。
- 媒介：即传播者运用书面或是口头方式，或运用何种技术辅助手段（印刷媒介、电子媒介、智媒等），不同媒介类型拥有不同的特征，如报纸与网络的可信度对受众而言是不同的。
- 体裁：在内容、结构、修辞手法上相近，有着相同传播目的的一类文本，是不同群体进行信息传播的体裁。
- 文本：文本是由发出者通过对语言、视觉符号和修辞策略的选择与应用形成的结果，使用者在文本中既可以用不同的语言符号或非语言符号表达相同的内涵，也可以选择新的表述方式或者已有的表述方式。[①]

微博、微信、头条、抖音等新兴智媒平台区别于传统媒体的一大特点是"情感压倒信息"，即所谓的"后真相"。因此，情感化传播成为学界关注的新重点。由传统的"舆论"到"舆情"的概念演变也体现了数智时代出现的这一重要变化。起初研究者主要关注的是：在互联网主导的传播生态中，积极和消极的两大类情感如何影响了对危机责任的认定，从而为组织制订危机传播策略提供参照。其中较有代表性的有 SCCT 的创立者库姆斯。他将危机传播理论建构的重点由传统媒体生态中的"情境"（situation）转移到了新媒体生态中的"情感"（emotion）。这是由于在社交网络主导的传播生态当中，"情感"成为政府、企业等"当事方"——危机传播学者常说的"组织"或"利益攸关方"——准确把握危机情境和进行"责任归因"的重要指标。他依据归因理论提炼了与社交网络主导的危机传播高度相关的三种情感——同情、愤怒和幸灾乐祸，并通过后续的实证研究发现，社交网络上广泛传播的负面情感往往会急剧降低公众对组织的支持意愿。[②]

[①] Frandsen, F.& Johansen, W., "Crisis Communication, Complexity, and the Cartoon Affair: A Case Study," In Coombs, W.T.& Holladay, S.J. (eds.), The Handbook of Crisis Communication (ed.), London: Wiley-Blackwell, 2010: 425-445.

[②] Coombs, W.T.& Holladay, S.J., "An exploratory study of stakeholder emotions: Affect and crises," Ashkansay, N., Zerve, W.J.& Härtel, C.E.J. (eds.), The Effect of Affect in Organizational Settings: Research on Emotion in Organizations, New York: Elsevier, 2005: 263-280.

目前，在危机传播"情感化"研究方面最为领先的是公共关系学研究的泰斗级人物、密苏里大学教授卡梅隆（Glen Cameron）和他的弟子们——其中尤以华裔学者金燕最为活跃。他们在库姆斯 SCCT 理论的基础之上，发展出了一套较为成熟的"整合危机图示"（ICM）理论，旨在揭示在智媒传播生态中，情感因素是如何影响公众对危机情境的解读的。通过大量的实证研究，ICM 提炼了在社交平台上的危机传播中占主导地位的四种情感：愤怒（anger）、伤心（sadness）、恐惧（fear）和焦虑（anxiety）。研究表明，这四类情感在很大程度上影响了公众对政府、企业等"利益攸关方"所采取的危机传播策略的接纳度和偏好度。

如图 2.2 所示，依据 ICM 理论，"危机管理的参与度"（纵轴）和"危机传播策略"（横轴）是评估社交化、情感化趋势下危机传播效果的重要依据。当危机发生时，组织的高参与度意味着紧密、统一和持续的投入，低参与度则意味着相对较少的资源和精力投入。从危机传播策略来看，以问题为导向的"意动型"（conative）策略旨在改变公众与组织之间的关系，而"认知型"（cognitive）策略则旨在改变公众对组织的态度。①

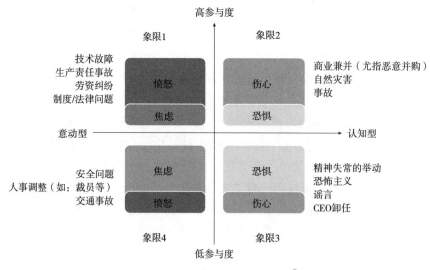

图 2.2　整合危机图式理论模型②

---

① Jin, Y., Pang, A., & Cameron, G.T., Integrated crisis mapping: Towards a public-based, emotion-driven conceptualization in crisis communication. *Sphera Publica*, 2007: 7, 81-96.

② Jin, Y., & Pang, A., *Future directions of crisis communication research: Emotions in crisis—The next frontier*. In Coombs, W.T., & Holladay, S.J. (eds.). The Handbook of Crisis Communication (pp.677-682), London: Wiley-Blackwell, 2010: 677-682.

在 ICM 的概念和理论框架下，结合智媒的具体情境，金燕等学者通过实验的方法，将网民在危机传播中表达的情感归纳为三类：(1) 与归因无关的情感。焦虑、伤心、顾忌等，此类情感往往不具有指向性。(2) 与归因有关的情感。愤怒、厌恶、蔑视等，此类情感往往针对危机的"责任主体"。(3) 自我归因的情感。尴尬、内疚和羞耻等，此类情感往往针对公众自身，与危机的"责任主体"关联不大。①

从总体上看，无论是"管理取向"和"修辞取向"，抑或是像 SCCT 等这样试图整合两者的理论尝试，都没有摆脱那种"亡羊补牢"式的"行政式研究"(administrative research) 模式的局限性。这种"行政式研究"最大问题是缺乏对社会现状、机制和权力关系的反思与批判。"组织"被事先预设为危机传播的主体，它对整个危机传播的过程拥有不容置疑的支配权。因此，所有的模式和对策都是以"组织"为中心提出的。从传播学的角度来看，它们体现的是一种"传者中心"的思维定势，而把"受者"假定为只会被动接受的"沉默的大多数"。

随着网络、手机短信、博客、微博、微信等互动网络媒介形式的出现，"传者中心"的思维定势被彻底打破了。传统意义上的"受者"——边缘弱势群体、非政府组织、民间压力群体（pressure groups）——凭借新媒体获得了话语权，形成了多极化的传播格局，组织由原来处于支配地位的"单极"演变成为"多极"当中的"一极"。除了媒介形态的演变以外，全球化也是危机传播研究实现"范式转化"的一个驱动力。在全球传播时代，某个区域性的突发事件往往会演变为一场跨国、跨文化的公共危机。有鉴于此，新媒体时代的危机传播就成为了一个多音齐鸣、众声喧哗的"话语场"，而文化和意识形态的冲突则不可避免地成为危机传播研究需要拓展的一个新的维度。

第四节 数智时代的危机传播研究示例②

随着数字化智能化时代的到来，危机传播理论的转型升级成为学术界关注的重点。前文提到的诸多理论均来自西方语境，基于报刊、广播电视等传统媒体，因此，在全球化的背景下如何适应数智时代的媒体传播生态，成为危机传播理论创新的切入点。对此，本节选取了三个代表性案例进行分析，一是以"政府部门及时应对滑坡事故"为代表的突发性自然灾害危机，它是灾难传播与危机传播的结合案例；二是以"政府部门及

---

① Jin, Y., Liu, B.F.& Austin, L.（2014）.Examining the role of social media in effective crisis management:The effects of crisis origin, information form, and source on publics' crisis responses. *Communication Research*, 41, 74-94.

② 清华大学新闻与传播学院硕士研究生邱伟怡对本节亦有贡献。

时应对新冠疫情"为代表的持续性危机传播案例,其考验了政府部门在开展危机传播过程中的策略灵活性;三是以"美联航逐客门"为代表的企业危机传播案例。通过对三个典型案例的剖析,本节对相关理论进行进一步的延伸探讨。

突发性灾难事件的危机传播——以 A 市滑坡事故为例

A 市在城乡接合部地区发生的山体滑坡事故是政府部门根据社交媒体的传播生态变化、及时调整危机传播策略、提升传播效果的一个较为成功的"教科书"式案例,值得深入挖掘和认真借鉴。这场危机致 73 人遇难、4 人失联,可列入"特别重大安全生产责任事故"的级别。加之发生于年终岁尾的时间节点,愈发引起舆论的广泛关注。总体来看,A 市政府及其相关部门能够尊重社交媒体时代的新闻传播规律,通过新闻发布会、媒体报道、政务微博等多种形式及时发布信息,开展情感疏导,为这场危机的处理创造了较为理性和宽松的舆论氛围,同时,通过"形象修复""声誉管理"等手段降低了这场危机所带来的负面影响。本节以"情境式危机传播理论""修辞话语场"理论和"整合危机图式"等前沿理论为框架,通过分析 A 市政府部门的危机传播策略及其对公众情感的影响,力图填补社交媒体生态下危机传播研究中的一些"盲点",同时,为危机传播实践提供可资借鉴的经验。

本案例首先采用修辞话语场理论的微观模型来具体分析 A 市政府危机传播的全过程。

1. 危机情境

A 市是经济发展的标杆城市,在 30 年时间从一个小村落发展成为一座大都市。但是,快速发展的背后也带来了各种新的矛盾和问题,埋下了风险的隐忧。这场滑坡事故便是各种矛盾、问题和风险积聚而爆发的结果。滑坡事故的直接原因是建筑垃圾的过度排倒。事后调查,A 市仅有 9 座受纳场,随着城市化建设的不断加快,根本无法满足需求,这也导致建筑垃圾偷排乱倒现象猖獗。事发地点在新区的垃圾受纳场,周边居住着外来务工人员和社会底层人士,因而使这场事故在社交媒体平台上具备了较强的话题效应。如果危机传播的策略使用不妥当,必然激化社会矛盾,有可能引发"次生舆情危机"。本案例参照库姆斯提出的 SCCT 理论对 A 市滑坡事故的"危机语境"进行分析如表 2.6 所示。

2. 媒介

A 市政府主要使用了官方网站和新浪微博两种媒介渠道进行危机传播。官方网站"A 市政府在线"包括中文简体、中文繁体、英文三个版本,自 2015 年 12 月起至 2016 年 1 月共发布 10 多篇关于滑坡事故的新闻稿,明确表达了积极承担责任、开展救援和善后工作的立场。A 市政府的新浪微博账号为"A 市微博发布厅",粉丝数为 178 万。自

表 2.6 A 市滑坡事故的危机情境分析

危机名称	危机种类	证据性质	伤害程度	组织过往表现	危机责任
滑坡、爆炸	过失（非蓄意，外在造成）	真实	极大	关系史：政府部门全力营救	受害型
非法受纳场猖獗	违规（蓄意，内部造成）	真实	非常大（大量垃圾倾倒在危险的地方，如果依法制止将可能减少大量损失）	危机史：环保意识薄弱，垃圾处理贪图省事 关系史：存在政府人员对企业的违法违规行为——"打掩护"的不正之风	错误型
废弃物处理设施长期不足	违规（蓄意，内部造成）	真实	非常大（如果注重配套设施建设，将极少发生废料垮塌事件）	危机史：城市规划不足，城市化进程过快，追求经济效益而忽略可持续发展和绿色建设	错误型
事故性质由自然灾害变为生产安全事故	违规（蓄意，内外部造成）	真实	较大（使政府公信力下降）	危机史：政府最初将灾害定义为"山体"滑坡被公众批评为隐瞒人工堆土垮塌的事实	事故型 错误型
社会阶层差异的舆论压力	过失（非蓄意，内部造成）	模糊	一般（对政府形象和城市形象造成不良影响）	危机史：社会阶层差距是社会长期热点议题 关系史：公众不信任政府部门	事故型

2015 年 12 月至 2016 年 3 月共发布 89 条相关微博，充分利用了 140 字微博、长微博、网页链接、视频、图片、转发等多种功能，相比于官网，微博跟进更早、频率更高、持续时间更长。

3. 体裁

从总体上看，A 市政府通过口语、文字、图像、音频、视频等多种传播体裁进行了及时的信息传播和危机公关。在口语传播方面，政府于事发后 5 小时左右召开了第一场新闻发布会，并在 2015 年 12 月 20 日至 12 月 25 日密集地举办了 10 次新闻发布会。在文字传播方面，政府通过官方网站、政务微博、手机短信等形式及时提醒险情，汇报进展。此外，政府发布的图像主要为新闻图片，包括事故现场、消防警官、伤者救治等。官方发布的音视频资料相对较少，主要为新闻发布会实录和在逃嫌犯的通缉。同时，政府根据不同的媒介属性调整了表述方式。在新闻发布会中，政府表述正式，措辞严谨，立场明确，如"市委市政府高度重视受灾害影响群众的安置工作，坚持以人为本、注重细节，动员各方面资源和力量。"在微博上，政府采用图文结合的方式刻画故事，期望达到晓之以理、动之以情的目标。例如"救援人员还在现场拼命搜寻，还在争分夺秒地与时间赛跑……这几天的 A 市，有痛心，有震撼，有温暖，有感动，有爱和有希望！如今已经有 1 人被救出，我们会继续坚持努力！"体裁的多样和灵活体现了政府在危机传播中积极回应的态度，把握了信息发布的主动权。

4. 文本

文本维度主要考察传者有意或无意选择的修辞策略，约翰森和弗兰德森借鉴了库姆斯（2007a）在 SCCT 理论中基于危机情境提出的危机传播策略。本案例对上述学者建立的概念框架进行了整合和提炼。SCCT 理论总结了四种危机传播策略，分别为"否认型""淡化型""重塑型"和"支持型"。其中，"否认型"策略包含回击指控、直接否认、指名替罪羊 3 个子策略；"淡化型"策略包含寻找借口和寻找合理性 2 个子策略；"重塑型"策略包含进行补偿和郑重道歉 2 个子策略；"支持型"策略包含提醒、迎合、共鸣 3 个子策略。在具体操作方面，库姆斯又补充了向所有的受害者（包括潜在的受害者）提供"指导性信息"和"调适型信息"的对策。以该理论为框架，本案例分析对 10 场新闻发布会和 89 条政务微博进行了文本分析，总结和提炼出了 A 市政府采取的危机传播策略（见表 2.7、表 2.8）。

表 2.7　对 A 市滑坡事故新闻发布会的分析

发布时间	危机内容	危机类型	危机传播策略	发布用语
12月20日	A 市滑坡事故发生	受害型	提供调适性信息+支持型（提醒）	A 市和××新区立即启动救援应急预案，迅速成立现场救援指挥部，全面开展搜救工作 中央、省、市、区各级高度重视……中央领导作了重要批示……省委书记和省长亲临现场指挥
12月21日	公众质疑公开的死伤人数过少	事故型	支持型（提醒）	设立失联人员核实点两个，组织属地街道、公安、出租屋综管办及受灾的三个工业园企业负责人对辖区工作、居住的人员逐一核对，走访灾害现场周边出租屋业主，对失联人员逐个进行了登记造册
	搜救进展较慢，公众批评政府能力不足	事故型	淡化型（寻找合理性）	A 市滑坡事故是发生在城市地区的丘陵地带，在国内是首次。在国际上也只有印度尼西亚在 20 世纪 90 年代，一个垃圾填埋场滑坡
12月22日	发现第一名遇难者遗体	受害型	支持型（共鸣）	A 市副市长："我提议，我们一起向这位在滑坡灾害中遇难的同胞兄弟表示深切哀悼！"
12月23日	搜救的黄金72小时已过，仅发现一名幸存者	受害型	支持型（提醒+迎合）	现在是尽一切力量，我们决不言放弃，这就意味着我们有希望，只要有希望我们就会全力以赴地救援 在此，我向所有关心救灾、关爱灾民、支持救灾、关注灾区的社会各界致以崇高敬意，感谢大家！
12月25日	公众质疑事故起因，调查组认定事故为生产安全事故	错误型	重塑型（郑重道歉、矫正过失）	依法、依规、依纪，该负什么责任就负什么责任，该接受什么处理就接受什么处理，该处理什么人就处理什么人 A 市委、市政府向所有遇难者表示哀悼，向所有遇难和失联人员家属、受伤人员及其他受灾群众，向全社会作出诚恳道歉！

表 2.8　A 市政府政务微博中的危机传播策略

A 市政府的危机传播策略（网站与微博）	
早期：处理"受害型"危机	1. 提供"指导性信息"——警告、防护措施等 例如，我们对 3 条线路实行紧急停电……请受影响的小伙伴多多理解［爱心］（2015 年 12 月 20 日） 2. 提供"调适性信息"——关切、慰问及抢险措施等 书记批示，要求组织各方力量实施救援，防止次生灾害发生，市长批示，第一时间全力解救被困人员，救治受伤人员（2015 年 12 月 20 日）
中后期：处理"事故型"和"错误型"危机	1. "淡化型"传播策略 （1）寻找合理性：淡化伤害、破坏和其他负面效应。例如，昨日 6 位岩土工程方面资深的专家第一时间赶到了现场勘察……目前，主轴上的能量基本已释放，处于相对稳定的阶段（2015 年 12 月 21 日）
中后期：处理"事故型"和"错误型"危机	2. "重塑型"传播策略 （1）郑重道歉：公开宣布承担全部责任，请求宽恕。例如，参会的市领导一起起立、深深鞠躬，向所有遇难者表示哀悼，向所有遇难和失联人员家属、受伤人员及其他受灾群众，向全社会作出诚恳道歉！（2015 年 12 月 28 日） （2）进行补偿：采取补救和改正措施，展现新形象。例如，【对失联人员家属妥善安置安抚】组织一对一的善后五人工作小组，其中包括心理咨询、法律服务和专业社工以及民政等人员。对失联者家属的安置安抚，力求更周到（2015 年 12 月 24 日） 3. "支持型"传播策略 （1）提醒：强调组织曾做过的相关"好事"、组织获得的正面评价。例如，【新华社评 A 市滑坡：灾害不幸，应急表现可圈可点】当不幸降临的时候，考验的是城市的危机应对能力，人们也从事发后的表现中窥见这座城市的底色。A 市的此次灾害是不幸的，但应急表现是可圈可点的（2015 年 12 月 25 日） （2）迎合：支持、称赞和感谢所有的"利益攸关方"。例如，志愿者的身影无处不在，他们用汗水、用爱心向受困群众传递着温暖，传递着力量（2015 年 12 月 28 日） （3）共鸣：强调政府也是危机的受害者。例如，【灾害降临，记录一座城市的表情】20 日突如其来的滑坡，就像一座移动的大山，淹没了××新区事发地工厂宿舍，打破了当地群众的平静生活……A 市，面对轰然而至的突发事件，彻夜未眠（2015 年 12 月 22 日）

本次事故是包含了受害型、事故型、错误型多重情境的复杂危机事件，以政府方应承担责任的事故型和错误型危机为主。面对人们的恐慌、民众对政府管理不力的质疑、A 市作为国际化大都市形象的受损等，A 市政府在早期使用了针对"受害型"危机的应对策略，在明确事故责任后，主要使用了"淡化型""重塑型"和"支持型"的危机传播策略。从总体上看，A 市政府采取的主要策略与 SCCT 理论的建议基本一致。尤其是 A 市政府在上级调查组介入后第一时间表明愿意承担责任、勇于承认错误的态度：在多个媒体平台通报本次事故并非自然地质灾害，而是生产安全事故，并进行公开正式致歉。虽然政府在事故面前难辞其咎，但是，这一系列举动经过主流媒体的报道，在微博上获得了"道歉也是一种进步""至少有人站出来，而不是互相推诿，有勇气，有担

当"等言辞较为平和、理性的网友的肯定。A 市滑坡事故之所以能够较为顺利地平息下去，离不开政府及时、恰当、坦诚的危机传播策略。

公众的情感表达

在 A 市滑坡事故中，政府的主要危机公关对象和主要利益攸关方是公众。全媒体时代舆情发酵的一个重要平台就是社交媒体，在近年发生的众多危机事件中，以微博为代表的社交媒体正是直接面向民意、推动危机传播的重要渠道。在本次危机中，公众通过微博平台积极地参与到危机发酵过程中，"A 市山体滑坡"话题共收获 3 亿阅读量和 14.2 万人次讨论，话题粉丝数达到 2.6 万人。

研究发现，公众在危机中产生的情感直接影响其对政府危机传播策略的接受与否，公众在危机发生时诉诸社交媒体的主要原因在于其独特的情感支撑作用。为理解公众面临危机时产生的复杂情感，ICM 理论提炼了四种主要的负面情感：愤怒、伤心、恐惧、焦虑，这些情感将影响公众对危机传播策略的偏好，以及对组织所采取策略的接纳度。

基于 ICM 理论，研究者将社交媒体环境下公众的负面危机情感分为三类：（1）与归因无关的情感。焦虑、伤心、顾忌，此类情感往往不具有指向性。（2）与归因有关的情感。厌恶、轻视、愤怒，此类情感往往针对危机主体。（3）自我检视的情感。尴尬、内疚、羞耻等。特定的危机情感会对危机处理结果造成负面影响，如"愤怒"情绪会导致消费意愿降低、口碑传播变差，对于由内因引发的危机，"恐惧"情感也会使组织的口碑受损。关注公众的情感表达和在此基础上危机传播策略是否对公众的情感起到了作用，是社交媒体时代提高危机传播的"时度效"的一门"必修课"。微博热门话题是网友自发参与讨论表达意见与情感的舆论场，能够较好地体现出网友的个人态度。本文以上述危机情感研究为参考，选取"A 市山体滑坡"热门话题下的 225 条原创、有实质性内容和情感表达的公众微博作为研究样本，进行内容分析。在研究样本中，网友最常表达的情感为悲伤（108 条 48%）、支持（45 条，20%）和愤怒（41 条，18%）。此外，有 16 条微博表达了恐惧，7 条表达了焦虑，6 条表达了怀疑，2 条表达了内疚。总体上看，负面情感占 80%，是正面情感的 4 倍。在负面情感中，与归因无关的情感为悲伤、焦虑、恐惧，共 131 条（73%）；与归因有关的情感为愤怒和怀疑，共 47 条（26%）；自我检视的情感为内疚的共 2 条（1%）。

1. 悲伤

在四大基本危机情感中，触动悲伤情感的核心要素是那些不可抗拒且不可逆转的损失。当公众意识到尽管他们的生存、幸福、尊严、理想等受到不可抗力的威胁，但却束手无策且无人可指责时，往往表达出悲伤的情感。在造成重大伤亡和严重后果的滑坡事故面前，占主导地位的情感是哀悼逝者，表达悲伤。其中，有4条微博内容显示作者在事故中失去了亲人或朋友，占总数的1.7%，绝大多数网友并非损失的直接承受者，他们的悲伤情感源自整个事故中遇难者和受害者的不幸。在微博上集体哀悼有助于公众相互提供情感支撑和心灵慰藉，对平复情绪起到积极作用。此外，悲伤是与归因无关的情感，相比于愤怒、怀疑等指向危机主体的情感，当悲伤占据微博的主要议程时，政府形象受损的压力也得到一定程度的缓解。

2. 支持

表达支持的微博数仅次于表达悲伤的微博数量。这类情感主要表现为：感激搜救一线的工作人员、支持政府的举措、感动于亲友的关怀和健在、灾难让人们更加感恩生命和珍惜爱人等。这在一定程度上表现了公众对A市政府的危机应对措施的认可，也体现出与政府的情感共鸣。公众的正面情感有助于政府更顺利地修复受损的形象，尽快恢复正常的工作流程。

3. 愤怒

愤怒的表达往往具有对抗性，当公众感到组织侵犯了他们的福利和权益时，为提高存在感或扭转不利局面，他们往往会表达愤怒的情绪。在滑坡事故中，网友愤怒的对象主要是A市政府，以及刻板印象中的无作为政府形象。公众表达愤怒的微博主要分为四种：（1）反感滑坡事件发生之初政府以"山体滑坡"对其定性，认为有故意掩盖人工渣土偷排乱倒之嫌；（2）谴责探望受灾群众的政府官员大腹便便、抽烟的照片形象；（3）反感政府报喜不报忧，怀疑政府对死伤人数隐瞒不报；（4）将滑坡事故归咎于有关部门问责不力、执法不严、反思不足、贪污腐败等。

政府危机传播策略对公众情感的影响

为了直观地分析政府的危机传播策略是否对公众起到了情感引导的作用，本研究将对比公众在相对无引导的热门话题中的情感表达（见表2.9）和在政务微博下评论区的情感表达，考察二者是否存在差异。

A市政府为修复组织形象采取了多种危机传播策略，包括提供指导性信息、提供调适性信息，采取淡化型、重塑型和支持型传播策略等。下面本案例将在每一类危机传播策略中随机抽取样本（见表2.10），对有情感表达的网友评论进行分析。

总体来看，在1 083个样本中，有情感表达的微博为942条，占全部样本的87%。在政府引导下，公众在表达情感的微博中，表达悲伤的有248条，占26.3%；表达支持的有422条，占44.7%；表达愤怒的有168条，占17.8%；表达焦虑的有15条，占1.6%；表达怀疑的有79条，占8.3%；表达恐惧的有10条，占1.1%见图2.3。与无引导下的公众情感表达相比，悲伤占全部情感表达的比例明显下降，支持的比例明显上升。

表2.9　微博热门话题下的公众情感表达

情　感	关　键　词	典型表达
悲伤（48%）	默哀、安息、难过、渺小等关键词；蜡烛、祈祷等表情符号	谁都不知道明天和意外哪个会先到来，生命的脆弱和世事的无常让我们逃无可逃。祈福，愿您好！
感激/感动/支持（20%）	致敬、骄傲、感恩、珍惜、幸福等关键词；心、赞等表情符号	战士们，辛苦了！向在搜救第一线的消防官兵、公安民警、医护人员、志愿者、记者们致敬！生活已不易，且活且珍惜，把握当下，活在当下！回家，好好抱一抱想珍惜的人吧！活着，在一起，已经是最大的幸福！
愤怒（18%）	黑暗、心寒、推卸责任、束手无策等	多少条鲜活的生命能唤醒你的良知/多少个痛苦的家庭能唤醒你的冷漠/多少次问责能唤醒你的责任/多少场事故能唤醒你的决心。每次过后都说在反思，每次反思过后又接着发生。你们平时到底都在干些什么？不想听你的歌功颂德，我们只想安全地活着！
恐惧（7%）	可怕、震惊、震撼等	A市山体滑坡太吓人了，瞬间倒塌
焦虑（3%）	生死未卜、担心等	甚是担心，你们那儿没有波及吧？
怀疑（3%）	疑问词与反问词等；多用惊叹号和问号	A市山体滑坡为什么现在没人再关注×市的爆炸！那些英雄、那些逝者就这样无人问津！真相不再公开吗？！
内疚（1%）	对不起、无法帮忙等	我没有户外救护的经验，同时不能去现场帮忙，只能为遇难者和失联者祈祷，愿他们多点平安！！！

表2.10　政府不同危机传播策略下公众情感表达的抽样方法

危机传播策略	相关微博内容	样本选取方式
指导性信息	为配合政府部门对山体滑坡的救援，@A市供电对3条线路实行紧急停电，影响以下地区（从略），请受影响的小伙伴多多理解（2015年12月20日）	以全部13条评论为样本
调适性信息	山坡垮塌导致煤气站爆炸，20栋厂房倒塌，多人被困，伤亡尚无法估计。公安消防已赶赴现场开展抢救工作。市领导指示我区、卫计委全力救援，住建局调动机械设备全力支持。公安交警疏导现场交通（2015年12月20日）	以全部260条评论为样本
淡化	截至21日下午6时，接报失联人数下降为85人，现场救出被困人员7人，住院救治的伤员16人生命体征平稳，安排居住600人，安全疏散900人（2015年12月21日）	以全部57条评论为样本
重塑（矫正过失）	"12·20"滑坡灾害发生后，@A市规划和国土资源委组织专业巡查队伍全面开展各辖区安全大排查。截至目前，全市已重点排查地质灾害和危险边坡隐患点738处，废弃石场24处。已现场发出地质灾害隐患预警通知书2份，废弃石场均已封场关停（2015年12月22日）	以全部22条评论为样本
重塑（进行补偿）	在A市滑坡救援现场连续几天高强度的搜寻及挖掘作业后，事故现场的消防战士、搜救犬的体力和精力都大量消耗，他们当中不少人在换班后继续留在救援现场附近的区域，在地上铺上纸壳睡一会儿，醒来继续工作（2015年12月24日）	以全部220条评论为样本

续表

危机传播策略	相关微博内容	样本选取方式
支持（共鸣）	今天是滑坡事故发生第七日，在东四作业区附近现场，省市领导手捧白色菊花，全体鞠躬，为遇难者默哀3分钟。默哀毕，领导们依次缓步上前，往土堆上献上白菊寄托哀思（2015年12月26日）	在521条评论中随机抽取300条，获赞数最高为92，最低为0
支持（提醒）	【"12·20"特别重大滑坡事故救援处置情况通报】A市渣土受纳场"12·20"特别重大滑坡事故抢险救援已进入第40天，现场指挥部通报最新情况（2016年1月28日，长微博，从略）	以全部135条评论为样本
支持（迎合）	上午省市领导从滑坡灾害现场直奔失联家属住处，分别看望、慰问了失联人员亲属，推心置腹地与他们谈心、安抚，亲切询问他们家庭的吃住情况，强调政府一定会负责全力搜救，决不放弃一丝希望！（2015年12月24日）	以全部76条评论为样本

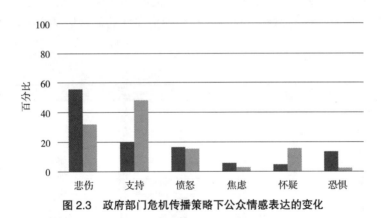

图2.3 政府部门危机传播策略下公众情感表达的变化

不同危机传播策略下的情感表达

具体而言，在不同的危机传播策略下，网友的情感反馈也不尽相同。滑坡事故早期，政府主要采取提供指导性信息和提供调适性信息的策略。综合来看，公众在这两种策略下表现出的负面情感多于正面情感，而样本在得到指导性信息时表现出更多的支持情感。由于滑坡事故的突发性和严重性，多数微博样本表达了悲伤情感，如感慨"天啊，快过年了，出现这种事情不知该说什么"等。悲伤情感不具有指向性，这体现出多数网友在事故初期将这场事故作为自然灾害而非"人祸"看待。（见图2.4）

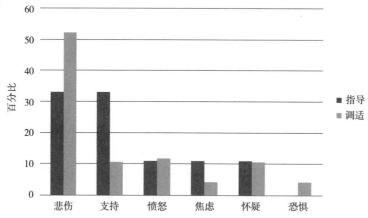

图 2.4　滑坡事故早期政府部门危机传播策略下的公众情感表达

在滑坡事故中后期，淡化型策略、提醒的支持型策略和进行补偿的重塑型策略是较为成功的传播策略，公众的支持情感较多。矫正过失的重塑型策略是较为失败的传播策略，它激发了网友的愤怒情绪，这种具有明确指向性的危机情感会损害政府的形象。（见图 2.5）

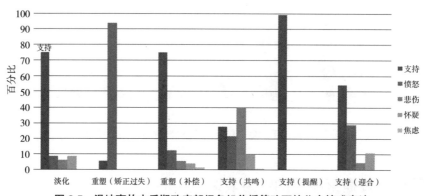

图 2.5　滑坡事故中后期政府部门危机传播策略下的公众情感表达

在淡化型策略中，政府的表述弱化了灾情的严峻性，给公众积极的救灾信息，样本情感主要表现为支持，占情感表达评论的 75.5%。多表达对政府工作的满意。

在重塑型策略中，矫正过失的子策略和进行补偿的子策略获得了截然不同的情感反馈。在矫正过失的策略中，虽然 A 市政府传达了积极排查废弃石场安全隐患的信号，但是超过 90% 网友认为亡羊补牢为时已晚，超过 60% 的网友甚至持愤怒情绪。一方面，政府排查隐患是必要且必需的补救措施，民众的愤怒情绪体现出一定的非理性；另一方面，安全隐患的长期存在是政府治理不力直接导致的，民众的指责并非毫无根据，警示政府方面应更加重视民众的监督和批评，提高工作水平。

与之相对进行补偿的策略则取得了较大的成功。时任 A 市市长探望失联家属，迅速、真实和亲切，凸显了以人为本，获得了网友的一致好评，避免了割裂群众、高高在上的刻板印象。尽管有网友质疑政府在"作秀"，但是支持和感动的声音远远超过愤怒的声音，占全部微博的 78%。A 市政府在灾难面前表现出真心实意为灾民考虑的态度，从样本反馈来看，这一举动重新树立了民众对政府的信心，也呼吁政府部门要不断改进工作方法，为人民做实事。

支持型策略包含共鸣、提醒和迎合三个子策略。其中，共鸣策略的意见分化最大，"提醒"策略是所有策略中最成功的案例。在"共鸣"策略中，政府在事故头七之际发布了默哀信息，在评论区的 300 个样本中表达悲伤的微博占 33%，支持占 23%，愤怒占 18%。对于政府的默哀、鞠躬和献花，共鸣者表达了对逝者的哀思，支持者表达了对政府负责行为的赞同，愤怒者认为人命问题远非默哀能解决的，质问政府死亡人数和追责进展等。值得注意的是，政府的默哀微博下面反对者和拥护者形成两派，公众评论存在明显的分化和对骂现象。

在最成功的"提醒"策略中，A 市政府于 2016 年 1 月 28 日通报了救援处置的情况。该微博发布于事故的沉寂期，体现了政府发布最新进展的锲而不舍，给社会和公众一个交代。微博主要包括 4 条关键信息：（1）灾情信息。救出受困群众 14 人，紧急疏散 900 余人，遇难 73 人，失联 4 人，医院收治 17 人，其中 11 人治愈出院。（2）善后工作。安置受影响企业员工 4 630 人，遇难者家属全部签订经济补偿协议。（3）事故追责。犯罪嫌疑人 42 人全部到案。（4）未来展望。深刻反思，举一反三，打响"城市管理治理年"的攻坚战。在评论区，表达支持的微博高达 93%，认为政府正面回击了质疑和批评，塑造了知错能改、积极负责的形象，让人们对 A 市的未来充满希望。

在"迎合"策略中，政府发布了一组消防官兵和警犬在废墟中席地而睡的照片，表达方式偏煽情。评论区 47% 的微博样本表达了对救援人员的感谢、关怀与敬意，25% 的微博样本表达了愤怒之情，主要理由包括，认为政府提供的后勤保障不足，消防官兵的待遇过差，照片有摆拍之嫌，以及政府试图通过煽情来转移注意力等。相比于直面问题并针对公众的疑问进行明确回应，这种"曲线救国"的方式反而更不受认可。

总体来看，将微博中公众的自发讨论和政府引导下的讨论相对比不难发现，公众负面情感占比明显下降，正面情感占比明显提升，体现出政府危机传播策略取得了一定的成效。在 A 市滑坡事故中，政府面临着渣土滑坡、人员伤亡、经济损失的重大灾情。作为一起典型的突发公共事件，它使 A 市非法受纳场猖獗、废弃物处理设施不足等城市建设和行政管理的硬伤充分暴露。在危机发酵过程中，政府还面临着事故性由地质灾害恶化为生产安全事故的公关压力,以及公众不信任政府的舆论压力。

参与 A 市滑坡事故微博讨论的公众大致分为两类:一类是事件亲历者及遇难者家属,另一类是没有直接参与滑坡事件的其他公众。其中,少部分事件亲历者利用社交媒体上传了滑坡现场照片以及坍塌过程中伴随的爆炸视频,在引爆舆论的同时,也推动了信息的第一时间公开。遇难者家属在修辞话语场中并不活跃,主动讲述个人遭遇的也在少数。其他公众大多通过社交媒体表达对遇难者的哀悼,并要求政府尽快查清事故原因,严肃处理相关责任人。

在此情况下,政府迅速展开了多渠道的危机管理。一方面,有序地组织抢险救援工作,配合检察院彻查事故责任,并处理善后和赔偿问题等;另一方面,政府也吸取了以往在危机中信息公开不及时的教训,主动进行危机传播。通过实证研究,本研究认为,在突发公共事件中,政府部门积极的危机传播和情感引导会对公众的情感和认知产生有利的影响,让公众以更加正面的心态看待危机主体的补救措施和未来发展。

从受众角度看,政府一方面要安抚亲历者情绪,在善后工作中展现出负责任的形象;另一方面,要保障绝大多数非亲历公众的知情诉求,对事故细节和救援情况进行公开和跟进,查因究责。只有公众的诉求得到满足,政府方才有可能达到挽回形象、降低负面影响的目标。从传播角度看,A 市政府利用新浪微博开展迅速的危机传播,并最终赢得较多支持声音,启示着危机所在组织应当认清社交媒体的重要作用,研究新媒体传播规律,掌握危机传播的主动权,以更直接的方式影响舆论场。此外,在事故型和错误型危机中,危机主体主动承认过错,不逃避责任,采取积极负责的态度展现新的形象,有利于危机的逐渐平息和组织回归正常的运行程序之中。

综上所述,A 市滑坡事件不仅可以成为社交媒体时代政府危机传播的"教科书"式的案例,为后续的实践提供镜鉴,同时也为检视危机传播的前沿理论提供了新的视角,开辟了新的路径。本案例在 SCCT、RAT 和 ICM 等前沿理论的基础上,提出危机传播过程中在舆论引导之外一个新的维度——情感引导,以期引发学界和业界的进一步关注与探究。限于本案例的特殊性,缺少在国外舆论场上引发关注和讨论的相关数据,因而未能对危机传播的"跨国化"趋势进行探讨。对于跨国化的讨论,将在本节的第三个案例中进行讨论。

延续性公共卫生危机的新闻发布——以新冠疫情期间 B 市的新闻发布为例

在跨国化、社交化和情感化的新趋势下,2020 年年初暴发的新冠疫情成为政府部门根据数智时代传播生态变化及时调整危机传播策略、提升传播效果的一次大考,值得深入挖掘和认真借鉴。2019 年年底至 2020 年年初,新冠肺炎出现确诊病例,由于正值全国春运高峰,疫情迅速波及全国,成为新中国成立以来影响最大的公共卫生安全事件。与以往历次公共危机事件不同的是，以谣言、后真相为主要内容和以社交平台为主要载体，导致了"信息疫情"的病毒式传播。"瘟疫"与"信疫"在世界各国同频共振、多点暴发，至今仍未平息，政府部门的危机传播成为后疫情时代的"新常态"。

以 B 市为例，政府部门的危机传播和新闻发布主要集中于两波疫情的暴发期：第一次发生在新冠疫情全国性暴发之时；第二次疫情发生在 2020 年 6 月，源自该市最大的农副产品集散地——W 市场。面对以上两波疫情，总体来看，B 市政府及其相关部门能够尊重数智时代的新闻传播规律，通过新闻发布会、媒体报道、政务微博等多种形式及时发布信息，开展情感疏导，防止了"信疫"的扩散和次生舆论危机的发生，同时，通过"形象修复""声誉管理"等手段减轻了疫情给城市形象所带来的负面影响。

本案例以前文介绍的"情境式危机传播""修辞话语场"和"整合危机图式"等前沿理论为框架，通过分析 B 市政府的危机传播策略及其对公众情感的影响，力图填补智媒传播生态下危机传播理论研究中的一些"盲点"，同时，为新闻发布实践提供可资借鉴的经验。

危机要素分析

1. 危机情境

B 市是重要的政治、文化和国际交往城市，也是重要的交通枢纽，这使得 B 市是新冠疫情发生后最早受到波及的城市之一。经历过 2003 年"非典"疫情的 B 市在新冠疫情的防控及筛查工作方面反应迅速，立即"重启"了"非典"时期兴建的定点医院，这些措施均给广大市民吃了定心丸。另外，由于市民处于禁足和隔离状态，高度依赖社交平台与外界沟通，"非典"时期的"集体记忆"和"情感启动"效应显著，在疫情暴发初期出现了次生舆情的"燃点"和"爆点"。可见，对在疫情防控工作上反应迅速的 B 市政府而言，如何及时通报信息、回应舆论热点并有效纾解舆情，从而强化市民对市政府的信任，成为危机传播和新闻发布的首要目标。

2. 媒介

新冠疫情防控工作新闻发布会通过多媒体端进行发布，除传统的电视媒体外，微博、今日头条等多个新媒体端也同是进行传播。相比于其他媒体传播渠道，微博跟进更早、频率更高、持续时间更长，仅在新浪微博客户端就有多个媒体及机构账号。

3. 体裁

疫情期间，B 市政府部门通过口语、文字、图像、音频、视频等多种体裁进行了危机传播与新闻发布。在口语传播方面，从 2020 年 1 月 24 日至 2021 年 2 月 9 日，B 市新闻办共召开 200 多场新冠疫情防控工作的新闻发布会。在文字传播方面，政府通过官方网站、政务微博、手机短信等形式及时提醒疫情，汇报进展情况。此外，政府发布的图像主要为新闻图片，包括疫情防控现场、医疗工作人员、疫情进展相关数据图等。官方发布的视频资料同样丰富，主要为新闻发布会实录和相关医疗专家解读。

4. 文本和传播策略

文本维度主要考察传者有意或无意选择的修辞策略，约翰森和弗兰德森借鉴了库姆斯在 SCCT 理论中基于危机情境提出的危机传播策略。本案例对上述学者建立的概念框架进行了整合和提炼。

SCCT 理论总结了四种危机传播策略，分别为"否认型""淡化型""重塑型"和"支持型"。其中，"否认型"策略可再细分为"回击指控""直接否认""指名替罪羊"三种技巧；"淡化型"策略可再细分为"寻找借口"和"寻找合理性"两种技巧；"重塑型"策略可再细分为"进行补偿"和"郑重道歉"两种技巧；"支持型"策略可再细分为提醒、迎合、共鸣三种技巧。在具体操作方面，库姆斯又补充了向公众提供"指导性信息"和"调适型信息"的对策。

本文以该理论为框架，对不同危机情境下的具体文本和传播策略进行概括，以 2020 年在 B 市发生两波疫情期间的政府新闻发布为研究对象，对相关新闻发布会及社交媒体文本进行分析。本案例选取两波疫情期间各四次重要新闻发布会进行了文本分析，总结和提炼出了 B 市政府采取的危机传播策略（见表 2.11、表 2.12）。

表 2.11　对 B 市疫情危机情境的分析

时间	危机内容	危机类型	危机传播策略	发布用语示例
2020 年 1 月至 2 月	新冠疫情暴发	受害型	提供调适性信息	疾控部门发布相关指引，如果家庭成员中有人隔离，其他家庭成员进入隔离者居住空间时应佩戴口罩
	公众质疑春节复工安排合理性	事故型	提供支持型信息	市委社会工委、市民政局新闻发言人介绍疫情防控期间进一步加强服务保障工作的若干措施
2020 年 6 月至 7 月	W 市场暴发疫情	错误型	重塑型加支持型	根据近日筛查情况和流行病学调查，未在 5 月 30 日—6 月 12 日接触过 W 市场的人员被感染的风险极低，不必扎堆预约筛查核酸
	查处互联网上有关 W 市场疫情的谣言	受害型	重塑型	B 市警方高度重视，充分发挥职能作用，迅速调查核实，依法严厉打击。共查处相关案件 60 起，其中刑事拘留 1 人，行政拘留 9 人……

新冠疫情持续时间长，是包含了受害型、事故型、错误型等多重情境的复合型危机。在 1—2 月间的第一波疫情期间，高度的不确定性引发了公众的恐慌情绪。因此，B 市的政府新闻发布主要使用了针对"受害型"危机的应对策略。6—7 月第二波疫情期间，无论是政府部门还是普通市民都具备了一定的抗疫经验，政府新闻发布主要使

表 2.12　对 B 市疫情新闻发布会的分析

		B 市疫情新闻发布会的发布用语
2020 年 1 月至 2 月：应对"受害型"危机	早期	提供调适性信息，稳固民心 例如，【民政局：加强疫情防控一线医护人员亲属的服务保障；提前部署落实责任全员在岗，确保疫情防控和城市运行安全稳定】
	中后期	提供支持型信息 例如，【因探亲、旅游、务工的非户籍流动人员感染肺炎，导致基本生活出现困难，可申请临时救助，在所居住社区（村）协助下向街道乡镇申请，给予不超过 3 个月低保标准的临时救助】 在疫情不断发酵之时发布正面信息，安抚公众情绪 【B 市又有 11 位新冠肺炎患者治愈出院。截至目前，B 市共有 79 位确诊患者出院】
2020 年 6 月至 7 月：处理"事故型"危机	早期	重塑加淡化型策略 强调政府在 W 市场疫情出现后所开展的补救工作，如加大市场管理力度。例如，【目前，全市场监管部门共出动执法人员 20 320 人次，督导检查商场超市、便利店、食杂店、餐饮服务单位】
	中后期	提供支持信息，引起共鸣 提醒民众政府所开展的抗疫工作。【W 批发市场聚集性疫情发生以来，该区承担着一线应对处置的繁重任务，要全力以赴，扎实细致、高质量地做好流行病学调查工作，市级加强统筹、调配力量支援】 发布民众关心的民生相关信息。例如，【暖心！社区将 7 000 份暖心免费菜送到居民家】【100 吨直采蔬菜昨晚抵达 B 市！超市供应量提升近 3 倍】

用了"重塑型"和"支持型"的危机传播策略。

具体而言，在第一波疫情暴发初期，B 市政府多次强调将"以保护民众安全"为第一要义，保障复工复产。在第二波疫情 W 市场关闭影响到民众正常生产生活之时，B 市政府在加强对市场部门监管的同时第一时间回答民众有关生活物资保障的疑问，避免了疫情可能带来的次生舆情危机。毋庸讳言，面对第二波疫情中所出现的"男子谎称自己核酸检测阳性"以及"百货大楼确诊一例"等谣言，由于缺乏持续性的指导类信息发布，造成了社交媒体网民负面情绪有小范围攀升的后果。从总体上看，疫情期间 B 市政府部门使用的危机传播策略基本符合 SCCT 理论及其相关的对策。

不同危机情境下公众的情感表达

数智时代危机传播的一个重要平台就是社交网络，在近年的危机事件中，以微博为代表的社交网络正是直接面向民意、推动危机传播的重要渠道。在 B 市面临的两波疫情期间，公众通过微博平台积极地参与到危机传播过程中。

数智时代，政府部门的危机传播和新闻发布除了发挥信息传递的功能，情感疏导也成为不容低估的重要维度。为理解公众面临危机时产生的复杂情感，ICM 理论提炼了四种主要的负面情感：愤怒、伤心、恐惧、焦虑，这些情感将影响公众对危机传播策略的偏好，以及对组织所采取策略的接纳度。

基于 ICM 理论，研究者将社交媒体环境下公众的负面危机情感分为三类：（1）与归因无关的情感。焦虑、伤心、顾忌，此类情感往往不具有指向性。（2）与归因有关的情感。厌恶、轻视、愤怒，此类情感往往针对危机主体。（3）自我检视的情感。比如，尴尬、内疚、羞耻等。[①] 特定的危机情感会对危机处理结果造成负面影响，如"愤怒"情绪会导致消费意愿降低、口碑传播恶化，对于由内因引发的危机，"恐惧"情感也会使组织的口碑受损。

通过微博的"热搜"或"热门话题标签"关注公众的情感表达，并在此基础上评估传播策略对公众的情感引导作用，是数智时代提高危机传播和新闻发布的"时度效"的重要依据。为此，本研究选取两波疫情下（2020 年 1—2 月，以及 6—7 月）48 条有一定典型性、互动量较高的微博及其相关评论进行编码，具体样本选取见表 2.13 和表 2.14。

表 2.13　2020 年 1—2 月疫情不同危机传播策略下公众情感表达的微博样本

策略	相关微博内容	样本选取
重塑（补偿）	【具体补贴的标准出台！ B 市实施一次性社保补贴，帮助中小微企业渡难关】市人力资源和社会保障局新闻发言人介绍本市出台系列援企稳岗政策	4 条微博，全部 60 条评论
支持型（提醒）	【B 市新冠肺炎新发病例活动过的小区或场所】市疾病预防控制中心发布 2 月 12 日新发病例活动过的小区或场所（具体信息从略）	4 条微博，全部 148 条评论
淡化	【B 市近七成大型食品生产企业恢复生产】截至目前，本市已有近七成的大型食品生产企业恢复生产。B 市市场监管局相关负责人表示，全市的食品生产产能在逐渐恢复，基本食品品种供应充足	4 条微博，全部 66 条评论
调适	【战"疫"期间看 B 市地铁如何消毒】最近，地铁每天是怎么消毒的？晚上列车回库以后，工作人员们会仔细用消毒液擦拭扶手杆、座椅和玻璃，还会在车厢里喷洒消毒液，再仔细拖一遍地，保证不留死角	4 条微博，全部 42 条评论
指导	【市应急管理局：重大隐患不消除，不开工不复工】#B 市新冠疫情防控工作新闻发布会 # B 市应急管理局副局长介绍企业复产复工安全生产工作情况	4 条微博，全部 87 条评论

通过分析发现，在第一波疫情期间，B 市的政府新闻发布主要采用补偿、提醒、指导、调适以及淡化五类策略。其中"指导"和"调适"两项策略是 B 市进行危机传播时采取的主要策略，使用这两类策略的微博数量较多，这说明 B 市政府部门在疫情暴发初

[①] Jin, Y., Liu, B.F.& Austin, L. (2014).Examining the role of social media in effective crisis management: The effects of crisis origin, information form, and source on publics' crisis responses. *Communication Research*, *41*, 74-94.

表 2.14　2020 年 6—7 月疫情不同危机传播策略下公众情感表达的微博样本

策略	相关微博内容	样本选取
重塑 （矫正）	【#B 市 #：集中全市优质专家资源】在今天下午举行的第 137 场 #B 市新冠疫情防控工作新闻发布会上 #，新闻发言人介绍我市集中专家医疗资源全力做好救治工作相关情况	6 条微博，全部 58 条评论
支持型 （提醒）	【公园实施分时段预约入园】针对天气转暖公园可能出现人流聚集，公园昨天发布疫情期间的限流管控措施：即日起采取分时入园、提前一天预约购票等方式确保疫情防控	4 条微博，全部 36 条评论
淡化	【国家邮政局：#B 市 10 万快递小哥核酸检测全阴#】据国家邮政局统计，截至 6 月 27 日 24 时，B 市主要品牌寄递企业已按计划完成核酸检测任务，累计检测 104 807 人，已反馈结果全部为阴性	8 条微博，全部 66 条评论
调适	【#B 市 #：集中全市优质专家资源，全力救治患者】新闻发言人介绍我市集中专家医疗资源全力做好救治工作相关情况	8 条微博，全部 88 条评论
指导	【W 市场相关人员如何分类解除隔离观察？实施策略公布】市疾病预防控制中心副主任介绍 W 市场相关人员解除隔离观察程序和处置策略	4 条微博，58 条评论

期做到了对民众关切的及时回应。从受众反馈来看，"提醒"和"指导"两类策略下的评论最多，这体现了公众面对新冠疫情这一不确定性事件所产生的恐慌情绪和对权威信息的迫切需求。

在第二波疫情期间，B 市的政府新闻发布主要采用重塑、提醒、指导、调适以及淡化五项策略。其中"淡化""重塑"和"调适"三类是 B 市官方账号在进行危机传播时使用的主要策略，使用这三类策略的微博数量较多。结合对两次危机具体情境和民众诉求的分析发现（见表 2.15），相比于第一波疫情，第二波疫情出现时网络上出现了"百货大楼确诊一例"一类的本地谣言。在这一时期，指导策略虽然不是 B 市的主要传播策略，但却收获了更多评论。这意味着，虽然在经历了第一波疫情后，B 市政府在应对疫情方面已有经验，但面对第二波疫情中各类有关"确诊患者行踪"谣言的出现，网民还是产生了对指导性信息的更多需求，例如，要求公布确诊病例的具体行程、确诊病例居住地等信息。

表 2.15　两次危机所面临的具体情境及民众诉求

危机时间	危 机 情 境	危机类型	民 众 诉 求
2020 年 1—2 月	疫情全面暴发，B 市政府面临春运返程复工防疫压力，防疫不确定性大	受害型	确定返工安全性，公布确诊病例轨迹图
2020 年 6—7 月	W 市场防疫不严造成的局部疫情，市防疫工作已经有所准备，疫情谣言在网络中传播广泛	事故型 / 受害型	公布确诊病例轨迹图，要求政府提高信息准确度

但由于在实际防疫工作中，第二波暴发在 B 市的局部疫情涉及的确诊案例并不多，从现实防疫工作情况来看，B 市政府的工作重点在于对重点地区的疫情管控以及严加防范境外疫情输入，并没有将确诊病例相关信息作为信息发布的重点，最终使得公众的信息需求与现实防疫工作重点出现错位。

两波危机下不同情绪的分布特征

相比于第一波疫情，在准备工作做得相对比较充分的第二波疫情中，网民的负面情绪有明显增加的趋势。从微博评论的情绪分布来看，在第二波疫情期间，网民的焦虑、怀疑、恐惧情绪较第一波显著增加。具体来看，六种情绪（见图 2.6）在两波疫情下，可以再聚类为三种情绪特征。

（1）焦虑、怀疑与恐惧：不确定性导致的三种情绪

具体来看，焦虑、怀疑与恐惧三种情绪均来源于受众对防疫信息的不确定性。在第一波疫情中，网民的这三种情绪主要来源于疫情初期对于病毒本身的致病性及影响的不确定性，与 B 市政府关系不大；而在第二波疫情中，这三类情绪则主要指向 B 市政府发布的有关信息，在"信息疫情"的影响下，面对网络中出现的大量谣言，网民普遍表示需要获取更透明的"确诊病例相关行程"的具体细节。可见，在两波疫情过程中，这三种情绪所指代的对象存在差异。在第二波疫情中，这三类情绪主要来源于"信息疫情"所导致的"信息焦虑"。

（2）悲伤与愤怒：归因个人的情绪

疫情期间，网民的悲伤和愤怒情绪主要针对的是个体——例如，在疫情中不幸去世的重症患者，违反防疫措施的肇事者，等等。相比于 1 月份的疫情，在 6 月份开始的

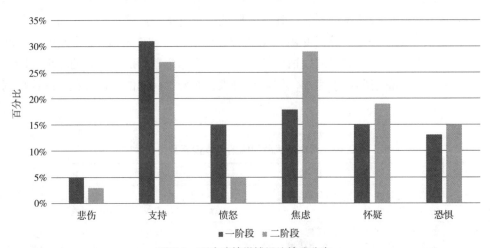

图 2.6 两次疫情微博评论情感分布

第二波疫情中此类情绪有所减少。其原因在于，第一波疫情感染人数众多，抗疫正处于攻坚时期，"B市跑步女子""复工期不遵守防疫规定私自外出上班族"等新闻事件的频繁出现点燃了公众对这一类议题的负面情绪；而到了第二波疫情，确诊病例仅在局部出现，这一时期仅有个别负面案例出现，被报道更多的是一些正面案例，因此这两类情绪在第二波疫情期间有所减弱。

（3）支持：抗疫过程中的主要情绪表达

虽然"支持"立场的评论在第二波疫情中比例有所降低，但两波疫情对政府防疫工作表示支持者总占比一直较高，这说明，网民对于B市政府的抗疫表现持肯定态度，尤其是在第一阶段疫情期间，有关医护人员在防疫抗疫中所树立的典型形象获得了较多正面评价。两次疫情中出现的多位专业领域"关键意见领袖"（KOL）也是官方获得较多支持的重要原因，这类KOL以政府官方信息发言人的形象出现在社交媒体之中，带来了较多流量，也使得民众在新冠疫情期间的"信息焦虑"减少。

社交媒体时代的跨国企业危机传播——以"美联航逐客门"为例

相比于政府部门，企业在社交媒体时代所面临的危机事件更为复杂多样，对于跨国企业而言，这种危机常常具有跨国性。但相对的，企业在危机传播的策略选择上也相对更灵活。2017年4月点爆社交网络的"美联航强制乘客下机"事件（以下简称"逐客门"）作为一起发生在美国的危机事件，借助于社交媒体平台迅速扩展至全球范围，这其中，中国网民的表现尤为值得关注。这个案例比较集中地体现了当前危机传播跨国化、社交化和情感化的新趋势。本案例以"整合危机图示"为概念框架和理论依据，对"逐客门"事件在新浪微博平台上的危机传播过程进行分析，从而对危机传播三大新趋势及其社会文化意涵进行深入挖掘，归纳出"后真相""后权威""后情感"三种主要演进路径，并据此提出对未来理论建构和实务操作的方向性建议。

2017年4月9日，美联航UA311航班因超售机票而通过"特定方式"抽取了4名乘客，要求他们下机改签并给予1 000美元补偿。这种做法在业内被称为"重新安置"（re-accommodate），在美国已经成为一种惯例。据统计，仅2016年美国和加拿大的各家航空公司运用这种办法"重新安置"了1 000多名乘客。但这次却出现了"意外"，被"抽中"的亚裔医生陶成德（David Dao）与夫人拒绝下机。双方发生争执，陶医生被地勤强行拖拽下机。

记录事件过程的视频在推特上"疯传"，尤其是那张陶医生满脸是血的图片"迷因"立即成为引发愤怒情绪"病毒式传播"的导火索。但美联航却采取了消极应对的方式，在轻描淡写的声明中仍沿用"重新安置"的惯用说法。两天后在网上流出的一封内部邮件中，美联航CEO对涉事员工和地勤表达了理解和支持，这又再次引发了新一轮

"网络次生危机"。

这个案例之所以体现了危机传播的"跨国化"趋势,是由于在与此次事件关联度不大的中国所引发的"舆论风暴"的烈度超过了作为事发地的美国。这场危机还与当时在中国国内热播的"现象级"电视剧《人民的名义》形成了"全球本土化"(glocalization)的传播效应。这恰好形象地说明了"蝴蝶效应"的原意:生活在亚马孙热带雨林里的一只蝴蝶扇动翅膀,两周后在大洋彼岸的美国腹地掀起了飓风。引发这场跨国舆论危机的根源在于:视频显示,在双方争执的过程中,陶医生指责美联航"抽中"他们夫妇只因其"华人(Chinese)身份",经"北美吐槽君"等微博大V的转发,这场危机迅速从美国社交媒体扩散至中国。事件爆发48小时内,微博话题关注量超过4亿,72小时内超过9亿。

另外,这场跨国危机在中国所表现出的"社交化""情感化"的趋势也十分突出,成为我们检视危机传播研究西方范式的一个典型案例。尽管后来陶医生的真实身份被证实为在中国出生的美籍越南裔,并非他自己所指认的"华人",但是中国网民的情感集聚已经完全淹没了对于事实真相本身的讨论。由于中国网民的加入,这场"逐客门"最终演变成一场全球性的舆论危机,美联航股价一度重跌6%,市值蒸发超过8亿美元。最终,美联航重新道歉,CEO被解职,并与陶医生以"巨额赔偿"达成私下和解,但其在形象声誉上的损失和在以中国为主的跨太平洋市场上的客户流失则难以估量。

在美联航事件中,虽然实施强制拖拽的行为主体是机场保安,并非美联航员工,但是,考虑到"超售驱客"制度积累下的"危机历史",美联航对此次危机所采取的"冷处理"方式,加之随后CEO的内部邮件曝光,这些因素最终致使危机集中爆发。显然,美联航在此次危机应对中未能有效地做到紧密、统一和持续地投入,因而在ICM模型的纵轴上表现为"低参与度"。另外,中国网民在知乎和微博等平台发起了请求白宫回应本事件的联署签名活动,体现出了"社交化"的危机传播进一步演化为带有草根政治色彩的跨国界"联结性行动"的趋向。因此,中国网民在ICM模型横轴上的表现为"意动型"。相比之下,身处事发地的美国网民除了表达强烈情感,却未采取进一步的行动。这进一步体现了危机传播"跨国化"趋势及其所引发的"蝴蝶效应"的复杂性。

那么,与本次危机关联度不大的中国网民在危机传播中表达了怎样的情感?以下通过在新浪微博平台上检索"美联航""陶医生""强制乘客下机"等关键词,得到美联航事件爆发后3周(4月10日至4月30日)内的3 222条相关微博,以10%的抽样比例进行10次随机抽样后,得到了复现率最高的323条样本进行文本细读和内容分析。根据文献综述和对微博样本的初步分析,本文以ICM为概念和理论框架,参考同类研究,使用了8种标签对样本所表现的情感类型进行了编码,这8种情感标签分别为愤怒、伤心、恐惧、焦虑、厌恶、惊讶、自豪、无情感。其中,"愤怒"与"厌恶"是与归因相关的情感类型,"自豪"是自我检视的情感类型,其余情感类型则与归因无关。

下面对 323 条微博样本进行逐一解读,发现有情感表达倾向的微博为 287 条,无情感表达的微博为 36 条,分别占全部样本的 89% 和 11%,这说明,"情感化"是中国网民危机传播的主要趋势。依据 ICM 理论,"逐客门"应属于"技术故障"或"责任事故"的范畴,理应归于 ICM 模型的第一象限。因此,以网民为代表的公众情感表达应当以愤怒和焦虑为主。但本文的研究发现,中国网民的情感表达类型分别是厌恶(127 条,占 44%)、愤怒(84 条,占 29%)和自豪(31 条,占 11%),占全部样本的 85%,而惊讶(20 条)、伤心(13 条)、恐惧(6 条)和焦虑(5 条)仅占 15%。这与 ICM 理论有一定的出入,也说明这一"西方范式"不能完全适用于对中国社会文化情境的解读。

为了进一步说明这一点,本文对表达厌恶、愤怒和自豪 3 种情感的微博样本进行了词频分析,在去除无意义词语后,得到排名前 15 的关键词结果(见表 2.16),可见,厌恶和愤怒这两种与归因相关的情感占全部样本的七成以上,而"美联航""强制""拖拽""暴力""歧视"等高频关键词则显示出中国网民同样对美联航的举措感到不满。在表达情感的方式上,中国网民多使用一连串的惊叹号——甚至是不雅词语——表达极为强烈的愤怒。

表 2.16　情感化传播的高频词

厌　恶		愤　怒		自　豪	
美联航	243	美联航	137	美联航	56
乘客/旅客	239	乘客	99	乘客	36
强制	132	下机	78	下机	33
下机	130	强制	74	强制	31
航空/飞机/航班	124	美国	50	美国	18
美国	33	气愤/怒/怼	40	请愿	17
拖拽/拖	30	中国	30	白宫	16
亚裔	23	歧视/种族歧视	29	律师	14
员工	26	鸡毛秀/脱口秀	23	医生	9
Doge（表情包）	20	飞机	19	官司/起诉	9
自愿	18	暴力	17	亚裔	7
道歉	17	拖拽/拖	16	华裔	7
华裔	16	华裔	12	签名	6
暴力	16	医生	12	越南（裔）	5
人权	14	亚裔	10	受害者	5

相比之下，厌恶情感的表达则相对较为理性，例如，微博大V@纯水年华："美联航这次是有点过了，但也是仗着航空安全的相关要求，欺负消费者和少数族裔。"此外，厌恶情感的表达往往配以文字、图片或视频形式的"数字迷因"，从而达到病毒式传播的效果。

尤其值得关注的是，中国网民的危机传播表达了一种独特的情感类型——自豪。在上述高频词中，"请愿""白宫""签名"凸显了中国"千禧一代"网民跨国政治参与的意识与热情；"律师""官司""起诉"体现出他们的法律意识，从而有别于持激进民族主义立场的"网络义和团"；"亚裔"和"华人"等词则反映了新一代中国网民对"文化中国"的想象。

"美联航事件"说明了在不同文化语境下，社交媒体中的情绪特征也有其分布规律。金燕等人对跨国企业借助于微博进行危机传播效果的研究也发现，微博平台上的叙事往往表现出更多的悲伤表达。在中国这样的高度集体主义社会中，人们期望企业采取更有情感色彩的交流方式。例如，在韩亚航空214航班事故中，该航司虽然一直秉持"负责任"的态度反复道歉，但这种做法反而引起微博用户反感。可见，在一定的文化背景下，采用合适的危机传播策略、把握好"时度效"至关重要，包括承诺采取行动解决原位和赔偿问题，以及通过微博等社交媒体采取适当的道歉和辩护策略。①

在"美联航事件"中，陶医生多元化的"国族身份"成为危机传播"跨国化"趋势的重要体现。 陶医生在"维权"过程中强调了自己的"华人"身份，经过意见领袖的点明，迅速在中国社交平台上引爆了舆论。在高频词的统计中，"华裔"这一关键词的使用频率均在前十名之列。中国网友使用"华人的命很重要"（#ChineseLivesMatter）的话题标签发动联署请愿，要求美国白宫给予回应。这显然是对美国黑人网上维权运动（#BlackLivesMatter）的模仿，但与后者不同的是，发起和参与请愿运动的主力是来自大洋彼岸的中国，这充分体现了危机传播"跨国化"的显著特征。而在美联航的危机传播中，这个关键性的"迷因"没有得到充分的重视，因而使得美联航在与本次危机无直接关联的中国网民当中也遭到了猛烈的抨击甚至抵制。

然而，这场具有"蝴蝶效应"的舆论风暴却是建立在"后真相"的基础之上。陶医生并非真正的华裔，而是生于中国的越南裔，越战期间作为难民移居美国，后成为美国公民。但由于美联航在危机传播中未能有效回应这一"迷因"，即便在陶医生的真实身份公开后，多数中国网民仍将高涨的民族主义情绪转移到了对亚裔身份的认同上。以

---

① Ngai, C.S.& Jin, Y., "The effectiveness of crisis communication strategies on Sina Weibo in relation to Chinese publics' acceptance of these strategies," *Journal of business and technical communication*, 2016, 30(4), 451-494.

微博大V、脱口秀主持人黄西为代表，他在4月11日发布微博："'我被选中下飞机或多或少是因为我是华人'，我想给这位被打乘客点个赞，很多华人感觉自己受歧视但碍于面子不说出来，导致西方主流媒体和公众都不把亚裔歧视当回事儿。"此条微博获得了超过1.5万条转发、1.6万条评论和10.7万个点赞，尽管他所转发的是一条"后真相"，但却迎合了网络民族主义情绪，因而产生了广泛的影响。

另一条被广为传播的"后真相"涉及暴力逐客的行为主体。实施拖拽行为的是机场保安，并非美联航的员工，然而愤怒的网友并没有因此而受到影响，而是继续将所有矛头都对准代表着"强权"的美联航，几乎找不到提及机场责任的微博样本。而美联航不仅没有及时澄清责任归属，反而因CEO的内部电邮曝光而继续"背锅"，导致了"后真相"牢牢把控舆情走向。

在"美联航事件"中，作为传统权威信源的新闻媒体既不是美联航事件最早的曝光者，也不是舆论传播的主要引导者。一方面，相比于积极发声的意见领袖，媒体的微博报道寥寥无几；另一方面，前者的传播效果明显优于后者。这说明新闻媒体不仅在危机传播中处于"失语"状态，在舆论场上也逐渐丧失了话语权。

危机传播"社交化""情感化"趋势导致了舆论场上以意见领袖为主体的"后权威"的崛起。以"逐客门"为例，微博意见领袖能够将事实与情感有机结合，有理有据地表达和引导社交平台上的议题与情感走向。他们不仅能够将信息和情感迅速传导到数量庞大的粉丝群体中，还可以借助后者的分享实现"二次传播"。此外，他们还能够灵活运用表情包、段子、搞笑视频等"数字迷因"引发"病毒式传播"。反观新闻媒体，既失去了披露信息的"第一落点"，又在客观性原则的约束下缺乏情感表达的力量，必然导致"失语""失权"的结果。值得注意的是，美联航的危机传播严重低估了意见领袖的"后权威"角色，未能有效利用后者的"第三方传播"功能，这个教训值得后来者反思和吸取。

在数字迷因兴盛的时代，危机传播的"情感化"趋势也出现了一些更为多元和复杂的演进路径。相较于社交平台兴起时简单、直白的情感表达范式，迷因的普及使得"后情感"成为危机传播新兴的演进路径之一。

例如，很多网友将热播剧《人民的名义》与"美联航事件"进行各种"戏仿""混搭"，因为剧中的贪官丁义珍在逃亡国外时乘坐的航班也是美联航。另一个广泛传播的视频是美国脱口秀节目"鸡毛秀"（Jimmy Kimmel Live）中讽刺美联航的桥段，中国网民对它进行了各种形式的改编。他们用带有后现代美学形式的手法对"原生迷因"进行彻底的改写和颠覆，虽然没有使用带有情感色彩的词语，如"令人发指""自作孽""大快人心"等，却强化了情感表达的传播力，正是因为"迷因将情感表达隐藏在戏谑化的符号中，软化了激烈的情感宣泄，同时包含着使用者的选择倾向与意义赋予"，从而构成了不同于传统内容和表达形式的"后情感"。

综上所述,美联航"逐客门"事件为危机传播研究提供了新的视角,开辟了新的路径。在未来的理论建构和实务操作中,如何准确把握危机传播"跨国化""社交化""情感化"的新趋势,深入解析和灵活运用其所体现"后真相""后权威""后情感"的演进路径,将是研究者和实务界共同努力的方向。

通过对以上三个案例的分析,我们对数字智能时代的危机传播跨国化、社交化、情感化等趋势有了进一步理解,也对数智时代危机传播的理论升维和研究路径的创新有了更为深入的把握。除了本章所探讨的诸多理论外,组织在实际情况中,所面临的危机情景可能多种多样,需要传播人员深刻把握各类实践规律,下一章将探讨危机传播实务中的公众心理和危机不同阶段的应对原则。

第三章 危机传播实务的原则与路径

本章将以危机传播中的受众为核心，在把握受众心理的基础上提出危机传播的回应原则和信息设计原则。按照 SMCR（传者—信息—渠道—受众）的线性传播模式，"信息"和"受众"是危机传播中最核心、联系最为密切的环节。危机传播传递的是特定的信息，而这些信息应当是以受众为中心的。另外，作为一种非常态下进行的信息传递行为，危机传播要遵循特定的原则，这些原则是依据公众在危机当中表现出的不同寻常的心理特征而制定的。运用这些原则可以最大限度地减轻公众在危机期间所表现出的紧张和恐惧心理，从而使传播在处理危机的过程中发挥积极的作用。应当指出的是，危机传播并不能代替心理治疗，但了解受众的心理能够让政府部门更为慎重地选择所发布的信息、发言人和发布方式。另外，依据芬克的危机阶段理论，我们在归纳出危机的各阶段传播要素的基础上再进一步提出在各阶段应当遵循的基本原则。总体来说，我们期望通过本章的讨论能够建立起一套理性化的、成熟而有效的危机传播基本原则。

第一节 危机传播中的公众心理

好莱坞的灾难片总是喜欢渲染普通人在面临危机时表现出的"癫狂"状态，这无形中让人觉得危机状态的公众都会患上"歇斯底里症"。但实际的统计数字显示，只有不到 10% 的人在灾难发生时会出现精神病的症状，大多数人还是能够以理性和务实的态度面对突如其来的灾难。但不容置疑的是，人们或多或少地都会产生一些心理上的变异，只不过每个人的表现程度不同而已。

值得注意的是，随着微博、微信等社交媒体的日益普及，发生在少数人身上的"反常"状况会被无限放大，并以病毒式传播的方式被迅速扩散，对他人产生影响，导致"黑暗世界综合征"的爆发和恐慌情绪的蔓延，① 虽然适当的恐慌情绪所带来的结果不一定完全是负面的，但当恐慌情绪积累到一定程度，仍然可能造成社会动乱等灾难性后果。危机传播中需要消解的也正是这些心理变异因素所产生的负面影响。大体说来，危机爆发给人们带来的心理震荡会导致以下几类症状。

- 情感上：震惊、恐惧、乱发脾气、随意指责他人、愤怒、负罪感、悲伤、麻木、无助、失落和难以体验到他人的关怀；
- 认知上：偏见、匆忙决策、失忆、怀疑一切、无所适从、梦魇、自尊心和自信心减弱、自责、思维/记忆上的不连贯、忧心忡忡、固执己见；
- 生理上：疲劳、失眠、心跳加剧、对外界刺激反应过度、不明原因的疼痛、免疫力下降、食欲和性欲下降、依赖烟酒、滥用药物；
- 人际关系上：与他人冲突增加、社交恐惧、工作和学习上的退步、对他人的言行过多猜疑。

西方学者公布的一些实证研究结果显示，如果政府部门和相关机构进行了有效的危机传播，就能大大缓解上述负面影响。危机过后，公众不仅可以很快摆脱危机所带来的消极影响，而且能够把坏事变为好事，给公众带来一些积极的变化，如集体凝聚力加强、对未来更加充满希望、自信心增强，等等。反之，如果政府部门未能进行有效的危机传播，即便危机结束，一切恢复正常，许多人仍然无法摆脱危机所带来的消极影响，这就是心理学上所说的"后危机综合征"（PTSD）。据美国学者海德的统计，有4%～30%的危机亲历者会患上"后危机综合征"，持续时间至少一个月以上，具体表现与上述四类症状相似。从总体上看，患上"后危机综合征"的概率与危机事件本身的规模和严重性是成正比的：②

- 自然灾害　　　　　　　　　　　　　　　　　4%～5%
- 爆炸　　　　　　　　　　　　　　　　　　　34%
- 飞机失事　　　　　　　　　　　　　　　　　29%
- 造成多人死伤的枪击案　　　　　　　　　　　28%
- 恶劣天气（如台风）　　　　　　　　　　　　7%
- 交通事故　　　　　　　　　　　　　　　　　14%
- 工业事故　　　　　　　　　　　　　　　　　6%

---

① "黑暗世界综合征"（mean world syndrome）是美国传播学者乔治·格博纳（George Gerbner）在描述电视对受众产生的影响时使用的术语。他通过多年对受众的研究发现，那些每天看电视在4小时以上的"重度观看者"（以家庭主妇为主）通常会对世界和他人持悲观看法，这是由于美国的电视新闻和电视剧中传递的血腥、暴力等负面信息居多。但这一现象目前存在争议，应根据不同语境进行针对性探讨。

② Auf der Heide, Erik, Disaster Planning, New York: Free Press, 1996: 453-480.

上面的事实和数字说明了危机给公众心理造成的影响，从一个侧面证明了进行危机传播的必要性。除了我们上面讨论的一些心理症候外，危机期间，公众还会或多或少地表现出以下一些心理定势，加之一些外部因素（如传媒）的强化和放大作用，增加了政府部门进行有效的危机传播的难度。

自以为是：研究显示，没有亲身经历过危机的人可能会在灾害中做出更多非理性的举动。当今，人们可以通过各种媒体毫发无损地"体验"虚拟的灾难。很多人去阅读那些所谓的"救生课程"书籍，看《后天》之类的好莱坞灾难大片，或者玩相关主体的网络游戏，想当然地认为自己知道如何应对危机。心理学家把这类受众称为"扶手椅里的受难者"。海德所做的心理实验表明，这类受众是最难说服的，他们往往自以为得计，因而对政府部门应对危机所采取的种种措施百般挑剔。

不合作：有些人在危机到来之际对各种警告和建议采取不合作的态度。比如，拒绝接受，或者接受警告之后却不采取任何行动。还有一些人根本不相信有灾害的威胁存在，并且即使相信有威胁存在，也不相信就在眼前。如果一个人有了这种不合作的态度，那么不到最后一刻，他是不会采取正确措施来保护自己的。而一旦到了最后一刻，一切也都晚了。

妖魔化：有时候，危机的受害者（如HIV携带者）可能被社区的其他成员误解和排斥，因此他会拒绝接受政府部门或社区所采取的种种措施。

恐惧和逃避：在应对危机之时，恐惧是最值得关注的心理问题。有一部分人因为恐惧选择逃避，不愿融入集体，从而阻碍整个社区的恢复，影响整个社区的活动。由于恐惧，人们可能做出许多极端、非理性的事情来逃避面临的灾祸。

无助和无望：一些人在危机面前产生了无助和无望情绪，他们认为自己无法平安地度过危机，因此选择了消极等待和无所作为。

值得注意的是，媒体在引导公众心理定势方面起到了"双刃剑"的作用。在7天24小时全天候播报的"CNN模式"或"7/24模式"成为电视灾难报道的一种常态后，网络社交媒体的兴起让各种危机实现了"无缝传播"。媒体最大限度地满足了公众的知情权，让"上情下达"的信息传递更为快捷和通畅。但不可否认的是，过度的媒体接触反而促使公众的恐慌情绪上升。

美国学者进行的一项受众调查显示，1995年美国俄克拉荷马州政府大楼发生爆炸，CNN等电视新闻媒体进行了24小时连篇累牍的报道。一项受众分析显示，有近10%的观众误以为整个俄克拉荷马市都遭到了破坏；还有80%的当地公众在收看了电视报道后，恐惧感上升。在"波士顿爆炸事件"发生后，超过60%的社交媒体用户也反映，危机发生后，各种未经证实的谣言在网络上扩散，使得他们对政府部门的危机应对能力产生了怀疑，加剧了他们的恐惧感。①

根据2020年的一项统计，全美有1/5的成年人患有某种精神疾病。② 在2020年统计数据中，中国精神类疾病患者占比则是16.57%。③ 社交媒体的兴起加重了这一趋势，社交媒体中的焦虑类型包括错失焦虑、信息过载等类型。④ 因此，所谓的"社会化媒体"（social media）在一定程度上演变为"反社会媒体"（anti-social media）。美国学者对82名年轻人进行了为期两周的跟踪调查，发现他们使用脸书的频率越高，他们的"幸福感"和"安全感"就越低。⑤ 这充分证明，公众并不是获得的信息越多恐惧感就会越低，问题的关键在于他们获得的是什么样的信息，是以何种方式获得的。

在缺乏权威信源的情况下，上述的心理症候、定势以及一些外部因素的作用会凸显出来，给政府部门进行的危机管理工作设置重重障碍，这种趋势在社交媒体兴起后表现得更加突出。如果不加以有效地控制和疏导，这些心理症候、定势以及一些外部因素的作用还会演化出一些假借"共渡危机"之名进行的有组织行动，损害政府的声誉，甚至于造成生命和财产的损失。这些有组织的行为包括：

- 向政府部门索要不必要的资源或救助；
- 抵制某个行业或某种商品；
- 指责政府分配资源不公；
- 自我行动限制（不能外出购物或旅游等）；
- 制造假象，获得政府部门的关注；
- 散布针对某一行业、部门、组织或个人的谣言；
- 散布不信任政府的言论；
- 靠拉关系或使用贿赂等手段获得紧缺资源。

综上所述，了解危机中的公众心理对于我们制订危机传播的基本原则是十分必要的。表3.1归纳了本节所探讨的危机传播中应当关注的一些公众心理因素：

---

① J. B. Houston, "Media Coverage of Terrorism: A Meta-Analytic Asessment of Media Use and Posttraumatic Stress," *Journalism and Mass Communication Quarterly*, 2009, Vol.86, No.4, 844-861.

② National Alliance on Mental Illness (NAMI), Mental Health by the Numbers, Pittsburgh, PA: NAMI, 2020.

③ 《我国精神障碍患病率超过16% 如何关爱"一老一小"心理健康？》, https://baijiahao.baidu.com/s?id=1766499812453728538&wfr=spider&for=pc.

④ Milyavskaya, M., Saffran, M., Hope, N.& Koestner, R., "Fear of missing out: Prevalence, dynamics, and consequences of experiencing FOMO," *Motivation and Emotion*, 2018, 42 (5), 725-737.

⑤ http://www.scienceworldreport.com/articles/8857/20130815/facebook-facts-social-media-causing-unhappiness.htm, 2013-08-13.

表 3.1 危机传播中应当关注的公众心理因素

自以为是	"扶手椅中的受难者"	感情	生理
不合作	拒绝接受任何建议		
妖魔化	群体的孤立和排斥		
恐惧和逃避	非理性行为		
无助和无望	感情上的麻痹	认知	人际交往

危机传播中的受众结构和认知特点

在危机传播的过程中,公众最为关注的是信息的内容、发布者和传递的方法。在危机当中,公众对于政府工作的关注程度会大大增加。如果政府未能向公众连续提供相关的充足而准确的信息,缺乏对谣言的监控,那么公众就很容易陷入恐慌之中,从而威胁到整个社会的安定团结。公众对信息的需求程度取决于以下三个因素:(1)公众与危机事件之间的关系;(2)心理承受力上的差异;(3)人口统计学因素(如年龄、性别、受教育程度、家庭收入)的差异。以各个层面的公众与危机事件之间的关系来划分,危机传播的受众主要包括以下 11 种类型。

1. 处于危机事件之中的公众,即危机传播的"目标受众"

他们关注的是:人身安全、家庭安全、财产安全。

2. 传统媒体(记者)和自媒体(自由撰稿人、大 V)

他们关注的是:人身安全、如何获得相关信息、如何联系新闻发言人、截稿时间、各种信息和信源的真实性。

3. 处于危机事件之外的公众,即危机传播的"非目标受众"

他们关注的是:人身安全、家庭安全、正常生活是否会被打断。

4. 在危机现场参与处理的各类人员

他们关注的是:救灾物资、人身安全、家庭安全。

5. 受害者的亲属以及危机现场工作人员的亲属

他们关注的是:自身的安全、亲人的安全和其他危机现场人员的安全。

6. 没有参与现场处理的相关人员

他们关注的是:对现场工作的建议、对受害者的行动建议、物资的供给。

7. 各级领导人

他们关注的是:物资、事故责任、现场指挥和开展救助的情况;表达关注的机会;对内政和外交事务的影响。

8. 企业负责人

他们关注的是：财产损失、利润的损失、对贸易的影响、对雇员的保护。

9. 国内各地民众

他们关注的是：危机的发展、危机处理的进展情况、可能对他们产生的影响。

10. 国际社会

他们关注的是：危机的发展、危机处理的进展情况、可能对他们产生的影响。

11. 危机中的合作伙伴和利益攸关方

他们关注的是：决策过程、获得相关信息的渠道。

上述这些类型的受众需求的可能是某一具体信息，因此在进行危机传播时就要根据受众卷入危机的不同程度确定先后次序。要把相关信息优先提供给那些与危机关系较为密切的受众。同时，也不应忽略人口统计学的因素：包括受教育程度、相关的知识和经验、年龄、语言能力、文化习俗和居住地等。在以上列出的受众类型中，细心的读者会发现，我们把"公众"和"媒体"排在了"各级领导"和"企业负责人"前面，这与中国传统文化中"等级制"的观念并不符合，但却是危机传播的国际通则。

无论是中国的政府部门还是企业，近年来被国际舆论诟病的传统观念之一是"领导优先"（leader first），而不是西方通行的"女士优先"（lady first）。领导的"指示"和官方部门的指示与"背书"成为一些组织在危机回应中的第一选择。在这样的观念下，许多组织在处理危机时，也乐于将"官方信息"作为回应组织危机的"尚方宝剑"，但这些观念在社交媒体时代往往会适得其反。如何处理"唯上"和"恤下"的关系，正确处理官方信息在危机回应中的作用，贯彻危机传播和新闻发布的公共性原则，是我国社会政治文化变革的一项重要课题（参见案例分析3.1）。

案例分析3.1　危机传播的公共性："唯上"还是"恤下"？

危机传播的目标受众究竟应该把谁放在首位？这个问题的答案应当是不言自明的。危机爆发时，发言人首先要关注的是公众的安危。但由于我国传统文化中"唯上"观念的影响，一些发言人却仍然沿袭"领导优先"的做法，在全球、全民、全媒的时代势必会遭到国内外舆论的强烈反弹。他们的做法无疑破坏了政府部门的形象和公信力。2010年6月中下旬，江西全省26条河流超过警戒水位，抚河、信江等赣江支流出现超历史最高纪录的特大洪水。6月21日晚，江西防汛抗旱总指挥部（简称"防总"）办公室某负责人在接受央视《24小时》节目电话连线采访，主持人请他介绍灾情，该负责人却滔滔不绝地介绍各级领导的指示，被主持人打断："请您告诉我，决口有多大？下游群众有没有安全转移？"该负责人不予理会，继续介绍领导指示，被主持人再度打断："主任，我们非常想了解下游的群众有没有安全转移？"尽管该负责人随后介绍了群众已经得到安全转移和安置的情况,但危机传播效果却大打折扣。原本旨在宣扬政府救灾及时、群众安全转移的采访却因对传播对象的优先性认识不足,导致排序不当,引发了负面的传播效果。

在 2013 年 4 月发生的四川芦山地震期间,这种"领导优先"的"唯上"意识再度发酵。当受访的当地负责人在电话连线中历数各级领导关注时,又被央视主持人打断:"这个我们可能知道得比您多一些,请您告诉我们现在采取了哪些措施吧。"尽管主持人随意打断受访对象的做法是否得体值得商榷,但政府官员在危机传播中应当"唯上"还是"恤下",引发了网民的热烈讨论。从总体上看,网民对政府官员的这种传播策略大多持否定的态度。

无独有偶,中国本土企业的危机传播也出现了同样的问题。近年来,"富士康""霸王""圣元"等本土企业遭遇了一系列声誉危机。虽然经过各方努力,这些危机已经归于平息,企业所蒙受的"不白之冤"也被洗清,但从危机传播的角度来看,仍有不少教训值得总结和反思。

毋庸讳言,本土企业大部分属于"闷声发大财"的类型,信奉"少说多做"的传统价值观。因此,它们对公共关系重要性的认知普遍不足,相关的职能设置和工作起步较晚。就拿上述几个案例来说,无论危机的起源是来自于企业自身的管理还是其产品的质量安全问题,这些本土企业在危机传播的过程中都表现出了一个共同的缺陷:重视"唯上",轻视"恤下"。在此,"上"是指上级领导和政府主管部门,"下"是指公众、消费者、用户等。传媒在某种程度上充当了"下"的代言人,尤其是在微博、微信等"草根媒体"兴起、公众话语权进一步增强的今天,重"上"轻"下"的危机传播策略成为公众和舆论批评与质疑的焦点。

在危机爆发的初期,这些本土企业几乎无一例外地表现出了极其强硬的态度,一方面发表措辞生硬的"声明",千方百计为自己"辩护"——尽管某些企业在危机传播的过程中使用了微博等最为先进的传播渠道,但其所传递的信息仍然是以商业利益为中心,根本没有顾及消费者和用户的感受。有些企业还以揭露"行业潜规则"为借口,"曝光"同类产品存在的相同问题,以期洗脱自己的"污名"。另一方面,它们措辞严厉地指责媒体报道不负责任,有的声称要起诉媒体,甚至于还有个别企业的员工到媒体去寻衅滋事,闹出了更大的危机。

值得注意的是,本土企业无论是在声明、辩解、回应和指责当中,使用最为频繁的是这样一句话:"一切都要依据上级主管部门的鉴定。"在许多本土企业的决策者看来,"上级"或者"官方"似乎成了企业危机传播的"尚方宝剑"。

2023 年 6 月,江西某大学食堂学生在吃饭时发现了疑似"鼠头"的异物。在公众都认为所谓的鸭脖其实就是"鼠头"时,食堂相关负责人试图通过搬出"有关部门"这一救星，通过官方"背书"，掩饰自己所犯的错误。他们低估了公众的舆论力量，这一做法引发了铺天盖地的指责，对当地政府的公信力带来了极大的负面影响。

这一案例与2008年"三鹿奶粉"危机类似，企业负责人把这场危机的根源归结为"政治敏感性差，站位不高"，被海外媒体痛批"只向领导道歉，而不是向受害的消费者道歉"。由此看来，当声誉危机降临时，许多企业念兹在兹的还是"领导"和"有关部门"，因此，它们才会对媒体横加指责，对公众横眉冷对。这反映了起源于西方的"公共关系"在本土化的过程中，传统文化中的一些负面因素（例如，"等级制""关系""面子"）把"公共关系"演变成为一种庸俗的"借势传播"或"关系管理"，从而背离了公共关系的本义。从历史上看，公共关系在20世纪初在美国的兴起，正值改革的阵痛期和社会的转型期，与当时以公平与正义为主旨的"进步主义"的社会思潮相契合，同时也与新闻媒体以曝光揭丑为主题的"耙粪"运动有着密切关联。"公关之父"爱德华·贝内兹（Edward Bernays）之所以要创造出"公共关系"（public relation）这个词，就是因为"政治宣传鼓动和商业营销都无法体现出代表公共利益的'公共性'"。他希望，公共关系的兴起能够促进社会各个群体在公共领域内的沟通和交流，从而维护社会的公平与正义，促进各种社会关系的和谐发展。

当前，经历了40多年经济高速增长的中国同样处于各种社会矛盾交错、危机频发的"阵痛期"与"转型期"，公共关系这个"舶来品"在政府部门和本土企业已经越来越受到重视。在防止公共关系本土化的过程中出现的庸俗化，让公共关系回归"公共性"的本义，应当是中国传播与公关界关注的首要问题。值得欣慰的是，一些本土企业的决策者已经开始打破传统的思维定势，逐渐认识到"公共性"的重要意义。2010年8月中旬，圣元公司董事长发表的两封言辞恳切的公开信便是这方面的典型范例。即便是在政府主管部门已经为相关产品"正名"的情况下，圣元董事长仍然为自己给广大消费者带来的"惊扰"道歉，同时也反思了对媒体报道的认识，充分肯定了媒体"社会公器"的职能。从其对媒体和公众的诚恳态度来看，这两封信的公关效果完全可以与2004年肯德基处理"苏丹红"危机时发表的那封公开信媲美。后者在媒体披露"苏丹红"有可能致癌的消息后，主动将其相关产品下架，并在各大报纸发表致中国消费者的公开信，重申"消费者是上帝"的理念。从这个意义上说，中国的政府部门和企业应当调整传统的思维定势，放下身段与公众、消费者进行平等沟通，由"唯上"转变为"恤下"，回归"公共关系"的本体属性，把危机传播的"公共性"理念落到实处。

总体来说，传播是一个双向互动的过程。危机传播的主要目的在于让受众迅速采取某种行动或者改变某种观念。因此，传播者应当尽可能深入了解你的目标受众："他们是谁？""他们现在相信什么？""对于他们来说，你是可信赖的信源吗？"，等等。一般而言，传播者应当注意受众所具有的以下特性。

- 受众依据各自的知识、态度、信念以及当前需求来解读信息，在此基础上有选择地接受信息。
- 当信息的内容和受众的观念态度一致时，更容易被后者所接受。
- 受众更容易接受那些与自己切身利益和需求有关的信息。因此，发言人应当少从自己的角度，而要多从受众的角度来进行传播。具体来说，发言人应当多用第二人称（你或你们）。比方说，"这对你们来说意味着……"。
- 自我意识越强烈，越不易受到信息的影响。
- 那些怀有明显的敌意和态度冷漠的人往往不会受信息的影响。

在危机当中，公众对他们所面临风险的估价影响了他们对信息的接受程度。根据传播学中的"选择性认知与接受"（selective perception and reception）理论，公众对信息的接受程度与其认知偏好有关。我们可以把危机传播中所包含的风险性信息进行分类和比较，从而更好地认识到受众对这类信息的接受度与他们认知偏好的一些内在联系。在同等的条件下，前者总是比后者更易于被公众所接受。

- **是否自愿**：主动承担的风险比强加的风险更容易接受。
- **是否可以控制**：个人或者社区可以控制的风险比由外界力量控制的风险更容易接受。
- **是否熟悉**：比较熟悉的风险更易接受，而那些不十分了解的风险，人们会想当然地断定其危害要大得多。
- **自然的还是人为的**：如果是自然危机，人们更容易接受，而如果是人为的就较难接受。
- **短期的还是持续的**：前者自然要比后者更加容易接受。
- **数字还是比例**：人们更容易接受用数字表示的风险。例如，"在我们这个一万人的社区中，可能有一个人会死亡"；但如果用比例来表示："每一万人中就有一个人死亡"，这显然会使公众陷入恐慌。
- **可预测性**：人们对可以预测的风险（例如，造成的死伤和疾病遵循一定的比例）接受度会更大，这就好比车祸和空难，两相比较，人们显然更容易承受车祸所带来的风险。
- **覆盖面如何**：风险波及众人要比指向几个特定的团体和个人更容易接受。
- **政府公信力如何**：人们更容易容忍一个有公信力的政府采取的政策所带来的风险。而如果政府的公信力受到损害，人们便会夸大其政策所带来的风险性。
- **年龄**：成人要比孩童更容易承受风险。

- **收益情况如何**：那些一看就知道损耗不大、恢复很快的风险更容易被人们所接受，而相反的则不行。

上述这些因素影响了公众对风险的认知程度，而对风险的认知程度直接影响到危机传播的有效性。如果危机恰好是人为的、不可预测的、持续的，那么公众对其风险性的估价就会增加。危机传播中传递的是事实和数字，但是认知的差异会导致人们对风险性得出不同的结论。在政府官员和专家看来，每 1 万人当中仅有一人可能死伤是为危机处理付出的可接受的代价，但特定群体中的受众却会就此夸大风险性（例如，他们会问"为什么倒霉的偏偏是我？"或者"为什么要我做出牺牲？"），从而无法接受政府和专家作出的决策。这种认知上的差异正是我们需要通过危机传播来加以解决的。

此外，人们在决定采取某种行动时要考虑它给个人带来的影响，同时他也要考虑此项行为是否符合群体的期望。这便是我们所说的"同侪压力"（peer pressure）。在危机期间，恐惧和不安使人们更多求助于群体的支持。人们受到的"同侪压力"尤其显著，而社交媒体的"圈子化"（也称"部落化"）会放大和扩散这种"同侪压力"。此时，政府官员、专家、救护人员和医生等都成为缓解这种社会压力的重要信源。这是危机传播赖以存在的基础。但是，危机传播能否最终取得成效，人们能否接受相关的信息和指导性建议，并付诸行动，还要看他在个人和群体的正面和负面效应之间所进行的"博弈"。群体对受众的影响主要表现在以下几个方面。

- 人们都有较强的从众心理，因此容易受到周围有同样理念的人的影响。
- 如果发言人传递的信息和群体规范相抵触，那么受众对信息的接受程度与他对群体的认同感成反比：他越依赖于该群体，越不容易接受该信息。
- 受众会注意观察周围其他人的反应（通常是非言语的、用身体语言表现出来的），据此来附和或者反驳发言人传递的信息。
- 受众会倾向于相信微博、微信等社交媒体上由意见领袖（即大 V）或熟人传递的信息。

传播学的"社会交换"（social exchange）理论认为，传播的有效性取决于受众对信息价值的认知，而信息的价值则是传者和受者双方对各自的投入和回报的评估。[①] 为了更有效地进行危机传播，政府部门的信息传递者（尤其是发言人）要从受众的角度事先评估信息的价值。具体来说，发言人要重点准备回答目标受众可能提出的以下几个问题：

- 如果我照着你的建议做，对我有什么好处？

---

① ［美］迈克尔·罗洛夫：《人际传播——社会交换论》，王江龙译. 上海，上海译文出版社，1997：21-35.

- 我会付出什么样的成本？
- 为了缓解危机，我周围的人——尤其是我的亲朋好友——希望我做些什么？
- 我真的可以做到这些吗？

如果你能坦诚地答复这些问题，并且让受众满意，那么受众就会认为他所获得的回报大于他所付出的投入，他所获得的是具有较高价值的信息。因此，受众就会采纳发言人的建议。换言之，任何建议越是符合最广大的公众诉求，就越容易被采纳，这就意味着危机传播和新闻发布的效果就越好。我们在前文中探讨过的"议题管理"（参见第一章第四节）就是为了在危机传播和新闻发布的过程中及时了解公众的关注和诉求，从而进行具有较高有效性和针对性的"精准传播"。

欲使危机传播更为有效，还要充分考虑如何获得和及时分析目标受众的反馈信息。这将有助于对危机传播的效果进行及时评估，并在此基础上进行及时改进。获得反馈的方法很直接：包括群众来信来电、传统媒体、互联网、社交媒体的报道、评论、帖子等（一般称之为"舆情分析"或"议题监测"）以及与社区的"意见领袖"进行座谈，等等。

在危机期间，公众的反馈和疑问会很多，政府部门不可能对每一个人作出回复。可以考虑建立一个电话或电子邮件的自动回复系统。具体做法是：搜集一些常见问题，准备好答案，挂在网站上或自动回复给发信人；或做成电话录音，供公众选择收听。现在有了微博、微信等社交媒体平台，这类自动回复会更加便利和及时。

危机发生后，应当设立免费公共信息电话热线（400号码），利用网站、电子邮箱、微博、微信、抖音等新媒体平台在第一时间公布。危机爆发后会引发公众强烈的情感反应，因此他们需要有更多的渠道来宣泄。这样的宣泄对发言人来说非常有价值，它会告诉你人们究竟关心什么，他们担心和害怕的是什么，还有哪些问题需要解释，官方提出的建议和措施是否奏效，等等。这对新闻发布会的筹备和信息设计是至关重要的。

根据"两级传播"理论，危机传播和新闻发布的宗旨首先是"影响那些有影响的人"，其次才谈得上"影响公众"。在社交媒体兴起的时代，这条法则同样适用。尽管从理论上说，社交媒体给了每个人同等的传播机会，"人人都是记者""人人都有麦克风"，但实际上，新兴媒体仍然遵循着被少数意见领袖主宰的"内容金字塔"的传统模式。以社交媒体网站推特（X）为例，其中90%的帖子是由20%的用户发布的，即所谓的"90/20法则"。目前，最新的一个趋势是，推特上存在大量的社交媒体机器人生产的内容，其内容占比可能达到20%。[①] 中国科学院心理研究所公布的调查结果显示，我

[①] https://www.cyzone.cn/article/578761.html.

国微博网站上的原创信息不足 40%，在转发的信息中超过 80% 为微博大 V 发布。①

这一"金字塔法则"在微信平台上也同样适用，2020 年，微信公众号发文总篇数超过了 3.87 亿，其中标注原创篇数为 2 289 万篇，占比仅为 5.92%。② 因此，在处理一些网络热点事件的过程中，新闻发言人应当与一些知名自媒体人、微博大 V 等民间意见领袖保持密切联系和及时沟通。政府部门也应善用自身政务账号进行新闻发布。统计显示，2020 年新冠疫情期间，全国各级政府部门 3.7 万个政务微博以及 3 000 多家媒体微博发布权威信息 607.6 万条，发起了 3 万场疫情直播。截至 2021 年年初，政务微博的总粉丝数已超过 30 亿。③

不要认为把新闻发布出去就万事大吉了，你还需要得到受众的反馈。一般而言，市民打电话通常是先提出问题，最后流露出担心。负责接听电话的专业人员应该对这些问题进行答复，并从中总结出公众舆论的发展趋向，然后将其提供给新闻发言人及相关人员。

发言人要组织团队撰写舆情报告，供上级决策部门使用，并且及时向它们通报哪些措施较为得力，而哪些没有发挥作用，不要怕得罪决策者或者有关部门，向他们解释公众反馈的重要意义。

除了直接听取反馈意见，还可以通过媒体或者网络获知公众的反应，要及时了解网上的负面消息和谣言，对其中影响较大的要及时作出回应。一般而言，大众传媒体现的是公众的呼声，而发言人从他们设立的热线、电子信箱、微博、微信中得知公众关注的是哪些话题。这些话题被及时反馈给发言人，这样他就可能预测到媒体会向他提出哪些问题。一般而言，公众关注的问题都会成为媒体报道的热点。这样一来，发言人和他的团队可以积极主动地应对媒体，为媒体设置议程，而不仅仅是简单地进行被动的回应。

需要强调的是，正式的新闻发布会与利用社交媒体平台进行的微发布应当结合起来使用。前者仍然是主体，提供的是具有权威性的深度信息，后者是辅助性手段，受到字数（通常是 140 字以内）、时间的限制，提供的是表态性的浅层次信息。社交媒体时代的新闻发言人，尤其是企业应当善于运用"微发布"了解民意和舆情，及时澄清谣言，但这并不能取代运用新闻发布会和新闻通稿等"传统"形式传递准确、详尽和深入的权威信息。

---

① 《2013 年全国大学生微博发展报告》，http://wenku.baidu.com/view/47f958c79b89680203d82585.html（2013 年 8 月 25 日下载）。

② 公众号文章《2020：一年发文 3.8 亿篇》的原创占比不到 6%。https://baijiahao.baidu.com/s?id=1688554348526024173&wfr=spider&for=pc。

③ 微博 2020 用户发展报告，https://www.cyzone.cn/article/578761.html。

第二节　危机回应的基本原则：管理学和修辞学的视角

在较为详细地了解危机过程中公众的一些心理特点之后，我们再来总结一下危机传播的基本原则。"不确定性"是危机的主要特征，但通过总结危机传播的发展规律，我们也能在不确定性中寻找相对确定的回应模式。本节将介绍几项在应对危机传播时的重要发布原则：首先，对危机传播应首要遵循的"20字原则"进行介绍，这 20 字原则为组织制定适合自身的传播指南提供了蓝本；接下来，分别从危机传播的管理学视角和修辞学视角对不同阶段的危机传播原则进行整体概括。

危机回应的 20 字原则

前文中我们提到了危机传播的"3T3F"原则，在此我们把它进一步细化为遵循"第一时间""行动信息""简明扼要""真实可靠"和"前后一致"这 20 字的原则，如图 3.1 所示：

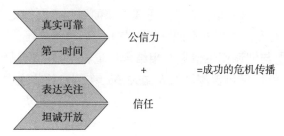

图 3.1　危机回应的 20 字原则

在落实上述 20 字原则的过程中，要重点关注以下问题。

- **第一时间**："第一时间"也被称为"黄金一小时"（Golden Hour）。这个概念是 1961 年美国陆军医院的资深急救科医师亚当·考利（R. Adam Cowley）提出的。他通过实证分析发现，受重伤一小时以内能够被送到战地医院的伤员死亡率最低。[①] 这一原则被广泛运用到各个领域的危机应对当中。就危机传播而言，大多数人在接受信息时有"先入为主"的趋向。换言之，人们更愿意接受第一时间得到的消息。如果人们首先接收到的信息是"地球是平的"，你再说"地球是圆的"，当然会遭到反对和抵制。政府向公众传递信息的速度其实是政府对危机的反应速度的一种象征，它说明应急的预案已经启动，事态正在逐步得到控制，

---

① R. Locke, "New Techniquess Developed for Treatment of the Epidemic", *Associated Press*, 1982-01-18.

这一点在"新闻以秒来计算"的社交媒体时代尤为重要。如果公众没有得到任何消息，人们就会认为政府未能对危机作出及时反应，从而对政府失去信心，而这种公信力是需要政府付出百倍的努力才能够挽回的。

在日常生活中，我们常常强调"第一印象"的重要性。同样道理，危机传播也应遵循"第一时间"的规则。不能等到问题全部搞清楚以后才发布信息，重要的是向公众表明政府的立场和态度——政府部门关注着危机，并且已经启动了相应的机制来处理危机。在社交媒体的时代，任何未能及时发布的信息——无论它怎样的天衣无缝——都会成为所谓的"零信息"或"无效传播"，2009年，河南开封杞县钴60泄漏谣言引发的当地民众大规模出逃事件就是这样一个典型的例子。有关部门采取了"封锁信息""只删帖不回应"等做法，在事故发生后一个月才召开新闻发布会，这时候谣言主导了舆论，无论政府说什么，老百姓已经成了"老不信"。因此，新闻发布会的传播效力敌不过一条手机谣言短信的病毒式扩散，最终导致了这一幕荒诞剧的上演。

在具体操作中，"第一时间"或"黄金一小时"意味着危机爆发后，政府部门能够迅速作出反应，通常的做法是以网站、微博、微信等"微发布"形式发布简短声明表达关注，再由发言人召开新闻发布会以散发正式的新闻通稿、回答记者提问的形式传递深层次的信息（具体时间安排见本书第四章第二节）。

- **"指导性信息"与"调适性信息"相结合**：危机传播的信息应当既具有较强的实践性和可操作性，又包含深厚的人文关怀。在信息的传递中，要注意简明扼要，通俗易懂，以获得传播效果的最大化。公众在获得此类信息后能够采取行动，在生理上和心理上主动应对危机，积极配合政府部门的危机管理工作。20世纪90年代中期，美国中西部遭遇洪水，官员提醒市民把水煮沸后再饮用。美国的民众没有喝开水的习惯，因此很多人希望知道一些更为具体的信息：例如，水要煮多久，温度要达到多高才可放心饮用。然而，政府和专家提供的"指导性信息"在细节上却不尽相同，在烧煮的时间和所达到的温度上莫衷一是。公众和媒体对此表示不满，开始怀疑政府的能力和专家的可信度。这说明，危机期间的信息发布要注重将以行动为核心的"指导性信息"贯彻准确性和一致性的原则。

同样，在危机传播中发布以情感为核心的"调适性信息"也同样重要，不仅可以有效缓解公众的紧张情绪，而且还可以塑造政府"以人为本"的良好形象。2012年北京发生罕见的"7·23"雨灾，在新浪微博上拥有百万粉丝的北京市新闻办主任王惠女士通过"微发布"的方式在政府和公众之间建立起通畅的传播渠道。很多网民在微博跟帖中"吐槽"，在暴雨中因熄火而被迫丢弃在路旁的自驾车被恪尽职守的交通协管员贴上了罚款单。她关注到这一舆情后及时向主管部门领导反映了公众的诉求。在获得领导批准和授权的情况下，第一时间发布了有关部门作出的"7·21雨灾当天违规停放的车辆按照特例免于处罚"的决定，体现了"以人为本"的执法理念，获得了舆论的赞誉，有效缓解了公众在这场雨灾中对政府产生的对立情绪。

- **应对谣言**：由于"不确定性"是危机的本质属性之一，因此，谣言是危机的副产品，是危机传播需要关注的重点。美国知名汉学家孔飞力（Philip A. Kuhn）的经典著作《叫魂：1768年中国妖术大恐慌》，为我们还原了康乾盛世期间的一段史实：一条荒诞不经的谣言可以借助人际传播产生"欺上""惑众"的效果，搞得上至皇帝重臣，下至平民百姓，人人自危，天下大乱。在全球传播时代，谣言的传播已经达到了无远弗届的范围，"当真相还在穿鞋时，谣言已经在千里之外了"这句古老的谚语已经成为政府部门必须面对的"残酷"现实。2011年日本"3·11"地震在中国引发的"抢盐"风波便是谣言借助于网络和社交媒体在传播速度和效果上产生"滚雪球"效应的真实写照。12年后，这一幕在日本宣布排放福岛核污水后在中国、韩国、新加坡等国重演，足见谣言的恒久影响力。

"坦诚开放"是应对谣言的基本原则，也就是我们常说的"谣言止于公开"。1947年，美国社会心理学家奥尔伯特和波兹曼在其合写的经典著作《谣言心理学》中提出的公式——"谣言 = 显著性 × 模糊性"——直到今天仍然有极强的现实意义。[①] 所谓"显著性"是指谣言的传播范围、强度、时长和与受众的相关程度。因此，在应对谣言时，发言人要设法降低乃至于消除谣言的显著性。所谓"模糊性"是指谣言本身可能产生的不同解读。依据这一公式，我们就能理解为何简单地否认不能制止谣言的传播，反而有可能会增加其模糊性。因此，发言人要借助于有说服力的数字和细节来澄清谣言。[②]

在应对谣言的过程中，我们还要充分考虑危机演变的特征，尊重新闻传播的规律，讲求适当的策略，这就是俗话说的"谣言止于智者"。根据危机的变化和媒体的需求，发言人可以采用"实话实说，但不全说""快讲事实、慎讲原因、不下结论"等相应的传播策略。

在此，我们重点讨论一下如何根据全媒体时代的需要进行危机传播和应对谣言的一些基本规律。欧美媒体业界有"新闻循环圈"（news cycle）的说法，指的是新闻更新的频率。报刊时代的新闻循环圈是以"每天"来计算的，广播电视和通讯社兴盛时代，新闻循环圈缩减到了6小时，而CNN倡导"7天24小时"模式产生后，新闻循环

---

① G.W. Allport & L. Postman, *The Psycholgy of Rumor*, New York: Henry Holt, 1947.
② 学者张国良在此基础上提出：流言速率 = 事件重要性 × 事件模糊性 × 技术先进性 ÷ 权威公信力 ÷ 公民判断力，这个公式考虑到了新媒体技术的发展和公民媒介素养的提升，更为符合当今的传播生态。

圈便以"每小时"来计算。网络时代的新闻循环圈是以每分钟来计算，社交媒体的出现使得新闻循环圈精确到秒，真正实现了"无缝传播"。

美国学者对大量相关案例的研究表明，根据不同媒体所具有的"新闻循环圈"的特征，45分钟、6小时、3天、2周分别是网络社交媒体、广播电视和通讯社、报纸和周刊的"新闻节点"。[①] 在45分钟内，我们应当迅速查找谣言的源头，采取"小范围干预"的方式，与微博博主（尤其是拥有百万以上粉丝的大V）、专业记者等进行沟通和交流，让他们删除相关谣言的帖子，或是说服他们不要再追踪此事。在6小时内，如果谣言没有得到有效遏制，就会成为广播电视和网络社交媒体关注的热点，这时候就要及时发布包含简短信息和表态性的新闻公报，并准备召开新闻发布会和提供更加详细的新闻通稿。在3天之内，如果谣言没有得到有效遏制，它就会成为各大媒体连续报道和网民热议的焦点。一般而言，新闻话题的"热度"会持续3天到一周的时间，这时候需要召开每天一次的新闻发布会，进行相应的新闻策划，引导舆论（具体的传播策略我们在后文中再详细探讨）。一些有影响力的新闻周报或周刊（例如，《南方周末》和《三联生活周刊》）还会进行追踪报道，因此，在后续的两周内要密切跟踪舆情，根据媒体的需要提供更有说服力的深层次背景和信息。

根据上述这些基本原则，各个政府部门可以制订适合自身具体实际的危机传播指南，对整个系统和行业的危机传播进行统一的协调和管理。1988年，美国"风险传播研究中心"的创始人文森特·科维罗（Vincent Covello）和他的同事弗里德里克·艾伦（Frederick Allen）编制了"风险/危机传播七原则"，被美国环保署等政府部门广泛采用，直到今天，这一原则仍然是世界各地政府、企业等组织制订危机传播预案时借鉴参照的"模板"。

案例分析 3.2 美国环境保护署关于风险/危机传播的七项基本原则

原则1：让公众成为危机管理的合作者

在民主社会中，危机传播要遵循两个基本宗旨：首先，所有个人和社区都有权利参与那些影响他们生活、财产、价值观的决策活动；其次，危机传播的目标不应该是转移公众对危机的关注或劝服他们无所作为，而是应该告知公众真相，让他们主动参与到危机管理的工作中来，表现出积极合作的态度。

行动指南：在制订重要决策之前，要让个人和社区尽早参与进来，尊重公众的意见。不仅仅要让公众了解危机的严重程度，还要说明危机与公众有何关系。要让公众感

[①] J. Dooley & H. F. Garcia. *Reputation Management: The Key to Successful Public Relation and Corporate Communication*, 2nd edition, New York: Routledge, 2011: 323-331.

到危机管理与自身的利益息息相关。危机传播的最终目的是赢得公众的信赖。

原则2：周密筹划和认真评估

危机传播虽然应当遵循一定的基本原则，但根据传播目标、媒体和受众的不同，我们仍然需要制订不同的策略。危机传播的成功取决于周密的筹划和认真的评估。

行动指南： 从最简单、最清晰的目标做起，比如，给公众提供信息、安抚公众情绪、鼓励公众进行自我保护，调整行为习惯，等等。

对危机中的一些技术性因素进行评估，搞清其优势和劣势所在。在受众当中确定一些能够协助政府进行危机管理的群体和一些有特殊需求的群体，对这些群体进行有针对性的传播。

选拔口头表达和人际交往能力过硬者担任新闻发言人。对政府部门的有关人员（包括从事专业性和技术性工作的人员）进行传播技巧的培训。对发布的重要信息，事前要在小范围内作传播效果的检验。事后要对危机传播的全过程进行认真评估，总结经验，吸取教训。

原则3：倾听受众的诉求

危机发生时，公众所关注的并不仅仅是伤亡者的数目或是其他反映灾难破坏力的统计数字，他们更关注的是政府部门是否可靠，是否有能力控制局势，是否表现出同情和关注。如果人们觉得他们的声音没有被政府听到，那么他们可能也不会去听取政府的任何建议和意见。因此，有效的危机传播一定是双向的。

行动指南： 不要武断地猜测危机爆发后公众知道什么、想到什么和想做什么。可以采用个别访谈、召开座谈会、设立免费电话热线和民意调查等手段，收集公众的意见。"换位思考"也是很重要的，多了解公众的感受，多从公众的角度考虑问题。通过危机传播来了解不同社群在政治和经济上的诉求、文化习俗及语言特征，这对进行有效的危机传播都是非常重要的。

原则4：坦诚和开放

有效的危机传播需要由一个值得信赖的信息传递者来完成。因此，危机传播的首要目标就是建立政府部门的公信力和可信度。要想获得信任就不能朝令夕改。获得短期的信任比较容易，只需要通过使用各种传播手段（如言语传播和非言语传播）来达到。长期的信任则要通过具体的行为和表现来获得。

作为政府部门的信息传递者，发言人最重要的品质是信誉。赢得公众的信任需要一定的努力，一旦失去很难再获得。

行动指南： 可以向公众阐明自身的优势和业绩，但不要直接要求公众的信任。如果问题的答案还不清楚，承认这一事实，并且保证尽快提供对方满意的答案。

如果发现错误要及时纠正。及时向公众阐明危机可能带来的风险，同时，留有一定的余地，不要缩小或者夸大风险的严重性。如果信息本身带有一定的不确定性，尽可能多地给公众提供信息，把存在的优势和劣势如实告诉公众，这样公众才不会觉得你在故意隐瞒什么。

原则 5：与其他可以值得信赖的信源合作

有效的危机传播通常借助于各个部门之间共同的协调和合作。危机传播中面临的最大困难是出现不同的声音，如果政府部门发布的信息彼此互相矛盾，那么危机管理便无从谈起。

行动指南：危机传播还应包括组织内和组织间的传播与交流。政府部门应当竭尽所能与其他权威信源——如专家学者、地方官员以及各个社群的"意见领袖"，也包括网络社交媒体上的活跃分子——建立联系，他们可以成为危机传播的权威信源，同时政府部门也可以选择与他们联合发布信息，从而增强传播效果。

原则 6：满足媒体的需要

危机期间，媒体是信息的主要传递者。媒体既能够设置公众议程，也能够影响危机传播的效果。因此，要了解媒体运作的一些特殊规律：它们对危机的政治意义的关注往往会超过对危机本身的关注；它们喜欢政府部门发布言简意赅的信息，不喜欢长篇大论；它们会不停地寻找各种问题和错误作为"新闻点"。

行动指南：对所有的记者保持合作的态度，了解并尊重媒体的截稿时间。尽量为各种媒体提供它们所需要的媒介"产品"，比如，为印刷媒体提供新闻通稿，为广电媒体提供同期声和音像资料等。接受采访之前，要与记者商议具体的主题，并在采访过程中始终坚持这些主题。提前准备几条有说服力的正面信息，在采访过程中反复抛出。可以为记者提供一些相关的背景材料，但不要作推测或假定。受访时，只说那些你愿意重复和应该重复的话，确保受访的所有内容都记录在案，尽量使采访简短。受访后，要追踪记者的报道，与一些值得信赖的记者和编辑建立起长期的伙伴关系。

原则 7：言语清晰、饱含同情

使用专业术语可以显示政府官员的义务素质，但是对以媒体和公众为主要对象的危机传播而言却是很大的障碍。危机爆发时，媒体和公众没有心思听那些枯燥的数字和专业术语，这时候，通俗易懂、表达关爱的言语更有说服力。

行动指南：使用清晰的、非技术性的语言，尽量适应危机发生地的受众语言习俗，尽量让讲话简短，但又要尽可能多地向公众提供他们所需要的各种信息；多用图片等来说明问题；多使用"人性化信息"——比如故事、案例以及趣闻轶事等，使技术性很强的信息鲜活起来。

在描述伤亡和疾病等主题时，避免使用一些抽象的、不常见的，或没有任何感情色彩的词语；通过言语和行动对公众的恐慌、焦虑、无助等情绪作出回应。

在谈及危机可能带来的风险时，可以采用比照的方法，帮助公众对所面临的各种风险的严重性作出评估。多使用"行动性信息"——向公众阐明即将或可能采取的行动。

要向公众阐明政府接下来会采取的措施和公众将会得到哪些救助。要清楚明确地告知公众：伤亡和疾病是令人痛心的，但却是可以避免的。

（来源：http://www.epa.gov/publicinvolvement/pdf/risk.pdf 2013年8月19日下载）

不同阶段的危机传播原则：管理学视角

危机传播是危机管理的重要组成部分。从管理学角度来看，危机传播是一项由不同环节组成的系统工程。在危机的不同阶段，根据其发展变化的趋势，针对公众心理及其需求的变化，我们可以总结和提炼出与之对应的基本原则，从而提升危机传播的有效性和针对性，这也是管理学常用的"对症下药"式的"诊断"研究思路的体现。根据芬克对危机潜伏期、爆发期、延续期和痊愈期的划分，我们可对危机传播的原则按照这些不同的发展阶段来进行进一步细化。

潜伏期：

（1）开展风险传播，树立"危机意识"。不要告诉公众"没什么可担心的"。政府部门应该向公众开展风险传播，提供足够的背景和信息，帮助他们树立"危机意识"，让公众对各种可能出现的危机有足够的心理准备，并对他们的问题给予解答。同时，政府应该对危机传播的受众进行人口统计学分析，了解其年龄、性别、民族、教育程度等的分布状况，以提高传播的针对性和有效性。在危机的潜伏期，既不要对危机可能带来的风险轻描淡写，也不能过分夸大，引发公众不必要的恐慌情绪。

（2）建立有效的全媒体传播网络。建立起高效的内网（intranet），以促进组织与各个"利益攸关方"的及时沟通与协调；要进行信息和口径的协调工作，确保危机期间用一个声音说话。如果使用微信工作群则要确保内容不外泄，但就安全性而言，内网显然更值得信赖。面向公众，建立和维护官方网站、微博及微信账号、客户端。除了文字之外，"全媒体"还要求政府部门具备视音频、影像、APP（智能手机应用软件）的制作和传输功能，应当建立起适应全媒体需求的专业团队，或寻找固定的专业合作伙伴。

（3）向媒体和公众通报应急预案。其中，包括具体的操作步骤、各部门的职能以及初步的解决办法，这也是在政府与公众之间建立互信的重要环节。政府部门可以充分利用网站、微博、微信等形式与公众开展常态化的风险传播，彻底改变"报喜不报忧""讳疾忌医"等传统思维定势，让公众全面了解可能面临的风险和相关部门为之所做的准备，为灾难降临后进行有效的危机传播奠定基础。

爆发期

危机发生之后，人们出于本能，首先关注的是自己和家人的健康与安全，会立即展开自救或救助的行动。然而，如果这些行动处于无政府、无组织状态，就会产生一些负面的影响，甚至于导致危机的恶化。以下这些心理因素会加重人们的"危机感"，从而使他们做出一些非理性的举动。

- 生命受到威胁，随时可能死亡；
- 不能主宰自己的行动；
- 亲友、家庭、财产等的损失；
- 与亲友或者家庭的离别；
- 责任感，觉得还应该再多做一点；
- 恐惧感，认为自己无法逃脱厄运；
- 犯罪心理（例如，故意做出一些破坏性的举动）。

了解到公众的这些心理特点后，我们应当采取适当的传播策略和技巧，把各种负面影响以及出现非理性行为的可能性降低到最小限度。在危机的爆发期，我们应当做到以下几点。

（1）不要过度安抚公众。危机传播的目的不是安抚和劝慰，而是要引发公众对危机事件适度的、理性的关注。

（2）承认不确定性。只对媒体和公众说自己所了解的情况。碰到自己无法作答的问题，坦承自己与公众在情感上的共鸣："这个问题目前还没有答案，大家心里很着急，我本人也一样……"

（3）强调政府部门的应急程序已经启动。"请大家放心，我们的危机管理体系（预案、程序）已经开始运作，对大家关心的问题很快会找到答案（得到解决）。"

（4）及时通报危机处理的进展，让公众感到"诚意与希望"。例如，在危机爆发初期，有关部门可以在新闻公报中发布"目前受到森林大火影响的地区中有15%的火势已经得到了初步控制，消防队员已经获得了一定的经验，接下来会用更快的速度控制其余地区的火势"，虽然这意味着还有85%的地区还没有得到控制，但这种及时的发布让公众感到了相关部门处理危机的诚意，也让他们看到了消除危机的希望。

（5）留有余地。提醒媒体和公众，危机爆发期发布的所有信息和行动建议都是初步的，随着危机的发展会出现一些变化。

（6）立即取消相关的广告、会展、营销、推广等传播活动，代之以相应的慰问和致歉等行为。危机的发生显然对政府、企业等组织的声誉造成了损害，这时候再对"利益攸关方"进行常规性的传播活动显然不合时宜。在近年来发生的多起明星违法违纪案件事件发生后，相关品牌均会在事件发生的第一时间发表声明停止与合作明星的营销推广活动,并在第一时间撤销相关宣传物料,这对维护品牌的良好形象具有重要意义。

（7）遵守传播伦理,尊重个人隐私。在未联系到家属或代理人的情况下,不要随意公布相关人士——尤其是遇难者的个人信息。以2022年的"3·21"东航客机事故为例,个别专业媒体记者和微博博主等自媒体人士为了抢新闻,在事故未调查清楚之时便公布了相关家属信息,发表部分"煽情"报道,这种为博取眼球而"消费苦难"的做法及其所导致的"二度伤害"遭到了公众和舆论的谴责,相关媒体和大V为此撤稿并道歉。

案例分析3.3　加州枪击案

2015年12月2日,美国加利福尼亚州南部城市圣贝纳迪诺一家残障康复中心发生枪击事件,造成14人遇难,至少25人受伤。枪击发生在一片密集的办公楼区域内。事件发生较为突然,有数十人逃离办公楼。随后,逃离者被聚集在沃特曼大道另一侧的圣贝纳迪诺高尔夫俱乐球场内。从此次枪击事件发生后到危机结束,官方部门循序渐进的新闻发布工作为我们理解危机爆发期的信息沟通提供了借鉴。枪击案发生后,相关信息经由社交媒体会在短时间内引起一定范围的恐慌情绪,此时需要官方部门及时向公众通报危机,并在心理层面为公众建立一个"安全空间",将"危险"区域与"安全"区域区隔开来。在危机结束前,要照顾到不同利益相关者的情绪,必要时为在场人员提供心理支持,避免次生危机的出现。在危机结束之后,向公众披露危机的细节。此次枪击案的官方新闻发布具体内容如下。

- 10:59接到报警,11:05空中支援赶到,电视台中断节目开始现场直播,直升机直播警匪对峙,跟踪警方攻击（及时通报危机）
- 高速公路未封路,电子告示牌为显示,不必引发公众恐慌（区隔）
- 当地政府迅速开通热线供民众查询家人安危；设立家属等候区和媒体采访区（区隔）
- 新闻发布会30～45分钟一次,由警方和FBI轮番上场,市长逐个接受媒体采访（对等）
- 选择性透露（疑犯长相、人种等第三天公布,以免引发"次生危机"）
- 教堂志愿者两小时内赶往现场,提供心理支援（第三方）
- 三个疑犯两个被击毙、一个被捕后,各家电视台才开始发布民众伤亡情况、救治现场（区隔、人性化传播）

延续期

在延续期,人们开始感受到危机所带来的负面影响,尤其是那些与个人切身相关的负面影响。同时,政府部门开始着手进行解决危机或灾后重建、恢复等工作。这段时期内，人们在情绪上会出现一些波动，这主要是因为他们对自己所面临的风险的认知程度处于不断的变化中。在延续期之初，人们可能因为自己在危机中幸存下来而喜出望外。但是，随着危机的进一步发展，人们就会越来越多地体会到危机所产生的负面影响，于是便会出现以下一些心理反应：麻木、拒绝、沉溺于对过去经历的"闪回"、悲痛、伤感、愤怒、绝望、沮丧和无助，等等。

一般而言，个人或者社群在非正常状态下所处的时间越长，上述这些心理反应就可能越强烈。危机之初那种"大难不死"的庆幸会逐渐让位于更高的心理需求，于是就难免产生上述那些心理反应。根据延续期公众的心理特点，危机传播应当遵循以下原则。

（1）承认恐惧的存在：不要对公众说"别害怕，别担心"这类的话。公众在危机面前产生恐惧感是天经地义的，不要让他们因恐惧而产生自卑感。

（2）表达愿望："我希望可以给你们提供更多的信息""我希望我们的回答还能更具体一些"。

（3）尽可能提供"指导性信息"：对于身处危机中心的公众应该给予一些具体的行动建议；即便是对那些远离危机中心的公众也应提供一些简单的行动建议。人们一旦采取了行动——哪怕是微不足道的简单行动，他的恐惧心理就会下降很多。同时，这样做也能让公众感到自己参与到了危机管理的过程中来。

（4）运用"从众心理效应"：告诉公众恐惧和无助不单单存在于某个人身上，大家都有类似的心理状况，这可以让公众摆脱孤独感，借助组织的力量来渡过危机。

（5）对未来的行为提供指导：如果预见到未来会出现一些负面情况（例如，服用抗生素会导致的副作用），不要向公众隐瞒，告诉他们，并且尽可能让他们了解一些预防性的措施。

（6）选择一些假设性问题作答：在危机爆发期，政府部门的发言人通常不要对危机的发展作出猜测，换言之，不要回答那些"万一……会怎么样（怎么办）"式的假设性问题，但在危机的延续期，由于政府部门已经掌握了较多的相关情况，因此，可以选择一些假设性问题作出回答。这是因为政府如果总是回避此类问题，媒体和公众就会去找其他的信源（如一些与政府立场相左的专家或民间人士），这样一来，政府反而会陷入被动。当然，在回答这类问题时，不要做即兴发挥，要做充分准备，最好有一些事实和数字的支持，以提高预测的公信力。

（7）发挥"人性化传播"的作用：政府的官员和工作人员（包括发言人）与公众一样处于危机的中心，面临同样的风险，他所作的选择也要为家人和亲朋好友着想。因此，在进行危机传播的过程中，发言人应当反复强调这一点，从个人的切身体验出发现身说法，使用亲情、友情、爱情等容易引发共鸣的叙事框架，增强传播的有效性。

痊愈期

危机终于过去，已经不再是媒体的头条或人们街谈巷议的话题。这时候，危机传播的重点要转向那些受危机影响最严重的人。他们可能会受到"后危机综合征"的困扰，出现失眠、消化不良等生理上的症状，或者同家人、同事之间关系的疏远，等等。同时，政府派发的补助和各种救济物资逐渐减少，他们要面对如何恢复正常的工作和生活等问题。在这一阶段，政府仍然应当把维系自身的公信力放在首位，在危机传播中遵循以下原则。

（1）表示诚挚的歉意：对危机造成的损失和政府工作中的一些缺点表示"抱歉"，请求公众的谅解。注意不要说"对……我们感到很遗憾"，这是因为"遗憾"一词是外交和法律辞令，听起来缺乏诚意。

（2）表示诚挚的期望：例如，"这场危机对我们每个人来说都是一场悲剧，我希望大家尽快从中解脱出来"；或者"我希望我的回答能够更具体、更明确一些，因此我们会继续调查工作，一旦有了新的进展我们会及时向大家通报"。

上述这些原则比较零散，为了记忆的便利，我们借用美国公关界普遍使用的危机传播 4R 法则：即表达歉意（Regret）；提出解决办法（Resolution）；阐明整改措施（Reform）；适度给予补偿（Restitution）。[①] 为了使读者能够抓住重点，我们把危机传播各个阶段应当遵循的一些原则列表如下（见表 3.2）：

表 3.2　危机传播各阶段应当遵循的原则

以下这些原则何时最为有效？	危机的各阶段			
	潜伏期	爆发期	延续期	痊愈期
危机传播原则				
树立危机意识	■	■		
强调应急预案已经准备就绪或启动		■		
不要过度劝慰公众		■		
承认危机的不确定性			■	
承认恐惧心理			■	
表达诚挚的愿望			■	
给公众合理的行动建议			■	

---

① H. Englehart, "Crisis Communications: Brand New Channels, Same Old Static," in C. L. Caywood, *The Handbook of Strategic Public Relations and Integrated Marketing Communications*, New York: McGraw-Hill, 2012: 401–415.

续表

以下这些原则何时最为有效？	危机的各阶段			
	潜伏期	爆发期	延续期	痊愈期
利用"从众心理效应"和"人性化传播"			■	
对未来的行动提供指导			■	
不回避假设性问题			■	
表达诚挚的歉意和期望				■

提升危机传播的有效性：修辞学视角

危机传播既是一项分阶段、分步骤进行的工作，同时也是一门修辞艺术，包含一些具体的策略和技巧。在上一小节中，我们采用管理学的视角和思路归纳、总结了在危机传播的各个阶段当中应当遵循的一些基本原则。在本小节中，我们将从修辞学的角度对其中的一些基本原则作更为详尽的阐述。

"化反常为正常"原则

市场化媒体和网络媒体往往遵循"人咬狗才是新闻"式的"反常放大"（amplification of deviance）原则，这种"放大"效应往往会让危机升级，由"茶杯里的风波"演变为一场"完美风暴"。2011年夏天的"郭美美事件"就是这样一个典型的例子。这个渴望出名的小姑娘在微博上晒名牌包、晒别墅、晒豪华跑车、晒干爹，这原本是一场网民司空见惯的炒作，但由于与红十字会扯上了关系，加之后者回应不及时，日常的"声誉管理"机制严重滞后，致使以往含糊其词、被搪塞了事的一些"危机历史"（例如，2008年四川地震期间的"天价帐篷"事件和2011年4月上海卢湾区红十字会的"天价餐"事件）与"郭美美事件"一道重新发酵，使这场"茶杯里的风波"日渐升级成为一场殃及红十字会、乃至于整个慈善事业的"完美风暴"。民政部公布的统计数字显示，在"郭美美事件"发生后的3个月内，全国社会捐款同比下降50%，慈善组织接受捐赠数额同比下降86.6%。

有效的危机传播正是为了主动引导舆论，消解"反常放大"带来的负面舆论效应。这种策略在修辞学上被称之为"化反常为正常"（normalization of deviance）。这个概念是美国社会学家黛安·沃恩（Diane Vaughan）提出的，用来描述人们对一些违规行为熟视无睹的心理定势。[1] 危机是一种"反常"或者是"非常态"，因此，发言人（或者是官员、专家等）为了平息公众的恐慌情绪，规避"反常放大"，有效引导舆论，应

---

[1] D. Vaughan, *The Challenger Lauch Decision: Risky Technology, Culture and Deviance at NASA*, University of Chicago Press, 1997: 35-57.

当在危机传播中突出"常规化""常态化"的认知框架。例如，上文中"郭美美事件"就是一场以"反常放大"博取"眼球效应"和点击率的炒作，但如果我们没有提出令媒体和公众信服的"常规化""常态化"的认知框架，这场危机不但难以平息，反而会甚嚣尘上。下面我们通过一个例子来讲解如何"化反常为正常"。

【例1】浙江省原工商局局长郑宇民在2011年10月全球浙商大会的新闻发布会上回应微博网友提出的问题。

问：外界现在有浙江出现"倒闭潮"的说法，也有老板跑路，浙商是不是已经风光不再？

答：我们来看一组数据：今年1—8月浙江新设企业91 601家，注销21 777家，同比分别增长12.3%、4.25%，企业数量保持持续增长，非正常关闭的企业200多家。人有生老病死，月有阴晴圆缺，企业按自然规律发展是正常的事。碰到困难，有的企业坚持，有的退却。我们要给企业信心，而不是让企业四面楚歌。

问：现在温州情况怎样了，需要"救"温州吗？

答：温州有10万家企业，35万个体户，65万人在世界各地，175万人在全国各地，温州是全国的温州、世界的温州。温州现在处于特殊转型时期，有许多困难，对一些旧有的生产方式要做决裂式告别，这就要"不救"；但温州也有许多新兴生产要素，这就要"救"。"救"与"不救"间，全在于温州人的科学实践。

【点评：郑局长用雄辩的事实和数据实现了"化反常为正常""化危机为契机"的传播效果。他首先用数据驳斥了"倒闭潮"的谣言，接下来他强调，"倒闭""跑路"这些"反常"现象是像人的生老病死、月有阴晴圆缺一样的自然规律和正常现象。媒体和舆论把温州发展中遭遇的问题"放大"为一场经济危机，因此设置了"救不救温州"的认知框架，郑局长将其重新解读为"特殊转型"，是对旧有生产方式的改革，同时要鼓励新兴生产要素的发展，最终用"科学发展"代替了"救不救"，即用"政府议题"代替了"媒体议题"和"公众议题"，实现了有效的危机传播和舆论引导。】

"比照"原则

发言人（或者是官员、专家等）为了平息公众的恐慌情绪，在向媒体和公众解释危机的严重程度时，往往会采用比照的方法。

【例2】这次危机没有以往（某次危机）严重。既然上次大家都安然渡过，这次也应该如此。

【例3】到目前为止，炭疽病只造成一人死亡，不到二十人感染，可是大家都不敢去邮局、不敢拆信了。但是，美国每年死于交通事故的有上万人，却没有哪个人因此不敢开车出门的。

在大多数情况下，类似这样的比照并不能取得预期的传播效果，受众会认为发言人是在把自己的观点强加给他们，"站着说话不腰疼"，因而无法接受这样的比照。问题出在什么地方呢？主要是发言人进行比照的对象不是处于同一等级上，因而缺乏可比性和说服力。在例3中，"炭疽病"这样的生物恐怖袭击事件是高风险、低概率的，而交通事故则是低风险、高概率的。后者是日常性的、为人们所熟悉的、可以被控制的；而前者是突发性的、陌生的、超出人们控制范围之外的。说话人想用"炭疽"危机的低概率（极低的死亡率和感染率）来安抚公众，但公众更为看重的是其高风险性，因此很难接受这样的比照。这种认知上的差异大大降低了传播的有效性。

因此，在进行比照时应当遵循的是"全面比照"原则。在例2中，你不但要告诉公众这次危机事件不如A事件严重，还应说明它比B事件严重。如果你只说"不如A严重"，那么公众会认为你"报喜不报忧"，从而质疑你的真实动机。因此，发言人应当尽可能提供全面的信息，让受众自己作出判断。

进行比照时还应遵循"认知相关"原则，尽量选择具有相似背景、成因和后果的危机事件，用受众较为熟悉的危机事件来比照说明他们不熟悉的那个危机事件。在例3中，"炭疽热"和交通事故差异太大，不具有可比性，因此不能进行比照。

"夏威夷比照"是美国风险传播学者经常引用的一个经典案例。在美国的度假胜地夏威夷，经常发生椰子从树上坠落，击中路人造成死伤的事件。为了让游客意识到此类事故的危害性，提高自我防范意识，负责旅游安全事务的官员在编制宣传材料时将其与鲨鱼伤人的事故作比照："据统计，每年被从树上坠落的椰子砸死的人数是被鲨鱼攻击而死的10倍。但是，游客往往会对海中的鲨鱼保持警惕，而不会注意到头顶上的椰子……"这两类事故都是自然发生的，也不具有任何针对性，发生的概率都比较低，并且不在人力掌控的范围内。不同的是，人们对鲨鱼怀有恐惧心理，而对椰子伤人的重视程度不够，运用比照的方法可以改变人们的这种惯性思维。

依据"认知相关"的原则，在例3中，把"炭疽"与交通事故相提并论是不恰当的，发言人可以考虑把它与流感作比照："美国每年死于流感及其引起的并发症的人数超过1万，但人们在加强自我防护的同时仍然照常上班、上学、外出购物。炭疽目前的死亡率和感染率都远远低于流感，因此没有必要打乱日常生活，甚至于不敢去邮局寄信。"

"适度劝慰"原则

危机爆发之初，公众会感到恐惧、无助、担忧，无所适从。这时候，发言人（或者是政府官员、专家等）表达一定程度的劝慰是必要的，但不要过度。在现实生活中，我们经常听到这样一些言论："天塌下来有政府给撑着""放心，你们的困难政府全包了"，这类劝慰虽然能发挥短时间的"镇静剂"作用，但却不符合现代传播理念，从长远看不利于危机管理工作的开展。

对传播效果的研究表明，过度劝慰常常会导致"回火"效应，这也就是我们常常说的"期望越高，失望越大"。危机给公众带来的负面影响是在所难免的，而过度劝慰会使公众认识不到危机的严重程度和负面影响。一旦实际情况与他们的期望有差距，他们便会怪罪于政府，从而影响到危机管理工作的开展。

危机传播的目标不只让公众暂时平静下来，而是要培养他们理性面对危机的态度：在危机面前既保持镇定，又保持高度的警觉和关注，积极配合政府的工作。

为了达到这一目的，应在劝慰公众的同时让公众认识到危机的严重性，使他们在心理上接受这一现实。当然，在谈及危机严重性的时候，要考虑到危机爆发初期公众心理的承受能力。危机爆发初期对人员和财产损失进行估计时，尽量低估而不要高估，必要时把数字降低到公众可以接受的范围内。总之，遵循"适度劝慰"原则旨在让公众意识到危机已经发生，并且有一定的严重性，但情况并不像人们想象得那么糟。

"平衡"原则

在危机传播中，我们应当遵循"平衡原则"，做到既报喜又报忧，既让公众感觉到危机在缓解，同时又不放松各项防范措施。危机爆发后，媒体和公众通常会质疑政府部门只报喜不报忧，因此，我们在表达的方式上可以对好消息和坏消息作出巧妙的安排。

【例4】现在说"炭疽"危机已经过去还为时过早——尽管我们得到的数据显示：过去一周内没有新发的病例报告。

在这个例子中，发言人采取了符合媒体和公众接受的心理传播方式：先说危机仍然存在，再说没有新发病例，这样的安排反而突出了这条"好消息"。

在"智利矿难"的案例中（参见案例分析1.2），我们探讨的将正面和负面信息进行"捆绑发布"，也是对"平衡"原则的具体运用。总之，危机传播中运用"平衡"原则可以使政府部门显示出较为公正的立场，增强其公信力，既保持了对危机严重性的清醒认识，同时又在尽一切能力使危机得以好转。

"不确定性"原则

危机本身充满了各种不确定性，对于这一点，政府部门要勇于承认，让媒体和公众充分了解到这种不确定性。研究显示，医疗纠纷往往发生在那些声称手术方案"包治包好"的医生身上。如果那些医生把手术方案的不确定因素主动告诉病人,那么就能最大限度地避免这类纠纷。同样道理,在危机传播中,发言人(或者是官员、专家等)应当承认危机中的不确定性,表明自己与公众一样感到担忧。这样做,一方面给自己留有余地,另一方面,可以赢得受众的共鸣。下面的两个例子就遵循了这一原则。

【例5】此刻我跟大家的心情一样迫切,希望了解更多的信息。因此,我们会加紧工作,一旦有新的进展会及时向各位通报。

【例6】听完刚才的新闻发布,大家一定觉得不满足。其实我的心情跟大家一样。但危机本身充满了各种不确定的因素,还有许多信息有待我们进一步去挖掘。

"行动信息"原则

在危机传播中,除了向媒体和公众提供各种事实性信息外,更重要的是向公众提供一些行动信息——建议他们采取一些简单的应对行动,这就是我们在前文中探讨过的"指导性信息"。从心理学的角度来说,人们在危机当中采取一定的应对行为,其恐惧心理就会下降。哪怕是采取一些简单的、细小的行为,也能达到这样的效果。当然,在尽可能的条件下,应当为具有不同背景的公众提供不同的行动方案供他们选择。这些方案最好能包括三种选择:(1)高端应对行为;(2)中端应对行为;(3)低端应对行为。一般来说,我们向公众推荐的是中端应对行为。

【例7】发生大规模自然灾害导致供水中断。政府部门向公众提供以下"指导性信息"。如何获得安全的饮用水,我们建议:(1)使用漂白粉;(2)煮沸2分钟;(3)购买瓶装水。我们向大多数公众推荐最为方便易行的"煮沸"法。

"受众参与意识"原则

在危机传播中要充分估计到受众的自主意识,多从受众的角度来规划危机传播的预案,而不是一切从树立政府部门的权威出发。在"9·11"事件发生时,我们看到了身处危机中心的纽约人表现出的镇定和集体意识。世贸大楼里的人员在救援人员赶到之前自发组织撤离,没有出现混乱的局面。因此,我们在进行危机传播的规划时对公众的认知力、判断力、自救能力和自我组织能力要有充分的评估,而不要把他们当作一群"迷途的羔羊"来看待。危机传播旨在发挥公众的主观能动性,让他们主动参与到危机管理中来,而不是消极被动地等待政府的救助。

不要回避公众的恐慌情绪。在危机爆发之初,政府官员或发言人为了消除公众的恐慌,会对他们说"别害怕""别担心""政府已经完全控制了局势"(而事实上并非如此）之类的话。这些言辞实际上并不能让公众真正放松下来。正确的做法是承认公众的恐慌情绪，给他们提供更多的背景知识（例如，目前掌握的危机状况、国内外类似的案例等），让他们把恐慌情绪具体化、"语境化"，这样公众会自然而然地平静下来。

实际上，引发公众恐慌的并非危机事件本身，而是危机所引发的混乱局面。这种混乱局面产生的原因主要是政府部门失去了公众的信任，从而无法有效地进行危机管理。例如，政府有意隐瞒信息，发布的信息口径不一致，会引发公众的猜疑，引发恐慌；又如，政府救助措施不到位，使公众误以为政府已经"抛弃"他们，从而自行其是，引发混乱。

危机传播的重点是身处"风暴眼"的公众，但也不能忽视那些远离危机中心但又有可能被波及的受众。研究表明，后者表现出的恐慌情绪往往比前者更为强烈。这是因为后者有更多的时间和精力去思考所面临的风险，也有更多的信息渠道。在全球传播和社交媒体高度发达的今天，危机产生的"蝴蝶效应"不容忽视。2011年日本"3·11"地震引发中国消费者"抢盐风波"即是典型的例子。由于听信碘盐可以防止核辐射，2011年3月16日晚上，从浙江、江苏、上海、福建、广东等沿海地区开始出现抢盐现象，并借助于互联网和手机的强大传播力蔓延到其他地区，与位于震中地区的日本福岛第一核电站相距3 200公里的成都和重庆也闹起了"盐荒"。有人形象地把这场风波称之为祸起谣言（"盐"）。与其他类似事件相比，谣"盐"风波的受害者是远离危机中心的第三国受众。

有鉴于此，政府部门在危机传播中要对受众加以适度的区分，不仅要关注身处危机前沿的公众，也要顾及所有与之相关的"利益攸关方"。关于这一点，我们会在下一章详细地探讨。

第三节 危机传播中的信息发布

承接上一节所阐释的危机回应的基本原则，本节进一步细化至危机传播中的信息发布与设计的基本原则，探讨组织在具体内容层面应当遵循哪些原则。与上一节相似，本节将首先介绍可供组织参考的危机传播信息设计的五个基本原则；接下来以传播方式进行分类，分别就新闻发布中的信息设计基本原则和人际传播中的信息设计基本原则进行介绍。

危机传播信息设计的五个基本原则

在了解了危机传播中受众的结构及其认知特点后，我们在设计信息的内容和传递方式上就有了较强的针对性。为了加强传播的有效性，吸引更多的目标受众，在信息设计的过程中,应当选择什么样的内容?选择怎样的方式来进行传递?为此,我们提出一些基本原则供参考。

- 增加预期的收益:通过一些具体的、人性化的细节向受众阐述危机管理能够给公众带来哪些实际的收益。
- 减少预期的成本:按照"社会交换"理论,公众往往更容易接受那些"惠而不费"的"指导性信息"。
- 强化正面舆论:通过各种传媒平台传递正面信息,在公众当中扩散正能量。
- 为个人行动创造条件:调动公众的主观能动性,增强他们的参与意识。
- 提供替代性方案:为满足不同受众的需要,按照"高端、中端、低端"的标准提供各种方案,阐明其利弊,供他们进行选择。

下面我们结合三个案例来看看如何在危机传播的信息设计中贯彻上述这些原则。

案例分析 3.4　"家用急救包"的推广

传播宗旨:在传染病等公共卫生危机爆发后,在社区内推行"家用急救包"的使用。

具体实施方案按照上述的"五原则"来设计。

- 增加预期的收益:详细阐述急救包的种种用途;讲真人真事——例如,某个家庭如何在灾难中利用急救包死里逃生的故事。
- 减少预期的成本:尽可能降低"急救包"的成本,让居民能以低廉的价格买到它;并且向居民强调它可以长期使用。
- 强化正面舆论:组织社区内的居民观看推广"急救包"的宣传片,并通过微博、微信进行传播;启发居民构想出使用"急救包"的具体方案;通过社区内各种传播渠道宣传它的益处。
- 为个人行动创造条件:列举出"急救包"中易于使用且容易购买到的各类药品;与零售商合作,在销售旺季打折出售这些药品。
- 提供替代性方案:阐明自己配置"急救包"中的基本药品无须花费多少时间和金钱,但缺点是有可能出现配错药的现象(低端方案);也可购买那些配好出售的"急救包",但价格不菲,并且不是按照每个家庭的具体需求设计的(高端/中端方案)。

案例分析 3.5　"自我隔离"政策的传播策略

传播宗旨:在传染病暴发的高峰期,你要说服目标人群留在家中,不要随便去医院或急救中心。

- 增加预期的收益：自我隔离可以使人们避免无谓的感染。如果感到身体不适，只需要拨打免费的社区救护热线，这样可以省去在医院或急救中心等待的时间，同时也可以避免交叉感染。通过这条热线，训练有素的护士会马上评估患者的症状，并及时提供相应的建议，从而让患者得到最大限度的自我保护。
- 减少预期的成本：如果护士认为患者应当立即去医院诊治，她会发一封电子邮件给相关医疗机构，为该患者进行预约，保护他的隐私权，同时也保证他能够随到随诊，减少与其他病人交叉感染的机会。
- 强化正面舆论：让社区内的"意见领袖"和权威的医疗专家现身说法，利用社区电台或电视频道以及微博、微信等社交媒体进行"圈子传播"或"熟人传播"，说明使用社区救护热线的好处，提倡"自我隔离"可以减少交叉感染。这种舆论导向也有助于社区内的医护人员开展工作。
- 为个人行动创造条件：利用各种传播渠道公开免费热线电话号码，同时，确保该热线的服务质量，不让患者等待太长时间；接听电话的人最后要询问患者对自己的解答是否满意，等等。
- 提供替代性方案：除了倡导目标受众在家中专属的房间内进行自我隔离（高端/中端方案），还要为那些人口多（尤其是有老人和小孩等"易感染人群"）的、住房面积小的家庭考虑，在社区活动室设立专人看管的"隔离室"（低端方案）。

案例分析 3.6　2013 年上半年北京出租车调价政策的传播策略

传播宗旨：让以目标乘客为主体的各个不同层面的"利益攸关方"了解北京出租车调价的必要性和紧迫性，同时提供替代性的解决方案，避免引发舆论的指责和社会震荡。

- 增加预期收益：在公共传播中强调出租车与地铁和公交车不同，不是政府应当补贴的"基本生活必需品"，是人们在有特殊出行需求时享有的"花钱购买品质和效率"型的有偿服务。出租车调价后，对司机、目标乘客来说是"双赢"和"利好"的决策，可改变目前"打车难""司机不愿出车"的状况。
- 减少预期成本：通过网站和政务微博征集意见 20 多万条，组织各种座谈会、20 多场，让各方声音有充分表达，最终设计了两套方案听取公众意见。
- 强化正面舆论：在决策前，精心筹划和组织听证会，提供两种方案供与会者发表意见，25 名代表中仅有两人反对现有方案，但也提出了自己认为合理的方案，这就意味着他们实际上也不反对"调价"。听证会通过各种媒体平台广泛传播，强化"支持调价"的共识。
- 为个人行动创造条件：出台配套措施提升"电话叫车"的服务品质，引导和规范 APP 电招的市场运作（而不是像有些城市那样采取一概禁止的策略），保障司机和乘客的参与权和双向选择权。
- **提供替代性方案**：通过优化公交线路，继续维持低廉的地铁和公交票价，启动在国贸、金融街等重点地区和天通苑、回龙观等大型社区之间开通"定制通勤快车"，满足不同层次乘客的出行需求，最大限度地避免调价可能带来的不便。

反面教训：2013年6月，巴西政府在事先未与民众充分沟通的情况下，匆忙出台了提高全国公交车票价的政策，虽然涨幅仅合人民币5角6分（约合10美分，而巴西人均GDP已超过1万美元），却引发了数十万人上街抗议，最终不得不取消涨价。

危机传播中新闻发布回应原则

危机传播的宗旨是"外结盟友、内聚民心"，构建组织的公信力，赢得公众的信任。无论是以书面还是以口头的形式，或是以微博、微信等社交媒体平台发布信息，都应当鲜明地体现出以下四个要旨。

- **同情和关注**：在头30秒表达同情和关注。承认自己也感到恐惧、悲伤、痛苦和困惑，从而赢得受众的共鸣，使后者更容易接受相关的信息。这种同情和关注还体现在政府部门所采取的具体对策和所掌握的具体情况（例如，人员和财产的损失）上。
- **能力和权威性**：在危机传播中，新闻发布者应当交代自己的学历、职位或职称、所在机构的职能等背景资料，这是在危机过程中表明权威性和赢得公信力的捷径。诚然，能在危机发生之前就已经与受众建立起互信的关系是再理想不过了。如果做不到这一点，那么可以寻找一个目标受众信赖的"第三方"（最好是受众群中的"意见领袖"），让他表达对发言人及其所代表的组织的信任，从而通过他的中介作用最终赢得受众的信任。
- **坦诚和开放**：这并不意味着什么话都说，或者在时机不成熟的时候发布信息。在此，发言人应当采取务实的态度来对危机事件进行回应。如果你所在的组织不允许你发布信息或者作出评论，不要用"无可奉告"一类的外交辞令来搪塞，应当向公众解释此时为何没有可供发布的信息（例如，信息还有待核实，你所在的组织还未得到发布信息的许可，等等）。总之，要让媒体和公众明白：在危机期间谨慎从事，可以确保救援工作万无一失。在解释的过程中，尽量避免使用专业术语或者模棱两可的委婉语——这样做往往会让人觉得你缺乏诚意，也可能会加剧公众的不安全感。

另外，发言人也不能表现出一副居高临下的架势，对受众进行说教或者发号施令，而应当为受众提供足量的信息和各种选择，让他们自己作出判断和决策，这就是所谓的

"参与性传播"。这种"参与"意识在以微博、微信为主的社交媒体发布中更为重要。

- **责任感和奉献精神**：发言人应向媒体和公众阐明所在组织处理危机的目标。一方面，承认危机造成的负面影响；另一方面，也应不讳言处理危机的难度和必须付出的代价。相关负责人应当在第一时间到危机现场处理善后事宜。随着时间的推移，媒体对危机事件的关注程度可能会逐渐降低，报道量会相应减少，因此，有关部门应该把后续的信息通过各种渠道传送到"目标受众"（即受到危机影响的社群）当中。这类工作一直要坚持到危机得以圆满解决的那一天。

为了使信息更易于被受众所接受，政府部门的官员和发言人在发布、传递信息时，可以根据具体情况运用以下一些技巧。

- **使用"全媒体语言"发布核心信息**：在媒体传播层面，应该遵循以全媒体需求为导向的"三六九原则"——"30个字＋六年级水平＋90秒"。30个字可以用作报纸的标题、微博的"话题标签"（hashtag）和社交媒体容易扩散的"互联网迷因"；①"六年级水平"即小学文化程度的人都能听懂的信息；90秒是广播电视、视音频常用的"同期声"的标准时长，也适合在社交媒体上进行"微直播"使用。换言之，发言人应当使用这类"全媒体语言"代替"公文语言"来进行新闻发布。以"三六九原则"为核心的"全媒体语言"是指适合在各类媒体上发布的信息应当遵循语言规律，这一点在传统媒体与社交媒体"竞合"的全媒体时代也同样适用。

案例分析 3.7 "全媒体语言"的范例

2013年7月10日，第五轮中美战略经济对话在华盛顿举行。中国国务院副总理汪洋首次在该论坛上亮相，引发了美国媒体和舆论的高度关注。美国国务院用多个社交媒体账号对他的演讲进行了微直播，获得了大量的转发和评论，其中最受关注的"妙语"如下：

"今天由我和（美国财长）雅各布·卢这对新人来主持新一轮中美经济对话。在中国的语境里，新人是指刚刚结婚的夫妻，我知道美国允许同性婚姻，但我跟雅各布·卢没有这个意思啊。"

---

① "迷因"（meme）一词的原意是"文化基因"，1976年由美国人种学家Raichard Dawkins提出，区别于生物学意义上的"基因"（gene）。"文化基因"指的是符号、影像、观念、行为在传播过程中发生变异后的产物。在传播学上，"互联网迷因"是指网民对"文化基因"进行戏拟（即恶搞式模仿）、拼贴、颠覆引发海量传播的产物。例如，"同志"一词就是一个典型的"互联网迷因"，它已经失去了原有的高度意识形态化的本义，成为"同性恋"的代名词。香港演员周星驰主演的影片《大话西游》可以说是"80后、90后"的"文化圣经"，因为其中包含了很多他们乐于使用并传播的"互联网迷因"。在媒介化政治的时代，政府和企业可以采用"互联网迷因"在网上进行病毒式传播，引导舆论，提升自身的形象。

"中美经济关系有点像夫妻,我们生活在同一个地球上,你中有我,我中有你,虽然也有吵架,有分歧,但是都必须增进了解,增强互信,培育共同的生活基础。"

"我们两家不能走离婚的路,像默多克和邓文迪,代价太大了。"

"我们上午在(美国)国务院看了杰斐逊起草的《独立宣言》,他说过要像爱护自己一样去爱你的邻居。在地球村上,中美是最大的邻居。"

"回顾世界历史,国与国之间对话比对抗好,吵架比打架好。"

"中美两国建交之前,我们老死不相往来,经常有不见面的相互指责、对骂,但没有解决任何问题。"

"两国建交尤其是'入世'后,我们之间交往日益密切,各层次、多形式的对话频繁,其中不乏争争吵吵、激烈辩论,却使我们双方都受益。"

【点评:上述这些"妙语"在美国的传统媒体和社交媒体都获得关注,其原因可以我们前文中讲到"三六九"(30个字+六年级水平+90秒)原则来解释。汪洋副总理使用的"全媒体语言"很直接地被转化为报纸标题、电视或视频中的同期声和微博帖子,顺应了全媒体时代的发展趋势。获得了良好的传播效果。】

2012年10月22日,美国总统候选人奥巴马和罗姆尼进行第三场电视辩论。其中,罗姆尼咄咄逼人地用数字指责奥巴马裁减军力的政策:"我们现在的海军规模比1917年以来的任何时候都要小。"奥巴马回答:"罗姆尼州长说的是我们的战舰数量比1916年时要少,但州长先生大概忘了,我们军队中现在的战马和刺刀也少了,因为我们军队的性质变了,我们已经有了航空母舰这样的东西,还有核潜艇……"

【点评:奥巴马运用的是"全媒体语言"战术。他首先纠正对方数字和细节的不准确,在气势上压倒对方,接下来用"战马和刺刀"(horses and bayonets)来驳斥对方,这一回应不仅博得现场观众的哄堂大笑,同时成为当天微博上的热词,仅推特网站的转发和跟帖就达到了10.6万条,脸书的用户创建了50多个以"战马和刺刀"为名的网页。奥巴马所在的"民主党全国选举委员会"也发送了一个"奥巴马用战马和刺刀击沉罗姆尼战舰"的"互联网迷因",被各大社交网络转发了16万次,获得了84万个"赞"。另外,"战马和刺刀"也登上了美国各大报纸的头条,奥巴马的这段"同期声"在三大电视网、福克斯、CNN等新闻节目中反复播出,也在全球500多家电视台播出。】

- 开门见山:在人际传播层面,即主管领导或发言人直接面对公众时,应直接进入主题,发布与公众关系最密切的信息,不要以背景介绍开场。中间可以穿插相关个人和组织的介绍,但一两句话足矣。在30秒之内用90个字把核心信息说清楚,这个"三九原则"是以公众的需求为导向。人们在危机面前往往会十分焦虑和恐慌,没有心情听长篇大论。因此,发言人应当亮出"底牌",给公众吃

"定心丸"。随着他们的心情逐渐平静下来,再向他们提供更多的信息。在提供"指导性信息"时,尽量使用肯定句,避免使用否定句。换言之,你应该尽可能直接告诉公众应该做什么。比方说,"火灾时要走楼梯",而不要说"火灾时不要使用电梯";"请大家保持镇定",而不要说"别害怕"。

- **要不停地重复信息**:不断地重复意味着可信度和持久的影响。实际上,每次重复信息时都是再对它作进一步的修正。广告学中最重要的概念是"覆盖面"和"频率"。信息是否得到有效接受,与信息达到的范围和发布的频率有很密切的关系。重复的次数(频率)越高,接受到该信息的人数(覆盖面)就越多,信息的传播效果就越好。

● **将抽象的信息转化成容易记忆的形式**:数字化、押韵的口诀和缩略语等,可以被用作前文介绍过的"互联网迷因"而广泛传播。例如,中国疾控中心的专家把防治禽流感的措施概括为四个"早"原则(早发现、早报告、早隔离、早治疗)。危机传播的基本原则之一是 KISS 原则(即"简单易学"原则,原义是"连白痴都能听懂",也是 Keep It Simple and Stupid 的首字母的缩略语,恰巧又是容易记忆的英文单词 kiss)。调查表明,人脑对包含三个要点的信息最为敏感,因而最便于记忆。例如,2001 年秋天美国爆发"炭疽热"危机,邮政部门提醒用户在收到可疑邮件时应当"不摇、不闻、不碰"(Don't shake, don't smell and don't touch),以免被邮件中夹带的炭疽病菌所感染。

- **涉及相关政府部门或组织时,尽量用"我们"进行表述**:这样更具有亲和力。例如,"我们已经采取了……措施""我们充分理解大家对……的需求",而不要"打官腔",尽量少用"领导同志""有关部门负责同志""上级主管部门"等公文用语。

高质量的新闻发布和微发布还应该尽量避免以下一些做法,以免产生负面的传播效果。

- 过多的公文用词和专业术语。例如:
—少用"流行病"或"瘟疫",多用"暴发"或"大规模暴发";
—少用"部署""调配",多用"派""到位";
—少用"相关系数",多用"关系";
—少用"使"字句。
- 使用过多的背景信息或者补充性信息。
- 带有明显的贬损色和判断语气的言辞:例如,"谁要是在刮台风时四处乱跑,那他一定是个白痴";又如,"只有患了疑病症的人才会让医生开这种药""白痴""疑病症"之类的字眼都会让受众感到不快。此外,以上两例都是判断句,不如改成建议性的语气:"刮台风时最好不要四处跑动""这种药疗效不明显。最好不要使用。"如果能简要表述一下理由,说服力就更强了。

- 点名批评——应当批评的是出现的问题,而不是哪个人或组织。
- 随意许诺或保证——如果不能作出承诺和保证,应当如实说明,并表达关切。例如,"非典"期间曾有外国记者提出政府是否会给死者家属赔偿,这就不是一个能用"是"或"不"回答清楚的问题。没有哪个主管领导不经协商就说"是",如果说"不",在那样的敏感时期会引发公众的不满情绪。所以在这样的情况下,只能对记者如实相告:"对这个问题,我们深表关切,会与相关部门进行协商。"
- 推断或预测——不要讨论所谓"最坏(或最糟)的情况",不要回答任何假设性的问题。坚持以已知事实为依据的原则。任何主观臆断都会让发言人陷于被动,损害其公信力。
- 讨论钱的问题——在危机爆发之初,最重要的问题是公众的健康和安全,环境是否受到破坏。财产的损失是第二位的。此外,也不要在此时谈论政府投入了多少资金用于救灾,这并不能说明政府重视危机的程度。谈论具体的措施比谈钱更有说服力。
- 幽默——虽然幽默有助于缓解人们的精神压力,但我们应当注意,这通常是在"关起门说话"的私人场合。危机期间面对媒体和公众时,使用幽默往往会产生适得其反的效果。往往是眼前的危机还未平息,不适当的幽默又引发了另一场危机。

危机中的人际传播回应原则

在危机处理的过程中,政府部门的官员或发言人除了新闻发布会、微发布等媒体传播的方式外,必要时还要通过人际传播的方式与公众进行面对面的交流,树立政府部门的亲民形象,从而提升危机传播的效果。所谓"人际传播",实质上是人与人之间的倾听、交流与沟通,具体方式包括探访伤员、病人、灾民、死者家属等,表达关切和进行慰问,并且共同商议善后工作,等等。但是,危机期间的人际传播往往无法回避所谓的"负面信息"——死亡、受伤、患病或抢救,等等。一般情况下,人际传播学者会告诉你如何向受难者或他们的家属表达同情,如何与他们进行交流与沟通,共同商议善后工作。然而,学者的建议通常是建立在有充裕时间准备的基础上的。在突发事件来临时,由于时间紧迫和其他客观条件的限制,这类建议往往是不可行的。因此,我们需要把危机期间的人际传播作为一个独立的课题来加以讨论。

另外,危机发生后,需要招募大量的临时人员,他们往往缺乏危机传播的经验。

此外，有时候还会出现在现场处理危机的人员的死伤。再者，这类人际传播通常会引起媒体的兴趣，通过媒体的报道而成为大众传播的一种补充和延伸。由于危机期间的特殊性和有可能引发的媒体关注，这类看似寻常的面对面交流就不同于一般意义上的人际传播，以上这些特殊的情况都需要我们采取合适的传播策略和技巧。

总体来说，危机中的人际传播要采取设身处地的、饱含感情的方式。以下我们从总体上概括出一些传播策略和技巧。

1. 对受难者及其家属表示同情

- 对伤员、病人、灾民等"受难者"要表现出设身处地的同情，而非居高临下的怜悯。
- 通过拉家常的方式获得一些线索，从而了解到对方最担心的究竟是什么。
- 尊重他人隐私是起码的要求。要向对方保证你们交谈的内容不会公开。
- 不要随便中止双方的交流（比如，不要打断对方的哭泣或抱怨）。
- 不要回答你超过专业知识范围的问题。如果对方同意，可以引荐有关的专家。

2. 认真倾听对方

- 把对方的需求放在第一位。
- 使用大方得体、能够被普遍接受的肢体语言（例如，不要把手臂或腿交叠在一起）。
- 用语言或身体语言回应对方时，态度要真诚。
- 不要打断对方，急于给出建议。
- 不要喋喋不休，片刻的沉默会使对方平静下来。
- 多用动作、表情和手势等非言语传播手段，眼神和点头等"身势语"都可以达到"尽在不言中"的效果。

3. 要谨慎小心

- 不要错过对方每个字和每个身势所表现的意思。
- 不要作出价值判断，因为它会阻碍交流。
- 不要哄骗对方，因为这会使对方感到你小看他。
- 不要责怪任何人，这样做只会使交流中断。

4. 如何更有效地进行交流与沟通

- 对话中多使用遇难者的名字，如"某某同志／先生／女士"，少用"他／她"或"你爱人"等代称。
- 多向对方提问，让对方解释。多问"你是怎么考虑的""有什么要求"这类问题。
- 让交谈顺着对方的思路逐步深入，不要急于表达自己的期望。

- 适度地沉默。
- 涉及国籍、宗教、信仰、年龄和情感等问题要格外小心。
- 尽可能使用对方习惯使用的词和表达方式。
- 主动向对方袒露自己此刻的感受,这会使得话题进一步深入。
- 让对方充分表达出隐藏在心中的情感。因此,可以直截了当地说"你想哭就痛痛快快地哭出来吧",而尽量不要让对方抑制自身的情感,少使用"别难过""莫悲伤""要坚强起来""化悲痛为力量"一类的套话。
- 始终贯彻"如何说要比说些什么更重要"的原则。

5. 如何与受难者家属进行交流与沟通

- 你在他们身边比跟他们谈些什么更为重要。家庭成员的言语往往会传达出强烈的感情:比如,"我丈夫没了,我可怎么活?"或者"为什么老天爷要这样惩罚我?"此时,你要做的就是倾听,让对方把心中的痛苦宣泄出来。你只需说几句简短的表示悼念之情和抚慰的话,比如,"我们都很悲痛""保重身体""你还有我们大家呢",等等。你也可以运用适度的身体语言(例如,轻拍对方的肩膀)。但是,如果对方对你的动作表现出紧张和不安,就收回你的动作。
- 对于"死亡"或者"病危",在不同的文化语境下有不同的说法。西方人往往不忌讳直接使用"死亡"或"病危"等字眼,而中国人则习惯使用"不在了""病情加重"等委婉的说法。总之,在传递负面信息的时候,一定要考虑对方的文化背景和语言习俗。一个简单易行的办法是:先听听对方在描述"死亡"和"病危"时用的是什么字眼,然后遵照使用即可。
- 避免使用一些陈词滥调——"他是个好人""他这辈子过得不错""他终于解脱了",等等。这些语句会让家属觉得你在轻描淡写他们所承受的巨大悲痛。
- 尽量避免谈论你经历过有关死亡或疾病的痛苦经历,受难者家属才是传播的中心。
- 不要表现出注意力不集中,或者有其他事情要做。在与受难者家属谈话过程中,不要看文件、电梯、手表、时钟等无关的事物,这会让对方认为你缺乏诚意,随时准备离开。时刻保持关注对方,说话时语速放慢一些,语调柔和一些。
- 主动询问对方你能够提供哪些帮助,不要等着对方开口。

近年来,数智传播技术也能部分代替人际传播功能,提升危机传播的针对性和有效性。2020年初新冠疫情暴发,各国开始减少航班,关闭边境,成千上万外国公民滞留他乡陷入困境。大使馆和领事馆很快将工作重心转向数字沟通渠道,提供关于返程航班和遣返程序的官方建议。在国际合作方面,大使馆则通过社交媒体向外界传达其与受疫情影响的当地居民团结一致、与东道国当局联合应对危机的种种信息。

值得注意的是，在此项工作中，不同社交媒体所起到的作用也不同，例如，推特更多被政府部门用来发布和阐释抗疫政策，脸书则更适合大使馆与对象国公众建立联系。借助社交媒体平台自带的各类数字技术工具，外交机构还可以在危机发生期间分析受众的媒体使用行为、新闻偏好等信息，这使得大使馆能够根据现实需要随时调整信息发布策略，增强信息发布的灵活性。

疫情期间，一些国家的政府还使用聊天机器人向海外公民提供健康信息并更新疫情发展进程的相关新闻。疫情暴发初期，随着公众的焦虑情绪不断升级，领事馆和大使馆承受着越来越大的信息压力，来自外部的信息压力要求其更加及时、准确地进行疾病风险预警，向外部传达当局为保护和帮助公众所采取的应对措施。聊天机器人在这一时期开始扮演"虚拟大使馆"的作用，这是因为大多数国家的海外机构都被疫情期间人员流动工作压力和人力资源的缺乏压得喘不过气来，社交机器人可以通过算法帮助使馆工作人员更好地调配紧张的资源。综上所述，人工智能技术在应对公共卫生危机事件的次生舆论危机中发挥了不可替代的作用。

第四章 危机传播的机制建设与预案制定

本章将着重介绍组织在危机传播未发生或者发生初期应当如何做好危机传播的应对准备工作。虽然最好的危机管理是不发生危机,但在社交媒体环境下,危机发生的可能性正在概率性递增,即便是管理良好的组织也可能在一朝一夕间面临威胁组织生存的危机。因此,对于任何组织而言,都要做好完善的危机预警工作,本章将继续从实践角度探讨组织应当从哪些方面入手对可能出现的危机做好预警工作。

第一节 如何做好潜伏期的准备工作

制定危机传播预案是政府部门建立危机应急机制的主要环节之一,危机传播预案应当成为整个应急机制与预案中的重要组成部分,这项工作应当在危机的潜伏期完成。一般认为,制定危机传播预案的主要目的是为今后的工作提供一个行动上的指南。但是,目前的状况是许多部门的领导和主管并不能充分认识到危机传播和新闻发布的重要意义,因此会表现出抵触情绪或消极合作的态度。如果这种状况得不到改进,再"完美"的危机传播预案也不过是纸上谈兵。

因此,在制订危机传播预案之前,要设法争取各方——尤其是领导层——对危机传播的重视。具体来说,危机传播的负责人(通常是本部门的新闻发言人、宣传工作的主管)要开展以下几个方面的工作。

(1)让各方都知道你是危机传播工作的负责人,让各相关部门的人员都认识你,至少要知道你的名字。多与政府危机应急预案的制定者进行交流,让他们明白政府部门只有利用有效的危机传播手段,其所制定的危机管理措施才能达到预期的目的。

(2)危机传播的负责人往往会忽视政府内部的沟通,在政府机关工作的人通常习惯于线性思维,因此,无论是高层领导,还是其他部门的负责人都习惯于通过文字资料对你的工作有一个较为全面的了解。因此，危机传播的负责人应当起草一份言简意赅的书面计划，这对你取信于上级和同事大有帮助。

（3）使领导层明确了解危机传播的目标——许多领导和决策者以为"传播"就是配备几台对讲机，而对媒体和公众的作用认识不足。这说明他们还不太了解你所从事的工作的重要意义。为了突出其与众不同之处，要向领导层强调危机传播的主要目的是保障公众的知情权，为危机管理创造良好的舆论环境。

（4）让领导层明白，对危机传播和新闻发布的适当投入，将有益于政府规划的整个危机应急和重建体系的运作。

要使各方面重视危机传播，新闻发言人和宣传部门的主管还应强调以下几个方面的内容。

- 如果没有有效的危机传播，危机管理过程中将会出现以下不良后果：
—— 专家们口径不一，造成信息混乱；
—— 延误新闻发布的时机；
—— 影响政府部门的媒体和公众形象，让人觉得政府部门作风专断；
—— 高层和专家进行决策时没有足够的来自基层的信息作为依据；
—— 谣言得不到及时澄清；
—— 各部门之间协调不力，互相争权或"扯皮"，导致媒体和公众的批评。
- 向领导层和决策者提出以下建议，改进危机传播的工作：
—— 制订并且执行详细的危机传播预案；
—— 及时掌握第一手信息；
—— 及时表现出同情和关切；
—— 通过媒体充分展现决策层的专业背景和领导才能，树立正面的媒体形象；
—— 善于使用社交媒体与公众进行及时的沟通和交流；
—— 态度诚恳、开放，倾听不同意见；
—— 对公众表现出全力奉献的态度；
—— 在决策过程中贯彻危机传播的基本原则（详见第三章）。

归根结底，当危机来临时，新闻发言人和宣传部门的主管在决策过程中的地位要靠自己去争取。他们到底能够发挥多大的作用还取决于个人的教育背景、专业素养、管理才能以及积极参与的态度。如果他们能够为危机传播在政府部门的应急体系中争得"一席之地"，那么就能获得领导层和决策者的支持，与参与危机处理的其他各部门形成有效的信息交换和互动机制。只有满足了以上这些条件，才谈得上着手制订危机传播预案。

第二节　如何开展危机传播的机制建设和预案制定

危机传播机制建设和预案制定要按可能发生的最坏情况来考虑。每个部门或机构的危机传播预案应与国家、省市等各级政府的应急机制紧密结合起来。危机传播的基础是各个部门和机构之间建立的合作机构关系。一份出色的危机传播预案应该体现出这种关系。这种协作关系的最大优点是可以充分调动各种资源，并且实现资源的共享和流通，例如，危机爆发后，最有效的传播手段之一便是立即开通几条为公众排忧解难的免费电话热线，而它的正常运作需要多达十几个部门和机构的协作。

总体来说，危机传播预案应包括如下几个要素：

- 主管领导的批准；
- 危机传播团队的规章和责任；
- 部门内部信息的核实、查证、批准和澄清的工作流程；
- 新闻发布协议（包括发布信息的机构、内容、时间和方式）；
- 国内外及当地主要媒体联络名单（包括值班电话）；
- 国内外社交媒体运营商的联络名单（包括新浪微博、腾讯旗下的QQ和微信，如危机在国外发生还要联系脸书、推特、优兔等）；
- 与当地危机处理部门进行沟通的工作流程；
- 指定的新闻发言人（包括后备人选）以及必要时启用的"第三方"证人（如专家学者、民间组织）；
- 开通官方微博、微信，建立专业维护团队；
- 部门危机处理团队的联系电话；
- 合作机构的联络电话；
- 设立由各方参加的联合新闻中心。预案中要包括成立该中心的协议书和工作流程；
- 危机发生后，如何确保充足的资源（场地、设备和人力等）维持新闻中心7天24小时不间断运作；
- 危机中向公众、合作机构和利益共享者发布信息的媒介（如电子邮件列表、传真、传单、新闻稿、微博、微信，等等）。

危机传播预案并不能细化到每一个步骤，它只是一个工作大纲。它所阐明的是各部门的角色定位，所肩负的责任、可供开发的资源和应对媒体与公众的技巧。从这个意义上说，危机传播预案归根结底是一个信息资源库，是必备信息的汇编。危机传播预案可以把一些零散的资讯进行收集、整理并更新，这样，一旦危机发生时，新闻发言人和其他有关人员可以随时查到，不至于手忙脚乱。

每个部门的成员都有责任保持预案的时效性，定期从各个方面完善这个预案。不要拖到问题成堆或者变化太多时再考虑修改预案。那样的话，原来的预案很可能会失效，只能另起炉灶了。预案不是越长越好，上面已经谈到，它只是一个工作大纲。因此没有必要从一开始就列出所有需要完成的工作。它旨在确保每个人明白自己的责权范围，从而让所有工作尽可能按预期的程序开展。在危机来临时，一个毫无计划、毫无组织的办公室只会乱上添乱。你不能在危机发生后才想到要和合作机构明确双方的责权范围。一般来说，危机爆发之初往往会出现混乱的局面，充斥着各种真伪莫辨的信息，机构的信誉度也容易受损，这往往就是各部门事先没有协调好角色定位和职权范围的结果。

一般而言，形势一片大好时制定的预案计划，在危机中极有可能失效，往往会被打个措手不及。因此，制定预案时要保证其既简洁又灵活，通过实施这个预案，努力寻找一种有效途径，以便最快、最准确地将信息通过媒体传递给公众和合作机构。以下我们分别详细探讨一下危机传播预案中的各个要素。

1. 主管领导的批准

这道程序十分必要。主管领导应当了解危机传播负责人的工作计划及其与应急体系内其他人员的合作情况。此外，领导也希望了解他／她在危机传播中所扮演的角色。危机传播预案的导言部分要经主管领导亲自过目。这个部分要阐述的是主管领导赋予发言人的权利和职责。以下是美国国土安全局2021年更新的危机传播计划指南的导言部分，其明确地阐释了开展危机传播的重要意义和基本理念，可供读者在制定预案时参考（全文见附录2）。

> 当紧急情况发生时，组织需要立即进行危机传播。如果危机发生，利益攸关方（包括公众、客户等）有需求知道他们将受到怎样的影响。监管机构需要得到通知，地方政府官员也有权知道他们的社区正在发生什么。员工及其家人会感到担忧并希望跟进最新消息。居住在该设施附近的邻居可能需要信息，尤其是当他们受到该事件的威胁时。所有这些，"受众"都有必要在组织开始进行危机传播之前获得信息。
>
> 应对危机的一个重要步骤是制定危机传播计划。组织必须能够在接下来的几小时和几天内迅速、准确和自信地应对紧急情况。组织必须向不同类型受众提供针对他们的兴趣和需求的信息。公众对危机处理的看法可能会对企业形象产生积极或消极的影响。
>
> 本指南为制定危机传播计划提供了方向。其中，了解潜在受众是危机传播的关键，每个受众都想知道："危机对我有何影响？"该计划的另一个要素是针对受

众信息需求编写信息的指导。"联系和信息中心"模块说明了如何使用现有资源在危机事件期间和事件发生后收集和传播信息。

2. 危机传播团队的规章和责任

在危机过程中，必须有人负责向媒体、公众和合作机构发布信息。这种通过官方渠道进行的新闻发布是应急机制中的重要一环，能为合作机构和公众提供危机的最新进展、应对措施和行动建议。这位发言人的身后必须有一个高效的危机传播团队的支持。另外，该团队还负责搜集媒体、公众以及合作机构的反馈意见，及时向决策层和相关部门反映。

具体来说，危机传播团队具体承担以下一些职责。

指挥和管理：

- 指导对媒体、公众和合作机构的新闻发布工作；
- 根据对局势的发展和各方信息需求决定预案的启动；
- 根据预案中确定的合作机构的协调，保证在新闻发布中口径一致，防止越级传播；
- 向本部门领导人、危机管理总部的指挥者和决策层及时更新信息；
- 根据本部门在整个应急系统中所起的作用，向主管领导和决策层建议如何发布信息；
- 确保本部门人员在接触媒体时遵循危机传播的基本原则（详见第三章）；
- 了解与危机中具体事件有关的政策、技巧和情况；
- 复核和批准将要公布给媒体（包括社交媒体）、公众和合作机构的信息；
- 负责澄清对当前政策的猜测或与敏感话题相关的内容；
- 决定预案的运作时间（具体到几号、几点钟），并根据情况的变化随时调整；
- 确认人力、技术和物质资源是否充足。

协调媒体关系和建立沟通机制：

- 在危机中，根据媒体的需要准备传播材料（例如，新闻通稿、网页/微博更新等）；
- 对媒体的采访要求和提问进行分类，排定先后次序；
- 确保媒体提出的要求和问题得到适当的回答；
- 为新闻发言人应对媒体提供信息和技术支持；
- 编制和更新媒体联络名单与电话簿；
- 制作和分发媒体公告与新闻稿；
- 制作和分发背景材料（例如，事实和数据清单）；
- 建立媒体监督和报告机制（例如，通过分析舆情，确定媒体的信息需求和它们所关注的焦点问题，发现与事实不符的"误讯"并及时更正）；
- 确保所有发布给媒体的信息都遵循危机传播的基本原则，与媒体建立互相信赖的关系；
- 协调本部门与联合新闻中心（注：如果危机波及范围较大，涉及多个政府部门的工作，通常应当设立一个联合新闻中心）之间的信息交流工作；
- 指定本部门与联合新闻中心之间的联络人。

为公众提供信息服务：
- 准备好相关的宣传材料，满足以电话、信件或电子邮件等方式直接索取资料的公众的信息需求；
- 建立公共信息监督和报告机制（例如，通过分析舆情确定公众的信息需求和关注的焦点问题，发现不符合事实的"误讯"并及时更正）；
- 开通或加入各种电话信息热线；
- 开通或加入公共电子邮件列表；
- 开通或加入公共通信回复系统；
- 建立并管理应急系统的网站、网页、微博、微信、抖音、客户端等；
- 与其他应急系统的网站、网页、微博、微信等建立链接。

为合作机构提供信息指导：
- 与预案中确定的合作机构签订信息交流和共享协议；
- 向合作机构提供信息简报，并定期更新；
- 满足合作机构的信息需求并解答疑问，同时获得对方的反馈；
- 建立合作机构的信息监督体系和报告机制（比如，通过分析舆情确定合作机构的信息需求和关注的焦点问题，发现不符合事实的"误讯"并及时更正）；
- 邀请合作机构参加本部门的会议，在会上向各方提供信息，获得反馈意见；
- 编制和更新合作机构、"意见领袖"（例如，当地的人大代表和政协委员，拥有百万粉丝以上的微博大V）和特殊利益攸关方（例如，民营企业、外资企业、行业协会、民间组织等）的联络方式；
- 满足"意见领袖"和特殊利益攸关方的信息需求，并为其解答疑问。

为政府的应急系统提供的内容和材料：
如果危机波及的范围较广，涉及的部门较多，政府应当建立各部门协同参与的"危机处理中心"（EOC）。
- 建立完善的机制，以便从EOC迅速获得有关危机处理的最新进展情况；
- 将EOC提供的关于当前情况的报告和会议记录加以筛选，选出合适的新闻发布给媒体、公众和合作机构；

- 与有关专家合作，结合具体情况编制事实和数字清单以及对常见问题的解答，并及时更新；
- 根据可能发生的紧急情况，分主题将相关信息编辑起来，以便需要时向公众发布；
- 要考虑到不同文化和语言人群的需要，编制专门面向这些人群的传播材料；
- 与其他传播团队进行交流，看看还要满足哪些信息需要，或者做内容上的更新；
- 运用媒体、公众和合作机构信息监督系统的分析与报告，确定发布哪些信息；
- 确定还需要哪些额外的信息和宣传材料。

3. 信息的核实、查证、批准和澄清的工作流程

新闻发布之前都要经过详细审核。信息可能是由本部门单独发布，也可能是由主管部门结合其他部门的信息一起发布，在这样的情况下，到底谁应当对审核工作负责呢？

— **如果未能在"第一时间"发布信息，就等于失败。** 信息分为两类：人们需要知道的和想要知道的。作为发言人要能权衡轻重，判断应该优先回答"人们需要知道的问题"。如果你不能回答，则要向媒体和公众阐明需要经过一定的过程才能得到答案。

— **新闻发布之前负责仔细审核材料的三个人是：本部门的新闻发言人、与发布内容直接有关的负责人和精通所发布内容的专家。** 如果涉及法律问题，还要包括法律方面的专业人士。诚然，由这三个人负责审核并不代表其他人不能对这份文件发表意见和看法，但他人的意见不能延迟发布的时间。同时，不要忘记从主管领导那里获得批准。出于礼貌，还要把发布的信息通知相关的合作机构。这些合作机构在发布的信息上与你享有相同的利益，因此也需要征询他们的意见。

— **尽可能当面并且同时核实所有的信息。** 将信息所涉及的相关负责人召集到一起；如果做不到这一点，派助理把复印件送到他们手中，然后逐个征询他们的意见。核实工作的流程如下：（1）标出发布稿中哪些部分需要斟酌；（2）询问他们该信息是否适合作为报纸、电视新闻的头条或微博、微信的首发帖；（3）向他们介绍你搜集的舆情以及对未来危机走向的分析；（4）确认发布稿是否准确而清晰地回答了媒体和公众普遍关心的问题；如果没有，再做进一步修改。

— **不容否认的是，核查信息是一项繁重而困难的工作。** 发言人要充分考虑核查所花费的时间，尽可能缩短这一过程。如果某位负责人已经指定了一个代理人来进行核查，你就只需与后者联络。跟所有工作人员讲清核查信息的流程，以及核查可能花费的时间——尤其要强调发布的截止时间。要让相关部门的负责人

认识到，危机期间不要强求信息十全十美再发布；信息不完全也比没有好。公众需要知道的信息要尽快发布。在不损害危机处理大局的前提下，让公众也及早知道他们想知道的信息。
— 如果确定了新闻发布的主题，尽可能掌握更多的相关信息，并事先查证。在危机中，人们对信息是十分敏感的。因此，发言人在措辞上要十分小心。这就好比对重病号或临终者说话要格外小心，在危机传播中也要从始至终注意谨慎措辞。

4. 新闻发布协议（包括发布信息的机构、内容、时间和方式）

签订书面协议会让发言人免去很多麻烦。应当尊重协议中的每一方。由于危机处理需要大家的通力合作，几乎没有哪家机构拥有真正意义上的"独家新闻或信息"。一般来说，同一应急系统中各个部门都有发布信息的权力。因此，应当采用联合发布的策略。到底由哪个部门出面发布可以通过协商来解决，重要的是如何能在第一时间让新闻发布出去。一旦信息被公之于众，各个部门便可根据各自的职能编制不同的媒介信息产品（例如，新闻稿、媒体公告等），以满足公众和合作机构的需要。

5. 国内外及当地主要媒体联络名单（包括值班电话）

- 要把媒体的联系方式，包括电话号码、电子邮件地址、传真号码、微博/微信账号制成清单，不要依赖名片或便条，以免去保存和查找的不便。由于危机随时都可能发生，因此，还要想办法拿到重要媒体主管和编辑的住宅电话与手机号码，包括国内外社交媒体机构主管人员的联络名单（如新浪微博、腾讯QQ、微信和抖音；如危机在国外发生还要联系脸书、推特、优兔等），以便随时取得联系。如果说危机传播预案中只能做一件事的话，那就是这件事。

6. 与当地危机处理部门进行沟通的工作流程

- 没有一个危机传播团队能够"孤军作战"。这个团队应当是整个危机管理系统中的一部分。传播预案中要包括危机管理系统的结构图，这样，发言人需要什么部门的信息帮助就一目了然了。一旦危机爆发，并被媒体曝光，应当迅速启动危机传播机制。这时，要安排专人接听媒体的采访电话，搜集舆情，并与有关部门协商如何应对。另外，要确保其他部门都有发言人的联络方式。如果媒体提出采访要求，让他们去找发言人。

- 危机传播的工作不应局限在本部门内部，还要保证其他应急部门的传播预案中也列上你的联系方式。各部门的危机传播负责人之间要交换名字、电话号码、值班电话、在危机中承担的职责和发挥的作用。做到以上几点，最大的益处是确保各部门之间口径一致，同时也没有将媒体拒之门外，迫使它们去找不可靠的信源。

7. 指定新闻发言人以及必要时启用的"第三方"证人

指定危机期间的新闻发言人以及候补人选。不要只是根据他在本部门中的职位高低来草率决定，要更多考虑他的才能和传播的有效性。通常不要选择那些本身已经承担了其他职责的领导。发言人应当是专职的，有充足的时间和精力来应对媒体。

指定的发言人应当接受培训，平时应当尽可能多地让他面对媒体。即便是由本部门的最高领导来会见媒体，发言人也不是无所事事，他应当负责安排和协调的工作。尽可能安排受过训练的发言人为高层服务，提供有关如何面对媒体的咨询。危机爆发后，"第三方"证人（例如，本部门以外的专家学者、民间组织、微博大V等）在新闻发布会上能够起到说服公众的作用。因此，在危机传播预案中，应当确定这些"第三方"证人的人选，并与他们随时沟通。

8. 加入联合新闻中心

危机爆发时，政府应建立一个由各部门协同工作的危机处理中心（EOC）。EOC应当设立一个联合新闻中心（JIC），确保你所属的部门在JIC中有一席之地。与JIC进行合作可以减轻发言人的工作负担——例如，你不必24小时接听媒体的垂询电话。你要随身携带JIC中各个合作机构的联络方式，便于筹划联合新闻发布会。以美国为例，处理某个地方的公共卫生危机事件时，合作机构包括州政府负责公共事务的官员、当地联邦调查局的公共信息专员、地方农业部门及动物检疫部门的公共信息官员、地方红十字会以及其他相关的非政府组织。

9. 保障充足的资源

在危机期间，应该设立一个7天24小时运作的联合新闻中心，因此，在危机传播预案中要列出具体措施来确保充足的空间、设备和人力资源，以维持JIC的全天候、不间断运作。

平时，大多数的发言人或宣传部门的官员都习惯于在零预算或以少量预算的情况下工作。但在危机爆发时，你必须获得充足的物资、人员、设备和场地。因此，在危机传播的预案中要做出预算，事先筹划好获得这些资源的渠道。与本部门的后勤负责人进行沟通，不要等到危机开始再向领导层申请支援。同时，确保EOC制定的危机管理预案中包括了危机传播所需的场地、人员和电话线路等。在准备资源时，要遵循"宁余毋缺"的原则。

根据以上原则，相关政府部门可以针对具体情况制定危机传播预案。附录3是作者搜集的美国有关部门为应对恐怖主义（尤其是生化武器）袭击而制定的危机传播预案，供读者参考。

除了上述9个方面的工作，危机传播预案中还应该包括以下一些常规性和事务性的细节。

危机传播所需的资源和硬件设施

危机传播预案应当包括对资源和硬件设施的规划与安排，确保危机传播中的一些重要环节——如户外新闻发布会能够顺利进行。这些资源和硬件实施都是按照最理想的传播模式及最高标准来配置的，因此读者可以按照自身的实际进行调整、增删和选择。

空间：
- 要为新闻发布会找到合适的地点，容纳媒体和记者；房间最好有两个出口，供发言人和记者分别使用；
- 要找一个相对安静的场所来培训发言人，进行新闻发布会的模拟和演练；
- 要找一个举行危机传播会议的场所；
- 要找一个放置本团队专用设备的专门场所。比方说，媒体截稿期限迫在眉睫，你总不能还在排队等复印机印制新闻稿。

人员：
- 需要选拔和培训专门人员，能够在全天候、不间断运作的 JIC 轮流值班；
- 需要选拔和培训专门回答电话提问的人员，可以考虑从合作机构或民间组织中挑选；
- 招募各个门类的专家作为顾问，可以担任新闻发布会、电话热线和媒体访谈的嘉宾；
- 需要配备足够的助手和后勤人员，他们能够帮助发言人顾及到每一个细枝末节，确保不出现失误。对这些人员进行培训，然后安排合适的岗位，实行奖惩机制。

协议与备忘录：
- 与值得信赖的新闻媒体签订合作协议；
- 与值得信赖的网站和社交媒体运营商签订协议；
- 与记者和公关人员签订协议，在危机爆发时可以加入你的团队；
- 与行政部门签订协议；
- 与通信公司签订合同，设计危机电话热线，事先录制好或准备好以下内容：
— 危机情况介绍（按 1 号键）；
— 自我保护措施（按 2 号键，以此类推）；
— 心理咨询；
— 医疗专家咨询服务；
— 保险赔付咨询。

设备：

为了确保危机传播的有效进行，在危机出现之前准备好必要的设备。如果危机持续下去，还要考虑再添加（详细清单见本书附录1，表6）。

办公用品：

要留出足够的办公用品，贴上"危机专用"的标签，以备不时之需（详细清单见本书附录 1，表 6）。

危机传播需要的新闻发布渠道

在危机当中，政府部门可以采用不同的渠道向媒体、公众、合作机构发布信息。在危机传播预案中也要对以下这些渠道进行规划和安排：

- 电话（包括专门开通的免费信息热线）；
- 传真（可以用来向媒体传递新闻发布预告）；
- 电子邮件（包括邮件组）；
- 邮件（包括特快专递）；
- 人际传播（包括小范围的新闻吹风会、社会各界参加的座谈会）；
- 合作机构的传播渠道（可以通过对方的关系网或邮件组传播）；
- 指定的通讯社；
- 指定的媒体机构——报纸、杂志、电台、电视台或网站；
- 新闻发布会或媒体见面会（前者以新闻发言人为主角；后者则由发言人主持，邀请高层领导或相关负责人参加）；
- 网站、博客、微博、微信群、客户端、APP。

第三节 危机传播的工作流程和预案模板

上一节我们探讨了制定危机传播预案的总体原则和框架。在此基础上，我们来设计一个危机传播预案的模板，供相关人士在制订危机传播预案时参考。

我们依据芬克的危机阶段理论，把危机传播的流程分为九个步骤，如图 4.1 所示：

图 4.1　危机传播的九个步骤

第一步　认清局势

- 了解事实；
- 从其他各种信源获得信息，以便全面、准确地把握整个事件的进展情况；
- 寻找信息来源，确定其可信度；
- 信息是来源于权威机构吗？例如，是卫生部或疾病防控中心公布的吗？
- 信息是来源于非权威机构吗？例如，是一个民间机构公布的吗？
- 是否只是传闻（例如，通过电子邮件组、QQ、微博、微信传播的信息）？
- 从各个信源所获得的信息是否一致？
- 对事件的描述是否能够自圆其说？
- 向专家咨询，澄清疑点；
- 评估事件的重要性；
- 开始安排危机传播所需要的人力和物资；
- 决定应该向谁通报此次危机。

第二步　发出通告

危机爆发后，要认真考虑在你所属部门的责权范围内应该通知危机管理系统中哪一级别的哪些负责人，这是十分关键的一个步骤。表 4.1 列出了应当通报的危机管理部门和机构。由于各地的具体规定和做法会有所差异，因此，通报信息前应当尽快熟悉危机发生地的情况，对此作出调整。

表 4.1　危机通报部门指南

地方行政部门	公安部门 卫生局 急救中心 医院 消防部门 公共服务设施机构（水、电、交通等）
省市行政部门	卫生厅 应急办 公安厅 急救中心 消防部门 驻军或武警
中央行政部门	公安部 卫健委 疾控中心（CDC） 其他相关部委

【"9·11"事件后,美国联邦政府成立了国土安全部,下属的联邦应急管理局(FEMA),专门统筹协调全国范围内的危机管理工作,各个州政府也设立了危机管理的专职机构,值得借鉴。(见附录3)】

第三步　进行危机评估,启动危机传播预案

继续搜集信息,对危机的严重性进行初步的评估,同时迅速组成危机传播团队,启动危机传播预案,并根据实际情况及时对预案、人力和物资的分配进行相应的调整。这就要求危机传播团队进行主动、迅速的调查和分析工作。

- 当上级主管部门确定了负责危机管理的机构或个人以后,确保危机传播团队与他们保持直接、经常性的联系。
- 继续搜集并核实信息:发生了什么?采取了那些预防措施?如何避免情况恶化?
- 你所在的部门为解决危机采取了那些行动?是否进行过调查?谁参与了调查?
- 还有哪些政府部门/机构为解决危机采取了行动?
- 谁是危机的受害者?这些人有什么想法?他们/她们要知道什么?想知道什么?
- 普通公众应当采取哪些措施?
- 启动媒体舆情监测系统。
- 启动网络监督系统。
- 对媒体舆情和社情民意进行总体评估:它们与政府部门所掌握的危机状况有哪些相同和不同之处?它们对政府部门的危机管理工作有哪些有利的和不利的方面?

第四步　明确任务

危机传播预案启动后,要进一步明确和细化传播团队所承担的任务。

危机爆发之初传播团队的任务

- 确认哪些个人和部门能够系统地/科学地解决这场危机。
- 在整个危机过程中,危机传播团队与管理人员如何合作?哪些会议需要传播团队参加?
- 目前应该优先处理哪些问题?
- 需要哪些物资?是否有充足的人员?
- 谁来担任本机构的新闻发言人?
- 新闻发布会是否需要邀请"第三方"(相关的专家学者或民间机构负责人)?
- 危机传播团队每天运转多长时间?10个小时?12个小时?20个小时?还是24小时?

- 危机传播团队每周运转几天？5天？6天？还是7天？
- 是否需要安排传播团队中的人员出差？
- 需要追加预算吗？
- 需要把一些项目（如设立热线电话、网站维护等）承包给其他机构吗？
- 确定来自各个信源的信息是否一致。

危机过程中传播团队的任务
- 向负责调查危机起因的人员咨询危机的动向，它是否会进一步恶化？
- 此次危机会引来媒体/公众更多的关注吗？
- 目前已经出现了哪些传言？其中有哪些需要澄清？
- 本部门应对此次危机作出怎样的回应？这种回应能够发挥怎样的效用？
- 本部门应当向媒体提供信息吗？让其他部门来发布信息是不是更合适呢？
- 传播团队的工作效率如何？每个成员的工作量大致相等吗？需要重新分配工作吗？
- 有充足的物资保障吗？
- 每日向媒体更新信息的次数是否合适？是否有必要在规定的时间，通过网络或传真向媒体提供信息更新？何种情况下应当取消定期更新？
- 是否应当安排集体采访（如果许多媒体都要求采访同一位负责人或专家）？
- 危机传播团队的运作时间应当延长还是缩短？
- 外派出差的人员应当继续执行任务，还是马上返岗？
- 根据公众/媒体信息需求的变化，要追加预算吗？
- 从媒体和公众中搜集到的信息是否有助于决策层和第一线的工作人员？

合作伙伴的参与

必要时，政府部门应当邀请其他部门、官方或民间组织等"合作伙伴"一道参与危机传播的工作。

- 合作伙伴关心自身的公共形象吗？
- 哪些合作伙伴已经卷入了这场危机？随着危机的发展，预计哪些还会卷入？
- 合作伙伴希望能以什么方式参与到本机构的应急系统中来？
- 按照惯例，以何种方式向合作伙伴及时更新信息？
- 本部门的常规合作伙伴包括：
  — 其他政府部门
  — 志愿者组织
  —（行业或专业）协会
  — 民营企业（包括公关公司、咨询机构等）
  — 民间意见领袖（微博大V，自媒体负责人等）

第五步 准备新闻发布

这个步骤包括确定要发布的信息、编制有关文字材料、获得上级主管领导的批准以及协调与其他部门的信息交换和发布。

确定新闻发布的内容

- 新闻发布的目标受众是谁？这场危机影响了谁？谁在危机面前感到恐慌？谁最关注危机的进展？应当提醒哪些人加强防范意识？
- 受众对危机有何看法？他们需要知道哪些信息？他们想知道哪些信息？
- 媒体需要知道哪些信息？
- 本部门如何通过媒体向公众表达同情和关注？
- 目前掌握的事实是什么？究竟发生了什么事？
- 在危机面前，本部门的基本立场和政策是什么？
- 为了缓和并且最终解决危机，本部门采取了哪些措施？实施了哪些行动？
- 本部门将采取哪些措施防止类似危机再度发生？
- 有哪些合作伙伴参与了危机处理？他们有什么观点？
- 公众应当做些什么？
- 媒体和公众有哪些获得信息的渠道？
- 下一次更新信息是在什么时候？

在确定了新闻发布的内容以后，要及时报送上级主管领导批准，并与其他部门进行信息核查、交换和协调，确保在新闻发布口径上保持一致（参考本章第二节的第三部分："信息的核实、查证、批准和澄清的工作流程"）。

第六步 向媒体和公众发布信息

在完成了新闻发布的准备工作后，要着手准备与媒体见面，通过媒体向公众发布相关信息。在这个步骤中，危机传播团队重点考虑的是如何协助发言人做好应对媒体的工作。

媒体经常提出的问题：

- 哪些部门和个人负责危机的处理？
- 政府为危机中的受害者做了什么？
- 局面是否已经得到了控制？
- 危机发展的走向如何？
- 危机为何会发生？
- 危机为何未得到及时制止？
- 危机产生了哪些负面影响？
- 政府的危机处理工作是何时开始的（包括何时接到危机报告，何时作出决策等）？

- 从危机中搜集到的事实、数据和结果说明了什么？
- 你（发言人）是否隐瞒了一些负面的情况？

面对媒体的时候，发言人应当做到：
- 只发布经过上级主管部门批准发布的信息。不要作出任何预测或推断；
- 反复强调所掌握的有关这次危机的事实和数据；
- 具体描述调查危机起因的过程和搜集事实／数据的过程；
- 具体描述本部门在危机处理中做了哪些工作；
- 具体描述合作机构在危机处理中做了哪些工作；
- 向公众阐明和解释他们应该做些什么；
- 向公众阐明如何获得更加详细和深入的相关信息。

第七步　获取反馈，展开评估

危机得以缓解后，要及时展开对本部门危机处理工作的评估：
- 搜集和整理来自公众的反馈与批评意见；
- 搜集和整理媒体的相关报道；
- 对工作的成功和失败之处立即作出反思，总结经验教训；
- 对危机传播的运作过程进行 SWOT 评估（详见第一章表 1.2 的定义）；
- 向上级主管领导递交有关危机传播的效果分析和 SWOT 评估报告；
- 将评估结果在部门内部进行交流；
- 在对评估结果进行分析的基础上撰写论文发表，与更多的同行进行交流；
- 根据总结出的经验和教训对危机传播预案进行修改和完善；
- 根据总结出的经验和教训建议主管领导对决策和工作流程进行修改和完善；
- 根据这些修改和完善的内容对相关人员进行培训；
- 征得主管领导同意后，重新修订危机传播预案中的政策和工作流程。

第八步　开展风险传播和公众教育

危机过去之后，要抓住机会开展风险传播和公众教育工作：
- 根据总结出的经验和教训对公众展开相关主题的教育（例如，公共卫生、公共安全等）；
- 进一步了解公众对这场危机的认识和他们所需求的信息；
- 通过公众教育，传播防止危机再度发生的知识和危机中的自我救助知识；
- 尽可能让那些未受到危机直接影响的人也参与到公众教育中来；
- 结合一些主题教育活动（例如，"地球日""国际减灾周"等），利用各种媒介开展面向公众的风险传播；
- 每次公众教育一般只确定一到两个主题；
- 危机过后，考虑建立新的相关网站或更新已有的网页，对微博、微信的内容进行相应的调整；
- 公共教育应该形成体制化，例如，编写手册和传单，普及危机传播，可考虑在社区内设立定期的培训班；
- 撰写一系列相关文章或录制一系列相关的音像节目，供媒体开展公众教育时使用。

第九步　议题管理

危机爆发前后以及整个过程中，传播团队要始终进行信息的搜集和监测工作，开展议题管理（详见第一章第四节）。具体包括：
- 媒体监测；
- 网络和社交媒体监测；
- 与主管部门和其他政府部门的信息交流和协调；
- 与相关的专家学者和合作伙伴的信息交流和协调；
- 对相关学术研究成果的搜集和监测。

第四节　危机传播预案的核心：爆发初期

危机传播预案的核心是制定危机爆发初期的工作流程与对策，这一阶段是媒体和公众瞩目的焦点。因此，我们专门辟出一节的篇幅来重点探讨如何制订这一阶段的危机传播预案。一方面，媒体和公众会表现出空前的关注；另一方面，各种流言蜚语的传播会引发公众的恐慌情绪。在初始阶段应当迅速开展以下工作：评估危机走向，确定应当启动哪个级别的应急机制；搜集相关事实和数据；确保危机传播所需的人力和物资供应。通常情况下，我们把危机爆发后最初 48 小时界定为"爆发初期"。这一阶段的工作对危机传播，甚至于危机管理的整个过程会产生决定性的影响。

危机爆发之初，及时向媒体和公众更新事实、数据以及相关的调查与研究结果是非常重要的。1980 年 5 月，圣海伦斯火山爆发后，许多当地居民询问火山灰和"尘云"的危害性，美国地质协会的专家答复说要两个星期后才能公布结果。这一答复引发媒体和公众的不满。危机处理中心要求他们连夜开会，拿出初步意见和给公众的建议，而后随时更新信息。

当下社交媒体蓬勃发展，但风险传播刚刚起步，民众的媒介素养和心理承受能力还有待提升。如果危机传播不够及时，便会导致集体性恐慌的蔓延。2020 年新冠疫情暴发初期，无论是发达国家还是发展中国家，都出现了由社交媒体散布的虚假信息引发的"信息疫情"和由此导致的"抢购潮""大逃离"等次生危机。

这些例子都充分说明，危机爆发后要及时发布信息——如果不能提供明确的结论，可以给出一些建议或忠告。在危机期间当然要坚持严谨的科学态度，但不能因此而不发布任何信息。隐瞒不报的后果是政府公信力的丧失，像开封杞县这样的"延时发布"，导致的是谣言的扩散和更大危机的爆发。

在危机爆发初期，传播团队的工作重点应当集中于以下几个方面：
- 核实信息；
- 通报 / 协调信息；
- 评估危机走向；
- 确定应急措施；
- 分配任务；
- 分配资源。

核实信息

在危机爆发初期获得的信息，不管是来自媒体还是相关专家，都有可能被有意或无意地夸大。作为危机传播团队的主管，应该通过多种渠道来核实信息。对重要的信息，至少要采纳两种信源来进行核对。与此同时，要从媒体和公众的利益着想，多提供一些他们迫切需要的信息。具体来说，要做到以下几个方面：
- 信息来源是什么？是正式渠道（例如，卫生部或疾控中心下发的文件）、非正式渠道（地方卫生部门官员的电话报告），还是传闻（群发的电子邮件）？
- 对事件特征的描述有几分合理性？
- 该信息与其他来源的信息一致吗？

通报 / 协调信息

信息一经核实，首要考虑是通报。一方面，要尽快通报给危机处理指挥系统；另一方面，要尽快给相关的合作单位，以便整个应急体系能够平稳而高效地运转起来。因此，危机传播预案中应当列出所有需要通报到位的人或部门。

虽然我们强调尽量按照媒体、公众的需求来通报信息，但这并不意味着可以容忍谣言的流传，要确保你通报的信息中只含有已经得到证实的部分，对谣言要加以澄清。如果你预料到该信息将引发媒体和公众的强烈关注，那么就应当与主管领导和有关专家进行商议，确定能为各方所接受的传递方式。

所谓"**协调信息**"是指把信息通报给那些不在你所规划的危机传播链中、但有可能成为合作伙伴的个人或组织。一方面，你要与部门内部成员进行协调，确保一致的口径；另一方面，又要与其他合作单位进行协调。举例来说，如果你获得了传染病的疫情通报，一方面，要通知卫生部的主管领导；另一方面，还要与红十字会的新闻官协调应对危机的举措。

信息的通报是第一位的，而且往往比较正式。信息的协调不如通报那么正式，它是建立在相互尊重和危机处理中各自分工明确的基础之上的。在危机传播预案中，应根据危机种类，列出需要进行协调的人或部门的名单。例如，当危机牵涉到动物时，就应列出动物检疫部门的联系方式。

危机初期如何应对媒体

危机初期，发言人会受到媒体的"狂轰滥炸"，此时千万不能迫于压力草率定论，也不要在得到危机处理中心的领导和专家确认之前匆忙发布任何消息。然而这并不意味着什么也不说，在征得同意后，发言人可以透露一些初步的事实和数字，然后，向记者坦陈信息仍在进一步收集和调查当中。这样做的好处是掌握了新闻发布的主动权，同时为本部门树立了"权威信源"的形象。如果随着危机的发展，另一个部门成为了权威信源，那么应当尊重其权威的地位，保持协作，并且尽可能提供帮助。以下这些回应媒体的方式可供参考，这样说既能为本部门赢得新闻发布的主动权，同时又留出充足时间去搜集和核实信息（具体的操作可以参考本章附录1中表2《危机传播中的新闻发布验收单》）。

- "我们刚获悉情况，正在进一步搜集信息。"
- "我们正在尽全力控制局势，所以目前我不打算猜测事件起因。"
- "我不是这方面的专家，我会让某某（专家的姓名）给您直接回电答复。"
- "我们正在起草新闻公报，大约两小时后给您传真过去，可以吗？"

除了回应媒体的质询，发言人还应充分利用微博、微信等平台与网民展开互动，尤其是对谣言要进行及时澄清，避免谣言引发的"次生危机"。

评估

在危机爆发初期，一项工作是要对危机事件进行评估，另一项工作是要对公众的信息需求和媒体的回应迅速作出评估，确定传播团队需要着手进行的工作和资源的配置（参见本书附录4《危机事件评估工作用表》和附录1表6《危机传播评估表》）。

评估当中需要考虑以下这些问题：

- 此次事件严重吗？事件（例如，化学药品意外泄漏）发生之后，本部门如何对事件的起因和后果作出解释？
- 事态是否仍在进一步发展？某些具有高度不确定性的事件（例如，发现某种新型流感病毒）是否会进一步恶化？
- 事件是否会演变为大面积的公共健康危机？是否需要及时展开大规模的公众教育来防止更多的病变和死亡？
- 此次事件是前所未有的，情况是最恶劣的，或是规模最大的吗？
- 媒体的关注是由于事件前所未有，还是出于对公共健康和安全的关注？
- 事件是发生在媒体集中的主要城市，还是人烟稀少、媒体很少关注的地区？
- 事件影响的范围是区域性的、全国性的，还是国际性的？
- 事件是否涉及儿童或特殊群体（如残疾人）？
- 事件会产生长期的影响（例如，对人的健康）吗？
- 事件是否涉及某种产品、某项服务或某个产业？
- 事件是否涉及外交或国际贸易中的敏感问题？
- 事件是否涉及相关的犯罪调查？

以下评估主要为开展危机管理工作打基础：
- 这一事件是否属于本部门的职能范畴？是否需要其他部门的介入？
- 事件发生地的相关部门是否能够熟练地应对媒体？是否需要更高一级机构的帮助和支持？
- 哪些部门、采取何种措施能够科学化、系统化地控制危机的恶化或蔓延？

完成评估后，应确定以下问题的答案：
- 危机爆发初期，传播团队的日工作时间：10小时？12小时？20小时？还是24小时？
- 危机爆发初期，传播团队的周工作时间：5天？6天？7天？
- 工作人员是否需要出差？
- 新闻发布权属于谁？是本部门专有，还是与其他部门共享？

进一步与媒体沟通

通过评估，如果此次危机事件属于（或部分属于）本部门的工作权限，那么发言人应该尽可能把所掌握的事实发布给媒体。政府部门的公信力往往与以下因素相关：对危机做出反应的速度；采取救助措施的速度；发言人所提供信息的准确程度；发言人表现出的开放性、同情心和洞察力。

发言人首次在媒体上亮相和通过微博、微信发表官方声明时，应该着力表现出上述这些因素。如果没有新的信息可供发布，可以向媒体说明预案中筹划的解决危机的全过程以及相关措施。众所周知，解决危机是需要时间的。因此，如果政府部门能够通过发言人及时向媒体和公众通报其所规划的合理而周全的应急程序，就能赢得后两者的信任，为启动和实施危机传播预案赢得宝贵的时间。总之，既要做到对危机及时作出反应，迅速通过媒体与公众进行沟通；又要坚守事实，不做任何推断或臆测。

随着危机的发展，发言人应当准备好媒体和公众可能提出的以下问题。

公众希望知道：

我和我的家人是否安全？

危机将对我和我的家人产生怎样的影响？

我该怎样保护自己和家人？

危机是由谁、由什么原因引发的？

你们（政府部门）有能力解决它吗？

媒体希望知道：

谁负责处理危机？

受害者如何获得帮助？

情势得到控制了吗？

事态将如何发展？

社区和公众该做些什么？

危机是谁、由什么原因引发的？（对于这类问题，发言人不能作出推断和臆测；可以重复已经掌握的事实，描述搜集资料的过程以及采取的对策）

危机爆发前，是否得到了警报？为什么此类事件未被制止或者再次发生？

还可能会产生哪些负面影响？

你们何时开始着手处理？（包括：何时得到通知，何时作出决定……）

现有的信息/数据/结果说明了什么问题？

还有哪些"坏消息"未公之于众？（发言人在回答这类问题时，一定要记得提及"好消息"，例如，已经派救援人员赶往现场、伤亡数字没有增加，等等）

职责分工

发言人的身后应该有一个强大的危机传播团队的支持。他们要协助发言人开展以下工作：

- 直接回复媒体垂询，通过官方微博、微信与公众进行互动；
- 及时、准确地搜集信息，并用媒体和公众喜闻乐见的语言和形式再现出来；
- 保障信息的快捷传递；
- 进行议题管理，从而识别出谣言、"误讯"、传闻、舆情及其变化走向，及时通过官方微博、微信进行澄清；
- 其他后勤保障工作。

第五章　危机传播中的媒体关系管理

危机事件是媒体关注的焦点。其中尤以那些可能对公共安全和健康造成威胁的突发事件最有可能成为媒体的头条新闻。如果这一突发事件是人为引发的——比如说，恐怖分子施放了传染性或化学性物质，那么这无疑为媒体加入猛料。从历史上看，在三权分立的框架下，美国政府和作为"第四权"的新闻媒体大体上保持了"竞合关系"（co-petition，即"竞争中的相互合作"）。2009年1月，美国总统奥巴马上任伊始便签署了《透明和开放政府备忘录》，通过实行"开放数据库"（Open Data）工程公开政务信息，更好地为媒体和公众提供信息服务。2017年，特朗普政府签署《开放政府数据法案》（OPEN Government Data Act），并于2018年生效。2022年4月，拜登政府又发布《促进使用公平数据》建议书，以促进美国公众数据多样性。目前，全球多个国家的中央和地方政府都建立了类似的"开放数据库"，利用数字化手段实现政务公开、阳光执政已经成为世界性的潮流。[①]

在我国，自2003年"非典"暴发以来，中国媒体和公众对各种危机事件的敏感度在逐渐上升，2009年诞生的微博、2011年面世的微信和2016年上线的抖音等"自媒体"的蓬勃兴起，使公众对于政府危机传播的时效性提出了更高的要求。与此同时，《宪法》对公众知情权的保障要求各级政府部门在第一时间向媒体和公众公布实情。2003年"非典"暴发后，我国各级党委和政府部门有序推进党务、政务公开的工作。2008年5月，《中华人民共和国政府信息公开条例》出台，并在2019年进行了修订和更新。2011年实现了新闻发言人制度的"党政全覆盖"则为危机传播提供了体制上的保障，中国也建立起了世界上规模最大、体系最为完善的政府新闻发布和信息公开机制。有鉴于此，政府与媒体如何进行合作就成为危机传播需要解决的重要课题之一。

---

① http://datacatalogs.org/，该网站汇集了包括多国中央政府在内的各级政府、国际组织建立的200多个数据库。

第一节　媒体与政府的关系

毋庸讳言，在危机传播中，政府与媒体之间存在的紧张关系可以说是古今中外概莫能外的。美国白宫发言人弗莱舍曾经作过一个生动的比喻："平日里媒体仿佛一群嗡嗡作响的蚊子，每个政府官员都唯恐避之不及，恨不得把它们都赶走；而一旦危机发生，媒体就成了一头二十吨重的大象，向你直扑过来；这时候，你想躲都躲不开了。"[1]

在20世纪早期的有线广播时代，政府部门可以在危机发生时启动紧急广播系统，出动配有高音喇叭的宣传车，直接向公众传递政府希望传递的信息。但是，在当今的全球传播时代，这些做法都已成为尘封的往事了。一旦危机发生，公众会打开收音机、电视机或者上网，借助于手机短信、微博、微信等即时通信工具。政府无法直接向大众直接传递信息，而必须通过专业化运作的传播媒介。按照传播学者的说法，公众接受的不是事实本身，而是由媒介"构建"的事实及其设置的"议题"或"框架"。

要与媒体进行有效的合作，政府职能部门应调整一下对媒体角色的认识。我们坚持新闻媒体"喉舌"定位，绝不意味着媒体是政府"召之即来，挥之即去"的附庸。它们既是党和政府的"喉舌"，又是人民群众对政府工作进行舆论监督的"耳目"，它们既要及时传递党和政府的声音，也应该不遗余力地保障广大人民群众的知情权。在全球、全民、全媒传播的时代，我国各级政府部门还要学会与不按照本土"游戏规则"运作的境外媒体和话语权与日俱增的"自媒体"打交道。因此，政府应当与各类媒体进行有效的合作，发挥它们"帮忙不添乱"的职能。事实已经证明，简单、片面地"防"和"堵"不但无助于危机的缓解，反而会使主管部门陷入更加被动的境地。

在本书的前几章里，我们已经强调过危机传播过程中媒体所扮演的重要角色，并且提供了如何应对媒体的具体预案。总的指导思想是通过与媒体进行顺畅的沟通和有效的媒体关系管理，最大限度地发挥政府部门、非政府组织和公众在危机处理中的作用。在具体的操作过程中，政府部门应当充分尊重新闻媒体的传播规律和职业特点，不是一勺一勺地给媒体"喂新闻"，而是应当让媒体自己来决定报道的内容。诚然，这就给政府部门提出了更高的要求，应当采取合适的公关技巧来影响媒体的立场，从而间接地为它们设置议题或框架。简言之，各级政府部门的领导在与媒体打交道时，应当掌握这样一个基本的原则：记者和媒体从业者既不是你的朋友，也不是你的敌人，更不是你的下属，他们应当成为你的工作伙伴。

危机发生后，政府和媒体应该各司其职。从政府的角度来看，应当确保新闻发布

---

[1] D.R.Yale, *The Publicity Handbook*, Chicago: NYT Bussiness Books, 1991: 19-28.

的及时、准确和一致。媒体在报道的角度选择上表现出一定的灵活性，就危机事件本身进行探讨、争论和预测，充分发挥其"公共领域"的职能。对此，政府应当持包容的态度。与此同时，政府也应毫不含糊地坚持"以事实为依据"的底线，对于媒体散布的不实之词应该及时指出，并督促其尽快加以纠正。

作为政府部门的工作伙伴之一，媒体应当得到政府的公平对待。在美国这样一个媒体高度"饱和"的国家，可以提供新闻和资讯的各类机构已超过7万家。改革开放40多年来，中国经济的高速增长已经使我国发展成为全世界传媒的最大市场。在美国等西方国家报业、出版业、广播电视业等传统媒体江河日下、新媒体大有取而代之势头的背景下，中国却出现了新老媒体同步高速增长的局面，并迅速成长为世界传媒业规模最大的市场。截至2022年年初，我国拥有1810多家报纸、近万种刊物、300多家电台、近3000个电视频道。中国互联网信息中心2023年统计的数据显示，中国网民数量达到10.79亿，即时通信、网络视频、短视频用户分别达到了10.47亿、10.44亿和10.26亿。微信、微博超越了传统媒体，成为许多公众接收权威信息最重要的窗口。在各类媒体蓬勃发展的今天，任何一起危机事件——尤其是那些与公众健康和安全有关的突发事件——无疑是它们追逐的热点。因此，如何公平地对待媒体的采访要求就成为困扰相关政府部门的一个难题。

从新闻伦理的角度来说，政府在应对媒体时应当坚持公平的原则——确保所有的媒体在机会均等条件下同时获得信息。但在实际运作中，这种绝对意义上的公平是不可能实现的。政府部门应当通过以下这些手段尽可能贯彻公平原则：

- 在新闻发布后两小时之内将相关内容发布在官方网站和官方社交媒体账号，供各家媒体查阅。
- 充分利用各种技术手段（例如，电子邮件的群发系统、电视/电话会议系统、微博、微信等社交媒体）尽可能满足所有媒体的采访要求。
- 在危机爆发的头几个小时或头几天，要尽量把信息通过各种技术手段提供给所有的媒体，避免对发布对象进行挑选，以免引发不必要的争端。
- 负责新闻发布的部门应当熟悉各类媒体的截稿时间（尤其是报纸和新闻类杂志），在安排新闻发布会以及与媒体联络时加以考虑。
- 精心安排的现场采访不仅能够缓解政府、企业等组织遭遇危机时的"公关压力"，而且可以在舆论引导上起到事半功倍的作用。在确保记者人身安全和秩序可控的情况下，可以安排他们到危机发生的现场进行简短采访，优先安排摄影师和摄像师进入或接近现场。现场采访应当有专人负责引导，时间在15～20分钟为宜。
- 随着技术的发展，越来越多的媒体机构采用直升机或无人驾驶的飞行器（drone）

对危机现场进行航拍。例如，在2011年"7·23"温州动车事故发生后，苍南县一家民间救援机构的负责人使用动力伞进行航拍，并把多张图片通过微博发布，比新华社等主流媒体早了五个小时。这些颇具视觉冲击力的图片对舆论导向产生了相当大的影响。对此，政府、企业等组织的公关部门要与监管部门沟通，对航拍行为进行有序管理。诸如北京等大型城市已经颁布无人机管理条例，相关部门可参考相关条例进行管理。

- 如果因为客观条件（例如场地）的限制，无法满足所有媒体的采访要求，那么可考虑采取"联合采访"的方法（参见案例分析5.1）。这种情况在组织现场采访时最为常见，需要在公平的基础之上选择最具代表性的媒体。新闻官应该与危机处理中心（EOC）的负责人商议并且挑选到现场采访的媒体，其他媒体则可以共享它们获得的信息。在媒体的选择上，要兼顾各种媒介形式（尤其是不能忽略广播和报纸），还要兼顾中央与地方、国内与境外媒体的平衡。

案例 5.1　美国白宫联合采访（pool reporting）的安排

联合采访体现的是"信息共享"原则——每位记者的采访成果由所有要求采访的记者（不论他是否进入了采访现场）共享。例如，美国白宫的椭圆形总统办公室是很多记者希望能够进入采访的地方——尤其是在重大事件和危机事件发生时。由于这里只能容纳7名记者，因此白宫新闻办公室是这样选择的：通讯社、报纸或杂志、广播电视、网站的文字记者各一人，摄影记者、摄像师和音响师各一人。这样的选择兼顾到了各种媒体形式，要求进入办公室采访的记者把采访成果与未能进入的同类媒体的记者分享。必要时出于安全的考虑，白宫管理部门只允许一名摄像师进入，其他记者在指定地点收看采访的现场直播或录像。现场的视频第一时间在白宫网站和社交媒体上公布，便于未进入现场的记者和感兴趣的公众了解。

白宫联合采访（pool reporting）英文中的"池"（pool）得名于新闻发布室，该地曾经是一个游泳池，直到理查德·尼克松总统将其改建为新闻发布室。被覆盖的水池仍然保留在简报室下方。白宫新闻秘书或副手通常在詹姆斯·S.布雷迪新闻发布室（James S. Brady Press Briefing Room）举行工作日的新闻发布会，该室目前可容纳49名记者。每个座位都分配给一个新闻采访机构，最著名的组织占据前两排。没有指定座位的记者可以站立。

在危机传播的过程中，除了一些具有巨大影响力的全国性（中央级）媒体和外国媒体以外，政府部门应该重视并且充分发挥地方媒体的作用。从媒体本身的发展趋势来看，在美国等西方发达国家传统媒体江河日下的背景下，全国性的报纸和电视台举步维艰，影响力在日渐下降。以日报为例，目前美国全国性的报纸只有《纽约时报》一家生存状况良好，而《今日美国报》《华盛顿邮报》等昔日有影响力的全国性日报几乎都面临并购或重组，《芝加哥论坛报》《费城问询者报》等老牌都市报已经全部转为"网络版"。2022年以来，中央级、省级媒体逐渐优化升级，地市级媒体走向深度融合，在此背景下，针对本地受众的报纸和电视频道逆势而上，在传统媒体的"寒冬"中求得生机。

从传播的效果来看，危机发生后，民间会流传各种谣言——例如，抢劫、物价上涨和实际的伤亡人数等。特别是在手机短信、微博、微信等"自媒体"出现以后，这类谣言的传播速度和杀伤力大大增加了。这时候，地方媒体的作用至关重要。如果媒体不能坚持平衡原则，一味炒作负面资讯，非但不能抵消流言的杀伤作用，反而会使受众过高估计危机的严重性，引发恐慌情绪。美国学者曾对飓风灾害中全国性和地方媒体的报道进行了研究，发现后者的报道更能做到客观、公正和准确。[①] 另外，地方媒体的报道针对性更强。它们往往能够就当地流传的那些谣言进行调查核实，从而在客观上为危机处理创造了有利的舆论环境。

实际上，地方媒体在我国民众的日常生活中扮演着越来越重要的角色，从地方"都市报"的遍地开花到以地方电视台都市频道开办的"民生新闻"栏目的日渐普及，地方媒体影响力的与日俱增已经成为不争的事实。数智时代，我国基层融媒体中心的建设稳步推进。随着我国传媒生态日趋多元化，地方媒体将成为危机传播中一支不容忽视的力量。

在危机传播中，另一个不容忽视的力量是社交媒体（亦称"社会化媒体"）。社交媒体与传统媒体最大的区别是：公众由被动接受信息的"受众"成为创编内容的"参与者"。因此，传统的"公共关系"（public relation）就演变成为"公共参与行动"（public engagement）。在传统媒体主导的时代，危机传播仅仅需要满足公众的知情权；而在社交媒体时代，如何确保公众的表达权、参与权和监督权成为危机传播需要关注的焦点。换言之，危机到来时，政府部门不再仅仅充当公众的"父母官"和"保护伞"，还要做"领头羊"和"把关人"，要通过社交媒体及时与公众进行有效互动，清除谣言和负面舆论的影响；同时还要充分调动公众的主观能动性，让他们参与到危机管理的进程中来。

媒体的多极化带来的是信息的分层化，这就为政府部门的舆情监测提出了一个新的课题：如何保持信息的一致性。就危机的影响范围而言，不同级别的政府部门应当与

---

① H. W. Fischer III, *Response to Disaster: Fact Versus Fcition and Its Reputation*, 3rd edition, Lanham, MA: University Press of America, 2008: 57-68.

对应的媒体进行合作。具体来说，中央级的危机处理部门应当与中央级媒体合作，省市一级的危机处理部门应当与省市级媒体合作，依此类推。这就要求在各级政府部门之间建立信息流通机制，确保 EOC 能够确定统一的新闻发布口径。在 1998 年由美国 CDC 主持召开的第一届国际传染病会议上，参加"危机传播"专题研讨的记者和媒体专业人员称赞了香港禽流感中的危机传播所坚持的一致口径："我们通过各种途径所获得的信息都是一致的。香港卫生署发布的消息与在 CDC 网站上看到的都是一样的"。[①]这充分说明，香港各级政府部门和非政府组织之间具有高效的信息互通机制，同时与美国 CDC 保持着畅通的信息交流渠道，从而成为危机传播取得成效的有力保障。

综上所述，政府部门、企业等组织的危机传播应当适应全媒体时代的变局，充分利用各种媒体和传播渠道的优势，实现危机传播的全天候、全覆盖和精准化，满足公众日益增长的知情权、表达权和参与权。传统的新闻发布会应当与以微博、微信等社交媒体平台为主体的"微发布"相互配合，形成官方与民间、线上与线下、传统媒体与新媒体之间上下呼应、合纵连横的全媒体整合传播的新格局。新冠疫情期间，各地新增确诊病例数在微信、微博等社交媒体端滚动更新，各类"紧急状况"通过社交媒体第一时间告知公众，与官方的新闻发布形成呼应。

第二节 深入了解媒体

全媒体时代的一个鲜明特征是各类新老媒体相辅相成、共生共存，彼此之间构成了"竞合"的关系。媒介发展史告诉我们，传统媒体与新媒体之间不是更新换代的线性演化关系。相对报纸而言，20 世纪初兴起的广播是"新媒体"，因此新闻传播史上曾经出现过一场"报业—广播大战"，报社和广播电台相互争夺新闻的首发权。20 世纪 50 年代和 60 年代，电视作为"新媒体"横空出世，又出现过"电视震荡"，对报业、广播业、电影业都带来了极大的冲击。20 世纪 80 年代，互联网作为新兴媒体出现，与传统媒体争夺空间，报社和通讯社曾经一度结为联盟，拒绝给门户网站免费提供新闻稿。这些新老媒体之间的"战争"虽然一时间甚嚣尘上，火药味十足，但最终都偃旗息鼓，不了了之。[②]传统媒体最终都能够另辟蹊径，重新找到自己的生存之路。例如，20 世纪 90 年代，我国的广播电台曾经在电视台的冲击下一度陷入生存困境，但随着汽车时代的到来，广播重新找到目标市场，各大都市交通台的盈利状况甚至超过了大

[①] B. Reynolds et al. (eds), *CDC Crisis Communication Plan*, Atlanta: Center for Disease Control, 2002, 87-89.

[②] M. Stephens, *A History of News*, 3rd edtion, Oxford: Oxford University Press, 2007: 265-287.

多数同城的电视频道。同样的历史在20世纪50年代和60年代的美国的社会转型期也上演过。

有鉴于此，我们可以预言，近年来新兴的社交媒体不会取代各类传统媒体；相反，它会促进传统媒体的转型、创新和升级。说得通俗一些，所谓"报纸已死""电视将死"不过是一些对媒介发展史不甚了了的人发表的"标题党"式的言论。只要报社和电视台等传统媒体机构找到了数字化转型的模式，它们就一定会生存下去，而且还会生存得更好。说得通俗些，"死掉的"是"纸""电视屏幕"这类传统介质，其所承载的内容还会以新的介质被广泛传播。有鉴于此，在全媒体传播的背景下，为了能够实现与各类媒体开展有效合作，各级政府部门的领导和工作人员应当对各类媒体的特征及其运作规律有一个较为深入的了解，具体可以从以下几个问题入手。

1. 记者需要什么？

简言之，他们需要政府官员对他们所提出的问题作出满意的回答；他们需要找到合适的专家进行采访；他们还需要报道所需的各种文字、视音频材料。在通常情况下，他们也会提出以上这些要求，但在危机中他们的这些需要更为迫切。就突发性危机事件而言，记者最为关注的不外乎以下几项：

- 谁来负责处理危机？
- 死伤者是否得到妥善处理？
- 局面是否得到了控制？
- 预期今后还会发生什么？
- 公众应该做些什么？
- 危机为何发生？（注意：回答此类问题时，不应作出任何推断，应当重复所掌握的实情，描述搜集信息的过程，并且提出事先准备好的行动建议）
- 在危机发生之前，有关部门是否提出过警告？
- 危机为何是不能避免的，或者，危机为何再度发生？
- 有关部门何时开始处理危机的？（例如，何时获知，何时作出决策，等等）
- 危机还会产生哪些负面影响？
- 有关部门提供的那些数据／资料／结果意味着什么？
- 还有哪些坏消息没有发布？（注意：回答此类提问时，应提醒记者别忘了还要关注那些好消息和应对危机的措施）

2. 危机期间的媒体运作

突发性危机事件对于政府和媒体而言具有同样的挑战性。政府部门需要准备危机处理的预案；媒体也要准备危机报道的预案。因此，政府和媒体应当在平时（而不要等到危机发生之后）就展开交流。为了让媒体的预案更有针对性，更能有效地与政府的相关部门合作，危机处理中心（EOC）应当主动邀请媒体进行采访，了解其运作过程。具体来说，媒体应当有机会了解 EOC 的工作流程、所涉及的部门及其应急机制。EOC 应当设立新闻中心，或至少为媒体设立一个工作室，尽可能靠近 EOC 的指挥部门。新闻中心或媒体工作室应当配备专用的设备，供媒体及时发稿或现场采访相关的官员和专家之用。

一旦危机发生，媒体能够在几分钟的时间内展开新闻攻势。有了 24 小时运作的新闻频道、网站、微博，这种攻势就演变为"全天候"的。众多的媒体会在同样的时段内要求政府对同样的问题作出回答，对此，EOC 及其相关部门应当在事先做好充分的准备。如果官方信源不能满足媒体的要求，那么可以安排媒体采访一些值得信赖的专家和民间组织的成员。它们可以从民间的立场对危机的发生进行一些推测，给有关部门提一些建议。上述这些措施能够为危机处理创造一个较为有利的舆论环境。

危机发生后，媒体通常会表现出以下一些不同寻常的运作方式及特点：

- 为了抢新闻，媒体往往会播发一些未经核实的信息。
- 记者和媒体从业者也是人。公共健康和安全关系到每个人，当然也包括记者和媒体从业者。危机爆发之初，他们也会感到恐慌，希望能够得到来自政府部门的帮助。即便是那些平时与政府"作对"的媒体，在危机爆发后大都也会表现出合作的态度。
- 全国性（中央级）媒体和地方媒体报道的侧重点不同，不同形式的媒体（报刊、广电和网络）报道的侧重点也不同。
- 全球传播时代，媒体的信源呈现多样化的趋势。第一时间、新闻价值、是否容易获取成为媒体选择信源的标准。虽然 EOC 是最具权威性的"官方"信源，但是，如果它所提供的信息不能做到最多、最准确、最及时，那么媒体就会去寻找其他的——尤其是非官方的——信源。
- 社交媒体和自媒体的兴起，对新闻发布的真实性、公开性、及时性都提出了更高的要求。更准确地说，社交媒体具有几乎与危机同步发生、发展的"即时性"，从而抢占了新闻的"第一落点"；同时又具有其不同于传统媒体的独特表达方式和传播策略（参见本书附录9）。

危机发生后，媒体为了获得竞争上的优势，可能会临时调集一些记者和相关人员参加采访。这些人员不一定具备相关的专业背景知识。比方说，采访传染病的记者不一定分得清细菌和病毒的差别。这就要求政府部门的新闻发言人或与媒体接触的官员无论是在书面还是在口头上都要使用通俗易懂的语言，尽可能避免使用专业术语。对于频繁使用的术语，一定要加以解释。在"人人都是记者、人人都有麦克风"的社交媒体时代，政府部门的权威发布、通俗表达对于话语权的争夺就显得更为重要。

3. 如何与记者进行交流

在危机传播中，政府部门（通常由新闻发言人出面）希望通过与记者的交流达到以下三个目的：

- 为公众提供信息；
- 让公众了解应对危机的方法；
- 为政府部门的危机处理赢得公众的支持创造有利的舆论环境。

为了达到上述目的，相关人员应当做好充分的准备，尤其是那些相关的背景材料。这些材料一般能够在危机发生之前准备好——例如，就公共卫生危机而言，我们可以事先准备好各种病毒的简要情况、潜伏期和治疗方法。可以采取分门别类的方法来准备背景材料。一旦危机发生，可以根据具体情况随时取用。

除了做好内容上的准备，还要做好心理上的准备。危机传播过程难免碰上各种各样的记者，包括那些穷追不舍的或者专门"找碴儿"的。如果你对记者提问或采访的方式不满，不要当面流露出来，可以通过一些私下或间接的渠道表达。尽量避免出现以下情况：

- 当众训斥某位记者；
- 拒绝回答某位记者的提问；
- 公开表达偏见。（"我会把专家的联系方式提供给所有记者，但不包括你"）

上述这些举动只会激化矛盾，促使记者去寻找其他信源，其结果往往是作出一些不利于本部门工作的报道。但是，这绝不意味着发言人对记者应当一味迁就，相反，应当用理性的、专业的方式来表达不同的意见。不要把与记者的矛盾个人化；对记者作出的不实报道要明确指出，并且要求他及时作出更正。

4. 在社交媒体上作出回应

社交媒体是一种即时性回应媒体，能够在短时间内覆盖最大范围的受众群体，尤其是对很多品牌危机和公众所关注社会事件而言，社交媒体一般是优先进行新闻回应的渠道。社交媒体直接向社交网民进行信息传递，缺乏了线下新闻发布会所要经历的"二级传播"过程，因此这一过程存在的风险也更大，需要信息发布者对信息进行逐字检查。在通过社交媒体进行危机回应时，应当考虑危机来源在不同类型社交媒体发布形式上的区别。

微博：适合发布官方声明。有评论精选功能，但尽量慎用，否则可能引起网民反感。微博热搜功能使得品牌的危机新闻和相关回应可以在短时间内获得指数级的关注度增长。

微信：适合发布官方声明，留言可以设置精选，或者不设置留言功能，传播速度相比微博较慢。

抖音：主要为短视频传播，其传播的危机回应内容多为组织在微博等社交媒体进行危机回应的二次传播。另外，新闻发言人也可以通过抖音直播间直接进行危机回应。

社交媒体的信息发布准则与常规新闻发布多数情况下一致，都要遵循时效性、真实性、主动性等原则。除此以外，社交媒体的危机回应还应遵循以下几个原则：

- 简洁但不缺乏关键信息。社交媒体面临的受众广泛，简短、明确的信息可以保证多数网民都能理解回应内容，并且防止网民进行"过度解读"。
- 面向最广泛的利益攸关方。社会化营销是一种"分众传播"，但社交媒体中的危机传播却并不是分众的，组织在通过社交媒体发布危机回应时，应当考虑所有利益攸关方的信息需求与文化语境等问题，防止由危机回应所引发的"次生灾害"。
- 适配性回应。同一个组织或品牌在不同社交媒体的账号可能对应和适配不同的发布功能，例如，微博主要是组织发布官方信息的渠道，而抖音则是很多品牌进行"直播卖货"的重要渠道，两者存在着不同类型的危机风险。在哪一个账号发生的危机舆情事件应当以此账号为主要信息回应渠道。
- 避免转移话题，贴标签。危机传播应紧靠公众的核心关切，避免试图生硬地转移公众视线，因为这可能会很快被公众所识破，容易让公众认为组织态度不诚恳。
- 统一信息发布内容。同一个品牌可能有很多个子账号，负责品牌的不同业务部门，不同账号的运营者不同，可能发布相互矛盾的信息。这危机发生情况下，最好以主账号所发布的内容为准，进行统一发布，各账号之间应当最好联动。

除了以上原则以外，针对不同类型危机，组织的发布原则也要进行适当的增加和缩减。例如，跨国企业在回应本地性危机时，应尽量做到"全球统一回应"，在不同国家的社交媒体中发布一致的信息内容，避免受到二次质疑。另外，有些危机回应信息可以不遵循"简洁"原则，若组织与公众有着紧密的情感联结和信任关系，组织在社交媒体中的危机回应也可以运用丰富的细节，可参考案例1.3的"胖东来"通过社交平台账号所作的危机回应。

在以社交媒体为平台的微发布中，发言人更要注意以理性的、专业的方式来回应各种谣言或质疑，避免情绪化的表达和"标签语"的滥用，把矛盾扩大化，引发不必要的网络炒作。2023年4月19日，有网友爆料，自己在上海车展的宝马mini展台参观时被"区别对待"。宝马mini工作人员在给外国人赠送冰淇淋之后，却以"发没了"为由，拒绝中国餐馆人员领取免费冰激凌。但随后，在外国访客领取时，却直接拿给对方，并教其如何食用。事件曝光后，"宝马mini冰淇淋事件"在社交媒体立即发酵，登上微博热搜榜。4月20日中午宝马发布声明，将此事性质定性为"误会"。随后在4月21日，宝马mini再次发布声明，称不发放的冰激凌是给员工预留的，视频里的"老外"是公司员工，并且提到视频中的两位工作人员是刚踏入社会的年轻人，请大家给她们多点宽容和空间。但同时，"宝马中国"官方又在短时间内放出"两名涉事员工已离职""两名礼仪人员不是公司员工"等自相矛盾的说法。宝马mini的危机公关回应案例被称为是危机公关界的"泥石流"。首先，其回应不及时，前后不一致，这体现其危机传播机制建设并不完善。另外，其在回应中"贴标签"的行为也引起了网民的普遍反感——试图转移话题至"对年轻人多一点宽容"，"声东击西"的策略带来了适得其反的效果，被质疑缺乏诚意。

随后发生另一起因在回应不当而引发舆论争议的事件也值得我们在此进行讨论。2022年7月初，一段有关老字号"张小泉"的视频引起网友关注。某消费者用其99元购买的该品牌菜刀拍蒜时，菜刀断了，致电其官方客服后，被客服告知"菜刀不能/不建议拍蒜"。而随后张小泉菜刀的官方回应一直没有提及此危机中的两个重点：质量问题和中国消费者的习惯，只是苍白地将公众注意力转移至"客服态度不好"和"产品通过质量认证"等话题上。更有甚者，张小泉总经理夏某的一段"训诫式"的采访视频广泛传播，其称"你学了几十年的切菜是错的，所有米其林厨师都不是这样切的"，更是引发新一轮的舆情。虽然这一言论与其所面临的危机事件并没有直接关系，但这种"不接地气"的言论与张小泉"400年老字号"的品牌调性严重不符，成为了此次危机事件的"次生舆情"。可见，组织在日常的媒体传播环节就应注意品牌声誉可能面临的风险，避免因"危机（黑）历史"而导致舆情不断发酵。

从以上例子我们可以看出，在社交媒体时代，深入了解各类媒体，具备一定的媒介素养和沟通能力，并且理解网民的情绪特征和关注重点，不仅是21世纪政府和企业各级负责人应当具备的基本能力之一，也是每一位公民的"必修课"和必须具备的基本素质。

第三节　新闻发布的主要媒介模式

在媒介形态和传播手段日趋多样化的今天，我们可以根据实际情况选择各种媒介模式来进行新闻发布。危机期间，情况瞬息万变，外部条件也千差万别，读者可以选择以下介绍的各种媒介模式，获得传播效果和收益的最大化。

1. 新闻通稿

最为常见的方式是发放新闻通稿，可以在事故现场发放，也可通过传真或电子邮件、官方网站、长微博（微信）等形式传递。一般而言，新闻通稿上发布的信息在12

小时之内，不应当过时。发放新闻通稿有以下这些优点：
- 确保所有媒体得到的是口径一致的信息；
- 提供历史档案材料；
- 提供背景材料和获得进一步信息的渠道；
- 成为记者撰稿的依据，有助于间接地为媒体"设置议程"；
- 成为新闻发言人的"补白"，有助于其更加自如地面对媒体；
- 用"政府议程"影响通过传统媒体传播的"媒体议程"和在社交媒体上形成的"公众议程"，有效引导舆论；
- 便于在相关网站、微博、微信群中张贴或转发。

新闻通稿的缺点：
- 要花费一定的时间撰写，极可能会出现"新闻变旧闻"的情况；
- 需要征求各级领导和有关部门的意见，也会影响其时效性；
- 在搜集信息时有可能会出现协调不力，各部门相互扯皮的现象；
- 由于危机的发展错综复杂，保持新闻通稿的前后一致有一定的难度；
- 如果有多个部门发布新闻通稿，保持一致的口径也较为困难。

为了尽可能规避上述这些缺点，我们可以考虑在发布正式的新闻通稿前，先提供简短的"新闻公报"（详见本章第四节）；同时应当赋予新闻发言人相应的职权，来协调不同部门之间可能出现的不同口径，必要时需要由第一把手亲自定夺。

2. 新闻发布会

目前，国内政府部门的新闻发布会通常有三种类型：（1）例行新闻发布会，即日常的定期发布。（2）不定期的专题发布。（3）高频度的危机发布。第一类通常由政府部门的新闻发言人出面，在每周或每月的固定时间举行。外交部从2011年9月1日起将例行发布会由每周两次增加到每周5次，周一至周五每天下午3时在外交部南楼蓝厅举行，每次时长一般不超过20分钟。目前，全世界只有美国国务院每周举行5次例行发布会。我国卫生部（2013年3月更名为"卫生计生委"、2018年3月更名为"卫健委"）、公安部、教育部、国防部、证监会、国台办等40多个中央部门也都建立了例行发布会的制度。第二种有较为明确的主题，通常要邀请几位嘉宾出席，如由国务院新闻办举办的新闻发布会就属于这种模式。由国务院新闻办提供交流平台，每次邀请各部委或地方领导就一个主题进行专题发布。

虽然上述三类新闻发布会在目的和形式上略有差别，但总体框架和运作模式基本相同。在此我们重点讨论的是第三类——危机期间的新闻发布。新闻发布会的时长在一小时左右，除了由新闻发言人发布信息，还应留出充足的时间让媒体提问。但在危机期间，由于新闻发布会的频度增加，在时间上也是可长可短，应视危机的发展趋势和当时当地的具体情况而定。在新闻发布会上应当散发正式的新闻通稿，要为与会记者和媒体准备介绍背景、详情和数字的书面材料——俗称"媒体打包材料"。必要时还可安排相关部门的负责人或本领域的专家出席。

在危机爆发的初始阶段，召开新闻发布会的时机还不成熟，来不及准备"媒体打包材料"，这时可以考虑进行小规模的"新闻通气会"或"媒体吹风会"，通常安排在危机现场举行，时间在 10～15 分钟，原则上不安排记者提问，可以发布简短的新闻公报。

新闻发布会（包括媒体见面会和媒体吹风会）具有以下优点：

- 如果大批媒体工作人员赶到现场，现场的见面会既满足了媒体的采访要求，又控制了媒体工作人员的行动范围，以免他们进入现场，影响危机处理工作；
- 确保新闻和信息发布的权威性与一致性；
- 把发言人和相关专家推向媒体与公众，让他们表达自己的看法（实际上是替主管部门代言），有助于在公众中建立政府部门的公信力；
- 即便危机还在继续，媒体和公众也能了解政府已经启动应急机制，从而创造一个有利的舆论环境；
- 可以为媒体的提问"定调"，及时传播"政府议程"，防止不必要的猜测甚至谣传，用权威发布挤压谣言和恶意炒作的空间；
- 如果信息更新太快，以至于没有足够的时间发出新闻通稿，可以利用广电媒体或网站直播新闻发布会，也可用微博进行文字直播，让公众第一时间获得相关信息；如果涉及国家机密和重大敏感问题，可以考虑运用"延时直播"的方式；
- 通过发布会可以显示政府各部门的合作态度。

其缺点包括：

- 选择合适的发言人有一定的难度；（这就需要事先的选拔和培训）
- 由于掌握的信息不充足，一些官员会在媒体面前惊慌失措；（这也需要事先的培训，采用一些语言技巧）
- 现场的见面会或吹风会受到场地限制，也没有时间准备书面材料，不能兼顾到所有媒体的采访要求；
- 一旦开了第一次，就要有第二次，媒体会要求定期举行；
- 如果涉及各级领导或有关部门，协调的工作量较大，也会有一定的难度；
- 媒体会对发言人（或者出席发布会的领导、专家）穷追不舍——尤其是在危机爆发之初，要预先安排"脱身"的路线（例如，发布厅要安排两个出口），否则媒体会无休止地追问下去；

- 会后，媒体往往会提出单独采访的要求，因此需要制订有关规则，而且要前后一致地贯彻下去。

为了规避上述这些缺点，选择通过官方微博、微信账号进行"微发布"是更为明智的做法。其优点是：采用团队合作和技术手段可减少由发言人的个人因素而带来的不确定性，使新闻发布更为规范、有序。需要指出的是，全媒体时代的新闻发布会应当呈现出更为多样化的形态和样貌，我们应当根据具体的情境、目标受众和期待获得的传播效果选择合适的形式。下面，我们以已经具有110年历史的"白宫新闻发布会"为例做更为详细的阐释。

案例分析5.2 白宫新闻发布会的主要形式

【新闻通气会（即媒体吹风会）】每天早上白宫新闻发言人在办公室与记者进行通气会，其主要目的是通报总统当天行程，搜集和筛选"新闻点"，为下午举行的正式发布会作铺垫。原来这个环节是电视、广播和通讯社记者特别安排的，供发言人与他们试音、试镜，调整技术性细节。但随着24小时电视新闻频道和互联网的兴起，新闻成为全天候的概念。因此，"通气会"便向所有记者开放。

通气会一般在15分钟左右，发言人向记者通报总统当天的行程安排，同时也向记者征集问题，会后筛选出新闻界普遍关心的问题，并与白宫其他修改部门进行沟通，在下午的发布会上作出更具权威性的回答。在通气会上，发言人通常只记录问题，不作正式回答。如果记者坚持要发言人回答，往往得到的是表态性回答（例如，"是"还是"不是"、"有"还是"没有"，或者是"我们还在进一步调查"，等等）。

由于通气会是以非正式的形式进行，因此记者只能使用录音笔，不能使用照相机和摄像机。录音只能供记者个人参考，不能用作广播和电视新闻中的"同期声"。但新闻发言人的办公室会设置一个摄像头，将通气会通过白宫内部闭路电视系统向各个处室进行直播，以便于他们及时了解舆情和通气会后与新闻办公室进行及时的沟通。

新闻通气会能够帮助发言人了解新闻热点和舆情，从而提升新闻发布会的针对性和传播效果，同时也强化了他们对媒体的舆论引导和议程设置功能；对记者来说，通气会也起到了"路线图"的作用，有助于他们准确把握新闻选题。因此，通气会对政府和媒体双方而言都是大有裨益的。

【每日新闻发布会】从1929年胡佛总统就任到20世纪60年代约翰逊总统执政时期，由于报纸是当时最具影响力的新闻媒介。为了满足早报和晚报不同的截稿要求，白宫每天要安排两次新闻发布会，上午10点和下午2点各一次，确保有关总统的新闻能够以最快速度登上报纸头版。1969年尼克松总统上任后，报纸的影响力开始受到晚间电视新闻的冲击，于是晚报纷纷倒闭，因此他下令把白宫新闻发布会减少为每天一次，时间为下午1点半举行，进行电视全程直播，确保有关总统的新闻能够成为晚间电视新闻和第二天早上报纸的头条。目前，白宫新闻发布会通常是在每天下午1点半左右举行，如遇重大突发事件会做相应的增加。

非正式的新闻通气会与正式的新闻发布会之间可以相互"补台"。记者可以把一些"棘手"的问题在通气会上抛出，发言人作出初步的表态后再搜集更为深入的信息，在正式发布会上作出更为全面和成熟的回答。需要指出的是，记者的宗旨是要挖掘新闻，他抛出棘手的问题不是为了让发言人感到难堪；而发言人亦非全知全能，面对棘手的问题也需要思考和准备。因此，通气会和发布会在机制上的相互配合能够确保实现政府和媒体的"双赢"。我们用以下这个实例来说明通气会和发布会之间是如何实现相互"补台"的功能的。

2005年9月28日，美国哥伦比亚广播公司的记者彼得·迈尔（Peter Maer）在上午的通气会上向小布什总统的新闻发言人斯科特·麦克莱伦（Scott Mclellan）提问：

问：在过去的三年内，FEMA（联邦应急管理署）的作用是否在日渐削弱？

答：众所周知，"9·11"事件后，白宫与国会合作，将22个相关机构整合成"国土安全部"，FEMA也是其中的一个。成立国土安全部的宗旨是为了做好充分准备，应对"9·11"这样的恐怖袭击或其他灾难性的危机。白宫全力支持国土安全部在切托夫部长的领导下开展工作。

问：但是，由总统任命、掌管FEMA的布朗署长却向媒体抱怨，过去三年，FEMA的作用日渐削弱，对，"日渐削弱"是布朗先生的原话。

答：你是说他昨天发表的言论？

问：是的，所以，我才要问你……

答：刚才我已经表达了我们的看法。

问：但我认为你没有回答我的问题，斯科特，我是说……

答：好吧，我想强调的是对FEMA的总体评价，这正是我现在要做的。这个问题我下午还会再作回应。

三小时后的新闻发布会上，我们看到发言人和记者再次就这个"棘手"问题进行互动。读者仔细阅读下面的发布会文本后不难看出，斯科特在通气会后又同相关机构作了沟通，做了充足的准备，补充了有说服力的事实、细节和数字。在政府部门之间出现了矛盾，在媒体目前"口径不一"，甚至于相互指责的情况，作为为总统代言的白宫发言人需要谨慎表态。他避免了直接指责"利益攸关方"，同时又为处于"话语弱势"的一方做了巧妙的辩护，在维护各部门团结协作的前提下有效地引导了舆论，这一点尤其值得我们学习和借鉴。以下是该记者与新闻发言人在发布会上的对话实录。

问：发言人先生，你好。谢谢你给我提问的机会。刚才你说美国政府要从以往发生的危机当中吸取教训，你也反复宣称，政府已经采取了相应的措施解决目前在危机应对中存在的问题。但FEMA的负责人布朗先生却说，在本届政府执政的过去三年内，FEMA的作用"日渐削弱"。如果他说的是实情，那么请问你们是如何"吸取教训"、"解决问题"的呢？

答：你所引述的是布朗署长在昨天的国会听证会上发表的言论。如你所知，总统与国会密切合作，通过听证会了解FEMA的相关情况。目前这个工作还在进行中。我们还想听听其他有关各方的说法，全面了解相关情况。

问：那么，布朗先生所说的"FEMA的作用日渐削弱"究竟是不是一个准确的表述呢？

答：好的，我们先来看一下相关的事实和数据。FEMA是在国土安全部的领导下开展工作的。切托夫部长向媒体多次表示，已经采取了相关措施完善政府部门的准备工作，以提高危机应对的能力。本届政府上任以来，对FEMA的投入从2001年的6.9亿美元增加到2005年的10亿美元。这还只是针对FEMA核心项目的投入，不包括为救灾拨付的专项资金。当然，每年的实际拨款根据灾难发生的情况有所不同，但从总体上看，从2004—2006财年，FEMA的拨款上升了13%。因此，我们要从总体上来看相关的事实和数据，看看我们实际采取的行动。

此外，FEMA的雇员数量增长了大约23%，从1 907名全职雇员——这是2001财年的数字——增加到了现在的2 350名。

我想要再次强调的是，每年遇到的灾情不同，严重程度也不同，因此，实际的拨款数额当然也会不同。但仅仅看救灾的情况还不够，我们还要看对灾难的准备。政府设立的"第一时间应急储备金"的预算从2001财年的4.64亿大幅增加到2005财年的40亿，而且（今后）每年都是（按照这个标准来执行）。这就意味着（小布什）总统（上任以来）已经拨付了150亿美元给联邦和州政府在一线从事应急工作的人员。除此之外，你还应该关注一下"9·11"之后，总统对公共卫生系统也追加了巨大的投入。

我要提醒你和各位记者关注一下，（国土安全部）切托夫部长昨天也就相关问题发表了讲话。他详细地阐述了为了加强应急准备而采取的一些新的策略，以及对机构进行的相应调整。我希望你们大家认真读一读这篇讲话，尤其是他制定的改进计划。限于时间，我只提一点，他已经决定把现有的应急机制整合到一个岗位，设立专职领导负责协调。

FEMA历来都是国土安全部最重要的部门之一，署长可以直接向部长汇报。因此，FEMA的重要使命是继续全力支持和配合国土安全部的工作，尤其是在危机应对和恢复的相关工作中。我相信，FEMA在与联邦和州政府各部门的合作中，其作用一定会得到强化，而且会继续得到强化。

来源：<www.whitehouse.gov/news/release/2005/09/20050928-2.html>

3. 卫星连线采访

随着媒介传输手段的革新，现在许多媒体都配备了卫星传输设备。从政府部门的角度来说，安排卫星连线采访可以节省筹备新闻发布会（或现场会）的人力、物力和财力，提高危机传播的时效性，也避免了媒体一窝蜂涌入现场而出现的混乱局面。

卫星连线采访通常是由相关部门的发言人主持，可以邀请专家或在现场处理危机的负责人参加，他们不一定在同一个地点。有条件的话，在每个说话人的面前安装一个小型的提词器，显示有关提问记者和其他说话人的个人信息和导播的提示语。这样做可以避免多人同时讲话等混乱的情况出现。另外，还要防止说话人耳机的突然滑落。由于卫星连线采访会被直播或者录像，因此一旦出现错误信息要纠正。此外，受访者要注意自身的形象设计（详见第六章第三节）。

安排卫星连线采访的优点：

- 在危机现场被封锁和隔离的情况下，或者媒体无法及时赶到现场的情况下，采访仍能进行；
- 如果危机是全国性的，这种手段就创造了异地采访的机会：例如，中央媒体可以及时向身处第一线的地方官员提问，地方媒体的记者可以向上级主管部门的发言人或专家提出一些与当地具体实际有关的问题；
- 如果危机是全国性的，无论是中央还是地方媒体可以通过这种手段获得第一手信息，无须通过其他人的转述。

缺点：

- 费用昂贵；
- 技术要求较高，因此，需要事先做好充分的准备，并且与各方达成协议；
- 参与的媒体有限，通常只限于财力雄厚的全球性、国家级或经济发达地区的媒体；
- 耗费较多时间筹备；
- 如果给发言人（或相关的官员和专家）安排一连串的卫星连线采访，他会碰到记者提出许多同样的问题，因此很容易会失去耐心；
- 由于记者和发言人没有面对面的沟通，会出现双方语态不一致的现象。例如，我们前文中讲到的江西和四川的基层官员在与央视主持人进行卫星连线时，官员按照他们的惯例依次介绍各级领导的指示，而主持人迫切想知道灾情进展，结果出现了主持人多次打断受访官员的现象，受访官员的做法也受到了公众的批评（参见案例分析3.1）。

为了规避上述缺点，我们建议发言人或受访官员在进行卫星连线时一定要与媒体事先进行充分沟通，正式播出前尽量安排"彩排"或"预演"。

4. 在线访谈（微访谈）

在线访谈或称"微访谈"脱胎于传统媒体时代的电话连线。在当今的技术条件下，原来一对一的电话连线已经扩展到了运用电话会议、网络"聊天室"软件（如QQ、Skype等）、微博/微信访谈等手段来安排新闻发布会或媒体的联合采访。不同部门的发言人（包括官员和专家）可以在不同的地点同时接受媒体的访问，不必聚在一起；同时，使用这种方式具有很强的交互性，媒体可以获得更多的提问机会。例如，发言人和几位嘉宾可以同时回答不同媒体的提问，这一点在现场的发布会上是无法做到的。

安排在线访谈或微访谈的优点：

- 参与媒体范围较广，不必亲临危机发生地；
- 可以最大限度地满足不同级别媒体的采访要求；
- 容易安排；
- 花钱不多；
- 可以视媒体的反应随时调整电话线路（或网络服务器）的数量；
- 媒体经验较少的官员和专家较愿意接受这种方式；
- 较少受时间和空间因素的限制；
- 在场的导播（或网管）可以对问题进行监控和筛选；
- 适于定期进行的新闻发布（如每十二小时一次）；
- 在发言人（包括官员和专家）的人选上较为灵活，可以视情况随时更换；
- 危机期间随时会出现不可预见的情况，如果发言人（包括官员和专家）接到紧急会议的通知必须离场，他们可以随时中止采访，不至于引发媒体的不满；（这一点在正式的现场发布会上则较难做到）
- 较容易掌握参加采访的媒体记者的情况（例如通过事先注册的方式获得电话号码或登录网站、社交媒体平台的密码），从而便于舆情的监控；
- 便于记录和文字稿的整理，随时提供给有这方面需求的媒体；
- 便于存档，供政府部门和媒体进行核对。

缺点：

- 需要事先与电话公司（或网站、社交媒体机构）达成协议，获得其技术上的支持；

- 时间越长，费用越多；
- 一旦开了第一次，就要有第二次：媒体会经常打电话（或发电子邮件）来咨询，需要专人来作出回应；
- 适用于印刷媒体和网络媒体，不适用于电视媒体。

5. 群发电子邮件或传真

组织的传播部门应在日常收集利益攸关方，尤其是媒体的联系信息，在危机发生时立即通过这些联系方式进行通知。这些联系信息应包含每个联系人尽可能多的信息，例如，所在组织、姓名、办公电话号码、手机号码、传真号码和电子邮件地址。此数据应及时进行更新。这一数据应当做好隐私保护工作，授权给专门工作人员进行使用。另外，此数据应该在安全的位置作备份。

传真和电子邮件在社交媒体兴起后已经显得比较落伍了，通过官方网站、微博、微信、客户端进行的"微发布"因其使用便利和费用低廉已经取代了上述两种传统方式。例如，群发使用的邮件地址和传真号码需要随时更新，否则记者就会抱怨收不到，但使用"微发布"解决了这个问题。但是，一部分传统媒体的资深记者仍然偏爱用传真或邮件联系，因此，我们还是应当为他们做相应的准备。

优点：
- 显示了新闻发布的主动权；
- 花费很少，时效性强；
- 更正起来较为容易；
- 这种做法一般会得到各类媒体的好评。

缺点：
- 群发使用的邮件地址和传真号码需要随时更新，否则有的媒体和记者就会抱怨收不到；
- 受技术因素制约——有些媒体和记者会抱怨收不到，政府部门也无从核实；
- 部分媒体仍然会来探听"独家新闻"；
- 时效性要求高——需要在很短的时间内准备好文字材料。

6. 在线发布（微发布）

政府部门还可以通过官方网站、博客、微博、微信、客户端等方式向媒体和公众发布信息。既可以利用已有的网络平台，也可以建立新的网络平台。对于社交媒体的使用和发布应当遵守一系列规则，目前，业界公认较为权威的范本是美联社制定的相关指导意见（详见附录7）。

利用网络平台进行在线新闻发布或微发布具有以下优点：
- 以最为方便而快捷的方式更新信息；

- 透明度最高——媒体和公众在同一时间内得到信息；
- 便于各种资料的归档和整理，方便媒体的查阅；
- 通过"友情链接"的方式让媒体获得更多的背景资料；
- 迅速而集中地纠正各种谣言、传闻和误讯；
- 通过多媒体手段提供官方录像或图片；
- 设立"常见问题"栏，集中解答媒体和公众关注的热点问题；
- 将其投入和产出相比，这是一种较为实惠的传播手段。

缺点：

- 危机期间，由于访问量激增，常常会出现网络"塞车"、断网、掉线等技术故障；
- 由于储存了海量信息，媒体可能会无所适从；（因此有必要设立"网站导航"专栏）
- 危机期间网站维护和更新工作量较大，通常需要7天24小时"连轴转"；
- 对于技术的过度依赖导致安全体系十分脆弱，容易受到"黑客"的侵袭。

为了规避上述缺点，我们建议发言人仍然保留群发邮件和传真作为出现技术故障时的"备份措施"。同时，由于微发布的时效性和不确定性较高，我们建议发言人要组成专门的团队负责此项工作，还要加强审核，避免出现前文中提到的因"一言不当"而引发"舆情海啸"。

案例分析5.3 "月球车玉兔"的社交媒体发布

2013年12月，"嫦娥三号"登月探测器的发射是中国探月工程二期"落"月的最关键一步，举世瞩目。"嫦娥三号"由着陆器和被称为"玉兔"的月球车组成，此次探月任务需要攻克的关键技术多、技术难度大、实施风险高，在当时为开展有效的新闻发布工作提出了新的问题和挑战。新华社以拟人化的手法进行跨媒体、跨平台的融合传播，打造了将文字、图片、视频和与网友互动等诸多形式有机融合的全媒体集成报道，成为当时媒介融合背景下创新新闻发布模式的典型范例。"玉兔"报道的一个创举是借助于社交网络平台进行实时发布。从2013年12月初至2014年4月下旬，新华社对外部与科普社交网站"果壳网"合作，成立联合报道团队，把"月球车玉兔"拟化为一个爱冒险、懂科学、有亲和力的小男孩的形象。并通过运营新浪微博账号"月球车玉兔"，让公众及时、准确地获取探月工程的相关资讯，身临其境地感受航天事业的重大意义和巨大风险，并逐渐对太空探索产生浓厚兴趣和敬畏之心。

"月球车玉兔"的官方微博一方面及时播报"嫦娥三号"的最新动向，另一方面，积极开展与太空探索相关的科普宣传（见图5.1）。与此同时，它还与网友进行情感交流和互动。"玉兔"微博的语言诙谐,个性鲜明,贴近性强,受到网友们的喜爱。特别是在"玉兔"出现故障后,这个微博消息披露及时全面,既有科学解释,又有真情表白,许多网友都被"戳中泪点",并通过转发微博、撰写评论等形式鼓励"玉兔站起来"。截至2023年11月,虽然已有7年未更新,该账号在新浪微博上仍有超过77万的粉丝。早在2014年间,提及这个账号的微博已接近1 000万条,近三分之一的帖子获得了上万条网友评论和转发。

月球车玉兔
2013-12-2 来自 微博 weibo.com

【玉兔的登月任务清单】大家总是问我,上月球后要干嘛。人家才不是去卖萌的,是有着非常重要的任务!趁路上比较有空,写下来给大家看吧。总的来说,到达月球后我最主要的任务,就是顺利地"滚起来",然后开始探测月球!等到了月球,mark发微博什么的,都不一定有空了呢……🔗网页链接

图5.1 "月球车玉兔"官方微博账号

"玉兔"报道还创造了一种独具一格的新闻话语模式——"日记体通稿"。《"玉兔"日记:我的奔月之旅》《"玉兔"日记:我的月球印象》《"玉兔"日记:新年好!地球》《月球车日记:我的登月之旅》等稿件的播发,赋予通稿语言更多的"人情味儿",给受众带来了耳目一新的感受。"玉兔报道"在网络和社交媒体平台上受到欢迎的同时,引起了中央电视台、《人民日报》等传统媒体的积极响应,并且还引发了国际主流媒体的关注,路透社、美联社、法新社、《华尔街日报》CNN、BBC等世界一流媒体竞相报道、翻译"玉兔日记",有媒体甚至称"玉兔"为"最抒情和最诗意的机器人"。

分析"月球车玉兔"报道背后的传播模式和语态特征,不难看出,借助新媒体对传统新闻话语体系进行"颠覆性创造",是新闻工作者适应以"情感化"为特征的新闻传播变局所做的一次有益探索。

7. 电话回复

就危机期间的新闻发布而言，电话回复也是最为常见的方式之一。这种最为原始的人际传播方式通常可以有效地建立起政府部门的新闻官员（或公共信息官员）与传统媒体记者（包括一些拥有"自媒体"的公民记者）之间的关系——尤其是较为亲密的私人关系。危机期间如果有较为充足的人力，应当考虑设立 24 小时电话专线接听媒体的垂询——尤其是在国外媒体较为关注的情况下（考虑到时差的因素）。

利用电话进行回复的优点是：

- 通过这种相对个人化的交流方式，媒体可以提供一些通过官方渠道较难获得的信息；例如，救灾过程中如果出现不公正的现象，公众往往会去找媒体投诉，而不会去找政府的有关部门；
- 媒体的垂询往往是关于公众关注的热点问题。通过对电话数量和主题出现频率等的统计，可以及时了解舆情，从而为决策部门提供政策性建议；
- 这种点对点的传播方式可以确保信息传递的准确性，包括向媒体强调要点、提出建议、及时纠正其误解，等等。

缺点：

- 回复电话通常需要很长时间；
- 需要较多的人力，如果事先来不及培训，可能会出现口径的不一致；
- 如果在记者截稿之前，情况又发生了变化，那么就要立即打电话纠正，工作量巨大；
- 电话回复肯定是有先有后，因此在各个媒体之间很难做到"一碗水端平"；
- 记者在电话里的提问涉及面较广，经常会超出接听人员的工作范围——除非这些人事先被训练为"百事通"。

为了规避上述缺点，在时间紧迫的情况下，优先安排与在国内外影响力巨大的主流媒体的知名记者进行电话沟通。如果危机在网络上引发了高度的关注，适当安排与影响力大的民间意见领袖（例如，有影响的公民记者、拥有千万粉丝的微博大 V）进行电话沟通。

第四节 新闻发布会的组织和筹划

大量的传播效果研究显示。公众在危机期间获得信息的机会越多，他们对政府部门的信任度就越高。不容否认的是，公众获取信息的主要渠道还是媒体。因此，记者们在较短的时间内要提供海量的报道，同时还要与平时一样遵守职业准则，做到真实、准确、客观和公正，可以想象出他们所受到的巨大压力。有鉴于此，在危机传播的过程中，政府部门要配合媒体的工作，为它们"减压"。近年来，随着社交媒体取代传统媒体而成为重大突发新闻的"第一落点"，政府部门利用社交媒体进行微发布已经成为一种不可抗拒的潮流。

不管对政府部门还是对媒体而言，准确度与速度之间永远是一对难以调和的矛盾。如果发布的信息是准确的，但是公众的注意力早已转向了其他的事务，那么这样的信息是没有任何价值可言的。如果信息的发布和传播都很迅速，但是这条信息是不准确的，那么政府部门和媒体应当尽快地作出更正，否则将贻害公众。

作为政府部门的新闻官员，在危机期间应当想方设法处理好准确度和速度之间的关系。比方说，可以及时发布一些准确但并不完整的信息。对此，曾任美国白宫新闻秘书（即白宫发言人）的弗莱彻打了一个十分生动的比方：这就好像很多饥饿的人在等着一只正在烤制的火鸡；如果鸡翅已经烤熟，那么就应该先把那部分切下来，让人们先填填肚子再说，再继续烤其他的部分；不要让人们饿着肚子等到火鸡全部烤熟。①

2003年2月25日中午，在北京大学和清华大学的食堂相继发生了不法分子利用"土炸弹"制造的爆炸案，造成9人轻伤。虽然案情还完全没有搞清楚，但相关的报道和图片在事件发生一个小时后出现在北京市政府新闻办和北大、清华的官方网站上，新华网也实时发布了这条信息，从而避免了海外媒体利用此事进行炒作。这是我国政府部门运用"谣言止于及时公开"原则的一个经典案例。

新闻发布应该从何处入手？应当首先发布已经确证的那部分信息，同时提醒媒体和公众随时留意新的信息。例如，如果决策层还在开会研讨对策，那么可以告诉媒体和公众"危机处理中心"（EOC）何时运作，预计何时会拿出对策；如果发生食物中毒，样本还在实验室做检测，那么可以向媒体简要介绍检测的过程。虽然你并未直接回答媒体的问题，也无法提供完整的信息，但是按照以上的做法可以让媒体和公众参与到危机处理的过程中来。不提供信息只能加重他们的猜疑，同时还会让他们觉得政府部门对他们关注不够，把他们当"局外人"来看待。本节中我们将重点谈及新闻发布会的组织和筹划。

1. 如何准备文字资料

准备充足的文字资料是至关重要的。曾任克林顿新闻秘书的迪迪·迈尔斯（Dee Dee Myers）女士有一句名言："我们遇事便散发材料。"在突发性危机事件的报道中，媒体向受众提供海量信息，往往会临时抽调一批并不具备相关知识背景的记者来参加报道。因此，政府部门需要准备一些"入门"性质的背景介绍材料。例如，目前艾滋病问题成为我国媒体的报道热点之一。筹备一场以艾滋病为主题的新闻发布会时，最好能提供充足的背景介绍。其实许多记者对艾滋病的了解不一定比公众更多，有些人甚至不知

---

① Sullivan M.H., *A Respobsible Press* Office: An Insider's Guide, U.S. Department of State, 2011: 58.

道 HIV 的含义。这时候，一本有关艾滋病的小册子往往会有助于他们准确地向公众传递相关的信息。

危机传播中需要准备的文字资料主要有以下几种：新闻通稿、新闻公报、媒体公告、详情通报和背景介绍。有条件的部门还应准备视音频素材。

新闻通稿（news/press release）

新闻通稿是政府部门应当准备的最为基本的一种文字资料，具有高度的权威性和规范性。在"人人都是记者、人人都有麦克风"的社交媒体时代，新闻通稿的重要性不但没有降低，反而更为突出了。新闻通稿分为两种类型：一种是标准型，通常在危机传播的初始阶段使用；随着危机的进一步发展直到最终的解决，除了标准型之外，还应提供专题型的通稿，具体内容包括参与危机处理的一些具体人物和事迹，以及成功的经验和个人的经历，等等。除了在新闻发布会上提供给记者外，还应该通过官方网站和官方微博发布，应当提供 140 字以内的发布会摘要和全文长微博（"长微博"是用微博账号发布超过 140 字的文字稿时所采取的一种形式）。

标准型的新闻通稿通常在一页以内。初学者往往分不清新闻和信息的区别，因此容易把新闻通稿弄成长篇大论式的公文。为此，我们应当进行筛选，把最具新闻价值的内容放在通稿中，非关键性的信息可以放在详情通报中，而背景性的信息则可以放在背景介绍中。简言之，标准型的新闻通稿应当包括新闻的基本因素，即 6W（谁是主人公，发生了什么事情，何时、何地发生，为何发生，影响如何）。通过这种手段，可以帮助媒体尽快确定哪些信息是有价值的新闻。由于标准型的新闻通稿短小精悍，便于核查，从而大大减少了发布不准确信息的机会。

标准型的新闻通稿在内容和写法上与新闻报道无异，一篇好的新闻通稿基本达到了新闻报道的发表要求。具体说来，包括以下这些方面：

- 标题应当概括通稿的主要内容，用词上最好能做到引人注目；
- 提供不超过 140 字的摘要供微博发布；
- 全文采用"倒金字塔"结构——按新闻的重要程度（而非时间的先后顺序）排列，把最具新闻价值的信息放在导语部分，并依此类推；
- 直接引文（引述专家或学者的话）不能出现在导语中，可以放在第二段或第三段；使用时必须注明来源；
- 文字要短小精悍，一目了然；每个句子不超过 20 个字，可以用一个句子构成一个段落；
- 尽量避免使用缩略语、行话、专业术语；如果出现科技或专业术语，需要作出解释；
- 尽量避免使用形容词或感情色彩较浓的表达方式；

- 再次核查事实和数据；有疑问时请领导和专家把关；
- 安全核查——是否包括了应当保密的细节；
- 隐私权核查——是否包括了侵犯受害人及其家属隐私权的细节；
- 如果通稿中出现的人名和地名等包括了生僻字，最好加注拼音，这主要是为了方便广播和电视媒体的记者以及自媒体的音视频博主等；
- 发现错误怎么办？如果通稿已经散发给媒体，它们还没有来得及发表，这时要通知每个媒体，不要图省事，只把它挂在网上；如果媒体已经发表，要表示歉意，并且督促它们尽快更正。

新闻通稿在格式上有严格的要求，具体包括：

- 用有本部门抬头的专用稿纸印制，包括部门名称、地址、电话和传真号码、电子邮件、联系人、官方网站的网址、官方微博的名称、官方微信号等基本信息，危机期间要附上24小时开通的热线电话号码和微博、微信的信息；
- 如果有新的电话号码或网址，要在第一行用黑体标注；
- 第一行要注明新闻发布的时间（具体到几点几分），如果通稿发布较为频繁，应该注明编号；
- 一般注明"可即时发布"，如果有特殊要求，应标注可以公布的时间，例如"到2023年6月17日18:00后方可公布"；
- 导语前要加上"电头"（例如，"北京3月20日电"）；
- 隔行，四周有足够的"留白"（2.54厘米），以便记者做记录时使用；
- 不要双面印刷；
- 标注日期，以及联系方式（地址、传真、电话、电子邮件）；
- 长度在1~2页之间。如果有第二页，第一页右下角应标出"转下页"；
- 在结尾处以"####"或"——完——"标出；
- 供微博使用的版本不超过140字，同时提供关键词标签（hashtag），便于网络搜索，例如，#北京出租车调价#；如需要在互联网上广泛传播，吸引青年网民，还应设计"迷因"，例如，"奥巴马用战马和刺刀击沉罗姆尼战舰"（详见第三章第三节）。

专题型新闻通稿内容更为具体，提供相关人物或事件的具体细节，篇幅更长；在格式上与标准型通稿大体一致。

新闻公报（press statement）

- 新闻公报不是新闻通稿，不包含新闻元素，表达的是官方或组织的立场与观点，应包含所采取的1~2项危机应对措施；
- 新闻公报最为重要的是让公众感受到"诚意和希望"，强调组织已经采取的措施和危机处理取得的初步进展；

- 篇幅简短，几句话或是几段话都可以，用A4纸"小四"号（英文为12号）字体隔行打印，不超过1页；由新闻发言人宣读，在20秒到80秒之间（以便电视记者用作同期声）；还需制作140个字的"微发布"版，附上关键词标签，在微博、微信上发布；
- 通常以高层领导或主管的名义发出，可以由新闻发言人代为宣读；
- 通常用于回应与本部门相反的观点或指责（比如说，政府所采取的危机处理决策受到广泛质疑，这时候就要通过媒体发表新闻公报进行解释）；
- 为政府争得话语主导权，防止负面意见占上风；
- 以官方名义发出，供媒体引用或参考，不再就此接受单独的访问或垂询；
- 可以被用来安抚受害者、鼓励本部门的工作人员及其合作者；
- 应当附上本部门新闻官员的联络方式；
- 应当有的放矢地使用，过多发布新闻公报会影响政府的权威性；
- 公报中不要复述那些负面的信息或观点；而应当直接阐明本部门的立场或观点；
- 发表前应听取主要利益攸关方（如上级主管部门、兄弟协作单位）的意见。

案例分析 5.4　危机发生后首次新闻公报的中英文模板

在危机爆发之初，新闻发言人不说"无可奉告"已经成为一种常识，但由于资讯掌握不足，新闻发言人也确实面临"无话可说"的境地，此时可发布新闻公报或官方声明，表明组织的态度和立场。以下模板可以作为参考，实际使用时可以进行相应的增删，并且加入已经采取的1～2项具体应急措施，为了适应全球传播和利用社交媒体进行"微发布"的需要，在此也附上英文和微发布模板供参考，同时再举出一个"反面案例"供对照：

【中文版】我们已经会同政府部门的应急办和其他相关部门启动了应急机制，确保相关人员的安全和信息传递的畅通。截至目前我们还没有得到经过核实的权威信息，因此，我们还不能对事故的原因作出推测。目前，救援工作是第一位的，有关部门将适时启动有第三方参与的调查，我们将全力配合调查工作的开展。一旦我们获知此次危机的权威信息和相关调查的结果，我们会在第一时间告知媒体和公众。

【英文版】We are completely cooperating with government and emergency agencies. We are making sure that everybody involved or affected is safe and well informed about the situation. We ae releasing all the information we have been able to confirm by this point in time. We cannot speculate as to the cause of the incident. There will be an official external investigation of this event with which we will certainly cooperate. As soon as the official results of that investigation are available we will fully inform you on that matter.

【微发布版】我们已经会同应急办等部门启动了应急机制，确保相关人员的安全和信息传递的畅通。截至目前还没有得到经过核实的权威信息，因此，我们还不能对事故的原因作出推测。有关部门将适时启动有第三方参与的调查，我们将全力配合。一旦获得相关信息，我们会在第一时间告知媒体和公众（128个字，不能超过140个字）。

【传播效果事与愿违的新闻发布稿】在省市领导的关心和救援指挥部的正确决策下，救援队伍攻坚克难，昼夜奋战，截至10月9日15时50分，四名被困人员全部被救出，其中两人经抢救无效死亡，两人现场发现已死亡。（"穿靴戴帽"、缺乏"温度"的公文式发布稿引发网民评论区"翻车"，导致次生舆论危机。在社交媒体时代，应当改变文风，陈述事实，表达关切，避免不计效果的"穿靴戴帽"。）

媒体公告（media advisory）

- 用来邀请媒体参加政府部门组织的新闻发布活动；
- 篇幅控制在半页左右；
- 内容包括：活动的性质（新闻发布会或媒体见面会）、时间、地点、出席者（包括姓名、头衔、职务或专业范围）、联系人、发布主题，等等；
- 简要阐述新闻发布活动的目的和意义；
- 通常用大号或黑体排印，以期引发媒体的关注。

详情通报（factsheet）和背景介绍（backgrounder）

- 作为新闻通稿的附件来使用；
- 篇幅可以较长；
- 提供相关科技或专业术语的定义；
- 详情通报可以针对某一主题，按照从总体到局部的顺序罗列信息，可采用"子弹"式的排列格式（即本节所采取的这种格式）；
- 背景介绍是对新闻通稿和详情通报的进一步扩展，提供历史背景和深层信息可采用分段式排列；
- 如果使用对象大多为临时抽调来的不具备相关背景知识的记者，可以增加"指南"和"常见问题"等内容；
- 便于通过网站、博客、长微博、微信发布；
- 其中包括的信息都是相对固定的；信息的更新则要以新闻通稿的形式来进行；
- 通常不引用领导或专家的话；
- 以本部门或EOC的名义发出，属于正式文件的范畴；
- 对哪些属于信息，哪些属于背景知识的范畴，应当征求各方的意见；
- 可以在危机发生前就准备好，便于随时取用。

多媒体素材

全媒体时代的新闻发布意味着信息的载体要多样化，除了文字资料，各种图片、视音频等多媒体素材成为确定舆论走向的重要途径。我们在前文中提到的2011年温州"7·23"动车事故，由当地公民记者乘坐动力伞拍摄的事故现场照片抢在新华社等主流媒体之前发出，标有"和谐号"字样的动车车头从高架桥上斜插入地面的水塘中，这幅震撼人心的图片仅发布半小时就在微博上被转发了数十万次，对网上已经形成的负面舆论起到了推波助澜的作用。被称之为"网络土著"的"80后、90后"网民已经不再愿意接触长篇的文字报道或喋喋不休的访谈节目，新闻的"多媒体"化成为不可逆转的发展趋势。媒体对图片、录像的需求增加以及数字技术的普及，使政府部门为媒体提供大量的视像素材成为可能。

政府部门应当准备的多媒体资料包括照片和图表、新闻录影带（VNR）、素材带（B-roll）、音频等。具体要求如下：

- 新闻录影带要符合电视新闻的制作格式，长度在90秒到2分钟之间，配有解说词文稿和分镜头台本。
- 提供主管领导和专家的讲话片段（10～30秒）——媒体的专业术语称之为"同期声"，以便编入《新闻联播》一类的电视新闻节目中，同时也便于在微博、微信、抖音中传播。例如，2023年3月李强总理在首次记者会上发布的十多条核心信息——"吃改革饭，走开放路""高手在民间""坐在办公室里碰到的全是问题，下去调研看到的全是办法"等——被国外媒体翻译后编为"同期声"在新闻中播出。网上则出现了"总理金句九宫格"等网民制作的视音频，并获得了广泛传播。
- 为新闻发言人按照"简洁生动、通俗易懂"的原则设计20～30秒左右的"同期声"突出核心信息，供媒体使用。在此我们举两个例子：2003年12月，美国军方发言人在抓获萨达姆的新闻发布会上开场所说的："我们抓住他了"（We've got him）；2013年5月，中国国防部新闻发言人杨宇军在回答记者有关航母训练情况的提问时说："航母不是宅男，不可能总待在军港里，将来肯定要去远航。"
- 向媒体提供的"同期声"应当相对独立，彼此之间应该没有关联，因为媒体可能只采用其中某一条。
- "素材带"（B-roll）是指不配画外解说的背景资料，供媒体制作新闻片或纪录片时使用，可在危机发生前准备好。
- 为素材带配备分镜头台本，包括说话人的姓名、镜头说明（例如，"病毒所的工作人员正在提取样本，准备检测"）。
- 视像资料的传输方式有以下几种：（1）先发送媒体公告，在指定时间内通过卫星线路传输;(2)制成录像带或光碟,快递给媒体;(3)先传送给地方媒体,再由它们传送给中央级媒体;(4)制作成视音频,挂在网站或官方微博、微信上以供下载,也可传送到相应的客户端,但为电视台、通讯社等专业媒体仍然要提供素材带(B-roll)。

2. 新闻发布会(含新闻通气会、媒体吹风会)的组织

时间选择

社交媒体的兴盛对新闻发布会的时效性提出了更高的要求。我们建议政府、企业等组织在危机发生后立即安排小型的新闻通气会或媒体吹风会(press briefing),通常邀请自己较为熟悉的媒体和记者参加,发表简短的、表态性的新闻公报(press statement)。如果时间紧迫或者受到其他条件的限制,也可不开通气会,但必须通过组织的网站、微博、微信等渠道发表新闻公报或官方声明,并提供给国内外有影响力的几家主要媒体机构。然后,根据危机处理的进展和信息搜集的情况,考虑到报纸、电视等传统媒体的截稿要求(上午10点和下午2点是早报、晚报的截稿时间),尽快组织对所有媒体开放的、较大规模的新闻发布会(press conference),向与会媒体提供正式的新闻通稿(press release)。根据我们对以往大量相关案例的研究,为了让组织的危机传播达到效果的最大化,更好地服务于不同类型的媒体,具体时间安排建议如下。

危机发生的时间	发表新闻公报 (或召开新闻通气会)的时间	新闻发布会和提供新闻通稿的时间
午夜0点到凌晨6点	上午8点到10点	下午2点
凌晨6点到中午12点	上午10点到下午2点之间	下午2点到晚上8点之间
中午12点到晚上8点	下午2点到晚上8点之间	晚上8点或次日上午8点
晚上8点到午夜0点	次日上午8点之前	次日上午10点或下午2点

地点选择

新闻发布会的地点选择可以遵循以下一些原则:

- 可选择危机现场,但要满足以下条件:媒体在场不会影响救援工作;记者和工作人员的安全有保障;不会侵犯受害人的隐私权;
- EOC新闻中心最好与其办公区域分开,以免记者的进出影响工作人员的工作,必要时可以安排专人给记者引路;
- 政府部门的新闻发布厅原则上要有两个不同方向的出口;
- EOC附近、交通便利的酒店;
- 室外:注意必须有电源,适宜安排音响设备,并准备临时卫生间等。

新闻发布会地点的选择会对传播效果起到"放大"效应。在保证传播效果和不影响危机处理工作的前提下，尽可能选择一些有特色的场地。"9·11"事件后，纽约市市长朱利安尼头戴安全帽在世贸中心废墟前举行新闻发布会；"炭疽热"危机时，很多美国人不敢收发信件，邮局门可罗雀，他又在纽约市立邮局会见记者，亲自邮寄、拆封包裹。由于地点选择得恰如其分，这些发布会至今令人难忘，为朱利安尼树立了良好的媒体和公共形象。他当选为2001年度《时代》周刊的风云人物也是众望所归的。

2003年"非典"期间，曾经有专家建议北京市有关部门在小汤山医院门前举行新闻发布会，从而让全世界媒体关注这个在一周之内举全国之力修建起来的世界最大的传染病医院，但由于种种原因，这个极好的创意未获采纳，不能不说是一个遗憾。

2011年"7·23"动车事故发生后召开了一次新闻发布会和一次媒体见面会，由于选择了不同的地点导致了截然不同的传播效果。铁道部26日召开的新闻发布会选择在一家酒店的会议室举行。由于到场记者超过200人，空间过于狭小，组织工作一度出现混乱。当发言人准备开始发布新闻时，后排的记者高喊，让他站起来说话；当他站起来后，前排的记者又让他坐下去，因为影响了拍摄效果，发言人被搞得无所适从，对其心理和情绪都带来了极大的影响。显然，这次发布会的地点选择并没有经过慎重考虑。

参加者
- 邀请印刷媒体和电子媒体的人员参加——不要忽视了广播电台；
- 视具体情况考虑邀请相关的民间意见领袖参加；
- 出席新闻发布会的官员要尽量少而精。我们经常会发现发布会的主席台坐了一排官员，或者在发布现场站着不少身着制服的官员，他们在整个发布会期间一言不发，发言人也没有向记者介绍这些人的身份，这就难免会出现尴尬的局面。比如说，记者可能会随便找其中一名官员进行采访。

如何邀请媒体
- 尽量提早通知与会媒体；不能晚于一小时；但又不可太早；
- 危机期间最好安排固定的新闻发布会时间，免去每次通知的麻烦；
- 根据发布内容确定五家左右的重点媒体，由新闻官亲自邀请，向媒体主管或总编阐明发布会的重要意义；
- 发布媒体公告（详见4.1节"媒体公告"部分）。

如何安排媒体见面会

我们经常听到一个有中国特色的提法——"记者招待会"，这通常是指发言人邀请相关人士集中会见媒体记者的一种形式，更确切地说应是"媒体见面会"。"记者招待会"和"新闻发布会"在形式上略有差别，但本质上并无不同，而且"招待"一词容易引发歧义，也缺乏专业和学理依据，但这种说法由来已久，还在被使用。笔者建议逐渐放弃这种说法，统一使用"新闻发布会"和"媒体见面会"的规范名称。因此，本书也不再采用"记者招待会"这一提法。

危机期间，新闻发言人应当邀请相关负责人和专家与媒体工作者见面，接受他们的联合采访，这就是我们所说的"媒体见面会"。严格说来，新闻发布会与媒体见面会在形式上略有不同：前者是以发言人作为主角；而后者则是由发言人主持，其真正的主角是特邀的领导、负责人、专家学者和民间人士等。在媒体见面会开始前，安排嘉宾到另一个房间候场。这期间，发言人可以与嘉宾商议发言的先后次序，并且提醒他们注意自己的一言一行，任何玩笑话或包括小动作都会暴露在媒体的聚光灯下，从而产生意想不到的后果。

媒体见面会上，嘉宾是站还是坐取决于当时的具体情况：空间的大小、接受采访的时间长短以及他们是依次还是同时回答提问。坐着的时候，气氛会较为庄重，提问和回答都较为理性；站着的时候，气氛会较为紧张而活跃，提问和回答都会比较简短，从某种意义上说会加剧说话人的紧张情绪。

媒体见面会一般由新闻发言人主持；也可邀请嘉宾之中职位和资历最高的一位主持，这时发言人也应站在一旁候场，以示礼貌。

除非嘉宾是公众人物或者是媒体所熟知的人，否则应当由主持人介绍他们，包括姓名、头衔和单位。他们在首次回答记者提问时，最好能够重复一下自己的姓名、职务和单位。

事先要让媒体知道是否安排了提问和回答的环节。在危机初始阶段信息不足的情况下，也可不安排答问的环节，但一定要事先通知媒体。总体来说，既然安排了媒体见面会，就应当回答媒体提问。这样做可以达到间接影响媒体"议程"的目的。

如果安排了答问的环节，主持人应当根据具体情况给媒体设置一些限制性的条件：该环节的时长；提问的记者应当自报家门；每次只能提一个问题等。如果不希望媒体就一些敏感话题为难某位嘉宾，也应当事先声明。

即便如此，有些媒体还是会不顾发言人的"设限"，会对这些敏感话题穷追不舍。这在事先与嘉宾的沟通中，应当有所准备，共同商讨如何处理这类最难回答的问题。一旦提出这类问题，发言人可以出面"解围"，告诉记者应当找哪个部门或专家咨询。发言人对这些问题不应作出任何评论，因为这超越了他的职权范围。

应该事先做好后勤保障的预案。比方说，音响系统突然失灵了该怎么办？

在媒体见面会的最后，主持人应当感谢嘉宾的参与，并且告诉记者如何获得更为详细的信息。

要提前与嘉宾商量是否接受会后的单独采访。如果嘉宾的日程安排很紧，要准备特别通道或出口让他迅速离开会场，防止媒体"围堵"。如果嘉宾决定接受采访，那么其他记者就会围拢过来,这等于又举行了一场小型的发布会,在这种情况下,要确保嘉宾身旁有一名新闻官员陪同,以便对媒体进行监督,为嘉宾提供帮助。

如何安排辅助设备

新闻发布会上可以适当安排辅助设备——例如,投影、幻灯和电脑演示(Power Point),从而加强传播效果,并且安排专人负责这些设备的操作。

对于发布会展示的图表要留备份,供媒体索取。如果来不及准备(例如,嘉宾有时会即兴展示或者提及一幅图表),可以在发布会结束时告诉媒体何时给它们提供复印件。

对于所有图表、幻灯片以及电脑演示软件,要做安全检查——是否涉密、侵犯版权或隐私权,等等。

要准备设备失灵时的应急措施(例如,一旦显示图表的投影设备失灵,可以分发图表的复印件)。

其他工作

- 要对发布会进行全程的录音或录像;
- 雇用专业速记员,以便在发布会后把文字记录稿第一时间挂在网上;
- 如果发言人初次与媒体见面,或者嘉宾不为媒体所熟知,应当在背景材料中备好相关资料,包括其简历;
- 如有必要,在背景材料中还要备好本部门的情况介绍。

新闻发布会结束后,立即进行评估:

- 核心信息是否得以传达?
- 哪些问题被反复问及?
- 发言人以及嘉宾的表现如何(例如,音调、肢体语言、表达是否清晰,等等)?
- 媒体议程与公众议程(即对媒体报道和网上评论的主题框架进行内容分析)是否与发言人传递的"政府议程"一致?
- 下一次发布会的话题是什么?
- 是否有没回答清楚的问题?如果有,应该与提问者所属的媒体接触。
- 还有哪些工作值得改进?

第五节 如何处理媒体的负面报道

形象地说,负面报道或评论会把当事人气得将报纸撕碎、遥控器扔掉,或者猛敲电脑键盘或 iPad,准备跟这些不负责任的专业媒体或公民记者拼个你死我活。《财富》杂志的主编谢尔曼说得好:"向媒体宣战,虽然听上去很诱人,但实际上却是一场无法打赢的战争。"[①] 换言之，政府应当采取有理、有利、有节的策略来应对这些负面报道，尽量避免正面冲突。从情感上说，公众在不明就里的情况下，感情的天平通常会倒向媒体一边。因此，与媒体发生正面冲突只能使政府的形象受损。在处理负面报道时，新闻发言人应当做到以下几点。

1. 冷静应对

前文中已经提到，新闻发言人在与媒体沟通时代表的是所在的部门或机构，而不是个人。因此，他对媒体或记者的任何反应——包括攻击性的言辞——都不再是个人行为，而是体现了所在部门或组织的立场。所以，对任何新闻报道——尤其是负面报道——发表评论时应该格外慎重。在社交媒体日渐普及的今天，官方微博、微信的维护者同样要以发言人的专业水准和职业态度来要求自己。[②]

应当指出的是，我们在此所说的负面报道不是指新闻专业主义秉承的"舆论监督"或"看门狗"式报道（watchdog journalism）。这种深度调查报道以事实为依据，以客观、公正为原则，对监督政府工作和净化社会风气起到了积极的作用。对于这样的负面报道，政府部门应当诚心诚意地接受，对本部门的工作作出相应的改进，这显然已经超出了发言人或新闻官员的职责范围。

新闻发言人和新闻官员需要处理的往往是那些不负责任的负面报道。从新闻从业人员的角度来说，他们在市场竞争的压力下逐渐接受了西方新闻商业化运作的一些理念。这些理念可以形象地表述为："坏消息才是新闻"（bad news is news）、"流血事件才能上头条"（bleed to lead），等等。这就导致了他们将一些负面因素加以放大和渲染，人为地制造出耸人听闻的"效果"，从而提高新闻的"卖点"。此外，为了能够赶在截稿期限前抢到"独家新闻"，媒体机构的主管往往会给记者施加巨大的压力，这就导致他们在事实没有完全调查清楚的情况下匆忙发稿。

只要发言人多从媒体和记者的角度考虑，他就能够以较为理性的方式对待这些负面报道。相对于媒体而言，政府部门处于强势地位，公众感情的天平更容易趋向于弱者。"得理让三分"，这不是说政府在不负责任的报道面前"忍气吞声"，而是说应当采用一些技巧和策略来消解其负面影响。

2. 分析形势

与该记者及其所属媒体关系怎样？

事先查对本部门的媒体档案，确认以前是否跟该记者或媒体打过交道？如果没有，不要匆忙打电话去联络。按照公共关系学上的说法，最好不要打这种突然袭击式的"冷

[①] G. Rodman, *Mass Media Issues: Analysis and Debate*, Chicago: Science Research Assoicates, 1981: 19.
[②] 有人使用"网络发言人"的称谓，从专业的角度来说并不准确，实际上他们从事的是维护官微运营的工作。

电话"(cold call),这样只会加剧冲突,无助于问题的解决。最好的方法是寻找一个值得信赖的"第三方"转达你的意见,并且附上联系方式和更多的背景材料,澄清相关事实。如果该记者或所属媒体与你直接联络,那么应当做到态度诚恳。

从哪些角度指出报道存在的问题?

接下来要做的工作是指出报道中存在的问题。最有效的方法是指出报道中不符合事实的部分。但很多负面报道的事实基本无误,但记者的"视角"——立场和观点——出了偏差。有人曾经对西方媒体对中国的报道做过形象的比喻:如果中国有七朵鲜花,三堆垃圾,那么西方媒体通常只报道那三堆垃圾。对于这种"偏见式"报道,我们不能采用"扣帽子"的方法:"你的报道是失实的、耸人听闻的和不负责任的",这类空洞的指责只能招致对方的反感。我们应当选取一些合适的角度指出报道中存在的问题。

从"公众利益"的角度:记者和媒体并不是为政府做公关工作,大家都应当以事实为依据,以公众的利益为准绳。在与记者交换意见时要从"公众利益"的角度入手,指出其报道不符合公众利益的部分,这样才会更有说服力。

从"平衡"原则的角度:对于一些有争议的主题,记者在报道中应当坚持"平衡"的原则——用同等的篇幅对两种截然对立的事实或意见作出报道。看看记者是否做到了这一点。如果他的报道存在"偏见",而且这种"偏见"对你所在的部门不利,那么应当向他指出这一点。

除了正面回应以外,是否还有其他的选择?

除了正面回应,我们还可以考虑采用其他方法来应对负面报道。媒体公关的策略之一是让一条好消息很快传播,这样就能让另一条坏消息更快地被人遗忘。同时也不会给公众留下试图掩盖"家丑"的印象。无论是正面的还是负面的报道,政府部门都应该给公众留下这样的印象:政府部门只相信真实的报道。如果一篇负面报道在大的方面基本符合事实,只是有一些小的细节上的出入,那么你应当权衡一下是否值得跟记者和媒体"较真儿"?比较明智的做法是不加任何评论,让这篇报道自生自灭。如果你在一些枝节问题上与记者争论不休,那么实际上正好强化了媒体"放大异见"的功效,反而会让记者借机炒作,不利于树立政府的形象。

3. 决定采取行动

如果在对形势作出分析后,你决定要对负面报道采取行动,那么你应当把这个过程视为与媒体进行的一场"谈判"或者是"博弈",心中应当有一个最高目标,同时也有一个最低目标。以下这些方案可供选择:

要求撤销或更正

当你有充足的证据证明报道中出现了重大的错误,可以要求媒体立即更正。如果原来的报道登在头版,那么你可以要求撤销或更正报道的声明也要刊登在同样的位置。

虽然媒体主管一般不会接受这样的要求，但至少可以引起他的重视，不会把声明登在"报屁股"之类的角角落落里。

要求刊登后续报道

如果原来的报道中忽略了你的观点，或者对此作了不准确的报道，那么根据"平衡"原则，你可以要求媒体补发阐述你方立场和观点的后续报道。你可以为记者提供一些新的信息，建议他采取一个新的角度，从而做出全面的报道。但是，不要硬性要求记者采取一个与原来报道完全相悖的角度。如果那样做，记者实际上等于自食其言，从而会失去读者的信任。应当本着与记者合作的态度，既坚持自己的立场和观点，同时也给记者留有一定的余地。

要求道歉

如果报道中的错误完全是由于记者的疏忽造成的，而这一错误并未危及政府部门的声誉或是个人的生命的话，那么你可以尽量表现得宽容一些，让记者在电话中道歉就可以了。这种做法可能会产生"投桃报李"的效应，你可以趁此机会与记者建立合作关系，以便将来能产生更多如实的正面报道。如果双方能够建立起这种合作关系，那么下次再有负面报道，记者一般会与你联系进行核实。

要求存档

如果媒体刊登了更正声明，你还应当要求它们存入媒体档案中。如果忽略了这一点，同样的错误（尤其是事实方面的）还会再度出现。这种事情记者不可能记得每一次都更正。如果日后他还作同一题材的报道，很可能会查阅档案。因此，你不仅要求媒体刊登更正声明，而且还要检查它们是否已经存档，以免再次出现类似的错误。

要求亲自阐述己方的立场和观点

出面阐述己方观点，驳斥不实的负面报道也是一种有效的对策。你可以亲自执笔用读者来信的方式阐明己方观点，或者撰写特约评论员文章，要求刊登在报纸的"观点·言论"版，也可以要求广电媒体做专访节目。在1999年5月发生的美国轰炸中国驻南联盟使馆的事件后，面对美国媒体"一面倒"的报道，时任驻美大使的李肇星亲自执笔给《华盛顿邮报》总编写信，并主动联系CNN、ABC等广电媒体，安排专访，阐述中方的立场和观点，收到了很好的传播效果。需要注意的是，无论是写文章还是接受采访，都要做到言简意赅，切中要害，以理服人。一定要把自己的主要观点放在开头部分。编辑通常会以篇幅或时间限制为由进行删减，而他们一般会保留开头部分的内容。这样，你的主要观点才会被传递给受众。

4. 与合适的人进行沟通

媒体方面报道后，要联系合适的人交换意见。前文中已经说过，如果是初次与媒体联系，最好能够寻找"第三方"作为中介。即便是与媒体直接联系，也不要想当然地直接与总编或主管联系。一般情况下，应该根据新闻媒体运作的流程，自下而上地与各部门进行沟通。

先与记者本人进行交谈

应当搞清记者作出负面报道的实际情况和真实意图。有时候，记者原来的报道是客观公正的，但值班编辑做了删减，使报道带有偏见，或者为了追求轰动效应对原来的报道进行调整。很多情况下，记者本人对这些改动都蒙在鼓里。因此，在决定对负面报道采取任何行动之前，要首先与记者进行沟通，倾听他的回应和解释。

如有必要再逐级联系

如果记者本人表示对此无能为力，那么再联络新闻编辑或制片人。如果问题还得不到解决，再逐级上升到总编或主管那里。

联系其他媒体

如果你对记者乃至其所属的整个媒体的新闻理念和职业道德产生了怀疑，那么沟通就没有必要继续下去。你可以考虑与同类媒体或是影响力更大的媒体联络。需要注意的是，你所做的不是引发媒体之间的相互攻击，而是要在媒体的帮助下，以更具说服力的报道来赢得舆论的支持。

直接影响公众

如果该负面报道有较为明确的目标受众，还可以考虑通过在社区中发放新闻简报、举办公众开放日或召开小型通气会等形式（详见本章第六节）直接在公众中消除负面影响。公众在得知真实的情况后，会自发地以读者来信、打电话的形式向媒体反映自己的意见。另一个途径是联系民间意见领袖，通过社交媒体影响民意。这样一来，刊发负面报道的媒体会受到强大的公众舆论压力，与政府部门直接出面与媒体联络的做法相比，这样做往往能收到更好的传播效果。

5. 提供有说服力的新闻稿

对负面报道最有力的反击并不是进行争辩或批驳，而是提供有说服力的新闻稿。如何来撰写新闻稿呢？具体说来，应当做到以下几点：

- 与本部门的负责人、顾问和专家协商，确定并保持同样的口径；
- 多提供正面的事实和证据，尽可能不要批驳已有的负面报道；
- 始终记住新闻稿的受众是普通读者，而不是记者或媒体；
- 始终记住你的目的是传递准确的信息，而不是与记者或媒体争个是非曲直；
- 如果合适的话，呼吁公众采取行动支持（例如，签名、打电话到媒体等）；
- 不要在新闻稿中流露对记者或媒体的不满情绪。

6. 后续的措施

应对负面报道是媒体公关的重要工作之一。无论负面报道的处理结果如何，政府部门都应当把媒体公关作为一项长期的工作来做。在社交媒体兴起的今天，对于网络泄密或谣言引发的"网络危机"，要建立完备的危机管理机制（参见附录7），并采取以下一些相应的危机传播策略：

- 要建立舆情监测机制，一旦发现不负责任的负面报道，要及时作出反应；建议以附录6中美国空军回应网络负面言论的流程为模板，制订适合本部门情况的工作机制；
- 对于那些发表过负面报道的记者或媒体，不要采取置之不理或避之不及的态度；要秉承"不打不成交"的理念，将其作为今后媒体公关的对象；
- 主动向记者和媒体提供新闻源；
- 确定一些专家、学者和民间意见领袖作为"第三方"，一旦与记者或媒体发生争执，由他们来替政府出面表达立场或观点；
- 如果合适的话，呼吁公众采取行动支持（例如，签名、打电话到媒体，发微博等）。

第六节 选择合适的传播渠道

一般来说，突发性的大型公共危机事件波及的范围较广，涉及不同的受众群体。为了能够取得有效的传播效果，政府部门应当选择合适的信息传播渠道。这些渠道包括：人际传播、群体传播、组织传播、媒体传播，等等（详见第一章第三节）。面对多样化的信息传播渠道，政府在选择合适的传播渠道时应当考虑以下问题：

- 哪些渠道与信息的内容最为契合？
- 哪些渠道最容易到达目标受众，并且能够赢得他们的信赖？
- 哪些渠道与政府的目标最为契合（例如，告知公众、减小恐惧、影响公众的态度或者改变其行为）？
- 哪些渠道与政府危机传播的规划及预算最为契合？

在本章的前几节中，我们着重探讨的是危机传播中最为常见和有效的信息传递渠道——媒体传播。但在媒介形式和资讯需求日趋多样化的今天，政府部门还应当了解并且考虑运用其他信息传输渠道，这既能更好地体现"以人为本"的人性化传播理念，又能最大限度地强化危机传播的效果。

1. 危机传播中的公共反应系统（PRS）

危机爆发后，公众除了借助大众传媒了解相关信息以外，还希望能够通过更加直接的渠道从政府部门获得信息。为了满足这种需求，政府部门应当在现有技术条件允许的情况下开通公共反应系统（PRS）。PRS系统主要是由免费的公众电话服务热线、电子邮件回复系统、手机短信、微博、微信群等所构成，能够直接、迅速地满足使用不同媒体平台的公众的信息需求。2001年10月，即"9·11"恐怖袭击事件发生后的一个月，美国开通了由联邦、州和地方各级政府部门协同运作的PRS系统。这一体系的核心就是反应迅速的免费电话热线和互动电子邮件服务，后来又逐步加入了手机短信和社交媒体互动等功能。公众可通过当地的PRS系统直接获得相关的信息服务；而联邦政府的PRS系统不直接面向公众，只为州和地方有关部门提供咨询和指导。PRS系统不仅能为公众提供应急对策（例如，在附近哪个医院或诊所可以注射疫苗），而且还提供经过联邦政府有关部门认证的有关公共健康和安全的背景知识。该系统还提供了西班牙语、汉语、阿拉伯语等多语种服务，还为有听力障碍的人士提供了特别服务。在开通PRS系统时，要开展以下一些具体工作。

- 在已有的电话热线、电子邮箱、微博、微信群的基础上进行扩容；也可为应对紧急状况专门开通一个新的免费电话和电子邮箱（该电话号码和邮箱地址应当是容易记忆的）；
- 危机期间，信息传输的业务量会呈几何级数的增长，因此必须事先做好充足的技术储备，以免出现热线被"打爆"、邮箱内存耗尽、服务器故障等现象（新浪微博出现过数据库损坏、服务器超载、黑客攻击等原因导致的系统故障；腾讯微信也出现过市政通信光缆被挖断所导致的大面积访问故障，等等）；
- 接听电话、回复邮件/微博/微信的工作人员必须受过专门训练，他们应当用简明得体的语言对来电者或来信/发帖者进行适度的安慰、提供其所需求的信息或者转由相关人员处理；
- 根据危机的进展情况，说明电话、邮件、微博、微信回复公众提问所需的时间（两小时内、二十四小时内或一周内）；
- 危机爆发前，应当事先准备好各种相关的书面材料，供接听电话和回复邮件/微博/微信的工作人员查找和使用，这些材料应当达到以下要求：
—有关各种具体的危机事件的概况和应急措施
—文字必须通俗易懂，字数控制在140字以内
—最好配有英文或其他语种（包括少数民族语言）的翻译
—其传播效果应当在小范围内测试过，能够适应不同群体的文化偏好
- 从客户满意度、反应能力、准确性等角度对此项服务及时做出评估；
- 电话热线、电子邮箱、微博、微信的管理者应当通过该渠道搜集社情民意，及时报告给危机管理的决策和指挥机构。

2. 小型通气会

小型通气会（也称"简报会"或"吹风会"）是有政府负责人、媒体主管、人大政

协委员、非政府组织或社区代表、微博大V等民间意见领袖等参加的小范围会议。它有助于政府、媒体和公众三方就危机的进展和危机管理的新举措进行有效的交流和互动，通常由政府部门的危机传播机构进行组织，由新闻发言人主持，其目的是为政府的决策获得民意的支持创立一个有利的舆论环境。这种小型会议通常不对公众开放，一般不允许记者旁听。

运作过程：

- 人数限制在 10～20 人左右；
- 确定地点，较常见的是酒店的会议室。从保密和中立性的角度考虑，通常不在政府部门或社区内召开此类会议——尤其是政府与媒体、公众有不同意见的情况下；
- 准备"详情通报""背景介绍"等文字材料或问答记录纸；
- 首先由政府负责人或新闻发言人作一个简短而正式的陈述，向与会者通报危机的最新进展以及危机管理的新举措；
- 尽量使用简明扼要、通俗易懂的语言；
- 尽量避免使用科技或专业术语、缩略语，一旦使用要加以解释；
- 对所有与会者的评论要由政府部门的负责人作出回应。

优点：

- 在向媒体和公众发布信息之前，征询各方意见；
- 为政府部门的官员和发言人直接面对媒体与公众的质询作"热身"；
- 提供各种信息和观点交流的平台。

局限性：

- 受时间和场地的限制，因此在确定与会者和组织会议时（如安排发言的顺序和控制发言的长度）有一定的难度；
- 如果一些媒体、社群或民间组织认为他们应该出席而未获邀请，他们就有可能产生消极想法或者负面影响。因此，在邀请与会者时要秉承全面、公正的原则，使与会者具有广泛的代表性。

3. 群发信件

政府部门应当考虑在受危机影响的特定社区或人群中发放专门为他们撰写的书信、手机短信或微信。这种形式有较强的针对性，同时也较为方便和快捷。

这种媒介形式最适宜传递的是直截了当、没有争议而且易于理解的信息。但如果其中传递的信息比较复杂，需要进一步的解释和讨论，那么还应当把群发信件作为小型的社区会议的辅助手段。在这种情况下，群发信件可以用来通知小型社区会议的安排、通报上次会议的情况和提供有关本次会议议题的背景情况。

运作过程：

首先，应当确定投递对象的清单，包括：

- 相关各级政府的负责人；
- 社区和民间组织的负责人；
- 受危机直接影响的社区成员；
- 其他愿意接到邮件的社区成员。

其次，着手撰写信件。群发信件应当包括以下几个部分：

- 信件首页要说明投递信件的目的、政府部门的简介和联系方式；
- 附上"情况通报"等相关的文字材料；
- 足够的邮资（用快递方式送达）；
- 摘要版和提醒查收的通知可用手机短信或微信发送。

优点：

- 简便易行、快速而经济。

局限性：

- 单向传输信息，无法进行交流和互动。

4. 传单

传单是对现在正在进行或在筹划之中的活动进行的简单介绍。只要有新的信息可以向公众披露，就可以考虑散发传单。

主要功用：

- 介绍本部门及其职能范围；
- 对危机发展的最新动态作出解释；
- 指导社区成员进行展开危机自救和危机期间的预防工作；
- 发布政府部门新的举措；
- 适宜在社区集会等公共场合散发。

传递信息的种类包括：

- 解释危机事件的诱因；
- 采取具体应对措施及其时间表；
- 健康问题或症状的描述；
- 提供有关保障公众健康和安全的"行动信息"；
- 引导公众如何参与危机管理；
- 附上联系人姓名和电话号码。

操作规范：

- 选择简洁的格式；

- 语言简明扼要——避免使用术语、缩略语或者技术用语；
- 提供事先准备好的信息（例如，新闻公报、新闻通稿、发言稿和发言人的简历）。

优点：
- 提供了最为重要的事实和问题；
- 为进一步讨论提供背景知识。

缺点：
- 单向传递信息。最好与会议等形式结合起来使用；
- 在准确传递专业性信息的同时，确保语言通俗易懂，这对撰写传单者的专业知识、表达能力和时间把握要求较高。

5. 新闻简报

新闻简报是面向社区成员的新闻公告，主要告知社区成员危机最新进展和政府、社区与危机管理有关的各项活动。它与群发信件和传单不同之处在于：后两者是以事先准备好的相关资讯为主，带有极强的目的性；而新闻简报突出的是及时报道的事件和进展情况。其发行方式较为灵活：可以随群发信件一起投递，或者在社区会议或小型会议上散发；或者放在社区的公共场所供人取用。

新闻简报的主要内容：
- 危机的最新动向；
- 政府部门和社区开展的相关活动及采取的对策；
- 政府部门和社区计划开展的活动和将要采取的对策；
- 有关公众健康和安全问题的常见问题及其解答；
- 常见的问题及答案；
- 政府部门、社区以及其他必要的联系方式。

版式设计：
- 使用通俗易懂的语言；
- 运用醒目的标题，尽量模仿报纸的版式，运用不同的表格、线条、字体和其他形式，使之更能引发读者的阅读兴趣；
- 长度限定在4页内，可以做成32开对折的小报形式；
- 及时搜集读者的反馈意见，设立"读者回音"之类的专栏；
- 如果条件允许，可以使用两种颜色印刷。

优点：
- 可向社区成员及时通报政府的工作成果；
- 可以成为社区成员保存和随时查阅的档案。

缺点：
- 新闻报道所选取的角度有可能会引发社区成员的异议，有可能起到适得其反的传播效果；
- 虽然设立了"读者回音"一类的专栏，但并不能及时回复读者的问题。

6. 展览

展览运用图表或者照片等视觉展示手段，以公众喜闻乐见的形式帮助他们获得有关危机的一些知识和了解到一些必要的应急措施。展览最适宜运用到诸如"非典"这类持续时间相对较长、科技和专业知识含量较高的危机传播中，也适用于危机处理的任何一个阶段中。

运作过程：

首先，要确定受众对象，具体包括以下人员。
- 关注危机事件的公众；
- 记者和媒体工作人员；
- 其他政府部门的工作人员。

其次，要确定展览的主要内容，具体包括以下方面。
- 对危机状况的简介；
- 历史上出现的类似的危机简况；
- "行动信息"——建议公众采取的应急措施和对策；
- 政府、社区和其他组织可以提供的帮助。

最后，在具体操作过程中，注意以下几个问题。
- 选择人流量大的公共场所，例如图书馆、会议大厅或者购物中心；
- 准备几块临时性的展板，便于到各社区巡回展出；
- 多用图表和照片，尽量少用文字说明；
- 内容与版式设计要匹配（例如，严肃的内容不应配上漫画或过多的装饰）；
- 标题和版式设计要醒目；
- 安排工作人员来解答问题，搜集公众意见。

优点：
- 容易引发公众关注，老少咸宜；
- 利用视觉冲击力给观众留下深刻的印象。

缺点：
- 单向传输信息，无法形成互动和交流。

7. 公众开放日

公众开放日（亦称"公众接待日"）旨在为政府和公众进行人际传播搭建平台，通常是在政府部门作出重大决策之后，或在危机得以解决之后进行。

运作过程：
- 确定合适的时间和地点。为增加出席人数，可选择晚上或周末的时间，或者公众较为熟悉的地点（例如，公园或市民广场）。
- 遵循人际传播的原则，尽可能安排面对面的直接交流。要保证每个参加者都有机会与政府部门的工作人员交谈。大体说来，一个工作人员最多与20名参加者交谈，能够营造出随意而轻松的人际传播环境，避免出现工作人员向大批公众讲话的局面。因此，要对实际参加人数有所估计，必要时采取一些措施（例如，分批入场等）。
- 至少提前两周公布开放日的安排。可通过报纸、电视、广播、网站、微博、微信等媒体平台，以及社区、民间组织等的传播渠道公布公众开放日。
- 准备一些展板和文字资料，便于公众了解更多的情况和提出问题。
- 如果该部门的工作中科技和专业含量较高，最好能配备一两名专家作现场咨询。

优点：
- 可最大限度地提供面对面的交流和互动机会；
- 有助于建立政府部门的信誉和亲和力。

缺点：
- 需要大量的准备工作，人力和财力的投入及传播效果有时会不成正比。

第六章　新闻发布的机制建设与新闻发言人实务

新闻发言人是政府、企业等组织的形象代表，与媒体和公众直接进行沟通，他或她的出现使原本高高在上的政府部门一下子变得鲜活和亲切起来。建立新闻发布机制、设立新闻发言人是贯彻"人性化传播"理念的一个具体体现。在危机传播中，新闻发言人可以说是最为重要的一个环节。危机传播中的理念、原则、构想和相关人员做出的种种努力最终都要通过发言人得以体现。美国白宫发言人马林·菲茨沃特曾经做过一个比喻：好的发言人能够使政府与媒体、公众之间的紧张关系像水蒸气一样地蒸发掉。[①]

无论是在我国还是西方，新闻发言人制度经历了一个相当长的发展过程。从历史上看，它与各国政治、经济、社会和文化发展及演变是紧密联系在一起的。在导言部分，我们对我国政府全面建立新闻发言人制度多年来的经验和教训进行了总结与分析。在本书前面的各个章节中，我们也从各个不同的角度探讨了新闻发布的一些基本理念和技巧。它们对于政府、企业等组织的新闻发言人来说也是同样适用的。作为危机传播中的核心人物，新闻发言人承担着一些特殊的使命，因此在传播理念和技巧上也有一些独特之处。笔者把"新闻发言人"放在本书的最后一章，期望这种布局谋篇的方式能够让读者体会到发言人身上所体现出的普遍性和特殊性的统一。有鉴于此，本章将从制度、职能、形象和语言等几个方面探讨有关新闻发言人的基本理念和操作实务，讨论的重点将放在危机传播中新闻发言人的职能、形象、言语及非言语传播技巧等几个方面。应当指出的是，本章虽然是以新闻发言人为切入点，但所介绍的策略和技巧对各级政府官员、企业高管提升其媒体素养和沟通技巧也具有一定的启发意义。

[①] M.H. Sullivan, *A Respobsible Press* Office: An Insider's Guide, U.S. Department of State, 2011: 3.

第一节　中国新闻发布的历史沿革

中国官方层面的新闻发布活动迄今已有百余年的发展历史，在1912年出版的《申报》中便有对当时政府新闻发布活动的记录。当年10月26日刊登的一则报道写道："总统府秘书长梁士诒招待中日新闻记者于德昌饭店开晚餐会。"[1] 从历史档案中可知，北洋政府和国民政府在北京、南京等地经常举办不同规格的新闻发布会，[2] 这说明在近代中国，新闻发布便已成为官方对外发布信息的重要手段及渠道。

中国共产党的早期领导人十分重视新闻发布活动的重要性，1921年的中国共产党一大便将对宣传工作的论述纳入大会决议当中。其中提出："无论中央或地方的出版物均应由党员直接经办和编辑。任何中央地方的出版物均不能刊载违背党的方针、政策和决定的文章"，初步确立了"党管媒体"的制度。[3] 建党初期，我党的新闻发布主要目标在于动员广大民众参与革命当中，很大程度依赖当时的先进知识分子、学生和社会团体的自发行为。[4]

从1935年到1948年的"延安时期"是我党新闻发布工作获得实质性发展的时期，这一阶段，党的各级领导干部对于新闻发布工作重要性的认识也更加深入，在新闻发布工作的组织工作上也愈发成熟，尤其是主要领导人亲自参与到新闻发布活动当中，通过接受外国记者采访、发表署名文章等方式对外发声，将中国共产党的先进理念和艰苦奋斗的精神以新闻报道及出版物的方式向世界广泛传播。

延安时期，新闻发布工作的创新表现在形式的多样化上。其原因在于，当时我党不仅在延安、西安等地开展新闻发布的实践，在重庆、广州等地分布的分支机构也在积极与外界进行沟通和联系。前后方地理空间上的相互呼应使得延安时期我党的新闻发布工作呈现了立体化、多样化的格局。

总体来看，延安时期的新闻发布工作大体可以分为三类：其一是以记者专访为主的新闻发布。20世纪三四十年代，史沫特莱、斯诺、卡尔逊等记者来到延安和陕甘宁边区，毛泽东、周恩来、朱德等领导人在这一时期接受部分外国记者的专访。这些记者将访谈整理成稿后以新闻稿和书籍的形式向海外传播我党声音，成为当时世界了解中国红色根据地的主要信息渠道。

二是建设常态化新闻发言人制度。抗战期间，我党在重庆设立办事处，不定期举

---

[1] 《中日新闻记者招待会纪事》，载《申报》，1912-11-02，第3版。
[2] 《国务院招待报界之茶话》，载《申报》，1916-08-03，第6版。
[3] 中国社会科学院新闻研究所编：《中国共产党新闻工作文件汇编（上）》，北京，新华出版社，1980。
[4] 周庆安、刘勇亮：《百年语境下的中国共产党新闻发布史研究》，载《新闻与写作》，2021（7）：8-85。

行新闻发布会，并将此项制度固定下来。在新闻发言人团队建设方面，以周恩来为代表，廖承志、范长江等人所组成的发言人团队成为我党培养出的最早的一批新闻发言人。在国共和谈时期，中国共产党在办事处举办新闻发布会，新闻发布制度开始成为一种不定期的信息公布机制。时任中共南方局书记的周恩来在南京梅园新村时常举办新闻发布会，并约见来自海外的记者建设了常设化新闻发言人制度。①

三是特稿形式的新闻发布，包括领导人亲自撰写的书面新闻发布，最典型的是《告××书》一类的公开信。尤其是抗日战争胜利后，中国共产党的新闻发布开始采用"特别署名"的形式进行发布，这一时期，新华社的报道中经常以"中共发言人"为名义进行对外发布。其中，毛泽东以"中共发言人"名义在新华社分别播发了《国民党进攻的真相》(1945年11月5日)、《中共发言人就和谈问题发表谈话》(1949年1月26日)，以及《中共发言人声明拒绝甘介侯来平》(1949年2月7日)等文章。这种以"特别署名"形式开展的新闻发布工作在确保权威性的同时也彰显了领袖的个人魅力，是我党早期极具特色的一种新闻发布形式。②

从1949年新中国成立到20世纪70年代末，新闻发布工作主要是为党和国家的对外宣传服务，由外事部门负责，党和国家领导人亲自承担新闻发言人的职能。最为典型的是周恩来总理出访亚非拉国家时的记者招待会，以及1965年陈毅副总理兼外交部长在人民大会堂召开的中外记者会等。

新中国成立初期的新闻发布工作主要面向外交场合，服务于"广交朋友"的战略需要，在万隆会议(1955)、日内瓦会议(1954)等多个国际重要场合向世界展示新中国的形象，在"中国重返联合国合法席位""尼克松访华""中美建交"等重要历史节点都扮演了重要角色。从历史上看，我国的新闻发布制度随着国家战略需求与历史环境的变化而逐步建立和完善，也成为中国对外交往和对外宣传工作的重要组成部分。③

20世纪70年代末，中国进入改革开放的"新时期"，随着市场经济的发展及现代化的发展，新闻发布工作的改革也提上日程。外交、外贸等涉外领域建立了不定期的新闻发布机制，在个别界次的"两会"期间也召开了小范围的新闻发布会。1983年3月1日，外交部正式宣布建立新闻发言人制度。1983年4月23日，中国记协首次向中外记者介绍国务院各部委和人民团体的新闻发言人，标志着我国建立了专职化、规范化的政府新闻发布制度。④

由于当时历史条件的限制，这项制度仅在外贸部等涉外部门和个别界次的两会期

---

① 罗忠敏、刘汉峰:《新民主主义革命时期党的新闻发布制度研究》，载《北京党史》，2012 (6): 25-28。
② 孟建、林溪声:《中国共产党新闻发布活动的源与流》，载《对外传播》，2011 (7): 43-44。
③ 周庆安、卢朵宝:《新中国成立初期新闻发布活动的历史考察》，载《新闻与传播研究》，2009, 16 (4): 80-84。
④ 周庆安、卢明江:《从新闻发布管窥中国共产党百年政治传播观念变迁》，载《青年记者》，2021 (12): 21-23。

间实施，并未形成政府部门全覆盖和常态化的机制。这一时期的新闻发布工作以政策发布为主要框架，服务于党中央重点议题的议程设置，包括在突发事件中为新闻界把握方针，引导公众情绪。

进入20世纪90年代，中国举办了亚运会并加入WTO，改革开放也深入推进。这一时期也是中国媒体快速发展时期。在中央外宣办和国务院新闻办"一套人马、两块牌子"的工作指引下，以国内及社会议题为关注重点的新闻发布工作日渐增多，新闻发布随之成为统合外宣与内宣的重要机制之一，逐渐进入政府工作的全局性规划当中。各级政府部门通过新闻发布活动向世界传递中国声音，也成为提升社会治理现代化能力的重要手段。

2003年暴发的"非典"促成了中国政府新闻发布制度的全面推进。经过20多年来的建设和完善，形成了"党政全覆盖"的格局，建立起了全世界最大规模的政府新闻发布体系。这一段历史沿革在本书导言部分已经作了详尽阐述，此处不再赘述。

第二节　新闻发布机制的建设和新闻发言人的设置

从广义的范围来说，新闻发言人是负责为各种团体、组织、机构和个人发布新闻和传递信息的使者，属于传播学所说的"信道"这一环节。本书中重点讨论的是为政府部门工作的新闻发言人。需要强调的是，新闻发言人是一项专业性很强的工作。从国外的经验来看，合格的新闻发言人都有在政府和媒体长期从事相关工作的经验，都接受过新闻学、传播学（包括大众传播学、人际传播学、组织传播学、跨文化传播学）、政治学、社会心理学、语言学、修辞学和管理学等方面的专业教育。

从1929年（即胡佛总统执政期）至2023年（即拜登总统执政期），白宫共任命了36位新闻发言人（官方称"新闻秘书"，即Press Secretary），这些新闻发言人多有媒体和政府任职经历，对于媒体行业和政府单位的新闻工作流程都较为熟知，他们多数来自全美各大主流媒体，其余则多在各州政府有过任职。

具有从事新闻记者和政府部门传播主管的"跨界"工作经历的也有5人。其中最具有代表性的是2011年1月起担任白宫新闻发言人的杰·卡尼（Jay Carney），他曾经担任《时代》周刊华盛顿分社社长，负责小布什政府的报道，并获得白宫报道的最高荣誉"福特奖"。他也为CNN等电视机构工作，也是最早使用博客的专业记者之一。离开新闻界后，他担任拜登副总统的传播主管。由此可见，"跨媒体"和"跨界"业已成为全媒体时代新闻发言人的专业资质与核心竞争力（详见本书附录6）。

除了媒体经验之外，新闻发言人还应当承担传播团队领导者的角色，因此还要具备一定的管理才能。新闻发言人身后应当有各级领导的支持和传播团队的保障，这样才能确保其开展有效的工作。他所领导的传播团队承担着搜集舆情、撰稿策划乃至于新闻发布会的后勤保障等工作，没有这些幕后工作，身处台前和聚光灯下的发言人是不可能有出色的表现的。

美国政府部门的新闻发言人虽然没有正式的官衔，但他可以列席该部门决策层的会议，对高层决策有着通盘的了解，与决策层和各部门一起商议新闻发布的口径。发言人与总统之间形成了"形影不离"的关系，有时候还要为他付出生命的代价。曾经为里根总统担任新闻发言人的拉瑞·斯派克斯（Larry Speakes）似乎就是为这项职业而生的，因为他的姓"斯派克斯"在英文就是"说"或"发言"的意思。白宫新闻发言人也要随时为总统献身，1981年3月30日里根总统遇刺，陪伴在侧的白宫发言人詹姆斯·布罗迪（James Brady）头部中弹而导致瘫痪。为了表彰他的功绩，白宫新闻发布厅以"布雷迪"命名。

1913年3月，威尔逊总统建立了白宫新闻发布制度，是世界上首个正式建立的新闻发布制度，他在任4年共举行了132场新闻发布会。他之后的16位总统沿袭了这一机制，至今已经走过了百年的历程，形成了世界上历史最为悠久、具有一定示范和借鉴意义的政府新闻发布机制。

威尔逊总统设立的一些法则直到今天还在被沿用，在此试举几项：（1）新闻发布会由他一个人唱"独角戏"，向选民充分显示他的自信心和执政能力；（2）新闻发布会对所有媒体开放，把一部分名额用抽签方式留给未经挑选的媒体和记者；（3）总统把记者当作重要的合作伙伴，用他自己的话来说就是"对记者敞开部分心扉"，对一些"敏感"问题可以进行"不得公开发表"（off-the-record）的深入交流，以便于记者更为深入地了解总统的真实意图，从而增进白宫与媒体、公众之间的理解和信任。

从总体上看，白宫的新闻发布制度是向公开透明的趋势发展，借助于媒体技术的演进而逐步走向专业化和常态化。1933年在美国面临经济危机时临危受命的富兰克林·罗斯福总统在首次新闻发布会上就宣布，记者今后无须再事先提交问题，可以临场自由发问。他在广播兴盛的时代创立了"炉边谈话"，建立了总统每周发表广播讲话的制度，向美国人民进行政策的宣示成为一种常态化的机制。此项制度沿用至今，由于新媒体的兴起，奥巴马总统每周广播讲话的音频已经改由白宫网站和社交媒体平台发布。

1953年12月起，应艾森豪威尔总统的要求，白宫开始向媒体提供新闻发布会的全文记录稿和录音带，并于1955年1月19日首次实现了白宫新闻发布会的全程电视直播。肯尼迪充分借助于这一新兴媒介施展他的个人魅力。为了让更多记者出席，他把新闻发布会由只能容纳几十名的白宫发布厅搬到了可以容纳500人的国务院礼堂里进行。奥巴马把社交媒体引入了新闻发布会机制的改革当中。他把以社交媒体为平台的微发布、微访谈作为对传统新闻发布的一种有益补充。像2011年7月6日举行的"微博市民大会"就是一个典型的例子。推特网站以"我问奥巴马"向网民征集了11万个问题，由白宫团队进行选择，奥巴马现场回答，再由专业人士将其改写为140个字的"微博"进行发布。

经过近百年的发展，新闻发布会已经成为美国总统与媒体、公众进行有效沟通的重要平台，形式也更为多样。美国学者库马尔的研究印证了这一点（见表6.1）。在近40年来执政的7位总统当中，威尔逊总统开创的"独角戏"型的新闻发布会越来越少见，美国总统与来访的外国政要或其他各界人士联合举行新闻发布会成为一种新的模式，占据各美国总统召开新闻发布会的一半以上。这显然是由于"冷战"结束后，美国总统希望通过这种联合发布的形式显示美国的影响力，同时也降低自身的压力和风险，这一点在对外政策遭到最多批评和质疑的小布什总统身上表现得最为突出，他在任8年期间召开的新闻发布会中有167次都采用了"联合发布"的方式。另一个值得注意的倾向是，由于互联网和社交媒体的兴起，"人人都是记者、人人都是发言人"成为新闻传播的常态，新闻发布从传统的"一对多、点对面"的模式逐渐演变为"一对一、点对点"的模式，"我说你听（观看或记录）"型的单向信息发布逐渐让位于双向甚至于多向的互动与交流。因此，号称"互联网总统"的奥巴马仅在第一个任期内就接受了近700次媒体专访，其中一半以上是有脸书/推特等社交媒体参与的"微访谈"。这一趋势在之后特朗普上任后更加明显，特朗普的执政风格被称为是"推特治国"。

表6.1 美国总统与媒体进行互动的形式和次数（1981—2023）[①]

时间/具体形式	新闻发布会总计次数（含联合发布的次数）	每年平均召开次数	媒体访问次数
拜登任期（2021—2023）	28次（含16次）	11.2次	340次
特朗普任期（2017—2021）	88次（含44次）	22次	710次
奥巴马任期（2009—2017）	163次（含95次）	20.38次	201次
小布什任期（2001—2009）	210次（含157次）	26.25次	472次
克林顿任期（1993—2001）	193次（含131次）	24.13次	401次
老布什任期（1989—1993）	142次（含46次）	35.5次	350次
里根任期（1981—1989）	46次（含0次）	5.75次	401次

[①] Presidential News Conferences, https://www.presidency.ucsb.edu/statistics/data/presidential-news-conferences.

本书统计自里根政府到拜登政府（节点为 2023 年 8 月）的新闻发布会召开情况（见表 6.1），其中"新闻发布会"是指总统本人独自面对记者回答问题；"联合新闻发布会"是指总统与来访的外国政要或其他高级官员联合举行的新闻发布会；"媒体访问"通常与其他会议或活动同时发生，一般是在总统从一个地点移动到另一个地点并停下来接受记者提问，或者总统也可以在部分场合讲话结束时回答记者的问题，时间约在 5~10 分钟，也称"站立式"访问。需要注意的是，拜登只有 3 年的统计数字，虽然一些项目的绝对数字有差距，但从频次和比例来看所有指标都少于其前任。相比之下，美国前总统小布什在新闻发布会和媒体访问平均次数上表现最佳，美国总统特朗普在接受媒体访问次数上表现最好。两党对比方面，共和党总统表现更佳。

进入 21 世纪，互联网和社交媒体的崛起改变了公众的新闻接受习惯，白宫新闻发布制度和实践也呈现出若干新的特征。克林顿任命了白宫历史上第一位女性新闻发言人迪·迪·迈尔斯，拜登则任命第一位黑人女性新闻发言人卡里娜·让-皮埃尔，这说明新闻发言人的人选也在成为美国政府的"风向标"。小布什多采用"联合发布"的形式，与来访的外国政要或其他政府官员以及各界人士共同会见记者。奥巴马减少了出席传统形式的新闻发布会次数，大幅增加了在互联网和社交平台上进行信息发布的频率，在脸书、推特上接受"微访谈"，等等。白宫新闻发布厅在小布什总统任内也经历了一番彻底的革新改造。翻修后的新闻发布厅设置了更宽更高的座椅，每个座席还加装了扩音器和手持式麦克风。发布厅后方划设了专门的电视录制区域，发言人讲台背后也加装了交互式的多媒体显示屏。发布厅的基底——白宫游泳池的原址——被用来布设支持新闻发布会运作的电缆和电子设备。这些硬件上的提升显然是为了更好地适应新媒体时代的需求。2007 年 7 月 11 日，小布什总统亲自为装修一新的布雷迪室剪彩。

特朗普上任后，美国总统与媒体进入了前所未见的"怒怼"时代，这位"推特总司令"似乎不再需要一个与之作对的白宫记者团与公众进行沟通了。于是，有着将近 50 年历史的白宫新闻发布厅陷入了岌岌可危的境地。2017 年 1 月 15 日，在距离特朗普宣誓就任美利坚合众国总统不足一周的时候，候任白宫办公厅主任的普里伯斯接受美国广播公司采访时透露，特朗普的过渡团队正在讨论是否把新闻发布厅搬出白宫，另择新址。他给出的原因是，仅有 49 个座席的白宫新闻发布厅容量有限，无以承载更多来自全国各地的媒体记者，计划中的发布厅新址将提供 4 倍于现行场地的席位。但明眼人都能看出，这显然是要终结那个有着百年历史的、由传统主流媒体精英组成的"白宫记者团"的特权，让更多支持他的地方媒体和社交网站加入白宫报道队伍。果不其然，这个以"扩容"为借口的发布厅迁徙计划引起了轩然大波。人们担心，由于特朗普与传统主流媒体关系紧张，新闻发布厅迁出白宫意味着每日新闻发布会的传统就此终结。

在新闻界的一片反对声浪中，特朗普最终作出妥协，放弃了将新闻发布厅和白宫记者团迁出的计划，代之以对参加白宫新闻发布会媒体资格的限制。他在接受福克斯新闻网采访时表示，"有太多想进入（新闻发布厅）的人，所以我们得作出筛选"。在2017年2月24日的白宫新闻发布会上，特朗普的首任新闻发言人肖恩·斯派塞就将《纽约时报》、美国有线电视新闻网、《洛杉矶时报》、"政界"（POLITICO）网站等精英主流媒体的记者排除在外，发布会的场所也由白宫新闻发布厅临时调整到斯派塞本人的办公室。

相比于其前任，拜登政府是21世纪之后召开新闻发布会最少的美国总统，这与其任职期间美国经济表现不佳有关。召开新闻发布会被白宫认为是一种存在"风险"的沟通方式，况且拜登的健康状况一直以来令人担忧，他在接受媒体采访时经常"失言"，时常导致"次生危机"，例如，拜登曾在媒体采访时隐晦提到俄罗斯对乌克兰的"小规模入侵"是可以接受的，这与美国官方说辞相悖，迫使白宫删除了他的言论。2021年，拜登在接受美国广播公司（ABC）主播（George Stephanopoulos）采访时表示，从阿富汗撤离期间将无法避免混乱，此举招致国内外舆论的批评，也因此白宫对拜登的新闻发布采取了更为保守和谨慎的态度。

拜登执政第一年，共举行了10场新闻发布会。其中大多数内容都是他宣读准备好的讲话内容，不接受记者的即席提问。为了弥补这一缺憾，拜登政府以发布新闻特稿等方式发布新闻。2023年他也"与时俱进"地接受了优兔上的美妆博主曼尼·穆阿（Manny MUA）的访谈，并且邀请抖音海外版（TikTok）的"十大网红"访问白宫，以此拉近与Z世代选民之间的距离。

虽然有"特朗普因素"的短期影响，但白宫新闻发布制度并未出现根本性的变化。从机构设置来看，白宫在办公厅的常设机构"传播部门"（communications department）来负责处理政府、媒体和公众三者之间的关系，进行有效的公共传播。"传播部"由"新闻办公室"（Press Office）和"传播办公室"（Office of Communications）组成。"新闻办公室"主要负责白宫的新闻发布工作。"传播办公室"则又被细分为以下一些职能部门："媒体关系处"负责与媒体的沟通和关系管理；"研究室"负责舆情研判和传播战略的策划；"演讲稿写作组"负责总统演讲稿的撰写。

新闻办公室的主管就是我们经常在媒体上见到的白宫新闻发言人，也是对外新闻发布的"代言人"，其人选的种族、性别构成一直受到公众关注。这一职位的正式职衔是"总统新闻秘书"（Presidential Press Secretary），在白宫官方网站上专门设立了"新闻办公室"的网页。就新闻发布工作而言，新闻办公室的主要职能是对新闻发布会主题的策划、新闻通稿的撰写，接受媒体的垂询等实质性的工作。而传播办公室负责舆情研判、联络媒体、发布会的安排和后勤保障等事务性工作。

为了使新闻发布和媒体沟通机制化与常态化，美国政府从1914年起设立了"白宫记者协会"（WHCA），在此基础上成立了更为规范化和专业化的"白宫记者团"（WHPC）。当总统换届时，记者团的名单也要作出相应的调整。"白宫记者团"是一个松散的行业组织，其成员保持其独立性，不接受来自白宫的任何资助，自愿加入或退出。2013年7月20日去世的海伦·托马斯先后为美联社和赫斯特新闻公司报道白宫长达57年，她是"白宫记者团"的资深成员，在发布厅第一排中间的专属座位上向历任10位总统发问，有"总统折磨者"之称。多位总统在白宫新闻发布厅亲自为她庆祝生日，但也因为激烈批评小布什总统，而被后者"冷冻"了3年之久，不给她任何提问机会。①

随着社交媒体的兴起，"微发布"成为白宫新闻发布的重点领域之一。自奥巴马上任后，白宫设立了与"传播处"平级的"数字战略办公室"（Office of Digital Strategy），专门负责网站（包括白宫官方网站和搜集民意的"我们人民"网站）、博客、微博等新媒体传播的运作与维护。在推特中，美国总统有自己专属的微博认证账号，是整个推特之中最有影响力的政治领域账号。

目前，白宫的行政机构共设立了由15个部门，每个部门都设立一名兼职的新闻官或联络员，与专门负责新闻发布工作的"传播部"进行对接。白宫新闻秘书有权列席所有部门召开的各种会议，经总统授权可以列席最高级别的决策会议。他负责与各部门的新闻官进行信息共享和"口径"协调的工作。

在危机传播工作中，白宫与FEMA（联邦应急管理署）形成联动机制。FEMA是全国性的突发公共危机事件的管理与协调机构，目前隶属于"9·11"后新设立的国土安全部，在全国各地设有办事处，主要任务是调动各州和各个行业的资源，保护国家免受各种"天灾人祸"，减少危机造成的人员和财产损失。其下属的办事机构按照危机管理的各个阶段——包括预防、保护、应对、恢复和减灾——来进行统一设置。

战略传播时代，白宫也在内部设置相应的战略传播机构，但其真正作用同样值得存疑。2016年建立的"全球互动中心"（Global Engagement Center）虽然名义上是战略传播执行机构，负责指导、整合和协调联邦政府的各类信息活动，但这一部门在成立后并没有制订明确的战略目标，其活动目标在近年来转变为反击所谓的"由中俄等国制造的意在破坏美国及其盟友国家的虚假信息"，其工作重点与战略传播的目标相互错位甚至于彼此割裂。从总体来看，白宫新闻发布制度历经百年风云，提供了许多可资借鉴的经验。近年来，随着社交媒体的蓬勃兴起和美国政治生态的剧烈变化，白宫新闻发布的制度建设和实践探索也处于不稳定的状态中，其未来的发展方向也不甚明朗。

---

① [美]海伦·托马斯：《民主的看门狗》，展江 等译，广州，南方日报出版社，2009。

第三节 新闻发言人的准备工作：管理学和心理学的视角

在前文中，我们已经探讨了新闻发布会的媒介特征和组织、运作方式，是以整个传播团队所承担的工作为切入点的。这主要是考虑到新闻发布会是一项系统工程。但是，整个传播团队的努力最终是由新闻发言人来体现的。本节将聚焦于新闻发布会的主体——新闻发言人，从这个角度来对新闻发布会的媒介特征和运作规律作进一步的探讨。

对新闻发言人来说，有两句话非常重要："不要做你自己，要做你的组织""不要念发言稿，你自己就是发言稿"。这两句话说明了发言人的每一句话——甚至于每一个表情和动作——都是代表所在的组织，这就为发言人的工作提出了相当高的要求。要做到以上两句话，发言人要从主题、答问和心理三个方面做好充分的准备。从内容方面来说，首先，确定新闻发布会的主题和重点，一般来说不超过三个，在整个发布会上始终围绕这些主题和重点展开。其次，新闻发言人是"组织人"，一言一行都代表了其所属政府部门或组织。因此，发言人应当对相关的政策了如指掌。最后，作为政府部门的一名官员，发言人应当及时与上级主管领导和相关部门负责人进行沟通，共同确定新闻发布的口径。

值得注意的是，"不要做你自己，要做你的组织"这句话在社交媒体时代的新闻发布中同样适用，虽然适当增加与粉丝的互动和增添自身人格化属性有助于拉近与受众的距离，但也有许多组织的社交媒体运营者因为在社交媒体中发布过于私人化的观点而为组织带来危机。"不要念发言稿，你自己就是发言稿"这句话在社交媒体语境下的新闻发布中则正好相反，社交媒体中的新闻发布存在文字限制，且即时受众更为广泛，文本一旦发布就变成了历史数据，因此在发布中应当严格检查，确认文本中无文字错误和冒犯信息。

答记者问是新闻发布会上最重要的环节。因此，发言人应当组织传播团队对相关舆情进行研究，了解公众关注的焦点，据此设计出记者可能会集中提出的问题。从长远来看，发言人应该建立一个"媒体记者档案库"，内容包括经常打交道的媒体——尤其是境外媒体——的历史、政治/社会背景、态度、影响范围、报道方式及发稿习惯等，以及主要记者的个人经历、性格和提问方式等。在以下的案例中，我们可以看到白宫新闻发言人一天的工作安排。新闻发布会往往只有半小时到一小时，但他前前后后为之花费的准备时间可以达到六七个小时之多。

案例分析 6.1　白宫新闻发言人的一天

上午 7：00：发言人到达新闻办公室，浏览由"研究室"整理的国内外舆情，并与其工作团队一起讨论，列出当天需要回答的"最难的问题"。

上午7:30：新闻发言人要参加由白宫办公厅主任（chief of staff）召集的晨会，其中一项内容是为当天的新闻发布工作定调。与会者还有办公厅主任助理、总统国内事务顾问、传播办公室主任。如果当天有重大国际新闻发生，总统国家安全事务顾问也要出席。会上发言人要就"最难的问题"与到会的各部门负责人协商制订新闻发布工作的框架和口径。

上午8:00：发言人回到新闻办公室，传达口径，与其工作团队（6～7人）起草回答问题的内容和注意事项。

上午8:30：发言人参加"传播部"每日例会。"新闻办公室"和"传播办公室"全体工作人员就新闻发布和媒体关系的细节进行协商。

上午9:00：发言人回到新闻办公室，为每日进行的"新闻吹风会"作准备。

上午9:30：发言人举行新闻吹风会，时间不超过15分钟，地点在新闻办公室的会客室，20～30名白宫记者团的记者参加。发言人向记者通报总统当天的活动，提醒记者注意报道中的技术性细节，再次向记者强调白宫希望哪些信息应当得到重点报道。记者也会就国内外新闻热点向发言人提出相关问题，发言人会安排专人作记录。

上午9:45：发言人召集工作团队开会，对吹风会上记录的问题进行筛选，确定向总统报告的"重要问题"，同时派人向相关部门搜集和完善相关信息。

上午10:00：发言人向总统报告工作，进行发布会前的"彩排"，时间在半小时到一小时之间，通常是总统与发言人进行一对一的讨论，如有需要也会召集办公厅主任、总统高级顾问等人列席。发言人向总统通报记者将会提出的"重要问题"，尤其是"最难回答的问题"，然后再就如何回答提出建议。总统通常会加入自己的看法，或征询其他与会者的意见，最终形成答记者问的"口径"。发言人还会就答问的时间长短、手势、声调等技术性细节向总统提出建议。如果当天安排总统在白宫进行拍摄活动（例如，签署某项方案或会见外宾），发言人还要安排总统进行"走台"。

上午11:00：发言人参加多部门的电话会议，进行舆情会商，时间为15～30分钟，与会者有负责对外事务的国务院、军方（包括国防部和参谋长联席会议）、中央情报局、联合国美国使团等部门的负责人，还会根据舆情的变化邀请卫生部、环保署、司法部等相关部门的负责人出席。为了确保会商的有效性，参加电话会议的人数控制在8～10人。同时，发言人委派其工作团队分头与白宫15个机构设立的联络员进行信息搜集和口径对接的工作。中午12点前完成所有的信息汇总工作。发言人及其工作团队经常会牺牲午休时间准备下午的发布会。

下午1:00：发言人举行每日新闻发布会，时长在半小时到一小时之间，地点在白宫新闻发布厅，通报当天与总统有关的重要新闻，回答记者提问。如果遇到总统外出视察或出国访问，新闻发布会将与总统的行程相结合在当地进行。

下午 3：00—6：00：发言人及其工作团队接听记者电话，或安排记者一对一专访。根据媒体的不同需求，发言人把每周四下午预留给《时代》等每周六截稿的新闻周刊。每天下午 4：30—6：00 的时段专门预留给电视记者，确认是否有新的信息需要更新，以便在三大电视网（ABC/NBC/CBS）6：30 播出的晚间新闻节目中播出。由于网络和社交媒体的兴起，新闻发布成为全天候运作的机制。奥巴马上任后，白宫新闻办公室与新成立的"数字战略办公室"合作，实施全天候的新闻管理和媒体沟通机制，及时回应新媒体的需求。

下午 6：00：发言人在下班前与工作团队进行"闭门会议"，总结一天的经验得失，为第二天作准备。

【本案例分析根据以下参考资料编写】

Woody Klein（2008）. *All the Presidents' Spokesmen: Spinning the News—White House Press Secretaries from Franklin D. Roosevelt to George W. Bush*. Westport, CT: Praeger.

Jeffrey E.Cohen（2008）. *The Presidency in the Era of 24-Hour News*. Princeton University Press.

M. J. Kumar（2007）. *Managing the President's Message: The White House Communications Operation*. Baltimore: Johns Hopkins University Press.

W. D. Nelson（1998）. *Who Speaks for the President? The White House Press Secretary from Cleveland to Clinton*. Syracuse University Press.

Scott McClellan（2008）. *What Happened? Inside the Bush White House and What's Wrong with Washington*. New York: Public Affairs.

Marlin Fitzwater（2000）. *Call the Briefing: Ten Years In the White House with Presidents Regan and Bush*. Bloomington, IN: Xlibris.

新闻发言人的心理准备也是不容忽视的。美国心理学家的统计显示，一般人在公众面前演讲一小时，神经系统会产生 1 000 次左右的震荡，这是诱发紧张情绪的最主要因素。[①] 特别是在危机期间，新闻发言人要承受着来自各方的压力，心理素质的好坏直接影响其所代表的政府部门的形象。发言人如果能够做到以下几点，将有助于缓解紧张情绪。

- 认真准备。美国学者的研究显示，台上 1 分钟的讲话＝台下 1 小时的准备。诚然，对这里所说的"1 小时的准备"不能作绝对化的理解，它是指发言人平时的日常积累以及在传播团队其他成员的帮助下所做的准备工作，例如，分析舆情和设计问题等；

---

① S.Lucas, *The Art of Public Speaking*, 11th edition, New York: McGraw Hill, 2011: 64-65.

- 注意保健，保持充沛的体力和脑力；
- 如果上场前感到紧张，可以在候场时采用以下方法：攥紧拳头再放松；收紧腿部肌肉再放松；
- 正式开始讲话时，先做一次深呼吸；
- 头 30 秒的表现最关键，研究表明，头 30 秒表现从容，紧张度会下降 75%；
- 把记者和听众当成朋友，与他们进行眼神交流；
- 运用图片、多媒体等视像辅助，调整演讲的节奏；
- 如果出现短暂停顿、失忆或失语的情况也不要惊慌。因为记者和听众更关心你讲什么，而不完全是你的外在表现。即使像马丁·路德·金《我有一个梦想》这样的经典演说，他也出现了两次语塞的情况，但没人会挑剔这些，因为演说的内容实在太精彩了；
- 要意识到很多紧张的症状别人是注意不到的，例如，手心出汗、心脏怦怦直跳等。前文中提到，虽然人们处在紧张状态（例如演说）下一小时，神经系统会产生 1 000 次左右的震荡，但是真正有所表现的（例如出汗）的不足 10%；
- 要相信，记者和观众看到的比你自己心目中的自我形象更自信、放松。

第四节　新闻发言人的传播技巧：修辞学的视角

成功的新闻发言人要从管理学、心理学、修辞学的不同角度对新闻发布工作的流程、策略和技巧进行周密的考量。在正式上场前，应当对照"新闻发布验收单"（附录 1，表 2）和"新闻发言人工作验收单"（附录 1，表 7）对自己的准备工作进行核对和评估，尤其是对以下五个问题应当有充分的准备：

- 这场发布会的重要意义何在？其新闻价值何在？
- 我的主要观点是什么？（一般不要超过 3 个，并且应在回答问题时反复强调）
- 是否有充足的材料支持我的信息发布？如果记者要求核实，是否很容易就能做到？
- 谁是所发布信息的权威信源？谁的话可以被媒体引用？
- 是否有充足的文字资料作为发布会的信息支持？

如果是在危机期间，除了上面 5 个问题以外，发言人在上场前还应该对以下 3 个问题做好充分准备：

- 危机会给公众的健康和安全带来哪些威胁？
- 危机的基本情况（6W 要素）及其影响力如何？
- 政府部门对危机已经采取了哪些措施？

在危机期间的新闻发布会上，发言人应当遵循危机传播的基本原则，采用合适的传播策略及技巧（详见本书第三章第二节和第三节），尤其要注意以下几点：
- 永远不说"无可奉告"；
- 运用全媒体语言（30个字＋六年级水平＋90秒，详见第三章第三节）或容易被公众接受的"三九"原则（即发言人应当力求在30秒之内用90个字把核心信息说清楚）；
- 少用命令式，多用建议式的表述方式。例如，不要说"炭疽病菌的接触者应当连续两个月服用××药"，而应当说："为了尽可能减少炭疽病的发生，我们建议那些接触过炭疽病菌的人应当在两个月内坚持服用××药"；
- 只说你知道的，不要说你想到的和推测出来的。对于暂时无法回答的问题，不要回避，告诉记者："目前我还没有掌握更多的信息，我们会尽快调查，一旦有了新情况，我们会及时通知你。"
- 不要公开点名批评任何人或组织；
- 对于未能及时解决的问题和工作中的错误，要诚恳地表示歉意，但不要使用"我感到很遗憾"之类的外交辞令；
- 不要使用带有强烈感情色彩和幽默的言辞；
- 不能说"我刚才说的纯属个人意见，不宜发表"，在新闻发布会上，发言人的每一句话——甚至于每一个表情和动作——都是代表所在的组织，也能够被记者作为权威信源使用。

下面我们再根据新闻发布会的一些具体环节及其相应的要求，从修辞学的角度阐述一些可供发言人选用的传播策略。

1. 开场白的设计

新闻发布会的功能主要是为媒体和公众提供信息，并且与之进行沟通，但更主要的隐形功能是说服公众。新闻发言人通常需要在发布会的开场部分作一个言简意赅的主旨讲话，阐述发布会的主要内容和政府部门的立场。这段开场白对于整个发布会可起到"定调"的作用。如果发言人能够通过这个部分引发媒体和公众的关注，并运用一定的语言策略说服他们，那么在后续的答问部分中就能处于较为有利的地位，掌握新闻发布和交流的主动权。

美国普渡大学人际传播学教授阿兰·莫罗（Alan Murrow）在20世纪30年代提出的"激发听众兴趣的五项原则"，值得发言人在设计开场白时参考和借鉴。这五项原则是：关注、需求、满意、比照、行动。[①]

---

① S.Lucas, *The Art of Public Speaking*, 11th edition, N.Y.: Macmillan, 2011: 135-146.

关注——发言人的开场白应当能够引起公众的注意，可以根据具体情况选择下列方法：尽量从公众的角度切入话题；阐明主题的重要意义；提出一个令人感到耳目一新的观点；制造一个小的悬念，引发听众的好奇心；用问题来开场；讲一个小故事；运用图表进行演示，等等。

需求——在引起公众的关注后，发言人就应当趁热打铁，阐明现状（尤其是不能满足公众需求的部分），把要发布的信息与公众的价值观或切身利益联系起来，突出重点（一般不超过三个），同时还可联系一些统计数字、实例和证词等来增强说服力。

满意——在激发起公众的需求后，发言人可以进入实质性的新闻发布：或阐明政策，或解疑释惑，或提出解决方案。在这一过程中，仍然要注意提供有说服力的证据，以期获得公众的认可。

比照——发言人还应当通过比照的手法来进一步说服公众。具体说来，可以借用国内外相似语境下的成功经验，让公众间接体会到相关政策或信息给他们带来的益处。

行动——在获得了公众的认可后，发言人可以用适当的方法呼吁公众采取具体的行动来支持政府的相关政策措施。在这一过程中，发言人应当明确告知公众应当采取何种具体行动。

下面这个案例说明了发言人如何运用"激发五原则"来就政府新出台的政策措施与媒体/公众沟通。我们可以对比原稿和经过传播专家修改的定稿，更好地理解"五原则"的具体运用和实际效应。

案例分析6.2 美国宾州政府发言人有关出台《网络隐私保护法案》的新闻发布提纲

1. 引发关注

初稿：今天我们来介绍一下《网络安全保护法案》的一些情况

【点评：过于直白，不能引起听众的注意力】

改为：大家在上网购物时一定担心过自己的信用卡会不会被盗用？这才有了现在这个《网络隐私保护方案》【点评：从听众亲身体验入手，唤起注意】

或者改为：你愿意让一个陌生人把你的信用记录从头到尾看一遍吗？作为政府职员，我们更担心州政府的预算报表被人窜改。因此，有必要出台这个《网络隐私保护方案》【点评：用提问的方式开场，吸引观众注意力；再由个人体验引申到政府工作】

2. 阐明需求

目前，网络信息盗窃对个人隐私和政府正常运作产生了威胁：

- 个人大量信息和政府文件采用网络化管理
- 目前没有合适的法律文件来保护网络安全

3. 获得满意的答复

《网络安全保护法案》可有效防止网络信息盗窃：（这也是此次新闻发布的两个要点或"核心信息"）

- 该法案对信息搜集制定了严格的规范
- 该法案对网络信息盗窃给予严厉的惩罚

4. 进行比照

《网络安全保护法案》在其他国家和其他州产生了积极效应：

- 举欧洲某国、美国某州为例说明：类似的法案收到了立竿见影的效果
- 如果实行了该法案，你对自己的个人医疗和金融记录有了完全的控制权，你可以决定何时在何种情况下公开这些记录【点评：将空洞的法案与个人体验相比照】

5. 付诸行动

- 呼吁社会各界支持该法案，联名上书州议会
- 国会议员杰克·菲尔茨说："这个法案不是共和党和民主党的党派之争……隐私权是最基本的人权之一。"【点评：最后引用权威观点，增强说服力】

2. 新闻发布常用的表述方式

新闻发布的核心是信息的表述。危机传播要求发言人向媒体和受众及时传递危机处理的最新进展情况和相应的对策。从修辞学的角度来说，在内容相同的情况下，不同的表述会产生不同的传播效果。同样道理，根据内容和受众的不同需要，应该选择不同的方式进行信息的传播，从而使受众更容易接受这些信息。下面我们探讨一下新闻发布常用的表述方式。

事实性/结论性表述

一般来说，在发布信息时，应当开门见山地阐述主要的事实或结论，接下来再作进一步的阐述。在危机期间，许多人关注的是结论或者"底线"。如果你把结论性的信息放在最后，就会吊高受众的"胃口"。例如，如果发言人直到最后才宣布可以把病毒感染率降低25%，而不是受众所预期的完全阻断病毒的传染，他们的失望情绪会大大增加；倒不如一开始就直接告诉他们25%这个数字。开门见山的好处是降低受众的期望值，从而为新闻发布争取主动。

说服性表述

如果你发布的信息需要进行说服才能让受众所接受，那么就不宜采用以事实或结论为主的表达方式。你可以使用多个分论点来逐步构建你的中心论题，直到最后得出结论。比方说，如果你要向受众介绍一项新的公共卫生政策，可以逐条说明该政策所带来的益处，最后再进行总结："在今后五年内，此项政策不仅能够拯救许多生命，而且还能节省数亿元的开支。"

试探性表述

在危机传播中，与人员和财产损失有关的负面信息通常会引起异常的紧张和焦虑，而人们又没有任何心理上的准备，那么他们就没有心思再听你说下去。因此，发言人应当通过试探性的表述方式帮助听众调整心态，特别是那些情绪容易激动的人。你可以在发布负面信息前做一些铺垫，给予听众一些暗示，提醒他们这条信息可能会给他们心理上的"震荡"，并且告诉他们这条信息的准确性是禁得起检验的。努力寻找你和受众之间的共同点，这样可以让他们信任你。相反，如果他们对你的言论表示怀疑，即便你发布的是真实的信息，他们也会拒绝接受。但是，这并不意味着你对受众应该言听计从。调查显示，你可提供一些反面意见来引发受众的关注，这就好比给一个人注射少量的病毒反而可以提升其免疫力。

连续性表述

采用这类表述方式，可以是按时间先后发布同主题信息，以及按部就班给予受众行动上的指南。这样会使受众了解危机的进程以及走向。但也要注意信息更新不能过于频繁。如果过程的细节和步骤过于烦琐，你可以采用分清主次的原则，先介绍主要部分，再按照意义的重要性大小顺次发布。

对策性表述

如果你发布的信息是关于如何解决具体问题的，那么应该采取"标准－应用"的方法，即先提出评判标准，再运用这些标准对各种解决问题的方案进行比较。只要受众能够接受你提出的评判标准，他们就会对接受你提出的解决方案。这些标准应该首先被用于评判最优方案，然后再用来评判替代性方案。

解释性表述

要解释某种现象如何出现的，或者要预测某种行为可能产生的后果，可以考虑使用因果关系的推理方式。但在危机过程中，因果关系并不容易识别清楚。因此，发言人要注意不要匆忙下结论，或对事态作出推测。比如，发言人说："要是我们的政府官员事先接受相关的训练，他们在危机爆发时进行决策就不会那么困难了。"影响危机决策的因素很多，不是单单靠事先培训就可以解决的，还有许多不可抗拒的非人力因素的影响。因此，这样的表述显然是站不住脚的。

教导性表述

发言人要向受众介绍一个新的概念或程序，那么他应该从受众熟悉的方面入手，逐渐引入未知的和复杂的方面。这种从易到难的方式可以帮助受众接受并且掌握复杂的信息。

尽量不要采取以下几种表述方式，它们往往会毁坏发言人的公信力。

- **道歉式**：比如，"我今天讲得不好，请各位原谅"。或者，"我再提供一些统计数字，也许这会让你们感到厌烦"。

- **冒犯式**：一个低级笑话，讽刺或嘲笑性的言辞。
- **单一式**：不考虑受众、内容和场合，总是采用同样的表述方式。

为了读者查阅和记忆的方便，我们把新闻发布会上常见的表述方式归纳列表如下（见表6.2）：

表6.2 新闻发布的表述方式

表述的种类	表述的目的	组织信息的方式
说服性	让受众接受某种观点，让受众采取某种行动	归纳法：提供一些典型例子，列举多项原因，得出普遍的结论 提出-解决问题法：生动描述出一个问题，阐明一种需求，再提出解决的办法 标准-运用法：提出最有可能发生的各种状况，比较多种解决方法，依据一定的标准说明为什么你提供的是最佳方案
信息性	向受众提供信息或者传授解决问题的新方法	演绎法：先提出结论，再解释细节 时间顺序法：展示在一段时期内几件事情是如何发展演变的 提升难度法：从受众已知入手，再逐渐引入复杂的概念
连续性	及时发布有关受众较为熟悉的主题信息	时间顺序法 演绎法 由主及次法：从最重要的结论开始，再按照重要性大小依次陈述

3. 如何回答记者的问题

新闻发布会上安排"答记者问"的环节或接受记者的采访旨在为政府、媒体和公众提供一个交流和沟通的平台。记者会利用提问的机会，不失时机地表达媒体的立场和公众的立场。作为政府的代言人，新闻发言人应该运用恰当的传播技巧，不仅要大方得体地对媒体和公众的意见作出回应，还应该巧妙地把记者的注意力转移到自己所强调的要点或"核心信息"上来。

在各种问题中，"敏感"问题是最难对付的，也最容易引起发言人（或受访人）和记者的紧张关系。一般来说，敏感问题具有以下一些特征：

- 具有一定的政治和社会影响；
- 社会舆论意见不一，尚无为各方所公认的官方说法；
- 暗含一定的挑衅性，若把握不当容易引发僵局。

应对各类提问——尤其是敏感问题，"桥梁法"是最为有效的传播策略之一。所谓"桥梁法"是指发言人运用合适的过渡性言辞，达到与记者进行交流和沟通的目的。"桥梁法"大体上可以概括为"表态—桥梁语—转移到核心信息"的模式，具体来说有以下三种：

- 如果对记者提问中传递的信息不持异议，可以说"是的【表态】，但是，除了你说的情况【桥梁语】，还有……【转移到核心信息上来】"；

- 如果完全不能接受记者提问中传递的信息，可以说"不，情况并不是你说的那样，请允许我解释一下……【转移到核心信息上来】"；
- 如果对记者所提的问题没有明确答案，可以说，"关于这一点我还没有得到更多的信息。不过，据我所了解的情况是……【转移到核心信息上来】"。

使用"桥梁法"旨在突出核心信息，确保发言人始终保持话语主导权，不让记者"牵着鼻子走"。以下这些"桥梁语"供读者参考和选用：

- "我们真正应当关心的问题是……"
- "有必要在这儿强调的是……"
- "我要提醒大家不要忽略……"
- "更重要的一点是……"
- "大家最应记住的是……"
- "按照你的思路，我想到了另一个重要的问题……"
- "你说的不无道理，但除此之外，我想补充一点……"
- "这个问题太大，我们来着重分析其中的一个方面……"
- "不，你误会了我的意思。让我来澄清一下……"
- "在事情没有完全弄清以前来谈这个问题有些为时过早，不过我可以告诉你的是……"
- "你所说的情况我还不太清楚，但据我所知……"
- "我们不妨换个角度来看这个问题……"
- "你说的让我想起了……"
- "你提出的这个问题很重要。实际上，很多人都有类似的误解。真实的情况是……"
- "在座的各位对我的回答还有什么疑问吗？"（这是基辛格在新闻发布会上最爱说的一句话，显示他在发布会上牢牢控制着主动权）。

发言人应当经常使用"旗帜法"，突出和强调新闻发布的重点，间接影响媒体的"议程"和记者的报道角度。常用的旗帜语包括：

- "今天我谈了不少问题，我想重点可以归纳为以下三个方面……"
- "最为重要的是……"
- "请大家一定不要忽略了这一点……"
- "我想再强调一下这个问题……"

发言人应当使用的策略还包括"归位法""共鸣法"和"反问法"。所谓"归位法"是回归受众的本位进行回答。例如，我们前文中提到的发言人在介绍灾情时，应当把伤亡情况、灾民转移情况放在首位来发布，而不应首先罗列各级领导的批示，即新闻发布应该"以民为本",回归人民本位。所谓"共鸣法"是指发言人不应当激化与受众之间的对立情绪,而应当从道德和情感上唤起受众的认同。例如,发言人在向日本媒体解释中国人民的反日情绪时,不应一味强调是"一小撮日本右翼分子挑衅""责任全在日方而不在中方",而应当同时强调"中国人民反对的不是日本人民,而是军国主义""日本人民也是军国主义的受害者",等等,尽可能以日本公众能够接受的方式摆事实讲道理。为了强化共鸣的效果,发言人还可以考虑适当运用"反问法":"如果你是我,你会如何处理这个问题?"

以上是从发言人的角度来探讨如何应对记者的提问,下面再从记者的角度来探讨这个问题。各类媒体的记者,由于其报道要求和个人资历、业务水平及个性上的差异,会采取不同的方式提问。对此,新闻发言人应当采取不同的策略来应对。

- **"百事通"型**:这类记者喜欢罗列各种名称、事实和数据,显示自己对此事的了解程度,其潜台词是"我对此事了如指掌,你不能对我的提问敷衍塞责"。

对策:多谈该记者无法了解到的远景、发展趋势或即将采取的措施等,或者提供一些新的事实和数字,维护发言人的权威性和话语主导权。

- **"旁敲侧击"型**:这类记者喜欢用一些提示性的或假设性的言辞来转移话题,让发言人或受访人顺着他的思路走。例如,记者会这样提问:"您刚才说的都很重要,不过我想此刻公众更想了解的情况是……";或"假如你是受难者的家属,你会有什么样的感受?"

对策:使用桥梁法与记者"周旋",始终坚持原定的主题以及相关的核心信息,避免回答任何假设性的问题。

- **"机关枪"型**:这类记者喜欢一次提出若干个问题。

对策:选择其中一个较容易的问题回答,回答完毕后告诉记者:"其他的问题我们可以在会后沟通,现在我想把时间留给其他记者。"

- **"偷换概念"型**:这类记者喜欢按自己的意图转述发言人的回答,继而提出进一步的质询。

对策:发言人应当表明自己的态度:"不,这不是我所说的意思。我是说……"

- **"飞镖投手"型**:这类记者往往会突然抛出"敏感"问题,并且夹杂一些言辞激烈的、事先准备好的评论。

对策:泰然处之,不要与记者争论或急于为自己辩解,可以说"您这样看这个问题,我感到很遗憾,不过我所了解的实际情况是……"

- **"迫不及待"型**:这类记者喜欢插话,打断发言人的回答,或发表评论(例如,"您没有正面回答我的问题"),或立即抛出下一个问题。

对策:适时打断该记者的话,注意语气仍然保持平静,可以说:"请您耐心听完我的回答。我认为这一点十分重要。"

不管应对哪种类型的记者，发言人都应当做到坦诚开放，同时又要讲求一定的传播策略和技巧。在由美国"政府交流者协会"制定的发言人职业规范中，最基本的原则就是"永不说'无可奉告'"和"没有糟糕的问题，只有糟糕的回答"。这两条基本原则旨在消除发言人与媒体/公众之间的对立情绪，强化发言人为媒体和公众的"服务意识"。不说"无可奉告"，意味着发言人或是其他接受采访的政府官员应当采用一些传播策略和语言技巧，即便是不能为记者提供任何信息，也要充分表现出与媒体的合作态度。"没有糟糕的问题，只有糟糕的回答"则意味着记者可以提出任何问题，发言人不应对记者的提问作出"你的问题纯属无知加无聊"之类的评价。哪怕记者提出的问题确实是既"无知"（没有充分了解具体情况）又"无聊"（有意用耸人听闻的话制造事端），那也是为发言人提供与公众沟通的机会。下面我们结合一些具体的案例来进行分析。

案例分析6.3　发言人回答记者提问的经典案例分析

每天中午都由联合国秘书长的发言人在总部大楼二层举行新闻发布会。会上，他需要当场回答新闻界和各国外交官围绕国际和地区重大事件提出的各类问题。对于当时无法答复的问题，发言人从不简单地说一句"无可奉告"。他通常会采用"桥梁法"，如"你提到的问题确实非常重要，但我要去核实一下。目前，我认为我们还是应该关注以下这个问题……"

【点评：不说"无可奉告"，使用"桥梁法"提出自己的议题】

2002年11月下旬，负责核查和销毁伊拉克大规模杀伤性武器的联合国监核会主席布利克斯率团赶赴伊拉克，亲自指挥现场的核查工作。两周核查后，各方都非常关注核查结果。面对围成好几圈的记者，布利克斯没有简单用"无可奉告"来搪塞，而是巧妙地答道："联合国核查人员查了两周，未发现任何大规模杀伤性武器，但这不等于说伊拉克就没有大规模杀伤性武器。美国说掌握了伊拉克'实质性违反'联合国安理会决议的大量情报，但美国却一直未能向监核会交来过任何一份相关的材料。"

【点评：在回答敏感问题时，该发言人贯彻的是修辞学上常见的"策略性模糊化"（strategic ambiguity）的原则。他的回答在事实和态度方面均是无懈可击，但又没有把话说绝，符合"实话实说，但不全说""快讲事实，慎讲原因、不下结论"的危机传播原则，不仅为自己日后的工作留有余地，同时也为记者们留下了一定的报道空间。】

2002年1月，有外界盛传我国从国外订购的一架飞机上发现窃听器。在外交部的例行记者会上，不管各国的驻京记者如何挖空心思纠缠，发言人始终就是一句简短答复："中国是一个爱好和平的国家，不对任何人构成威胁。对中国搞窃听是没有必要的。"虽寥寥数语，但却旗帜鲜明地表明了我国政府的严正立场。另一个著名的例子是小布什总统任职期间的白宫新闻秘书麦克莱伦。在就任后的第一次新闻发布会上，先后有数名记者就伊拉克大规模杀伤性武器问题发问，麦克莱伦的回答只有一句："这个问题我们已经讨论过了。"他在这次新闻发布会上竟然把这句话说了9次之多。

【点评：坚持"旗帜"法，以不变应万变——即不管对方从什么角度反复发问，发言人都会按事先拟好的口径表态。】

在应对记者提问时，除了程式化的"官方说法"以外，要坚持人性化传播的理念，适当地运用一些技巧和策略，强化传播效果。李肇星在担任新闻发言人时，有记者请他证实一个传言：我国军方在沿海部署了大量的导弹，正加紧"备战"。李肇星反过来向在场的记者们提出了一个问题："大家先回答我，你们是否都能够严格保密？"记者们喜出望外，异口同声地回答："能！"李肇星这时才大声地说道："我也能！"记者们到此时才知道中"计"，但又无可奈何。

【点评：运用"归位法"和"共鸣法"，巧妙地让记者体会到发言人此时所处的"不能发言"的困境，同时又不让记者感到生硬。】

2001年4月1日，发生了震惊世界的中美南海撞机事件。4月5日，时任我国驻美大使杨洁篪在美国有线电视网（CNN）接受了美国记者的现场提问。面对美方记者的刁难，杨大使严正指出，这一事件完全是由美方造成的，美方应负完全责任，应向中国人民作出解释并道歉。为了加强传播效果，杨大使针对当时美国媒体企图掩盖事实并煽动民众反华情绪的做法当场讲了一个"故事"："咱们举一个美国的例子：有一个家庭，一所房子，一个前院。但有一伙人总是在这家门前的街上开着车徘徊。他们没有进入到你的前院，但就是日日夜夜、月月年年地在靠近前院的地方开来开去。家里有人出来查看，结果家里人的车子被毁了，人也失踪了。我认为，家里人有权问到底发生了什么？应该做一些检查和调查。如果这种道理可以成立的话，我想美国人民能够作出非常公正的判断，到底该怪罪谁？至少对方应该说声'对不起'吧。车也毁了，人也失踪了，可对方只是说，事情就是这么发生的。这怎么让人接受呢？"

【点评：运用"归位法"和"共鸣法"，回归受众本位和引发共鸣的方式显然更符合美国受众习惯，比板起面孔说教要更有力。】

2009年2月6日，普京进行一年一度的全球媒体专访，通过电视和网络直播，他这样回答一位BBC女记者提出有关俄罗斯与乌克兰之间"天然气争端"这一"敏感问题"。

记者：在您给乌克兰断气后，欧洲开始对俄罗斯天然气供应的可靠性产生怀疑，你会不会给西欧断气？【该记者使用"断气"的框架。从道德和情感层面上"审判"普京，企图把天然气争端上升到政治和外交冲突，与他进行正面交锋。】

普京：先请问您的项链多少钱？【使用"桥梁法""反问法"，避开记者的"道德审判"式的框架，不与记者发生冲突】

记者：这是个出乎意料的问题（犹豫中）……这会令小偷感兴趣……

普京：他们如果在看电视直播，会估价的，（挥挥手）说吧，到底多少钱？

记者：（下了决心）很乐意告诉您，几百英镑吧。

普京：（微笑）那您愿意以五戈比卖给我吗？您未必会答应吧？

记者：这…

普京：既然如此，我们为何要贱卖自己的天然气呢？

【点评：使用"归位法"把"天然气争端"回归到"常识"本位，用"不会贱卖"（经济框架）代替记者提出的"断气"（政治/外交框架），有效地引导舆论】

发言人如何对记者说"不"，即如何拒绝回答记者的提问，或对记者的提问提出批评？如果不能说"无可奉告"，那么应该说什么？我们总结了发言人说"不"的一些传播策略，供参考和选用。应当指出的是，说"不"的策略应当视具体情况交替使用，不要总是依赖于某一种策略。

直接拒绝："不""没有""不知道"。（对比较熟悉的记者采用）

直接批评：对记者本人、问题本身。对信源提出质疑和批评。（对比较熟悉的记者采用）

理性拒绝："我不是回答这个问题的合适人选"（位置拒绝）、"现在回答这个问题时机还不成熟"（时空拒绝）、"我还没有得到权威的信息"（信源拒绝）。

指涉他人："我建议你找农业部的人核实此信息。"

重复回答："这个问题我前面已经回答过了，我不再重复。"

有意回避：背诵事先准备好的口径。

缺省处理："我们注意到了相关的报道。"

模糊处理（即前文提到的"策略性模糊化"的原则）："众所周知，中国政府在这个问题上的立场是一贯的。"

反问记者：参见前文李肇星先生"保密"的例子。

运用幽默："你且听下回分解吧！"

4. 如何避免推理上的谬误

"推理"的概念听上去似乎是哲学家的"专利"，其实，在日常生活中推理是无所不在的。从大众传媒中的广告到同事之间的争论，都会采用这种方式。为了增强说服力，新闻发言人在陈述和答问的过程中应当使用推理的方式。单靠雄辩的事实和翔实的数据有时候并不能达到预期的效果。但是，使用推理方式时要避免出现逻辑上的谬误，否则便会出现适得其反的传播效果。

案例分析 6.4

20 世纪 20—30 年代，美国联邦政府推行"禁酒令"。在宪法第 18 条修正案（即"禁酒"修正案）颁布之初，一位政府发言人在一次媒体见面会上为了向公众证明饮酒的危害性，想出了用蠕虫来作演示的招儿。他拿来两只杯子，一只杯子里盛的是水，另一只则盛着杜松子酒。他把蠕虫分别放入两个杯子中，结果放入水杯的那只蠕虫平安无事，而放入酒杯中的蠕虫不一会儿便一命呜呼。发言人以为自己的这一"创意"征服了在场的记者，问道："你们大家都跟上我的思路了吧？"其中一位记者答道："是的，先生。这说明喝酒可以杀死肚子里的寄生虫。"

在此，发言人自以为掌握了充足的证据，想采取"眼见为实"的策略来增强说服力，没想到却被记者抓住了"辫子"。这条"辫子"便是逻辑学上所说的"谬误"。"谬误"在日常生活中也是屡见不鲜的。充斥于大众传媒中的广告便是这样的看似可信、实则漏洞百出的"神话"的集中体现——喝了某种滋补液便会青春焕发；用了某个品牌的电脑，写起文章来便会"下笔如有神"，等等。但是，消费者仍然对这些"谬误"视而不见，乐于"受骗"，足见大众传媒运用推理手段后所产生的巨大影响力。

新闻发言人一方面承载着发布信息的职能，另一方面也要想方设法说服媒体和公众。因此，适当使用推理的手段是十分必要的。如何防止推理中的"谬误"，避免出现上面案例中弄巧成拙的结局，是发言人应当认真思考的问题。逻辑学者曾经总结出了 125 种不同的谬误，下面我们结合一些案例，简要介绍一些常见的"谬误"，以资为鉴。

以偏概全

案例分析 6.5　美国"国家公园协会"的新闻发布会

背景：媒体披露美国国家公园保护工作不力，在社会上引发广泛批评。国家公园协会举行新闻发布会，介绍相关情况。

原稿：目前美国的国家公园体系确实存在着严重的问题，所以必须立即采取有效措施加以改进。

【点评：发言人的本义是承认问题的存在，以诚恳的态度求得媒体的谅解。但他过于绝对化的言辞导致了以偏概全的谬误，没有留下适当的回旋余地。此外，他所使用的强烈的祈使语气超越了新闻发言人的职能范围，听起来像一位主管的官员在发号施令。】

改为：美国国家公园体系每年接待 4 000 万游客【点评：先肯定成绩】，其中部分公园出现了交通堵塞、环境污染、治安恶化和过度商业化等问题【用单称判断、将问题具体化】，为了给后代留下山清水秀的国家公园，我们有必要采取一些措施，来维护和保持它们的美丽、幽静及生物多样性。

【点评：用劝诫语气表明解决问题的诚意，同时也符合发言人的角色定位。】

避免"熏鲱鱼"谬误

"熏鲱鱼"得名于英格兰农村一项古老的风俗。猎犬在追逐猎物时会踏过农田，把庄稼踩坏。因此，农夫们便想出了一个办法：用熏过的鲱鱼来引开猎犬，使其不再因循着嗅迹追猎而踏坏庄稼。在逻辑学上，"熏鲱鱼"的策略指的是用关系不大的事务来转移听众对主要问题的注意力，近似于我们所谓的"风马牛不相及"。在新闻发布会上，发言人为了增强说服力会使用比照的手法。如果这种比照成了"熏鲱鱼"，那么就会授人以柄，陷入被动的境地。以下这些案例都出自美国一位共和党总统候选人在媒体见面会上的回答。

案例分析 6.6

问：在昨晚的电视访谈节目中，您的竞选对手指控您担任州长期间有腐败行为，请问您对此有何评价？

答：现在我和同僚们关心的是如何提高人们的生活质量。在这种情况下，他怎么可以这么说？

【点评：关心人民的生活与腐败根本不相干，这是典型的"熏鲱鱼"，记者肯定会追问下去。】

问：今年年初以来，州内两所学校发生了校园枪击事件。而您却反对在中小学推行强制性的安全检查，请问这是出于怎样的考虑？

答：每年有上万名美国人死于车祸，我们为什么还要争论该不该在校园内进行安检呢？

【点评：交通事故和暴力犯罪导致死亡这两件事风马牛不相及，容易被人抓住把柄。】

对事不对人，避免点名攻击

以下案例也出自美国一位共和党总统候选人的答记者问。

案例分析 6.7

问：您的竞选对手最近提出了"一揽子"经济政策，您对此有何评价？

答：民主党的候选人提出的经济政策虽然有一些新意，但大家不要忘了她出身于豪门。

【点评：不恰当地利用个人背景进行人身攻击，而不涉及政策的实质性内容，反而破坏了自身的媒体形象。】

案例分析 6.8

问：您对政府近年来颁布的环保法令有何评价？

答：毫无疑问，这些法令对美国工商业造成了损害。这些法令大多是由一帮生活在"象牙塔"内的知识分子、崇拜自然的狂热分子和头脑不清的政府官僚弄出来的。我想工商业可付不起这个代价。

【点评：提出观点后没有充足的论据，而是用"标签"法来攻击对手，结果是搬起石头砸自己的脚。】

一般而言，点名攻击的策略只有在对人品提出质疑时方可使用。

案例分析 6.9

（克林顿）总统先生不是曾经说他"不认识那个女人——莱温斯基小姐"吗？尽管他把经济搞得很好，但公众又怎么相信他的经济改革不是明哲保身的遁词呢？

【点评：利用个人诚信大做文章，由个人品质推及经济政策，也同样具有说服力。】

避免使用或然判断

"或然判断"通常只提供两种非黑即白式的选择，事实上这是一种"假象"，现实生活中通常会存在更多的选择。记者可以利用这一点来使发言人或受访者陷入困境。

案例分析 6.10

要么立即新建一个社区高中，要么这个社区的孩子都考不上大学。

【点评：发言人本意是想说服公众关于新建高中的计划，但这样的表达有逻辑上的漏洞，没有留下任何回旋的余地。虽然目前学校确实面临学生超员、设施老化等问题，但这不一定导致学生成绩的下降。】

案例分析 6.11

政府要么提高税率，要么减少给中下层人士的福利补贴。

【点评：发言人想让公众看到提高税率的紧迫性，但记者马上会追问："那为什么不削减军费开支呢？"记者所提出的是合乎情理的"第三条道路"，这样一来，发言人就陷于被动的境地。】

避免"大篷车"谬误

传播学者把这种从众心理形象地比作在竞选宣传中所使用的"大篷车"效应，在政治传播和商业广告领域得以广泛的运用。例如，在竞选广告中总会大肆渲染候选人的支持率，在商业广告中总会大肆渲染产品的销量，以此来吸引更多的消费者。实际上，数量与质量之间并不存在必然的联系，这在逻辑上是说不通的。

我们都知道"真理常常掌握在少数人手里"这样的道理，但是在面对媒体的时候，有些人还是会不由自主地陷入"大篷车"式的谬误中：

案例分析 6.12

问：您对现阶段（老布什）总统所采取的对外政策有何评价？

答：我认为他的对外政策走向是正确的。只要看看最新的民调结果就清楚了，有60%的美国人支持他。

【点评：发言人应当简要分析总统的对外政策走向为何是正确的。用民调的结果显然无法证明这一走向正确与否。这是由于"真理往往掌握在少数人手里"。】

避免"滑坡"谬误

石头落在斜坡上会一直滑到坡底，这形象地说明了人们在逻辑上常常会陷入的一种"谬误"——武断地认为只要采取了第一个步骤，便会自然而然地进入下一步，直到最终结果的产生。下面两段言论来自两位美国民间组织的发言人：一位来自全国枪支协会（NRA），表达反对"禁枪"的立场；另一位来自"自由论坛"组织，反对政府对电视节目中暴力画面的管制。

案例分析 6.13

如果我们允许联邦政府限制半自动武器的销售，那么它们紧接着便会禁止个人持有手枪——甚至于猎枪。个人拥有枪支是受宪法保护的权利，如果这种权利得不到保障的话，那么下一个限制的对象便是言论自由的权利。

案例分析 6.14

通过联邦法案来限制电视节目中暴力镜头的数量，这只是第一步，接下来政府便会对媒体进行全面管制并对所有文艺表现形式进行审查。

【点评：这两位发言人急于表明自己的立场，但他们的推理缺乏逻辑上的说服力，没有证明为何一个步骤会导致下一个步骤以及灾难性后果的产生。】

5. 如何运用数字来加强传播效果

在当今"数字化生存"的时代，数字已经成为新闻或信息发布中一个不可或缺的内容。新闻发言人运用数字既可以显示自己的专业水准，从而提高自己的公信力，又可以增强说服力。一个数字的传播效果往往要胜过千言万语。这并不意味着数字用得越多越好，除非传播对象是笃信数字的商界精英。新闻发言人面对的是记者和公众，因此在运用数字时要坚持"受众第一"的原则。具体来说，在运用数字时要注意以下几点：
- 将数字与事实结合起来；
- 运用数字应当少而精；
- 要说明数字的来源，加强可信度；
- 要解释数字的含义；
- 对于过大的数字，可以采用"凑整"法。例如，实际统计数字是 135 132 人，可以说大约 13.5 万人，具体的数字可以列在新闻通稿里；
- 用统计图表（多媒体）演示。

下面我们结合一些具体的案例来进行分析。

案例分析 6.15

美国卫生部发言人：目前美国医院的急诊室内只有 43% 的值班医生有医师执照。

【点评：数字空洞抽象；没有信源，可信度不够；没有解释，听众不明白】

改为：去年 12 月 15 日纽约一位玛丽亚·卡罗丹努托的妇女因被急诊室大夫误诊而耽搁治疗，导致大出血而死【点评：用事实说话，使下面的数字人性化】。据全国健康研究院的报告【点评：指明信源，加强可信度】，目前美国医院的急诊室内只有 43% 的值班医生有医师执照。这意味着什么呢？这就是说美国每年有 100 万人——每 9 个去急诊室就诊的病人中，就有 1 个会因为大夫的医术问题而被误诊【点评：将抽象的、较大的数字具体化，增强说服力】。

案例分析 6.16

初稿：据美国健康和公共服务部的统计，美国人的平均寿命在 39 个工业化国家中，男性排第 22 位，女性排第 18 位。男性平均寿命为 71.5 岁，而日本是 75.8 岁。美国新生婴儿死亡率排名第 22 位，比日本高两倍。美国人均医药费支出比加拿大高 40%，比日本高 127%。

【点评：这位发言人旨在呼吁美国公众重视日常保健，但一大堆数字让听众如坠云里雾中】。

改为：据美国健康和公共服务部的统计，美国的平均寿命在工业化国家中排名靠后，新生婴儿死亡率则排名靠前。【点评：非关键性的具体数字可以放在文字资料中，发言时只需突出事实即可。】但我们的医药费却花了不少——比加拿大高 40%，比日本高 127%。【点评：突出最关键的数字。】

案例分析 6.17

2000 年，美国的国债高达 6 万亿美元【点评：数字太大，需要解释】。这是个什么概念呢？比方你的银行账户里有 600 万美元，你每天花 1 000 美元，要 18 年才能花完；【点评：从简单的数字讲起】假如说你的银行账户里有 6 万亿，你每天花 1 000 美元，要 1800 万年才能花完。

6. 如何调动受众的情绪

总体上说，新闻发言人应当保持客观公正，尽可能少地掺杂个人感情，但这不等于说发言人就是铁板一块；相反，他也应当善于调动公众的情绪，从而加强传播的效果。正如古罗马的昆体良（Marcus Fabius Quintilianus）所说的那样："感情和想象力胜于雄辩"，这与我们常说的"以情动人"，不仅要使传播做到"入耳"、更要"入脑""入心"是一个道理。

情感的调动同样是为了增强说服力。当听众感到悲伤、愤怒、歉疚、恐惧、高兴，产生了自豪感、负罪感、同情心和景仰的时候，他们就会容易接受发言人的立场和观点。反之，如果发言人的阐述让他们感到厌倦或淡漠，那么传播的效果就大打折扣了。美国学者鲁卡斯归纳出了几种可供发言人调动的情绪：[①]

- 恐惧——对疾病、自然灾害、性侵犯、不安全因素、遭到排斥、经济困难等状况；
- 同情心——对弱势群体；例如残疾人、受害者、失业者、灾民、艾滋病人等；
- 自豪感——对国家、民族、家庭、学校或各种成就；
- 愤怒——对恐怖主义、各种不道德的、不公正的行为以及犯罪行为；
- 羞愧——由于未能及时帮助别人、未考虑别人的权益和未能尽力而为；
- 景仰——对英雄、传统、社会体制，等等。

下面我们以几位公众人物为例，说明如何通过调动受众情绪来增强传播效果，供发言人和读者借鉴：

案例分析 6.18

克林顿在 1992 年的总统电视辩论中的表现是极为出色的，这也是他能够战胜当时胜券在握的老布什的原因之一。其中一个经典的片段是他回答一位黑人妇女的问题。提问者是当天旁听辩论的观众之一，她问出身上流社会的候选人是否能体会到社会底层的痛苦。老布什在回答这个问题时用一番陈词滥调来敷衍。而克林顿走下讲台，深情地注

---

① S. Lucas, *The Art of Public Speaking*, 11th edition, N.Y.: Macmillan, 2011: 150-175.

视着这位黑人妇女，对她（也对全场观众）说他感受到了这种痛苦，对此很在意，一定会努力工作，振兴经济，改善每个人的生活。就在这场电视辩论中，老布什显得心不在焉，甚至有些不耐烦，中间还看了一次手表，仿佛是迫不及待地希望这场辩论早点结束。

案例分析 6.19

以里根总统在1986年"挑战者"号航天飞机失事后发表的电视讲话为例，说明调动听众情感的必要性。在此节选的是结尾部分：

初稿：像那位勇敢的航海家弗朗西斯·德雷克（Francis Drake）一样，"挑战者"号的宇航员们也为他们为之奋斗的事业献出了自己的生命。我们为他们而骄傲，我们不会忘记他们，他们那天早上出征前微笑的面容将永远留在我们的脑海中。

【点评：用词显得平庸、空洞，与重大事件的气氛不符，未能调动听众的情感。】

改为：历史在今天出现了惊人的巧合。390年前的今天，航海家 Francis Drake 在巴拿马群岛附近海岸的探险途中遇难。【点评：突出历史的巧合，吸引听众的注意力】这位勇士一生与大海为伴，正像一位历史学家说的："他活在海上，死在海上，埋在海里。"今天，我们也可以这样来描述"挑战者"号的七位勇士："他们生活在太空里，牺牲在太空里，他们的英魂永远留在太空里。"【点评：使用排比手法加强感染力】我们不会忘记今天早上他们出征前的情景：微笑着与我们告别，然后"挣脱大地的羁绊去触摸上帝的脸庞"。【点评：引用诗句加强感染力。】

【总评：从总体上看，定稿通过各种修辞手法和富于感情色彩的语言有效调动了听众对"挑战者"号勇士们的景仰之情。】

7. 如何接受记者专访

接受记者专访也是新闻发言人的主要职责之一。此外，新闻发言人通常也要负责安排媒体采访某位主管领导或专家。在受访前，他通常要给予这些领导或专家一些策略上和技巧上的指导。在本节中，我们将对接受记者专访的问题进行一些简要的探讨。

首先，新闻发言人在决定是否接受媒体专访前，应当有明确的目的，要问问自己"这次专访是否有助于实现政府的首要目标"。我们可以通过网上认证来杜绝"假记者"行骗欺诈的不法行为。如果对来访记者的身份有怀疑，可以通过国家新闻出版署的"中国记者网"对其资质查验（http://press.gapp.gov.cn）。

其次，专访不同于新闻发布会或媒体见面会，后者接近于大众传播的形式；而前者则是人际传播的形式，因此信息传递的方式更为多样和灵活。为了尽可能满足记者的采访要求，同时也出于保护自身的考虑，新闻发言人在接受专访前要与记者议定底线法则。所谓"底线法则"，就是受访者要向记者阐明所发布的信息的性质，要求记者在采用这些信息时遵循相应的法则，具体来说包括以下几种类型。

- 可发表（on the record）：这意味着记者在报道中可以直接引用你的话，并且可以使用你的名字作为信源。在新闻发布会或媒体见面会这样的公开场合，发言人所发布的新闻或信息都是可发表的。
- 背景（on background）：这意味着记者在报道中可以直接引用你的话，但不能公开你的姓名作为信源，相反要使用一些模糊的说法。例如，"据可靠消息……""据消息灵通人士透露……""据一位不愿透露姓名的政府官员（或专家）说……"，等等。
- 深度背景（on deep background）：这意味着记者在报道中可以间接引用你的话，但不能指出信源，不能使用上述的"模糊"说法。读者分不清这是记者本人的话还是采访对象的话。
- 不能发表（off the record）：这意味着记者在报道中不能引用你的话，只能作为参考，也不能找其他信源求证你的话是否可信。发言人或其他受访对象采用这一法则旨在让记者更全面、深入地了解情况，从而进行客观、公正的报道。

我们介绍"底线法则"是为了区分新闻发布会和专访这两种不同的传播方式，同时也给发言人和受访对象提供了更为灵活的信息发布尺度。一般而言，如果发言人在发布会上所说的与他接受专访时完全一样，那么记者肯定会表示不满。合理使用"底线法则"可以增强传播效果，帮助记者更为全面、深入地把握新闻事件，同时又不会影响到发言人或受访对象本人的声誉。

最后，新闻发言人在受访前要准备两到三个重点，同时把整个受访时间控制在一小时以内，每个问题的回答控制在2～3分钟为宜。

新闻发言人在与记者交流的过程中，要防止落入后者布下的陷阱，尤其是要谨慎应对那些包含各种陷阱的问题。记者与发言人之间应当是一种"斗智斗勇"的关系。在危机爆发后，发言人通常会按照授权和口径谨言慎行，惜字如金；而记者则面临着发稿的压力，因此他们会使用以下各类"陷阱"式问题来从发言人那里"挖掘"独家新闻。

- 假设式问题：记者通常会使用"如果"一词，设定某种虚拟的情境，诱导发言人表态。例如，"如果地震发生在上班时间，你预计会有多少人死伤？"对待这类问题，发言人的回答是，"我不能回答这种假设式的问题。现在我们掌握的信息是，没有出现你所说的这种情况"。
- 引导式问题：记者心目中已经有了答案，期望得到发言人的证实。例如，"这场灾难完全可以避免，你同意这种说法吗？"发言人的回答是，"相关的调查还在进行，我目前不能作出任何判断（或，作出任何结论）"。
- 审判式问题：记者欲从道德和情感的层面上进行媒体审判，期望引起发言人的激烈反应，电视出镜记者倾向于采用这一类型，以期引发戏剧性的效果（如，受访者发怒，离席而去，抢记者话筒等，这都是具有眼球效应的新闻素材）。例如，"我看到网上爆料，贵公司已经获知奶粉中含有肉毒杆菌，却没有采取任何相应举措，这是否属实？"遇到这样的媒体审判，发言人应当保持镇定，将记者的审判转换为疑问，"如果我没有理解错的话，你想问的是，我们是否事先知道奶粉中含有肉毒杆菌？我可以肯定地告诉你，我们事先不知道这一信息，我们与你们一样，也是刚刚获得相关的检测报告。目前，公司已经在研究应对措施，一旦确定，我们会第一时间通知媒体和消费者"。

- **标签式问题**：记者给发言人所在的部门贴上耸人听闻的标签（例如，"黑道政府""血汗工厂"等），这是媒体审判的另一种形式，也是媒体走向市场化后记者常用的一种竞争策略。发言人对这类标签要采取实事求是的原则，用事实和数字劝说媒体和公众放弃此类"标签"，理性面对危机。

- **伪装式问题**：记者以提问的方式在新闻发布会上扩散未经证实的信息，用提问作伪装，旨在扩散信息。例如，"据说死亡人数已经超过了两位数，是吗？"遇到这类问题，发言人不要随意表态，比如，"你说的是一派胡言"或者是"你说的不对，死亡人数在个位数以内"。由于危机刚刚爆发，相关的统计数字还会不断变化，因此不要出于维护组织声誉的良好愿望对这类"伪装式问题"急于下结论。正确的回答是，"我不知道你从什么渠道得到了这个信息。关于死亡人数，我还没有得到确切的信息"。

- **无所不知式问题**：记者宣称自己掌握了真相或全面的信息，要求发言人配合核实一些细节。例如，"我已经了解整个事故的来龙去脉。现在请你配合我核实一些具体的数字和细节"。遇到这样的问题，发言人一定要坚守口径和底线，不能盲目回应。正确的回答是，"我不知道你从什么渠道掌握了你所说的来龙去脉。目前事故还在调查中，相关的数字和细节还在核查中"。

- **行动式问题**：在新闻发布会上，有的记者会在提问的同时，采取相应的行动。有的记者会当场向发言人递交一份调查报告，或者一件物证（例如，一瓶被污染的水）。如果你接受了，那么就等于认可了这些东西。你可以婉言谢绝，"我已经知道了，但目前我们应当注意的是……"；或者，"这些东西我还要进一步核实一下，但更为重要的是……"通过使用"桥梁语"，把话题转回到事先议定的主题上。

- **评估式问题**：有的记者要求发言人指名道姓地评论他人或"利益攸关方"。你可以这样回答，"对于×先生（女士），我不想发表任何评论，你可以问问他（她）本人。我认为，现在我们应当关注的是……"。

- **告别式问题**：在新闻发布会或访谈的最后，记者与你告别，但他仍然把话筒对着你，这显然意味着他还没有得到他期望获得的答案。这时候，你不要重复回答，更不要添加任何回答，应该直截了当地说："这个问题我已经回答完了，还有其他问题吗"？

案例分析 6.20 如何应对记者的"陷阱式"问题："善意的谎言"与"血汗工厂"

新闻发布会实际上是发言人与记者"争夺"舆论先机的话语场。新闻传播学的经典理论——"议程设置"——讨论的就是政府议程（公共政策）、媒体议程（报道主题）和公众议程（舆论热点）之间的相互影响和竞争。以上介绍的这些"陷阱式"问题实际上就是记者试图利用媒体议程、公众议程影响改变政府议程、抢占舆论先机的主要手段。

作为政府议程的传播者，发言人应当遵循的原则是：不能重复记者的话。如果你重复了记者提问时使用的一些不实之词或批评性的言论，那么事后他可能会做精心的剪辑，把它们变成你的话。换言之，政府议程就被转化为媒体议程和公共议程，政府就失去了主导舆论的先机。

例如，2005 年 11 月，哈尔滨爆发了松花江水污染危机。起因是当月 13 日，位于松花江上游的吉林石化工厂发生爆炸，造成苯类物质泄漏。政府部门在得知污染水团将于 30 小时内抵达哈尔滨市后，为了避免加剧在部分地区已经出现的传言和恐慌，没有及时公布真相，而是在 21 日中午向市民宣布要进行"管网检修""全市停水四天"。公告发布后，获得的却是事与愿违的传播效果。全市出现了大规模的抢购，并且在互联网上引发了公众的强烈质疑。政府部门及时吸取教训，于 22 日凌晨发布了松花江遭到污染的信息。

针对这一信息发布前后不一致的做法，有记者在新闻发布会质问发言人："政府为什么要向老百姓撒谎？"这显然是我们前文中提及的"审判式问题"。但发言人的回答却采取了"重复策略"，即接受了记者的"议程设置"："我们是用善意的谎言平息老百姓的恐慌情绪。"这样的回答表面上看是用"脑筋急转弯"式的回答来"巧妙"应对记者，但实际上达到的是"越描越黑"的传播效果，等于变相接受了记者在道德上和情感上所进行的"媒体审判"。根据这样的回答，记者会在报道中使用"政府承认向老百姓撒谎"这样的标题，让政府陷于更大的舆论风暴。

那么，发言人应当如何回答呢？基本的策略是：不重复记者的话，客观坦诚地说明真相，用政府议程影响媒体和公众的议程："我不同意你的上述说法。这次水污染危机来得非常突然，我们在接到相关报告后立即采取了停水的措施，并及时告知全市人民。需要说明的是，21日中午我们发布停水的通知时，还没有搜集到松花江哈尔滨段受到污染的确凿证据。当有关部门提供了相关权威结论后，我们在22日凌晨第一时间向市民及时公布，因此，不存在你所说的向市民'撒谎'的问题。"

另一个典型案例是富士康的"血汗工厂"问题。2010年，富士康集团设在内地的多家工厂接连遭遇"跳楼门"，面对记者质疑"富士康究竟是不是血汗工厂？"总裁郭台铭竟然回答："只要合乎法令，血汗工厂有什么不好？""如果记者说我们是血汗工厂，那你们记者从事的也是血汗行业。"结果，"郭台铭亲口承认富士康是血汗工厂"的标题充斥报纸和网络。这样的危机传播显然得到的是"雪上加霜"的后果。

那么，郭台铭应当如何面对这种"标签"式的指控呢？正确的做法是不要与记者纠缠于这些"标签"，而是应当拿出有说服力的事实和数字，劝说媒体和公众理性看待"跳楼门"危机。例如，富士康的领导者或发言人可采用以下的方式来与公众沟通：

"对接连发生的跳楼事件，我感到非常焦虑和痛心。我们已经在第一时间成立了由200名心理医生组成的专业团队，在各个工厂展开心理干预。对跳楼事件发生的原因，我们正在配合有关部门进行调查。富士康的内地工厂遵守当地法律法规，尽力为员工提供良好的生活环境。我们的深圳工厂修建了专业标准的游泳池，我们在内地的各家工厂的食堂、宿舍在同类企业中也是高标准的。近期我们会组织记者进行实地采访。在目前这种情况下，我认为给富士康贴上'血汗工厂'的标签是没有事实依据的，也无助于危机的解决。在此，我恳请媒体和公众与我们一道努力，早日化解这场危机。"

与记者商议以何种方式受访——面对面、电话还是电视（直播或录播），或者是接受网络采访。不同的采访方式有不同的要求：

面对面采访（用于报刊等印刷媒体）

- 事先了解该记者的相关档案材料；
- 可以问记者就此问题采访过哪些人，还打算采访哪些人，做到心中有数；
- 确定记者是否录音，如果是，要假定你说的每一句话都会被录下来；
- 如果你希望审阅记者的采访稿，向他明确提出来。

电话采访（通常用于报刊等印刷媒体和广电媒体）

- 记下记者的姓名和联系方式；
- 问清楚记者准备何时、以何种方式运用电话采访中得到的信息；
- 问清楚记者是否录音；
- 遇到名称、术语等，要告诉记者怎么写；
- 一般来说，尽量缩短电话采访的时间；只谈一些总体性的框架，不要深入细节，你可以告诉记者："我马上还有一个会议，回头我让秘书把文字资料给你传过去。"

电台采访

- 尽量用平常的声调讲话；
- 尽量不要用"嗯……""啊……""这个……"等口头语；
- 不要翻动文字资料，尽量把一些要点、数字等做成卡片，或使用 iPad；
- 尽可能用简洁明了、通俗易懂的语言，时时考虑到电台的听众与报纸的读者之间的差别；
- 如果记者重复问同样的问题，显然是想诱导你按照他的意图来回答。在这种情况下，要坚持说，"这个问题我已经回答过了，没必要在此重复一遍"；
- 正面回答记者的问题。这是因为电台采访正式播出的时候，通常会剪辑掉记者的问题，只播出你的回答。如果你作出否定的回答，那么就可能产生负面的传播效果。比方说，记者问，"有听众反映，政府部门的工作人员乱收费"。你不要说，"我们没有乱收费"（在实际播出中，由于记者的问题被剪掉，因此听众误以为你在为自己辩解），而应当直接告诉记者和听众你们做了什么。

电视台采访

电台和电视台都属于广电媒体，因此接受电视台采访时，除了上述电台采访的要求以外，还要做到以下这些：

- 电视媒体对时间的要求更为苛刻，因此要在上电视之前作充分准备。在回答问题时要有停顿（通常是每半分钟停顿一下），而且要做到在合适的地方停顿，以便主持人发问或者插入广告（否则就会被主持人或导播打断）。
- 尽量放慢语速。由于电视节目本身的片段化结构，受访人会越说越快，过快的语速会影响到传播效果。
- 语调要有变化，这是因为单一的语调既容易让观众感到厌烦，又容易引发说话人的紧张情绪。
- 眼神的活动要自然，要看着记者或主持人，不要紧盯着镜头或监视器。
- 耳机和麦克风要事先调好，防止说话时突然脱落。
- 在录播中，如果你对自己的回答不满意，立即要求重录；在直播中，如果出现了口误，要及时纠正。

网络采访

网络采访实质上就是"全媒体"采访，包含了上述各类媒体的采访要求。在专业门户网站、微博、微信平台上进行，通常采用直播的方式。事先要与对方议定是只进行文字直播，还是要同时进行视音频直播。文字直播应当遵循面对面采访的一些准则，如果要进行视音频直播，可参照广播电视媒体采访的要求。需要指出的是，网络访谈的基本原则是简明扼要，微博直播通常有140字的限制，在网站和微信采访中，每个问题的回答不要超过 3 分钟，文字控制在 300 字以内。

8. 新闻发言人的媒体形象设计

新闻发言人的形象是由其内在气质修养和外在的服饰、身体语言所构成的。在视像媒体发达的今天，发言人的形象成为影响传播效果的重要因素。因此，发言人精心设计自己的媒体形象，不仅体现了个人的修养和品位，而且还体现了他对媒体和受众的尊重，更重要的是体现了其所属的政府部门或组织的形象。在电视时代，媒体形象的设计更多的是从电视媒体的要求出发的。在全媒体时代，形象设计已经成为发言人的一项基本职业素养。这是因为发言人的一言一行、一举一动，甚至连脸上没有来得及擦净的妆痕都不仅处于专业记者和摄像师的镁光灯下，还要接受手持智能手机的公民记者和难以计数的众多网民的"显微镜观察"与"病毒式分享"。"细节决定成败"，对于全媒体时代的新闻发言人而言已经成为一项基本定律。

服饰要求

- 深色或中性色系的职业装为宜；不要穿纯白、浅色、咖啡色、带条纹或格子的服装，这是因为后者在电视镜头中会产生不良的视觉效果。
- 男士最好穿双排扣的西装；衬衫通常是白色的，浅蓝或灰色的也可以；领带的颜色要比衬衫深，不要有商标或过于花哨的图案。
- 男士要穿长袜子，颜色应当比西装深一些。如果穿短袜，可能会使脚踝露出，给人不稳重的印象。
- 同样道理，女士也不要穿短裙。
- 如果女士服装的颜色恰巧与发布会现场的背景版颜色相近，那么可以考虑配一条对比色鲜明的披肩或围巾。
- 男士和女士最好穿深色的皮鞋。
- 男士要遵循"三一律"，即公文包、皮带和鞋子的颜色一致。
- 在危机期间，着装尽量素净，不要穿颜色鲜艳或样式古怪的服装。
- 不要佩戴过于惹眼、来回晃动或是需要经常调整位置的首饰。
- 女士以自然妆上镜为宜，即便是"素面朝天"的女士，上电视时也应当使用唇膏，否则会因灯光的缘故而显得老气横秋或无精打采。口红不一定会取得理想的效果，粉色、樱桃红或珊瑚红的唇膏与灯光比较相配。
- 根据个人的具体情况使用粉底，否则皮肤会在灯光的照射下闪闪发亮；秃顶的男士也要在头部使用粉底。

身体语言

- 原则上不要看稿子；可以使用卡片，偶尔瞥一眼上面记下的重要数字和细节；推荐使用迷你 iPad，但仍然要做备份，以防技术故障发生时措手不及。

- 尽可能多地与听众做眼神交流，不要频繁地抬头看听众、低头看稿（或 iPad）。
- 一般是与第三排的听众轮流进行眼神交流，既不要盯着室内某一物体根本不看听众，也不要只盯着某一个方向的听众，更不要看一眼就转换视线方向（容易被认为是对听众不够尊重）。
- 手势要适度使用，与表达相匹配；讲话时不要有节奏地晃动手臂或腿；过多的手势和小动作容易转移听众的注意力。
- 不要使用"一指禅"，对记者指指点点；应当摊开手掌对记者示意。

结语

本书以危机传播作为概念和理论框架，以新闻发布作为实践和操作平台，探讨在全球、全民、全媒传播的背景下，组织（以政府为主）、媒体、公众三方的信息交流和话语互动关系。这是任何一个国家在治理能力现代化进程中都需要认真面对的问题。在传统媒体和自媒体的中介作用下，政府、企业等组织有责任通过有效的公共传播和危机传播来保障公众的知情权与传播权，这已经成为我国建设和谐社会、推进阳光执政、提升国家形象的重要内容之一。

无论是从概念和理论框架还是从实际操作上来看，危机传播和新闻发布在西方国家都经过了一个逐步发展、完善并且走向专业化、规范化的过程。从历史上看，如何对政府、媒体和公众之间的关系作出准确的定位，也是许多西方政治家认真思考的问题。用以下三位美国历任总统的言论做轮廓，我们可以大致勾勒出对这个问题进行理性思考的历史进程：

（1）"一个人民的政府如果不给人民提供信息或获得信息的渠道，那么它将成为一出闹剧或悲剧的开端——也许两个都是。"（美国第4任总统詹姆斯·麦迪逊）

（2）"只有让人民知道真相，国家才会太平。"（美国第16任总统亚伯拉罕·林肯）

（3）"信息的流动、在知情基础上做出选择的能力以及批评的能力等等所有民主政治赖以生存的假设条件，在很大程度上取决于传播。"（美国第35任总统约翰·F. 肯尼迪）

以上三段引言虽然出自美国历史上的不同时期，但集中体现的是19世纪以降美国式民主制度建立和演进过程中政府、媒体和公众三方互动关系的重要性。麦迪逊强调，政府通过媒体获得公众的支持是民主制度赖以生存的基础。林肯的那段话是在南北战争期间所说的。在国家面临分裂的危急时刻，他仍然把真实信息的传播作为维护国家和政体稳定的重要手段。肯尼迪的出现给20世纪的美国政坛带来了一股清新之风，他首次明确了"传播"(communication)是美国民主体制的基础,同时提出了作为传播主要渠道的大众传媒的重要职能。换言之,如何有效地为公众服务不仅仅是政府需要独自承担的任务,而是需要通过政府与媒体的有效互动才能实现的目标。

　　源自西方的政治传播学理念和实践经验是我们在探索有中国特色的政治文明道路上可资借鉴的。全球、全民、全媒的传播变局和全面建设小康社会的历史任务要求我国各级政府部门——尤其是从事宣传思想工作的各级干部——与时俱进,实现理论、实践和话语的创新。将传播理念引入政府部门的日常工作和危机管理中,正是适应了这一时代要求。从这个角度来看,本书的启示意义大于创新意义。笔者秉持的是"对事不对人"的原则,所作出的分析和评论完全是基于学术和专业的标准,与当事人没有任何关联。

　　由于一些局限,本书所依据的理论框架和所采用的案例大都来自西方,希望能够通过这种引介和评析起到示范和启迪的作用,从而推动该机制在我国的确立和发展。在这一"洋为中用"的过程中特别应当防止"淮橘为枳",对本书中所引介的理念和技巧不加分析地生搬硬套。从学术的层面上说,在积累了一定的实证经验后,才谈得上危机传播这门交叉学科的本土化和理论化,从而为传播学这门新兴学科在我国的发展和完善作出有益的尝试。由于本书的目标读者主要是各级政府官员、企业管理者、教师和学生,因此在学术研究的层面上没有作更为详细和深入的探讨。为了弥补这一不足,本书附录中汇集了笔者近年来对危机传播和新闻发布进行"本土化"探究而撰写的一些研究论文,它们曾以各种方式发表于《国际新闻界》《新闻大学》《现代传播》《当代传播》《对外传播》《青年记者》《传播与社会学刊》等学术期刊上,趁此机会以全文的面貌收录于本书中,就教于海内外方家和同道。

　　2023年是我国全面推进政府新闻发布制度20周年,也是笔者回国执教20周年。这本小书既是对我国新闻发布工作发展进程的梳理,也是对我个人学术生涯的阶段性小结。与大多数"70后"学人一样,我有幸在祖国日新月异的发展与祥和安定的氛围中按部就班地潜心求学,从一个校园转到另一个校园,远渡重洋七载后又回到故土效力,共同见证与践行个人和民族的"中国梦",使之一步步成为现实。

　　"十七岁出门远行"(移用了作家余华的经典小说标题),从故都南京来到首都北京,在北京大学的"燕园"和美国宾州大学的"大学园"(University Park)负笈十三载,先后攻下学士、硕士和博士,现在执教于当年曾经被自己视为"对门"和"对手"的"清华园"。毫无疑问,这三处风光旖旎的校园是读书人永远的精神家园,也是我与众多前辈、同道和学生相互切磋的学术圣地。这期间,我还先后在北京语言大学英语系担任讲师,在芝加哥大学东亚系做访问学者,在明尼苏达大学 St. Olaf 文理学院从事博士后研究并担任亚洲研究系助理教授。在母校南京力学小学、金陵中学的青葱岁月当中有幸遇到的众多良师诤友，限于篇幅，恕不一一列出，只能在心中默默感念。

笔者在北京大学和宾州大学先后师从王宁教授（现任教于上海交通大学）、刘康教授（现任教于美国杜克大学）、Thomas Beebee 教授、Thomas Berner 教授（现已退休，定居于新墨西哥州），他们的谆谆教诲是我在学术研究上孜孜以求的动力。我必须提到师母张娅曾女士（刘康教授的夫人）在美期间对我的照料。

我从加盟清华大学新闻与传播学院的第一天起，就加入了由李希光教授率领的教学和研究团队，在危机传播和新闻发布这一前沿课题上共同耕耘和探索。在此要特别感谢老领导李希光教授的扶持和提携，帮助我在短时间内找到了社会变革与个人发展、学术研究与国家需求的结合点。我们这个团队积极参与了国务院新闻办组织的培训工作（详见"导言"部分），足迹遍及全国 31 个省市和自治区，让我有机会与共同参与培训工作的学界前辈和同道刘建明、司久岳、涂光晋、高钢、孟建、董关鹏、刘笑盈、胡百精、周庆安等诸位教授及外交部资深发言人刘建超大使和新闻司邹建华参赞，知名媒体人白岩松、敬一丹和曹景行，有"中国公关之父"之称的杜孟（Serge Dumont）先生以及美国驻华大使馆历任新闻发言人裴士莲（Sheila Paskman）女士、史雯珊（Susan Stevenson）女士、包日强（Richard Bugangan）先生和新闻助理王培女士等人共同探讨，对我写作本书给予了极大的启迪。

我要衷心感谢本院首任院长范敬宜教授的关怀。范院长曾经是我岳父张庭训先生在《经济日报》任职时的顶头上司，领导和提携了我家两代人。如今两位老人都已驾鹤西去，这本小书也寄托着我对他们的无尽思念。清华文科复兴的重要推动者、时任我校党委副书记兼我院首任常务副院长的胡显章教授 2000 年访美期间到宾州动员我学成后回国效力，那次谈话至今让我念兹在兹。我院老书记王健华教授在我回国后给予了无微不至的关照，帮助我安然度过了在许多"海归"身上常见的"反文化震荡"。毫无疑问，学院历任领导柳斌杰、尹鸿、金兼斌、陈昌凤、胡钰、周庆安等诸位同人所给予的各种形式的支持也是我时时感念的。

我要由衷地感谢国务院新闻办的历任各级领导赵启正、蔡武、王晨、王国庆、郭卫民、汪兴明、刘更银、胡凯红、吴伟、刘正荣、寿小丽、袭艳春、马虹等为我提供的十分宝贵的实践和调研的机会。我在海内外的同道都无比羡慕我能够把自己的教学和研究与中国政府全面推进新闻发布的探索结合起来，亲身参与到这一具有历史意义的实践中。没有国新办各级领导和同志们的支持，也不会有今天这本小书。

武和平、毛群安、王旭明、王惠、焦杨、徐宁、龚铁鹰等中国政府的第一代新闻发言人们付出的艰辛努力值得尊敬，能够给他们传授一些自己在西方学到的传播学知识是我最大的满足。同时，他们也给我提供了很多有启发性的一线经验和体会。其中，武和平局长和王旭明社长已经把自己从事发言人工作的经验总结成书，龚铁鹰主任把国新办组织的发言人赴英国和美国接受培训的经历汇编成书，这些都成为我写作本书的重要参考资料。

本书在早期搜集文献资料的过程中得到了危机传播理论中"形象修复"学派的创始人、美国密苏里大学传播系威廉·伯诺伊特（William Benoit）教授和笔者当时的研究助理、现供职于《人民日报》的徐涛先生的大力协助。对此课题感兴趣的宋双峰和季萌等同学亦提供了一些研究成果和文献资料。何恒颖、李丽丽、胡晓白、李京、梁怿、钱晶晶、孟冬雪、韩晓萌、廖鲽尔、张耀钟、王沛楠、邱伟怡、刘长宇、戴润韬、彭修彬等笔者近年来先后指导的博士和硕士研究生对写作本书提供了各种形式的帮助。此外，清华大学SRT项目组的金城、苏婧、黄颖千、张阳、尹星、王健等同学亦协助翻译了部分英文资料，第二版的修订工作由本书第二作者童桐博士协助完成，他高效的工作让本书得以早日付梓，在此一并致谢。

我要感谢本书2004年首版的责任编辑、现任华南理工大学新闻与传播学院赵泓教授所做的工作。在海外的诸多同道中，特别要提及的是中国香港城市大学黄懿慧教授和中国台湾辅仁大学大众传播学院吴宜蓁教授，她们二位是华人传播学界中"危机传播"研究的先行者。感谢清华大学出版社——尤其是与我合作十载的责任编辑纪海虹主任——为本书尽快面世所做的辛勤工作。

最后也是最重要的，这本书要献给我的妻子和女儿，还有我远在南京和郑州的父母兄姊，是你们的亲情让我能够安然度过在国内外经历的"青年危机"和"中年危机"。为了顺利完成这本小书的写作，我牺牲了许多本应当陪伴在侧、共享天伦的时间，这本书的顺利出版也是对你们的最好回馈。

2004年4月初稿于北京清华园
2004年6月二稿于海南南丽湖
2013年8月完稿于北京清华园
2023年10月修订于北京学清苑

附录

附录1 危机传播工作用表

为了使用上的方便,我们把危机传播各个阶段的工作制作成图表、验收单或模板的形式,供从事危机传播的工作人员参考:

表1.1 危机爆发初期(最初48小时)的传播工作验收单

【说明:在已经完成的工作后画√,未完成的画×,当画√的项目超过80%时,说明危机传播初见成效。】

通报
- 根据危机预案中的名单逐一进行信息通报,确保危机处理指挥系统得到相关信息;
- 确保上级领导了解此次危机事件和本部门的对策(包括媒体的反应);
- 从危机传播角度进行初始阶段的评估并通报领导层,提出下一步的政策建议;
- 核心原则:第一时间、准确可信。

协调
- 立即联络中央和地方的各级合作伙伴;
- 如涉及犯罪调查,立即联系公安司法部门;
- 指定至少两位专职新闻发言人;
- 根据预案发布预警通报,如有必要增派传播人员;
- 与危机处理中心(EOC)取得联系,让他们知道你已经在开展工作。

媒体
- 第一时间:起草新闻公报(即公开声明),告知媒体,本部门已经接到有关危机的信息,并且正在采取对策积极作出回应;
- 准确:监控媒体,一旦发现误讯,立即要求媒体更正;一旦发现网络谣言,需启动回复和处理机制(参见本书附录8"美国空军网络发布和舆情应对工作流程");
- 可信:告知媒体如何获取本部门更新的信息(包括下一次新闻发布会是什么时候、负责接受媒体垂询的值班电话、获取最新信息的网址等);
- 只提供事实,不作猜测,确保与合作单位口径一致。

公众
- 立即开通免费咨询电话(视危机的进展情况调整服务时间和值班人员的数量);
- 把向媒体发布和通过官方微博、微信发布的第一条新闻公报当作向公众发布的第一条讯息来精心准备;
- 确保你在首次公报中表达对公众的同情,告诉他们政府部门已经知道了他们所关心的问题;

续表

- 通过经过核实的情况以及其他的信源，向公众证实其准确性和权威性；
- 提醒公众注意：本部门已经采取了适当措施来缓解危机，但解决危机还需要一个过程；
- 启动议题管理的流程，对公众进行电话访谈或追踪微博跟帖、微信等，从而获知谣言和舆论走向。

合作伙伴（即"利益攸关方"）
- 把声明发送给相关的合作伙伴，表明你记挂着他们；
- 使用预先设立的信息通报系统（最好通过群发的电子邮件和微信群）；
- 根据预案，建议上级领导给重要的合作伙伴领导打电话，通报应对危机的措施；
- 通过内部通信系统（例如，群发的电子邮件、微信群）通告合作伙伴的有关员工：本部门采取的对策，请求他们给予必要的支持。

资源
- 展开有关此次危机的风险评估，根据评估结果进行职责的分工，确定工作时间（例如，是否需要提供7天24小时的全天候服务）；
- 根据预案确定本部门在整个危机管理系统中的地位。

表 1.2　危机传播中的新闻发布验收单

首先，是否完成了以下准备工作：

受众	传播宗旨	传递的方式
□ 与事件的关系 □ 人口统计学因素（年龄、性别、教育程度、文化背景、语言等） □ 对危机严重性的认知	□ 提供事实／更新信息 □ 建议受众采取行动 □ 阐明危机管理的进展 □ 澄清谣言 □ 满足媒体的要求	□ 书面新闻通稿 □ 网上发布 □ 微发布 □ 新闻发布会（电视转播或者接受专访） □ 广播讲话 □ 其他（比如电话录音信息）

接下来，核对危机传播中信息的六个基本组成部分：

1. 传递何种情感＿＿＿＿＿＿＿＿＿＿
2. 阐明事实／建议受众采取行动

谁＿＿＿＿＿＿＿＿＿＿

什么＿＿＿＿＿＿＿＿＿＿

哪里＿＿＿＿＿＿＿＿＿＿

何时＿＿＿＿＿＿＿＿＿＿

为什么＿＿＿＿＿＿＿＿＿＿

何种方式＿＿＿＿＿＿＿＿＿＿

3. 我们还不知道的情况＿＿＿＿＿＿＿＿＿＿
4. 如何获得答案＿＿＿＿＿＿＿＿＿＿
5. 发言人的责任＿＿＿＿＿＿＿＿＿＿
6. 相关负责人＿＿＿＿＿＿＿＿＿＿

需要更为详细的消息，联系＿＿＿＿＿＿＿＿＿＿

下一次新闻发布安排＿＿＿＿＿＿＿＿＿＿

续表

最后，按如下标准检查即将发布的信息是否做到了以下各点：	
积极的行动步骤 诚实/公开的语气 运用危机传播的"20字原则" 意义清晰 使用简单的词汇和简短的句子	避免术语 避免判断性言辞 避免幽默 避免极端化和推测的言辞

表 1.3　危机传播中应对媒体的模板

回答媒体电话垂询或在微博回复网民询问
- "我们刚刚获悉情况，正在收集更多信息。一旦有新的信息后我该怎样联系您？"
- "我们现在正在尽全力控制局面，所以，目前我不打算就事件起因作任何猜测，等有更多信息后再联系您。"
- "我不是这方面的权威。一会儿我让某某（专家的姓名）给您电话回复，或通过微博回复。"
- "我们正在起草新闻公报，两小时后会在官方微博上发布，好吗？"
- "您可以登录我们的网站查看背景资料。一旦有了新的信息，我会及时发电子邮件或微博私信、微信通知您。"

在危机事件的现场或首次新闻发布会上
你将受权发布以下信息：
日期：＿＿＿＿＿＿＿　时间：＿＿＿＿＿＿＿　批准人：＿＿＿＿＿＿＿
目前事态在进一步的发展当中。我充分理解大家此刻的心情。我和大家一样，都想了解更多的相关信息，这也正是我和我的同事们努力工作的目标。目前，我想告诉大家已经过核实的信息
在大约＿＿＿＿＿＿＿（时间），（简要描述事件经过）＿＿＿＿＿＿＿
目前，我们尚不了解（患病人数、感染人数、伤亡人数等）
不过请大家放心，我们已经启动了应急系统，着手实施危机处理预案，还得到了有关部门（列出合作机构的名称）的协助
情势目前（已经/尚未）得到控制。我们正在协调（中央/地方）各部门来控制局势，查找原因，尽快出台个人及社区的预防措施等。我们将尽快给大家一个满意的答复
我们将继续收集信息，随时与媒体保持联络。我将在两小时（或者更短的时间）以内更新信息。一旦我们获得新的可靠信息，会立即发布。在此期间，我们希望大家耐心等待。谢谢各位的理解和支持

表 1.4　公众信息搜集和咨询电话记录表

电话与网络监测时间：（上午/下午）＿＿＿＿＿＿＿时
电话与网络（微博、微信）的内容
- 可用预先准备好的信息答复的：
  - 关于灾害、疾病、事故等
  - 关于救助、治疗、抢救等
  - 关于控制、预防等
  - 给出建议
  - 现阶段事态进展
  - 热点话题1＿＿＿＿＿＿＿＿＿＿＿＿＿＿＿
  - 热点话题2＿＿＿＿＿＿＿＿＿＿＿＿＿＿＿

续表

- 需要专家解答的：
  - ➢ 更详细的信息
  - ➢ 需要特别关注的个案
  - ➢ 其他_____
- 反馈：
  - ➢ 对某个部门工作的不满
  - ➢ 对所提供建议的不满
  - ➢ 担心能否将建议付诸实施
  - ➢ 异常情况的报告（如，大批动物死亡、急救现场人员擅离职守等）
  - ➢ 报告谣言或错误信息（简要描述）

电话与网络咨询处理结果
- 利用预先准备好的信息，安抚打电话者（发微博者）的激动情绪
- 记下打电话者的要求，反馈给：
  - ➢ 本部门以外的专家
  - ➢ 私人机构的专业人员（例如，私立诊所的医生）
  - ➢ 当地救护中心或急诊室
  - ➢ 红十字会或其他非政府组织
  - ➢ 中央或地方的危机处理中心
- 后续行动：
  - ➢ 无
  - ➢ 回电、网上回复时间：_____
  - ➢ 姓名：_____ 电话号码：_____ 微博（微信）账号_____
  - ➢ 性别：　男　女
  - ➢ 电话/网络信息紧急程度：
    - A级_____（危急，立即回应）
    - B级_____（紧急，24小时内回应）
    - C级_____（无需立即回应）

电话接听（微博回复）人：_____ 日期：_____

表1.5　媒体电话垂询记录表

答复期限
_____ 2小时内 _____ 当天中午12点前 _____ 当天下午6点前 _____ 尽快 _____ 其他

媒体机构
- 地方：_____ 电视 _____ 日报 _____ 通讯社 _____ 广播 _____ 杂志 _____ 其他
- 省市级：_____ 电视 _____ 日报 _____ 通讯社 _____ 广播 _____ 杂志 _____ 其他
- 中央级：_____ 电视 _____ 日报 _____ 通讯社 _____ 广播 _____ 杂志 _____ 其他
- 打电话者姓名：_____
- 打电话者联系方式：电话_____
  　　　　　　　　　传真_____
  　　　　　　　　　电子邮箱_____

续表

要求（在合适的项目上打√）	主题
• 专访（要求采访＿＿＿＿＿）	• 回应/调查＿＿＿＿＿＿＿＿＿＿
• 要求垂询专家	• 有关数字＿＿＿＿＿＿＿＿＿＿＿
• 背景材料（文字、音像）	• 有关健康/疾病/治疗＿＿＿＿＿＿
• 查询事实	• 热点问题1＿＿＿＿＿＿＿＿＿＿
• 要求更新信息	• 热点问题2＿＿＿＿＿＿＿＿＿＿
• 要求给媒体负责人回电	• 其他＿＿＿＿＿＿＿＿＿＿＿＿＿

后续行动（在合适的项目上打√）
• 给媒体负责人回电
• 专家回电
说明＿＿＿＿＿＿＿＿＿＿＿＿＿＿＿＿＿＿＿＿＿＿＿＿＿＿＿＿＿＿＿＿

对媒体垂询进行回复的级别（在合适的项目上打√）
• A级（立即回复）
• B级（12小时内回复）
• C级（1天回复）

如果没有后续行动，工作人员用以下方式回复媒体垂询（在合适的项目上打√）
• 一般性解答
• 查询网络
• 咨询发言人或危机传播主管
• 咨询本部门以外的信源
• 其他＿＿＿＿＿＿＿＿＿＿＿＿＿＿＿＿＿＿＿＿＿＿＿＿＿＿＿

电话接听人：＿＿＿＿＿＿＿＿＿＿＿＿＿＿＿＿＿＿＿
时间：（上午/下午）＿＿＿＿＿点
日期：＿＿＿＿＿＿＿＿＿＿＿＿＿＿＿＿＿

表1.6 危机传播评估表

规划、研究、培训和评估		
是	否	
■	■	本部门是否制定了旨在满足媒体和公众信息需求的危机传播预案？
是	否	如选择"是"，预案包括下列因素吗？
■	■	成立危机传播团队，应对媒体和为公众提供信息服务，有明确的职责划分和规章制度
■	■	信息核实及报批/澄清程序
■	■	新闻发布协议（由谁在何时何地，以何种方式发布什么消息）
■	■	国际、国内和当地媒体联络表（包括非工作时间内的值班人员和电话）
■	■	与其他部门之间进行信息协调的工作流程
■	■	指定新闻发言人（包括后备人员）

续表

是	否	
■	■	其他部门非工作时段的联系电话
■	■	危机处理合作伙伴的联系电话（如，地方政府负责人、公安司法机构、卫生部门、红十字会等非政府组织）
■	■	建立联合新闻中心的协议/工作流程
■	■	确保所需资源（空间、设备、人员）的工作流程，以便实现7天24小时的全天候信息运作
■	■	危机期间，向媒体、公众及合作伙伴发布信息的方式和工作流程（如，群发邮件、传真、上门传单、新闻通稿和音像制品等）

是	否	
■	■	是否将预案与中央和地方的危机处理中心进行协调？
■	■	是否将预案与其他部门或竞争对象协调？
■	■	指定的新闻发言人是否接受过媒体训练或危机传播训练？
■	■	他们了解危机传播的原则是要建立诚信和可信形象吗？

信息和受众
以下是必须启动危机传播预案、及时回应媒体和提供公共信息的突发事件（灾难）的种类： ■ 以空气、水、食物和昆虫等为媒介的传染病暴发 ■ 有可能从邻近地区传入或向邻近地区扩散的传染病 ■ 无法确定源头和传播途径的传染病 ■ 化学或有毒物质扩散导致的灾难 ■ 自然灾害 ■ 无法确定源头和传播途径的国际性传染病，而且有可能渗入本国 ■ 已确定源头和传播途径的国际性传染病，而且有可能渗入本国 ■ 大面积的环境污染 ■ 核辐射 ■ 经济危机或金融海啸
■ 恐怖分子袭击 　➢ 生物武器（疑似或公开宣称） 　➢ 化学武器（疑似或公开宣称） 　➢ 核辐射 　➢ 大爆炸 ■ 在特定地点发生的危机事件 　➢ 实验室事故（造成实验室工作人员伤亡） 　➢ 实验室事故（有毒物质的释放对邻近社区产生威胁） 　➢ 意外死亡（例如，校园内的工作人员/承包商/参观者身亡） 　➢ 人质事件 　➢ 炸弹威胁 　➢ 爆炸/火灾（造成重大财产损失） 　➢ 校园内引发死亡的刑事案件

是	否	
■	■	是否存在特殊群体（如，老年人、外国人、少数民族、边缘/弱势群体）？例如，在公共健康危机中有特殊信息需求的群体（如，少数民族、慢性疾病患者和未接种预防疫苗的老年人）

续表

是	否	
■	■	是否存在需要直接（不通过媒体）提供和更新信息的合作伙伴？
■	■	是否存在需要直接提供信息的利益共享者（通常是指不属于官方体系的非政府组织、社区等）？
■	■	是否根据人们对危机的不同反应（例如，互相争斗或集体出逃）设计了传播预案？信息的内容，传递者和传递方式是否考虑到受众的不同需求？
■	■	是否为信息的发布和澄清设置了严格的时间限制？是否有足够的资源和机制保证其实现？
■	■	是否设置了即时的受众反馈（包括媒体评估和舆情分析、公共信息电话分析）机制？
		在危机传播预案中是否准备了以下相关材料？

是	否	
■	■	新闻背景材料（如，某种传染病的症状、对公众可能产生的威胁以及治疗方法等）
■	■	公众问卷调查表
■	■	合作伙伴问卷调查表
■	■	媒体／公众／合作伙伴获取信息的资源列表（包括政府部门、研究机构、专家学者的联系方式）
■	■	网址和相关主题信息链接
■	■	对危机波及人群的宣传手册（包括，预防措施、灾后自救等）
■	■	可以提供给广电媒体的相关音像资料
■	■	本部门以外的专家名单（他们可以帮助本部门与公众进行沟通，增强政府部门的公信力）

		信息传递者
是	否	
■	■	是否指明本部门的发言人？在条件许可的情况下，分别安排应对媒体的新闻发言人和深入社区与公众对话的发言人。

		信息传递方式和资源
是	否	
■	■	是否为临时上岗的危机传播工作人员准备了现成的材料和装备？
是	否	如果选"是"，这些材料和装备中是否包括：
■	■	能上网／收发邮件、微博的电脑
■	■	有关危机传播预案的光碟（包含媒体、合作伙伴和非政府机构的基本信息、联络方式等）
■	■	手机或海事卫星电话（可传回画面）、寻呼机、无线上网的笔记本电脑等
■	■	购买资源所需的财政机制（例如，信用卡）
■	■	向媒体和公众提供必要信息的"××须知"类的手册和背景资料
■	■	危机传播工作人员所需的个人防护品和设备
■	■	是否为向不同的受众传递不同的信息开通了相应的信道（或媒介）？
是	否	如果选"是"，它们是否包括：

续表

是	否	
■	■	传统媒体渠道（纸制媒体、电视、广播）
■	■	新媒体渠道（网站、手机短信、微博、微信）
■	■	足够的热线电话
■	■	社区或小团体集会
■	■	群发电子邮件
■	■	传真
■	■	邮寄的信件
■	■	定期新闻简报
■	■	提交给合作伙伴的新闻简报
■	■	与合作伙伴召开的定期（或临时的）电话会议
■	■	上门游说
■	■	是否与上级主管部门或相关机构签订了向媒体和公众发布信息的合同/协议？
■	■	是否预备或指定了新闻发布会的会场？
危机传播中，是否配备了以下人员作为新闻发布的资源？		
■	■	公共管理专家
■	■	公共健康专家
■	■	新闻官和公关专家
■	■	健康教育专家
■	■	人力培训专家
■	■	撰稿人/编辑
■	■	公文撰稿人/编辑
■	■	视听设备专家
■	■	网络/网站设计专家
■	■	其他能够从事媒体和公众信息服务的人员
人员配备		
危机传播中，是否配备了从事以下工作的专门人员（包括后援）？		
是	否	
■	■	**负责指挥和协调：** ■ 负责指挥向媒体、公众和合作伙伴发布新闻 ■ 根据对现有情况及媒体、公众、合作伙伴的信息需求的评估，启动预案 ■ 与预案中所设置的合作伙伴进行协调，确保新闻发布的内容和口径一致 ■ 向上级主管领导、危机处理中心总部通报并及时更新信息 ■ 根据本部门在危机处理中的角色就新闻发布向指挥系统提出建议

续表

■	■	■ 确保本部门在与媒体、公众和合作伙伴的每一次接触中都体现出危机传播原则 ■ 就某一具体危机事件提出政策、理念和应对措施上的建议 ■ 检查和审批即将发放给媒体、公众和合作伙伴的信息资料 ■ 就有关政策或敏感主题及时向媒体进行澄清，并发放相关说明性材料 ■ 确定危机传播每周和每日运作的具体时间，在危机传播过程中不断进行再评估 ■ 保障人力、技术和设备等资源的充足供给
是	否	
■	■	**负责应对媒体：** ■ 评估媒体的信息需求，据此设置相应的机制（如，定期"媒体吹风会"、网站更新） ■ 对媒体的需求质询进行分类并作出回应 ■ 确保媒体质询获得恰当的处理 ■ 支持新闻发言人的工作 ■ 建立并及时更新媒体通讯录 ■ 制作和分发新闻通稿及媒体公告
■	■	■ 制作和分发信息资料（如，事实和数据清单、音像资料和视音频资料等） ■ 启动和运行媒体监控机制（如，分析舆情和信息需求，发现谣言和误讯并及时纠正，搞清危机发展过程中媒体表现出的担忧、兴趣和需求） ■ 确保向媒体和公众发布的每一条信息中都贯彻了危机传播的原则 ■ 配合联合新闻中心以及其他部门的新闻发布和应对媒体的工作 ■ 负责本部门和联合新闻中心之间的交流与沟通
是	否	
■	■	**负责应对公众：** ■ 通过电话、信函或电子邮件、手机短信、微博和微信，回复公众的信息需求 ■ 启动和运行公众信息监控机制（如，分析舆情和信息需求，发现谣言和误讯并及时纠正，搞清危机发展过程中公众表现出的担忧、兴趣和需求） ■ 启动或参与电话信息服务热线 ■ 启动或参与公众电子邮件、手机短信回复系统 ■ 启动或参与公众信函回复系统 ■ 建立和维护危机传播的网站、网页、微博、微信、客户端 ■ 建立和维护与其他相关网站的链接
是	否	
■	■	**负责应对合作伙伴/利益攸关方：** ■ 与合作伙伴/利益攸关方订立危机传播合作协议 ■ 安排定期的信息通报和更新 ■ 及时回应合作伙伴/利益攸关方的信息需求，并且搜集反馈意见 ■ 启动和运行合作伙伴/利益攸关方信息监控机制（如，分析舆情和信息需求，发现谣言和误讯并及时纠正，搞清危机发展过程中合作伙伴表现出的担忧、兴趣和需求） ■ 协助组织和促成各方信息联席会议，从合作伙伴/利益攸关方那里获得信息 ■ 建立和更新相关的"意见领袖"（例如，人大代表和政协委员）和特殊利益集团（例如，民营企业业主）的通讯录 ■ 回应"意见领袖"和特殊利益集团的要求与质询
是	否	

续表

是	否	危机传播的内容和材料：
■	■	■ 建立和发展相关机制，以便随时接到来自危机处理中心（EOC）的消息 ■ 将 EOC 的形势报告和会议记录改写为公众和合作伙伴需要的材料 ■ 在专家的指导和帮助下，编写有关具体危机事件的文字材料（简报、问答录等） ■ 汇总和编辑相关危机的常用信息，以备不时之需 ■ 检查信息材料能否满足特殊群体的文化和语言习惯 ■ 从其他部门或传播团队获取相关内容和信息 ■ 依据对媒体、公众、合作伙伴的信息监控机制系统的分析（如，分析舆情和信息需求，发现谣言和误讯并及时纠正，搞清在危机发展过程中合作伙伴表现出的担忧、兴趣和需求），编写新材料，补充新内容。 ■ 列出可供利用的合同／合作协议／顾问名单，加强公共／私人的信息交流和传播

各种资源的储备		
是	否	
		空间：
■	■	除了危机处理中心提供的场地之外，本部门还需要一个专门供危机传播团队办公的地点和会见媒体的场所
■	■	需要一个较为安静的场所，对新闻发言人进行"速成"式培训
■	■	需要一个场所召开危机传播团队的碰头会
■	■	需要摆放专用设备的空间，例如，当发稿期限迫近时，不能还在排队等着使用复印机
是	否	
		合同和协议备忘录：
■	■	考虑与某重要印刷媒体的新闻部签订合约
■	■	考虑与某重要广电媒体的新闻部签订合约
■	■	考虑与网站和社交媒体运营商签订合约
■	■	考虑与一些撰稿人和公关专业人员签订合约，危机发生时可以助一臂之力
■	■	考虑与相关部门签订合约，提供行政和后勤的保障
■	■	考虑开通电话答录系统，根据打电话者类别和所需信息类别准备不同的答案： ■ 有关危机的一般性信息 ■ 小窍门和小"贴士"——危机自救的行动建议和提示 ■ 忠告／建议／安慰性信息 ■ 相关专家、医护／医疗设备人员的联络方式，以供进一步咨询 ■ 新发情况（如发现新增疑似病例，如何上报） ■ 实验室／治疗／救助人员的守则
是	否	
■	■	设备： ■ 传真机（预先公布号码，以便与媒体、公众和合作者进行信息交流） ■ 全周全天运转的网站、微博、微信。每小时更新消息（特殊情况每 10 分钟更新一次） ■ 电脑（连接局域网，并备有群发邮件组发往合作人和媒体）

续表

是	否	
■	■	■ 笔记本电脑 ■ 每台电脑配备一台打印机 ■ 复印机（最好有一台备用） ■ 工作台（越多越好） ■ 手机/呼机/个人资讯设备/电子邮件阅览器 ■ 日历（最好是大号字体）、流程图、新闻发布板、黑板架 ■ 个人留言板（最好按照部门或个人分好区域） ■ 便携式电冰箱 ■ 纸张 ■ 彩色打印机 ■ 视听设备 ■ 便携话筒 ■ 讲台（最好是可移动、可折叠的） ■ 带有线插孔的电视机 ■ 录像机 ■ 光盘 ■ 碎纸机 ■ 移动式卫生间或便携式马桶（如果新闻发布会和采访活动在露天或野外进行）
是	否	
■	■	办公用品： ■ 复印机色粉（这是危机传播中最容易出现短缺的物资） ■ 打印机油墨 ■ 纸 ■ 签字笔 ■ 粗头水彩笔（用来写通知等需要引发关注的信息） ■ 荧光记号笔（用来标出文稿中的重要部分） ■ 可涂抹水彩笔（用来写留言等暂时性的信息） ■ 快递公司和邮政用品 ■ 贴纸 ■ 笔记本 ■ 张贴用的木板 ■ 标准化的宣传资料袋及文件夹 ■ 录像带（用来录制重要会议、新闻发布会） ■ 格式化的电脑软盘 ■ 用不同色彩作标记或分类的物品（文件夹、标签、墨水等） ■ 盒子或篓子（用来盛放暂时还不打算丢弃的杂物） ■ 折叠式文件夹（有方便查找的字母和日期标签） ■ 足够的订书机 ■ 用于装订纸张的打孔器 ■ 活页文件夹（最好是三个环的那种） ■ 标有部门名称和标志的宣传资料袋或贴纸 ■ 彩色打印纸 ■ 各种尺寸的回形针和胶带

表 1.7　新闻发言人工作验收单

【使用说明：新闻发言人在"上场"前，可以对照此表对自身的工作进行逐项检查。】
Crisis Communication Spokesperson Checklist
Criteria Yes No

是	否	
		新闻发布前的准备工作：
■	■	是否确立了发布的主题（不超过三个）？
■	■	该主题是否具有新闻性（不是工作总结或情况汇报）？
■	■	各种硬件和软件设施、人员是否准备就绪？
■	■	是否与其他相关部门进行了"口径"协调？
■	■	是否了解到媒体的相关报道和舆情走向？
■	■	是否了解到公众的普遍看法（这些比事实本身更为重要）？
■	■	是否安排了值得信赖的"第三方"（专家、学者、民间人士）？
■	■	还有没有需要更新的信息（例如，最新的伤亡人数）？
是	否	
		新闻发布的内容：
■	■	发布的口径是否得到主管部门的批准和合作伙伴的认可？
■	■	是否在头 30 秒内表达了对伤亡者、财产损失等的关切？
■	■	是否提供了事实？
■	■	是否强调高层领导已经关注此事？
■	■	是否强调有关部门领导已亲临现场？
■	■	是否强调政府部门已经采取的具体行动（例如，展开调查、着手救助等）？
■	■	是否明确了公众应该做些什么？
■	■	是否承认了本部门的责任（但尽量避免公开指责任何人）？
■	■	是否需要道歉？
■	■	是否需要承认目前存在的困难、问题和需求？
■	■	是否为媒体归纳出了 2～3 个关键性的信息？
■	■	是否需要使用比照、实例、讲故事等人性化传播手段？
■	■	是否需要使用图表等视觉辅助手段？
是	否	
		新闻发布的方式：
■	■	是否做到不说"无可奉告"？
■	■	是否做到不说"我刚才讲的不能发表"？
■	■	是否做到危机爆发初期不谈钱（成本）的问题？
■	■	是否做到言语中没有流露出回避问题和推卸责任的意味？
■	■	是否做到不使用术语、行话？

续表

是	否	
■	■	是否做到如果此刻没有明确的答案,告诉记者何时再给他答复?
■	■	是否做到不做假设和推断,尽量不回答"如果……就……"式的问题?
■	■	是否做到记者提问时,对他(她)表示关注,而不是低头看稿?
■	■	是否做到尽量避免不合适的身体语言(例如,叉腰、双臂/双腿交叠)?
■	■	是否做到尽量避免小动作(晃动身体、翻动讲稿、玩弄手中的笔)?

附录2 美国国土安全局危机传播计划指南[①]

(2021年2月修订)

当紧急情况发生时,组织需要立即进行危机传播。如果危机发生,受众(包括公众、客户等)有需求知道他们将受到怎样的影响。监管机构需要得到通知,地方政府官员也有权知道他们的社区正在发生什么。员工及其家人会感到担忧并希望跟进最新消息。居住在该设施附近的邻居可能需要信息,尤其是当他们受到该事件的威胁时。所有这些"受众"都有必要在组织开始进行危机传播之前获得信息。

应对危机的一个重要步骤是制定危机传播计划。组织必须能够在接下来的几小时和几天内迅速、准确和自信地应对紧急情况。组织必须向不同类型受众提供针对他们的兴趣和需求的信息。公众对危机处理的看法可能会对企业形象产生积极或消极的影响。

本指南为制定危机传播计划提供了方向。其中,了解潜在受众是危机传播的关键,每个受众都想知道:"危机对我有何影响?"该计划的另一个要素是针对受众信息需求编写信息的指导。"联系和信息中心"模块说明了如何使用现有资源在危机事件期间和事件发生后搜集和传播信息。

一、受众

了解组织在紧急情况下需要接触的受众是制定危机传播计划的第一步。潜在受众希望在事件发生期间和事件发生后获得相关信息,并且每类人群都有自己的信息需求。面临的挑战是识别潜在受众,确定他们对信息的需求,然后确定组织内谁最能够与该受众进行沟通。

以下是潜在受众的列表:

[①] *Crisis Communications Plan*, https://www.ready.gov/crisis-communications-plan.

- 顾客
- 受事件影响的幸存者及其家人
- 员工及其家属
- 新闻媒体
- 社区——尤其是居住在设施附近的邻居
- 公司管理层、董事和投资者
- 政府民选官员、监管者和其他当局机构
- 供应商

二、联系信息

应搜集每个相关受众的联系信息，尤其是在事件发生时立即使用这些信息。诸如客户、供应商和员工联系之类的信息可以从现有数据库中导出，数据库应包含每个联系人尽可能多的信息（例如，组织名称、联系人姓名、办公电话号码、手机号码、传真号码和电子邮件地址）。数据库应进行定期更新，并对所涉隐私进行保障，相关信息可提供给紧急行动中心或危机相关的授权用户，供危机传播团队成员使用。数据库应托管在安全服务器上，以便通过网络浏览器进行远程访问。数据库的硬盘拷贝也应在备用电子设备清单中。

顾客

顾客是企业的生命，因此与顾客的接触是重中之重。一旦电话无人接听或电子订单未得到处理，客户可能会立即意识到问题。传播计划应包括将传入电话转接到第二个呼叫中心（如果有的话）或转接到语音信息，说明企业遇到了临时问题。业务连续性计划还应包括有关程序，以确保在发生事故时客户能适当了解正在处理的订单状态。

如果发生事故，应指派通常与客户打交道的客户服务或销售人员与客户沟通。如果客户众多，则应按优先顺序排列名单，首先联系最重要的客户。

供应商

危机传播计划应包括通知供应商的成文步骤，这些程序应确定何时以及如何通知供应商。

管理层

应明确了解并记录何时通知管理层的规程以及在周末假日或半夜发生的应急预案。员工应清楚哪些情况需要立即通知管理层。对于通知董事、投资者和其他重要利益攸关方，也应制订类似的协议和程序。管理层应当先于新闻媒体了解危机情况。

政府官员和监管机构

与政府官员的沟通，取决于事件的性质和严重程度以及监管要求。未在规定时间内通知监管机构的企业可能会被罚款。美国职业安全与健康管理局（OSHA）规定，当事故造成三人或三人以上住院或死亡时，必须通知OSHA。环境法规要求在化学品泄漏或释放量超过阈值时也要发出通知。如果发生涉及产品篡改、污染或质量的事故，可能需要通知其他监管机构。法规中规定的通知要求应记录在危机传播计划中。

社区中发生的重大事故会引起民选官员的注意。应指派一名高级管理人员与民选官员和公共安全官员沟通。

员工、受害者及其家人

人力资源部门（HR）负责就雇用问题和福利管理与员工进行日常沟通。人力资源管理部门应在危机传播团队中发挥类似作用。人力资源部门应协调与管理层、主管、员工及家属的沟通。人力资源部门还应协调与负责照顾员工和为员工及其家属提供福利的相关人员的沟通。在处理涉及死亡或重伤事故的敏感性沟通时，管理层、公司发言人、公共机构和人力资源部门之间需要密切协调。

社区

如果设施中存在可能影响周边社区的危险，那么社区就会成为重要的受众。在这种情况下，社区宣传应成为危机传播计划的一部分。该计划应包括与公共安全官员协调，制订向公众告知任何危险以及在接到警告后应采取的最适当保护措施的协议和程序。

新闻媒体

如果事件严重，新闻媒体就会到现场或打电话了解详情。地方、地区或国家媒体可能会要求提供大量信息。管理大量的信息请求、采访和公开声明可能是一项巨大的挑战。对信息请求进行优先排序并编写新闻稿和谈话要点，有助于满足快速、有效沟通的需要。

制定的组织政策规定，只有经过授权的发言人才能接受新闻媒体采访。向所有员工传达该政策、解释危机发生时，最好由一名了解全局的员工代表发言。

事先确定新闻发言人，并为发言人准备好谈话要点，以便他们能够以易于理解的方式清楚有效地发言。

三、编写沟通信息

在事件发生期间和之后，每个受众都会寻求与其相关的具体信息。"事件对我的秩序、工作、安全、社区……有何影响？"在与每个受众沟通时都需要回答这些问题。

确定受众和负责与每个受众沟通的发言人后，下一步就是编写信息脚本。由于"事情太多"和"时间太少"造成的压力，在事件发生期间撰写信息可能具有挑战性。因此，如果有可能，最好提前编写信息模板。

应利用风险评估过程中获得的信息编写预设信息。风险评估过程应确定需要与利益攸关方沟通的情景。可能会有许多不同的情况，但沟通的必要性更多地与事故的影响或潜在影响有关。

- 伤害员工或他人的事故
- 公司设施的财产损失
- 与他人受伤或受损相关的责任
- 生产或服务中断
- 具有潜在场外后果（包括环境）的化学品泄漏或释放
- 产品质量问题

应针对不同受众的具体需求编写信息脚本，其中可能包括：

- 客户："我什么时候能收到订单？""你们会给我什么补偿？"
- 员工："我什么时候去上班？""我还有工作吗？""停工期间我能拿到工资吗？""还是能领取失业救济金？""我的同事怎么了？""你们打算怎么解决我的安全问题？""回去工作安全吗？"
- 政府监管机构："什么时候发生的？""发生了什么（事件细节）？""影响有哪些（人员伤亡、环境污染、消费者安全等）？"
- 当选官员："对社区（危害和经济）有什么影响？""有多少员工会受到影响？""你们何时能恢复运行？"
- 供应商："我们应该何时恢复交货？"
- 管理层："发生了什么？""什么时候发生的？""有人受伤吗？""财产损失有多严重？""你认为生产会停顿多久？"
- 社区邻居："我怎样才能确保外出安全？""你们打算怎么做才能避免这种情况再次发生？""如何赔偿我的损失？"
- 新闻媒体："发生了什么？""谁受伤了？""估计损失是多少？""事件的起因是什么？""你打算如何防止再次发生？""谁该负责？"

信息可作为模板预先编写，并在需要时填入空白处。预先编写的信息可由管理团队批准并存储在远程访问服务器上，以便在需要时快速编辑和发布。

危机传播计划的另一个重要因素是需要协调信息发布。当发生紧急情况或对企业造成重大影响时，有关事件或其潜在影响的信息可能很有限。随着新信息的出现，"故事"可能会多次改变。

危机传播计划的目的之一是确保信息的一致性。如果你对一个受众讲一个故事，而对另一个受众讲另一个故事，就会引起能力和可信度的问题。需要制订相关规程，确保每条信息的核心内容保持一致，同时解决每个受众提出的具体问题。

危机传播计划的另一个重要目标是从应对事件转变为管理战略，以克服事件。管理层需要制订战略，危机传播团队需要实施战略，消除每个受众的顾虑，并使组织在事件发生后保持完好的声誉。

四、联系和信息中心

"联系和信息中心"是危机传播计划的"枢纽"。这些中心接收各受众的信息请求,并向各受众发布信息。也可能会指派多个部门的员工负责与特定受众沟通。

"联系中心"负责处理来自客户、供应商、新闻媒体和其他方面的询问。联系中心应配备适当的设备和人员,以回答信息请求。应为联系中心的工作人员提供脚本和"常问问题"(FAQ)文件,以便他们连贯、准确地回答问题。

"信息中心"由现有的工作人员和技术(如网站、呼叫中心、公告栏等)组成,在正常营业时间内处理客户、员工和其他人的信息请求。信息中心及其技术可用于向受众推送信息和发布信息,供在线阅读。

由管理团队成员组成的危机传播团队应在办公环境中运行,为"联系中心"和"信息中心"提供支持。办公室可集中在应急行动中心附近,或在主要地点无法使用的情况下设在备用地点。危机传播团队的目标是搜集有关事件的信息。这应包括监测向呼叫中心接线员或办公室工作人员提出的问题类型、客户服务部门收到的电子邮件、社交媒体上的讨论或新闻媒体播报的故事。利用这些信息,危机传播团队可以向管理层通报利益攸关方提出的问题。反过来,管理层也应为危机传播团队生成的信息提供意见。然后,危机传播团队可以创建适当的信息,并传播批准发布的信息。

五、危机传播资源

应在主要业务地点提供信息资源,并应规定在主要地点无法使用的情况下,在备用地点建立类似的功能。

- 配备专用或可寻址线路的电话,用于接听来电,并配备单独线路用于拨出电话
- 可进入任何用于通知员工的电子通知系统
- 电子邮件(可进入"info@"收件箱并能发送信息)
- 传真机(一台用于接收,一台用于发送)
- 网站管理员可访问公司网站,以发布最新信息
- 访问社交媒体账户
- 访问局域网、安全远程服务器、信息模板库和打印机
- 应急响应、业务连续性和危机传播计划的硬拷贝
- 场地和建筑示意图、与业务流程和损失预防计划(如安全与健康、财产损失预防、实体和信息/网络安全、车队安全、环境管理和产品质量)相关的信息
- 复印机
- 用于记录所发生事件的表格

- 留言板（挂图、白板等）
- 钢笔、铅笔、纸张、写字板和其他文具用品

附录3 案例研究：美国遭受生化恐怖袭击的危机传播预案

"9·11"事件发生后，世界各国政府面临的最具挑战性的首要问题之一就是如何对以公众为对象的恐怖袭击采取预防、延缓、打击及迅速反应。小布什政府为应对恐怖主义专门成立了国土安全部，负责组织、协调和安排各部门的反恐行动，为此制定了周密而完备的预案，其中把应对有可能引发大规模公共卫生危机的生化武器袭击作为重点来进行规划。本研究将以此作为案例，旨在为我国政府建立类似的应急反应机制提供信息和决策上的参考。

应对恐怖主义引发的大规模公共危机事件是一项由各级政府部门通力协作的系统工程。在美国，负责此类危机管理的联邦政府机构主要有：

- 国土安全部（DHS）
- 司法部（DOJ）、联邦调查局（FBI）
- 联邦紧急状况管理局（FEMA）
- 国防部（DOD）
- 能源部（DOE）
- 环境保护署（EPA）
- 卫生与公共事业部（DHHS）

其中，FBI 是负责危机管理的主要机构。FEMA 是负责处理危机所造成的后果的主要机构。FBI 负责对危机事件作出反应，并任命一名现场指挥官，负责指挥和协调联邦、州和地方政府的危机管理工作。FEMA 配合 FBI 一起处理危机所带来的严重后果。

在危机处理的过程中，DHHS 作为"配角"为 FBI 和 FEMA 提供风险评估、流行病学的调查和技术上的支持。必要时，DHHS 会要求食品与药物管理局（FDA）一起参与到危机管理的工作中来。DHHS 给 FBI 提供的技术支持包括对传染源的鉴别、样本搜集和分析、现场安全与保护及医务管理计划，等等。它们给 FEMA 提供的技术性支持包括大规模的流行病免疫和预防、伤病员和医药制品管理、医疗救护等服务。

恐怖主义引发的危机事件有哪些特点？

恐怖分子运用大规模杀伤性武器引发的危机事件可能会造成大量的人员伤亡、建筑物毁坏或其他财产损失。它具有一些不同于其他危机事件的独特之处。了解这些特点是我们最大限度地利用当地重要资源、迅速作出反应的关键所在。

这些特点包括：
- 强烈的公众反应。公众对由恐怖主义引发的危机事件的反应会比对其他危机事件的反应强烈得多，尤其是公众不能确定是否受到生化物质或放射性物质的侵袭，因而会表现出更加强烈的恐慌情绪。
- 不易察觉。直到出现大规模的人员伤亡时才能确定危机的爆发。用检测爆炸物和枪支的方法大多不能检测出生化物质。它们大都看似普通，可以保存在普通的容器中。
- 迅速性。危机造成的影响可能会以几何级数增长，以至于无法进行相互救助。
- 连锁反应。一个事件可能会立即引发另一个事件的发生。
- 高危性。第一个报告危机的人很可能就是第一个受害者；进入现场的救护者也成为高危人群；此外，重要的基础设施（水电供应）和公共设施（例如，医院或急救中心）有可能在恐怖袭击中遭到破坏。
- 复杂性。事发地点可以被当作犯罪现场，但也可能被看作灾难的策源地。例如，生化物质应当作为证据被保护起来，还是作为污染源立即被处理，这就需要多个部门之间的协调和合作。
- 扩散性。可能引起对重要设施和周边环境的大范围污染。受害者在不知自己已经感染了的情况下，把污染源带到了公共交通工具、商业场所、居民区、医院急诊室等人群密集的地方；如果该物质可在空气中传播，可能会通过通风系统蔓延到离污染源很远的地方；此外，某些生化物质的毒性会随时间的流逝而逐渐增强。
- 迅速性。危机造成的影响可能会以几何级数增长，以至于无法进行相互救助。
- 在空气中的物质会通过通风系统随着气流蔓延，将污染物带到离最先污染区很远的地方。
- 重要的基础设施（水电供应）和公共设施（例如，医院或急救中心）有可能在恐怖袭击中做到破坏。

在此需要指出的是，用生化武器实施的"生化恐怖主义"在初期阶段与大规模传染病暴发十分相似，难以识别和判定。如果出现了以下这些情况，危机处理部门应当考虑出现生化恐怖主义袭击的可能性，以便采取相应的对策：
- 罕见疾病的暴发
- 在一般不会出现某疾病的区域暴发了这种疾病
- 在不正常时间段内暴发了某种季节性疾病
- 感染者的人口特征（如年龄、性别、种族等）出现异常的分布
- 传染方式的异常（例如，原来某种只通过食物传播的疾病现在则变成人员交叉传染）
- 出现异常的症状（尤其是呼吸系统的症状）

危机传播的准备工作

针对恐怖主义引发的危机事件的一些特点,我们应当采取对应的危机传播策略。首先要成立联合信息中心(简称 JIC),协调危机期间政府各部门的新闻发布,向媒体和公众及时公布政府的应急措施。JIC 尽可能与负责危机处理指挥中心(EOC)建在同一个地点。JIC 应由以下人员组成:

- 联邦调查局(FBI)的发言人、公共信息官员和危机传播团队;
- 联邦紧急状况管理局(FEMA)的发言人、公共信息官员和危机传播团队;
- 其他相关部门的公共信息官员;
- 州政府和地方政府的公共信息官员。

在制订由恐怖袭击引发的危机事件的传播预案时,应对照以下联邦政府典律:

- 39 号总统决策指南(与内政有关)
- 62 号总统决策指南(与外交有关)
- 国会通过的"罗伯特·斯塔福"救灾和应急法案
- 联邦政府应急预案,尤其是其中有关恐怖事件的部分
- 联邦政府有关放射物泄漏的应急预案
- 国家石油与危险物质意外污染应急预案
- 与生化恐怖袭击有关的健康与医疗应急预案
- 危机处理的部门协调预案(又称 0300/0400 号预案)
- 军队、武警和民间保卫机构的应急预案(又称 DODD3025.15 预案)

如何利用危机传播减缓公众的恐慌心理

(1)恐怖主义袭击旨在通过小范围的暴力袭击引发大规模的公众恐慌心理。因此,危机传播的首要目标是减缓并且最终平息公众的恐慌心理。

(2)在危机发生前应当以社区为单位对公众进行心理承受能力的训练。

(3)危机发生后,要遵循"谣言止于公开"的原则,主动与媒体合作,及时发布信息,防止因谣言的散布所造成的社会动荡。

(4)通过媒体向公众发布"行动信息",指导他们进行自我防控和救助,在设计这些"行动信息"时要特别考虑到老弱病残的需求。

(5)充分发挥民间"意见领袖"的传播职能。这些"意见领袖"包括当地商界、教育界、医务界及宗教界的领袖和精英人士,由他们出面与各自的社群进行交流和劝导。

(6)尽早恢复正常的交通运输、生产生活和工作学习秩序。

(7)发放标志性宣传品(如旗帜、海报、汽车和冰箱贴纸等),重树社区的凝聚力。

(8)举办仪式或典礼向幸存者、救援人员及死难者表示敬意。在未受恐怖袭击影

响的人员中发起慈善和募捐活动，例如，献血、运送食品、捐献衣服和钱物等。这些活动旨在帮助公众树立这样一种理念：祭奠死者的最好方式是让生者好好活下去，否则就会让恐怖分子的阴谋得逞。

（9）适当给予公众心理咨询，但过多使用反而会降低其功用。

面对公众的危机传播：以疾病和药物的信息传播为例

生化恐怖主义袭击发生后，危机传播的一项主要内容是向公众及时提供有关疾病和药物的信息。同时，美国已经建立了应对大型公共卫生危机的"全国药品储运体系"（NPS），负责协调全国各地的药品储存和配送。危机传播体系也可以及时将公众的需求反馈给该体系的管理机构。在制订危机传播预案时，应当考虑以下内容。

- 用于危机传播的各种材料：包括新闻通稿、宣传材料、图表和音像制品等；
- 这些材料（包括电子版）的保存地点和方式；
- 相关资料的传播和发放方式，包括征集志愿者和邀请有关专家负责现场咨询。

具体来说，相关材料应当回答以下一些问题：

- 该生化物质有多大的传染性？
- 哪些人会被感染上？
- 在哪儿、以何种方式可以领取政府发放的药品或接受诊治？
- 有关药品散发站和治疗中心的规则与信息：及时搜集有关信息，向 NPS 反馈，以便其确定所调配药品的数量和运输次数。具体来说，在为公众编写的宣传材料中要回答以下这些问题：

—发放药品从何时开始，每天的发放时间如何安排？

—最近的发放地在哪里？

—发放点的位置在哪儿？

—到达发放点采用的最佳交通方式和最佳路线（包括停车地点）是什么？

—发放药品的程序如何？

—公众在领取药品时需要出示哪些证件？

—如果是替家人取药，需要提供哪些信息（一般包括年龄、健康状况、目前用药情况、对哪些药物过敏等，如果是儿童，最好能够提供身高和体重信息）？

—为何使用此药？如何使用（例如，在 2001 年秋的"炭疽热"中，美国有关部门推荐可能感染炭疽病毒的人连续 60 天服用一种名为"cipro"的药）？

—用药是否涉及地方文化、风俗的禁忌？该信息会影响到公众对那些药物的接受程度，也会影响到 NPS 配送药物的数量。

—过量服药会引发哪些副作用？

附录 4　危机事件评估工作用表

【使用说明】

- 由表 4.1 和表 4.2 组成，配套使用。
- 表 4.1 用来对危机事件的严重性进行总体评估。
- 表 4.2 提供的是一个更为细化的验收单和评估表。
- 表 4.2 中提供的细节仅供参考，要视危机事件的具体情况作出调整。
- 请注意这不是一次测验，没有正确或错误答案之分。
- 表 4.2 只需花几分钟时间完成，不要在某个项目上犹豫不决。如果不能确定答案，可以跳过这个项目。
- 先完成表 4.2，再返回表 4.1。将表 4.2 中所勾画出的表格栏与表 4.1 中"评估依据"栏作比较，确定当前事件危机程度，初步确定回应方式。
- 当收集到足够的新信息后，应进行重新评估。

表 4.1　危机事件评估总表

严重性	评估要素		
	情况描述	评估依据	对策建议
A	初始阶段情况异常紧急。亟须迅速向媒体和公众发布信息。如公众未及时了解其风险和防护措施，他们的生命和财产将有可能受到威胁	方框 1 被勾出。方框 2、3、4 中至少被勾出两个	7 天 24 小时全天候回应媒体和公众的质询，安排好值班人员和救助人员。按照预案与有关部门合作启动"联合新闻中心"（JIC）
B	紧急。无须立即向公众和媒体发布信息或给出行动上的建议。然而公众认为他们的健康和安全陷入或即将陷入危险中，媒体和公众的信息需求将会越来越大	方框 1 未被勾出，方框 3、4 被勾出	每周 7 天，每天 20 小时回应媒体和公众的质询。设立固定时间，举行媒体吹风会或发送新闻简报。下班期间可以建议公众通过电子邮件或电话留言质询。做好两手准备：如果危机发展到"异常紧急"阶段，随时准备启动 JIC；如果危机得以缓解，可以做出相应的调整
C	中等紧急。媒体表现出强烈关注，但媒体关注的是该事件的新奇之处，而非对公众健康和安全可能会产生的影响。当危机被查明后，媒体的兴趣即刻消失	方框 3 被勾出，方框 1、2、4 未被勾出。至少三个 ++ 栏、一个 +++ 栏被勾出	每周 5~6 天，每天 10~12 小时回应媒体和公众的质询，并指派专人值班，监控其余时间的情况变化。如事件在下班后或周末发生，则要立即到岗开始工作；除此情况外，只需安排专人值班。在指定时间和通过制定的更新渠道为媒体和公众提供信息，使危机平稳地过渡到持续阶段。在这种情况下，无须建立"联合新闻中心"

严重性	评估要素		
	情况描述	评估依据	对策建议
D	轻度紧急。事件进展缓慢,可能将持续几周。根据进一步调查结果,危机可能会恶化或缓和。这种情况需要监控及再评估	方框1、2、3未被勾出。被勾出的+栏或++栏多于被勾出的+++栏	正常运作,但随时待命,为进入全天候的运作状态作准备。通知后备值班人员和救护人员待命。如媒体和公众的信息要求升级,则需随时上岗。要注意在危机升级之前不要让员工过度劳累。在这种情况下,危机传播只需按正常工作日运作便能维持当前局面。如果需要由几个部门共同发布信息,则考虑建立"联合新闻中心"

表4.2 危机事件评估详细列表【说明:根据现有信息,勾出所有相符情形】

编号	勾出相符情形	危机强度(0~8)	评估依据
1	■	+ + + + + + + +	初始事件被清楚无误地界定为公共危机事件,需要立即进行危机传播,防止死亡、疾病扩散或灾情蔓延
2	■	+ + + +	短期内会有死亡(灾难性事件);诊断、治疗方式尚不明确
3	■	+ + + +	媒体和公众认为此事件是"前所未有的""最糟糕的",或"规模最大的",等等
4	■	+ + + +	死亡人数预计将远远超过正常范围
5	■	+ + +	事件发生在媒体相对集中的主要城市地区,而不是人烟稀少的地带(媒体分布较少)
6	■	+ + +	事件突发,且为全国范围(不止一个省市),或有可能在全国范围内产生健康影响
7	■	+ + +	政府被认为是事件的起因之一或负有直接责任
8	■	+ + +	事件主要影响儿童或身体一向健康的成年人
9	■	+ + +	事件有可能是人为的和(或)蓄意的
10	■	+ + +	事件的控制可能暂时需要影响相当数量人群的公民权利
11	■	+ + +	事件所涉及的个人应采取积极步骤保护自身的健康和安全
12	■	+ + +	减缓事件影响的工作属于本部门的职责范围
13	■	+ +	事件具有某些怪异的、罕见的因素
14	■	+ +	涉及某知名产品、服务机构或行业
15	■	+ +	涉及外交和国际贸易中的敏感问题
16	■	+ +	涉及某"知名人士"
17	■	+ +	涉及犯罪调查
18	■	+ +	涉及普通群众不十分了解的事务(例如,某种新型传染病),误传和流言较多
19	■	+ +	事件及其后果较为严重,需要本部门作出令人满意的解释(如,化学药品意外泄漏)
20	■	+	尚未确定该事件是否会长期影响人类健康

续表

编号	勾出相符情形	危机强度（0~8）	评估依据
21	■	+	事件在发展中。其走向不确定，可能会恶化，也可能渐趋缓和（如，发现某种新型流感病毒）
22	■	+	事件发生地设施不完善，信息渠道不畅，无法有效地为媒体和公众提供相关信息
23	■	0	事件是国际性的，但对我国人民几乎没有影响
24	■	0	公众普遍了解应对危机的方法，人们能够有效地进行自我救助和防护

附录5　美联社工作人员社交媒体使用守则

（2013年5月修订）

《美联社工作人员社交媒体使用守则》是基于我们对于新闻价值原则的一贯阐述而提出的。以下的各条守则旨在把这些经久不衰的新闻行业理念应用到新的社交媒体领域，从而提升美联社及其每个员工在社交网络领域的品牌效力。本守则鼓励员工积极使用社交网络，并同时恪守我们的基本价值观，即不应该随意通过社交网络就当下的争议性话题表达自己的意见。

其他任何例外情况都应该征求我社高管的意见。本守则无意对《国家劳工关系法》所赋予的员工权利造成任何程度的损害。

账号：

我们鼓励所有的美联社记者都能够有社交网络的个人账号。因为它们已经成为美联社记者收集信息、分享链接的必要工具。我们建议您在每个社交网络上注册两个账号，一个私用，一个公用。

许多美联社记者在这个策略的使用上收获了极大的成功。

如果员工在工作上使用自己的社交网络账号，无论在任何情况下，他们都应该明确标示出自己来自美联社的身份信息。您不必在推特网或其他社交网络的用户名中包含"美联社"的字样，而且建议您使用自己个人照片来做头像（不要使用美联社的标志）。但是您应该在个人描述里体现出您是美联社的员工。

上传美联社独家所属或机密材料是被严格禁止的。

员工不应该在他们的社交网站个人描述中包含政治倾向的信息，也不应该发布任何有关政治性阐述的内容。

观点：

美联社的员工必须认识到他们在网上所表达的观点可能会损害美联社作为一家客

观公正媒体的声誉。美联社员工应该避免在任何公开论坛上发表有关争议性公共议题的个人观点，而且禁止在网上参与和支持任何有组织的群体性政治行动。

有时，员工会问及他们是否能够自由在社交网络上就体育、娱乐等话题发表个人评论。答案是可以的，但是仍有以下几条注意事项：

第一，说任何人（包括一个团队、公司或名人）的坏话，都会对员工和美联社造成负面影响。设想一下，如果您的转发被您评论的对象看到了，而这个被您嘲笑的人可能正是您另一同事正需要发展的新闻线索提供者，那么后果就不堪设想了。

第二，如果您或您所在的部门正在采访一个主题（或是您在督促他人在做采访），您在网上发表关于此主题的观点时更应该做到客观、公正。条件允许的情况下，您可以附上美联社官方报道的链接，这样就可以有更大的空间去表达我社所有的观点。

为了撰写报道搜集意见的状态和转发，必须明确表达我们在寻找各方观点这一意图。

隐私：

雇员在表达任何与美联社可能相关的个人意见或同事观点时，尤其应该提高警惕。即使您把相关内容只给自己的朋友看，也同样要多加小心。

我们建议您在脸书网（Facebook）上进行隐私设置来确认您的分享内容与分享对象。

然而，鉴于有太多的人对社交媒体使用相当熟稔，所以基本没有什么信息在网络上是绝对隐私的。如果某人想从受限的材料中拷贝出相关信息，并将其放在其他地方给更多的人阅读，这是相当容易做到的。

好友/回复：

如果能够为报道服务，您是可以与线人、政客或新闻当事人在脸书网上建立好友关系的，同时您也可以在推特网（Twitter）上成为他们的"粉丝"。

然而，如果您与执政候选人或政治性事件在网上保持好友或赞成的关系与态度，可能会使一些不太熟悉社交网络运作机制的民众感觉美联社的员工在为政党做宣传工作。所以，您应该试着与争议事件正反双方的重要人物取得联系，来保证立场的公正。

我们应该避免与新闻当事人在他们的公众主页上直接交流，比如，评论他们社交网站上的博客内容。

美联社的高层人员不应该向下属发出好友请求。但如果普通员工想向他们的上司或其他高层发出好友申请，是可以接受的。

发布：

美联社鼓励员工以各种形式在社交网站上添加有关美联社报道内容的链接。他们也可以添加来自其他媒体报道内容的链接，除非内容本身散布谣言或言辞不当。无论其他记者或新闻机构作何种报道，美联社的员工都禁止在网上散布谣言、宣传未经证实的消息。因为您与美联社的所属关系，您这样做会增加这类虚假消息在公众当中的可信度。

当您添加链接时，要特别注意有关其他公司的、具有互相竞争性质的信息。虽然我们与其他新闻媒体正处于非常激烈的竞争关系中，您仍需要在发布一些对其他新闻媒体不利信息之前三思而后行。因为这可能会影响您思维的公正性。

员工应该添加那些已经在网上获得发布权限的链接内容，而不是随意直接上载或复制任何链接内容。

美联社的记者曾成功对多次新闻事件在社交网站上进行及时的"现场播报"。下面是对社交网站"现场播报"的一些建议。

1. 需要现场直播的新闻事件（如，新闻发布会、运动赛事等）：我们非常欢迎员工们能够在社交媒体上直播这些事件。但是，当重大新闻事件发生时，员工的首要任务是为美联社的新闻编辑部提供翔实的事件细节。在提供完详尽的信息和完成其他美联社即时要求的任务后，员工就可以自由在社交网站上发布或转发信息来及时跟进新闻事件的后续发展。

2. 独家材料：美联社必须确保能够首发独家文字、照片及视频材料，而不是在它们都已经出现在社交网络上之后。相关信息一经发布，我们很欢迎员工们在美联社或其他订阅者平台上添加相关内容的链接。

3. 新近报告线索：美联社的员工们严禁在社交网络上分享新近出现的信息。因为如果能够密切跟进此类信息，我们很容易得到重大的独家新闻并通过官方发布。

4. 其他内容：您搜集的其他一些信息可能已经被分享到社交网络上。这些信息包括我们通常称作"剪接室糊地板用的"，因为这些信息并不是美联社制作某一具体新闻产品所需要的。

有关美联社员工安全的特别提醒：员工们禁止在社交网络上发布任何可能危害美联社工作人员人身安全的信息——比如，美联社记者现场报道所在的具体地点，因为这些记者可能会在当地遭到绑架或袭击。此规定也同样适用于那些有关员工被逮捕或失踪的报道。诚然，在一些情况下，信息公开能够帮助员工避免危险，但只有统筹全局的美联社高层领导才能就类似事宜作出最终定夺。

转发：

在转发他人的信息时，正如您自己发布信息一样，您都不应该就热点问题明显表露出您的个人观点。一条没有任何评论的转发通常会被人当成您默许了此条信息的观点。

可能导致严重问题的一些社交网络转发实例：

1. 转自@琼斯运动：史密斯的政策将摧毁我们的学校。
2. 转自@今日欧洲：最终，欧元计划产生了作用。

上述信息不完整、缺乏限定语的转发都应该严格避免。

然而，如果我们能够明确表示，我们只是在简单地报道或引用这些带有观点的信息,那么我们就可以审慎而巧妙地在社交媒体上转发类似信息。介绍性的话语会帮助您达到这个目的。

举例：
1. 琼斯运动正在就教育问题谴责史密斯。转自@琼斯运动：史密斯的政策将摧毁我们的学校。
2. 欧洲大报称赞欧元计划。转自@今日欧洲：最终，欧元计划产生了作用。

即使您在推特网主页的个人描述里说明"转发不代表个人立场"，以上的建议也是同样适用的。因为许多人都只会看您发布或转发的信息，而从来不去关注您的个人描述。

员工们应当自觉远离转发谣言和传闻。然而，只要您能够谨慎避免重复那些悬而未决的报道，您就可以自由回复并跟进这些信息，以期获取更深入的情况。

当新闻当事人在社交网络上发布了重大信息，看到此条信息的员工应立即将其向美联社的相关采写或编辑部门汇报，并完成上级布置下来的任何相关任务。然后，如果该新闻当事人的账号被证明是真实可信的，员工便可以自由转发或分享那条原始信息。在下文中，我们将对核实社交网络账号真实性的政策和最佳做法进行更详细的梳理。

在个人网站、博客和社交网络上展示在美联社的工作：

美联社的员工可能会想把自己的日常工作在个人网站和博客上进行分享。在他们的文本、照片、视频和交流记录已经被美联社官方发布之后，他们就可以把这些工作成果放在网上分享和展示。需要注意的是，这些材料必须明确注明是美联社所属的。

当员工在一些专门以用户分享为主要内容的社交网站上分享工作成果时，他们必须只能给出内容的链接而不能直接上传具体内容。

由美联社员工自己创作的"非美联社所属内容"，如个人相片、视频和文本，是可以在其个人网站、博客和社交网络上分享的。包括那些对社会争议性事件表达意见和态度在内的所有信息发布，都应当遵循美联社新闻价值原则及社交媒体守则。那些在敌对或敏感环境中工作的员工在决定应该在社交网络上分享什么内容时，尤其应该关注安全问题及其分享对美联社获取新闻能力的影响。

信源：

想核实社交网络上信源的真实身份是很难做到的。在社交网络上发现的信源应该与那些通过其他方式发现的信源使用同样的方式来进行审查。如果您遇到的社交网站声称是某公司、组织或政府的高层官员，您应该打电话给相应单位进行核实。

禁止简单地从社交网络提取引言、照片或视频作为报道的素材，也禁止将这些素材的来源直接使用网站账号的名字或地址来表达。大多数的社交网站会提供用户间直接交流的信息传递服务，您可以通过电子邮件或电话向信源获取更多详尽的信息。

当您发现报道中核心人物所在的社交网站，特别是无法从他本人那里获取确认信息时，您尤其应该谨慎。在社交网络中，冒充他人身份的虚假账号不计其数。通常，当一条新闻中的新名字出现后短短几分钟，使用该名字的虚假账号就会在社交网络中出现。您应当认真检查主页中的各项细节来分辨账号的真伪。

很多运动员、名人和政客拥有实名认证过的推特网账号。他们的个人页面上有蓝白相间的标志作为明显标识，表示这些账号已经过推特网认证确实是归其所有的真实账号。然而，推特网的实名认证过程常常被人愚弄，所以我们仍然需要与新闻当事人进行亲自确认。这个程序在谷歌搜索页上也同样适用，虽然上面也有一个表示已核实的标记，但我们仍然需要在报道中亲自再次印证它的可靠性。

除此以外，在您引用新闻当事人在社交网站上的信息之前，您需要核实到底是谁在运作这个账号。是他本人还是他的助手？还是他们一起在运作？得知信息的来源能够帮助您更好地判定这些信息有多大的新闻价值，可更好地表述这些信息的特征。

在把社交网络上的照片、视频或其他多媒体的素材作为报道内容的一部分之前，我们必须首先确定这些材料的所有权在谁手上。只有在获得其所有者的许可之后，我们才能进行使用。任何例外情况都应该与美联社中枢机构的法律部门进行沟通。这些内容的真实性也需要用美联社的标准来检验。

员工在使用社交网络寻求来自那些处于危险境地和损失惨重的对象的基本信息或原创内容时，应该保持足够敏感并做到深思熟虑。他们不应该随意采访民众以至于让他们处于危险之中。事实上，在情急之中，他们更应该提醒民众采取安全措施。当信源本人处于危急之中，员工应该使用他们作为记者的职业敏感来判断是应该直接通过社交网络对其进行采访，还是咨询上级领导的意见后再作决定。您可以阅读给每个美联社员工分发的备忘录，获取处理此类情况的更多建议。

与用户互动：

美联社一贯乐意与用户保持长期的交流和沟通。员工可以自由地向他们在社交网络上的"粉丝"们询问关于一些新闻报道的观点和看法，也可以给一些能够为美联社提供信息核实或照片视频的目击者和线人直接打电话交流。美联社也鼓励员工回答他们自己报道领域的相关问题，因为这些问题正引导着社交网络中有关美联社报道的舆论走向。当然，前提是他们的回答必须符合美联社新闻价值原则和社交媒体守则。

我们收到的很多反馈都是富有建设性的，无论对我们报道内容的批评通过何种方式表达，只要是真实确凿的，我们一定会认真考虑反思。

美联社新闻价值原则中有这样的表述："无论是在自己的工作中还是在同事的工作中，员工必须尽快告知监察编辑他们发现的那些错误或潜在错误。"除此以外，给读者的回复往往也是由读者作出的评论本身来决定的。

如果读者或观众提出的出色意见能够帮助改正我们工作中的错误，那么我们就应该通过邮件或社交媒体发布对其的致谢（尽量不要再犯同样的错误）。如果读者提出的批评本身存在问题，那么我们在时间允许的情况下不妨也及时回复他们并澄清事实。

然而，我们最好要避免与那些脾气暴戾的、缺乏建设性意见的人进行长时间的反复交涉。辱骂的、执拗的、猥亵的或带有民族主义色彩的评论都应该标示给美联社区域总分社或国际安全部门代为处理。

其他需要牢记在心的注意点：

（1）我们向任何读者或观众所作出的回应都可能被公开。电子邮件，脸书网信息与推特网即时通信给人感觉上是私密性的交流，但其实很容易被势力集团、政治施压团体、律师代理人等所利用。如果某个报道或某张图片引发了严重争议，责任编辑可能是反映意见的最佳人选，而不是该内容的作者。标准中心也可以提供相关回复。

（2）任何可能引发法律纠纷的来信都应该先由美联社的律师处理，然后再作出相应回复。

与美联社官方社交网络账号互动：

我们欢迎员工转发或分享由美联社官方社交网络账号发布的信息（如，推特网@AP或美联社在脸书网的主页或美联社在谷歌Plus的主页）。我们要求美联社的员工尽量不要称赞或评论美联社的脸书网和"谷歌+"主页上的内容。这些账号是官方的、面向公众的交流渠道，我们希望把更多空间留给公众来评论和互动，而不是让记者们在一个面向公众的场合互相讨论他们自己的事情。如果一个普通的脸书网读者点击进入一条博文，结果发现里面全是记者之间的对话或内部人士的互相吹捧，这将会是一件很令人反感的事情。

删帖：

在推特网上，我们可以删除之前发表过的内容。然而，"删除"这一功能只能用来删除推特网上某些内容或几个推特好友。遗憾的是，我们所删除的内容却可能已经在其他人的主页上被转发或重发。那么，公众还是可以看到这些内容的。如果您必须彻底删除一个帖子，可以跟美联社区域总分社的管理人员进行沟通。

勘误：

社交网络上的帖子或社交媒体上的内容如有谬误，则应该迅速并透明地进行勘误，这与纠正美联社提供的其他服务中的错误是一样的。这条规则也同样适用于其他与美联社相关的、通过个人账号发布的帖子和内容。

我们需要做的是在社交网络上发布相关帖子或博文来说明并解释我们所造成的失误或犯下的错误。

例如，美国驻尼日利亚大使馆表示本周可能会在Abuja（之前曾错误表述为Lagos）的豪华酒店里发生爆炸。

严重的错误需要告知美联社区域总分社的高层和相应的地区或垂直管理部门来处理。

附录6 美国空军网络发布和舆情应对工作流程

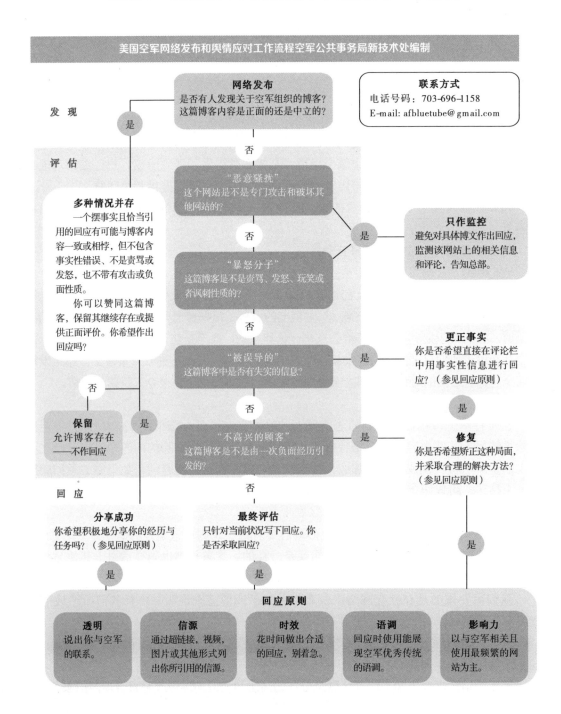

附录7 社交媒体的主要形式

西方社交媒体（自媒体）网站	中国的本土化网站	主要特点及举例
TikTok（抖音海外版）	抖音	是一款音乐创意短视频社交软件，适合"病毒传播"，是近五年来增长速度最快的社交媒体（"看看我吃的烤鸭"）
Quora	知乎	科普类问答平台，以优质内容著称，平台用户学历相对较高（"烤鸭适合我吃吗？"）
Telegram、Whatsapp、LINE	微信有同样的通信功能	即时通信软件，有研究称Telegram和Whatsapp在许多国家是新冠疫情中本地化谣言传播的重灾区（"我和大家聊聊吃烤鸭的真实感受"）
Wikipedia	百度百科	用户共同编辑的网络百科全书（我来编辑"北京烤鸭"词条）
Facebook	微信、微博、人人网	用户交友网络，分享信息和生活体验（"我喜欢吃烤鸭"）
Twitter（2023年更名为"X"）	新浪微博	用户发布有字数限制的短博客，分享即时行为和体验（"我在吃烤鸭"）
Tumblr	新浪轻博客	介于微博和博客之间的一种分享文字、视频的工具，博客像书，微博像报纸，轻博客则像杂志（"这是我搜集的北京所有著名烤鸭店的图片"）
Youtube	哔哩哔哩（Bilibili）、优酷网、土豆网	用户拍摄、上传、分享视频，并通过弹幕进行讨论（"看，我正在吃烤鸭"）
Instagram	微博、微信、小红书都有图片分享功能	用户拍摄、上传、分享图片（"这是我吃烤鸭的样子"）
Foursquare	大众点评网、高德地图	用户分享当前所在的地理位置（"我在前门大街的全聚德吃烤鸭"）
LinkedIn	前程无忧、Boss直聘	专业精英人士的社交网站，通常用于求职等（"我会做烤鸭，还有专业技术证书"）
Pinterest	豆瓣网、小红书	用户分享兴趣爱好的"瀑布流"图片网站，以女性用户为主（"这是我制作烤鸭的流程图片"）
Spotify	网易云音乐、QQ音乐	用户分享音频的网站（"请大家收听我写的烤鸭歌"）
Google+	无	与电子邮件（Gmail）绑定的聊天网站，具有鲜明的"圈子化"特征，用户多为科技男和宅男[我是个喜欢吃烤鸭的"果粉"苹果手机的忠实用户]
Zoom	腾讯会议	在线会议软件，在新冠疫情中得到普及

参考文献

Der Heide E A. Disaster Planning[M]. New York: Free Press, 1996.

Benoit, William L. Accounts, Excuses, and Apologies: A Theory of Image Restrotation Strategies[M]. Albany: SUNY Press, 1995.

Caywood, Clarke L. (ed.). The Handbook of Strategic Public Relations and Integrated Marketing Communications[M]. 2nd edition. New York: McGraw-Hill, 2012.

Chess C, Hance B J. Communicating with the Public. Piscataway, NJ: Rutegers University Press, 1987.

Cohen J E. The Presidency in the Era of 24-Hour News[M]. Princeton: Princeton University Press.

Cohn V. Reporting on Risk[M]. Washington D.C.: The Media Institute, 1990.

Cook T E. Governing with the News: The News Media as a Political Institution[M]. 2nd ed. Chicago: The University of Chicago Press, 2005.

Coombs W T. Ongong Crisis Communication: Planning, Managing, and Responding[M]. 2nd edition. Thousands Oaks, CA: Sage, 2007.

Coombs W T, Sherry J H. The Handbook of Crisis Communication[M]. Malden, MA: Willey-Blackwell, 2012.

Cooper L. The Rhetoric[M]. Englewood: Prentice Hall Inc., 1982.

Covello V T, Frederick W A. EPA Communication Handbook[M]. NY: Plenum Press 1998.

Darrell B. Crisis Communication Handbook[M]. Stockholm: SEMA, 2003.

Doorley J, Helio F G. Reputation Management: The Key to Successful Public Relations and Corporate Communications[M]. 2nd ed. New York: Routledge, 2011.

Everly Ge S Jr. America Under Attack: The 'Ten Commandments' of Responding to Mass Terrorist Attacks[J]. International Journal of Emergency Mental Health, 2001, 3(3), 133-135.

Fearn-Banks K. Crisis Communication: A Casebook Approach[M]. 4th edition. New York: Routledge, 2010.

Fink S. Crisis Management: Planning for the Inevitable[M]. New York: American

Association of Management, 1986.

Fink S. Crisis Communications: A Definitive Guide to Managing the Message[M]. McGraw Hills, 2023.

Fischer H W., Ⅲ. Response to Disaster[M]. Lanhan, MD: University Press of America, 1998.

Fitzwater M. Call the Briefing: Ten Years In the White House with Presidents Regan and Bush[M]. Bloomington, IN: Xlibris, 2000.

Heath R L, Michael J P. Strategic Issues Management: Organizations and Public Policy[M]. Challenges. 2nd edition. Thousands Oaks, CA: Sage, 2009.

Hermann C F. International Crises: Insights from Behavioral Research[M]. New York: Free Press, 1972.

Klein, Woody (2008). All the Presidents' Spokesmen: Spinning the News—White House Press Secretaries from Franklin D. Roosevelt to George W. Bush[M]. Westport, CT: Praeger.

Jin Y, Lucinda J A. Social Media and Crisis Communication[M]. 2nd edition. Routledge, 2022.

Kumar M J. Managing the President's Message: The White House Communications Operation[M]. Baltimore, MA, Johns Hopkins UP, 2007.

Lucas, S. The Art of Public Speaking[M]. 11th edition. New York: Macmillan, 2011.

Lum M R, Tinker T L. A Primer on Health Risk Communication Principles and Practices[M]. Atlanta: DHE, 1994.

McClellan S. What Happened? Inside the Bush White House and What's Wrong with Washington[M]. New York: Public Affairs, 2008.

Nelson W D. Who Speaks for the President? The White House Press Secretary from Cleveland to Clinton[M]. Syracuse University Press, 1998.

Peters R G, Covello V T, & David B M. The Determinants of Trust and Credibility in Environmental Risk Communication[R]. https: //centerforriskcommunication.org/wp-content/uploads/2021/05/Environmental_Risk_Trust_Credibility_Factors_Study.pdf.

Reynolds B et al. CDC Crisis Communication Plan[M]. Atlanta: Center for Disease Control, 2002.

Rodman G. Mass Media Issuues: Analysis and Debate[M]. Chicago: Science Research Asscoiates, Inc., 1981.

Rosenthal U et al. Coping with Crises: the Management of Disasters, Riots and Terrorism[M]. Springfield: Charles C. Thomas, 1989.

Stephens M. A History of News[M]. 3rd edition. Oxford: Oxford UP, 2007.

Sullivan M H. A Resposnsible Office: An Insider's Guide[M]. U.S. Department of State, 2001.

Ury W. Getting Past No: Negotiating Your Way from Confrontation to Cooperation[M]. New York: Bantam Books, 1993.

Yale D R. The Publicity Handbook[M]. Chicago: NTC Bussiness Books, 1991.

Zaremba A J. Crisis Communication: Theory and Practice[M]. Armonk, NY: M.E.Sharpe, 2011.

胡百精. 危机传播管理[M]. 北京：中国传媒大学出版社，2005.

黄懿慧. 传播与社会学刊：风险社会与危机传播[J]. 总第 15 期，2011（15）：27-32.

高钢，万里. 新闻发布实训：新闻发言人的使命和智慧[M]. 北京：中国人民大学出版社，2019.

龚铁鹰. 英国政府如何与新闻媒体打交道：中国新闻发言人赴英交流实录[C]// 美国政府如何与新闻媒体打交道：中国新闻发言人赴美交流实录. 北京：五洲传播出版社，2013.

李希光，孙静维. 发言人教程[M]. 北京：清华大学出版社，2007.

刘建明. 新闻发布概论[M]. 北京：清华大学出版社，2006.

罗伯特·希斯. 危机管理[M]. 王成 等译. 北京：中信出版社，2001.

汪兴明，李希光. 政府发言人 15 讲[M]. 北京：清华大学出版社，2006.

王旭明. 王旭明说新闻发言人[M]. 北京：新华出版社，2012.

吴宜蓁. 危机传播：公共关系和语艺观点的理论与实证[M]. 苏州：苏州大学出版社，2005.

武和平. 打开天窗说亮话：新闻发言人眼中的突发事件[M]. 北京：人民出版社，2012.

薛澜，张强，钟开斌. 危机管理：转型期中国面临的挑战[M]. 北京：清华大学出版社，2003.